プリント形式のリアル過去問で本番の臨場感！

東京都
区立

九段中等教育学校

2025年春受験用

解答集

本書は，実物をなるべくそのままに，プリント形式で年度ごとに収録しています。
問題用紙を教科別に分けて使うことができるので，本番さながらの演習ができます。

■ 収録内容

・解答集(この冊子です)

書籍ＩＤ番号，この問題集の使い方，最新年度実物データ，リアル過去問の活用，
解答例と解説，ご使用にあたってのお願い・ご注意，お問い合わせ

・2024(令和６)年度 ～ 2018(平成30)年度　学力検査問題

○は収録あり	年度	'24	'23	'22	'21	'20	'19
■ 問題(適性検査1～3)		○	○	○	○	○	○
■ 解答用紙		○	○	○	○	○	○
■ 配点							

上記に2018年度を加えた7年分を収録しています

全分野に解説があります

注)問題文等非掲載:2024年度適性検査3の2, 2023年度適性検査2の1と適性検査3の1, 2022年度適性検査2の1と適性検査3の1, 2021年度適性検査1の二と適性検査3の2, 2020年度適性検査2の2と3, 適性検査3の2, 2018年度適性検査3の2

問題文などの非掲載につきまして

著作権上の都合により，本書に収録している過去入試問題の本文や図表の一部を掲載しておりません。ご不便をおかけし，誠に申し訳ございません。

JN132056

教英出版

■　書籍ＩＤ番号

入試に役立つダウンロード付録や学校情報などを随時更新して掲載しています。
教英出版ウェブサイトの「ご購入者様のページ」画面で，書籍ＩＤ番号を入力してご利用ください。

書籍ＩＤ番号　112213

（有効期限：2025年9月30日まで）

【入試に役立つダウンロード付録】
「要点のまとめ(国語／算数)」
「課題作文演習」ほか

■　この問題集の使い方

年度ごとにプリント形式で収録しています。針を外して教科ごとに分けて使用します。①片側，②中央のどちらかでとじてありますので，下図を参考に，問題用紙と解答用紙に分けて準備をしましょう（解答用紙がない場合もあります）。

針を外すときは，けがをしないように十分注意してください。また，針を外すと紛失しやすくなりますので気をつけましょう。

① 片側でとじてあるもの

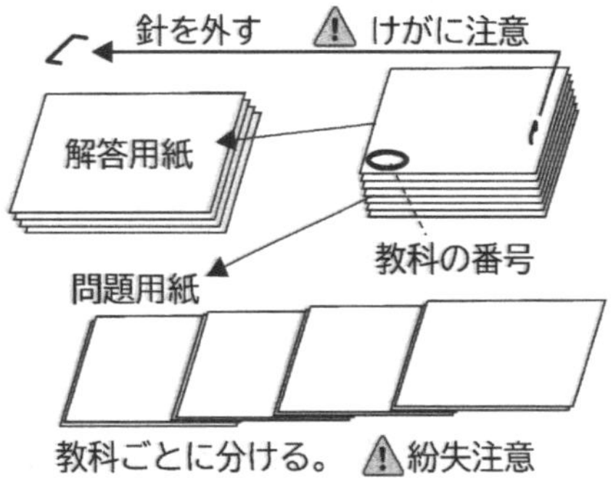

② 中央でとじてあるもの

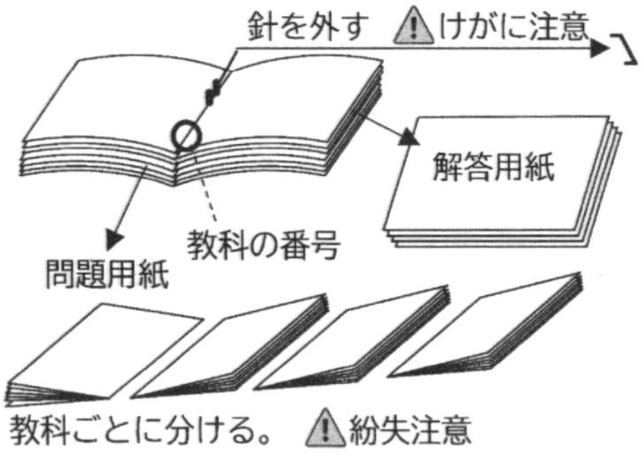

※教科数が上図と異なる場合があります。
解答用紙がない場合や，問題と一体になっている場合があります。
教科の番号は，教科ごとに分けるときの参考にしてください。

■　最新年度 実物データ

実物をなるべくそのままに編集していますが，収録の都合上，実際の試験問題とは異なる場合があります。実物のサイズ，様式は右表で確認してください。

問題用紙	Ａ４冊子(二つ折り)
解答用紙	Ｂ４片面プリント

リアル過去問の活用

～リアル過去問なら入試本番で力を発揮することができる～

本番を体験しよう！

問題用紙の形式 (縦向き / 横向き), 問題の配置や余白など, 実物に近い紙面構成なので本番の臨場感が味わえます。まずはパラパラとめくって眺めてみてください。「これが志望校の入試問題なんだ！」と思えば入試に向けて気持ちが高まることでしょう。

入試を知ろう！

同じ教科の過去数年分の問題紙面を並べて，見比べてみましょう。

① 問題の量

毎年同じ大問数か，年によって違うのか，また全体の問題量はどのくらいか知っておきましょう。どのくらいのスピードで解けば時間内に終わるのか，大問ひとつにかけられる時間を計算してみましょう。

② 出題分野

よく出題されている分野とそうでない分野を見つけましょう。同じような問題が過去にも出題されていることに気がつくはずです。

③ 出題順序

得意な分野が毎年同じ大問番号で出題されていると分かれば，本番で取りこぼさないように先回りして解答することができるでしょう。

④ 解答方法

記述式か選択式か（マークシートか），見ておきましょう。記述式なら，単位まで書く必要があるかどうか，文字数はどのくらいかなど，細かいところまでチェックしておきましょう。計算過程を書く必要があるかどうかも重要です。

⑤ 問題の難易度

必ず正解したい基本問題，条件や指示の読み間違いといったケアレスミスに気をつけたい問題，後回しにしたほうがいい問題などをチェックしておきましょう。

問題を解こう！

志望校の入試傾向をつかんだら，問題を何度も解いていきましょう。ほかにも問題文の独特な言いまわしや，その学校独自の答え方を発見できることもあるでしょう。オリンピックや環境問題など，話題になった出来事を毎年出題する学校だと分かれば，日頃のニュースの見かたも変わってきます。

こうして志望校の入試傾向を知り対策を立てることこそが，過去問を解く最大の理由なのです。

実力を知ろう！

過去問を解くにあたって，得点はそれほど重要ではありません。大切なのは，志望校の過去問演習を通して，苦手な教科，苦手な分野を知ることです。苦手な教科，分野が分かったら，教科書や参考書に戻って重点的に学習する時間をつくりましょう。今の自分の実力を知れば，入試本番までの勉強の道すじが見えてきます。

試験に慣れよう！

入試では時間配分も重要です。本番で時間が足りなくなってあわてないように，リアル過去問で実戦演習をして，時間配分や出題パターンに慣れておきましょう。教科ごとに気持ちを切り替える練習もしておきましょう。

心を整えよう！

入試は誰でも緊張するものです。入試前日になったら，演習をやり尽くしたリアル過去問の表紙を眺めてみましょう。問題の内容を見る必要はもうありません。どんな形式だったかな？受験番号や氏名はどこに書くのかな？…ほんの少し見ておくだけでも，志望校の入試に向けて心の準備が整うことでしょう。

そして入試本番では，見慣れた問題紙面が緊張した心を落ち着かせてくれるはずです。

※まれに入試形式を変更する学校もありますが，条件はほかの受験生も同じです。心を整えてあせらずに問題に取りかかりましょう。

九段中等教育学校　2024 令和6年度　適性検査1

《解答例》

□一 問1．海を脱ぐ　問2．知りたい〔別解〕教えてほしい　問3．(1)作者　(2)詩の作者／読者との間に共感が成り立たない　問4．私は算数のテストの点数ではライバルのAさんに太刀打ちできなかった。だから国語と社会の勉強をがんばって見返すことにした。

□二 問1．黙って聞いている　問2．選んだ番号…（1）　その番号を選んだ理由…もう一方が確かめる問いかけをしている

問3．<作文のポイント>

・最初に自分の主張、立場を明確に決め、その内容に沿って書いていく。

・わかりやすい表現を心がける。自信のない表現や漢字は使わない。

さらにくわしい作文の書き方・作文例はこちら！→https://kyoei-syuppan.net/mobile/files/sakupo.html

《解　説》

□一 **問1**　一つ目の［あ］の直後に「ふだん，魚が～海を着《き》込《こ》んでいることも～感じられ」とあることから，「海を脱《ぬ》ぐ」が適する。

問2　「どうかして」は「何とかして」という意味。詩の中の「なんとか～方法はないかしら」「～やり方はないかしら」「教えておくれ」などから，何とかして知りたい，教えてほしいと思っていることが読みとれる。

問3(1)　詩において「ある感情に包まれたり，ある意志を持っている人」，つまり，思いを述べようとしている人なので，作者。　**(2)**　――線②を，直後で「つまり，『知』的判断ができるようにすべきです」と言いかえていることに着目する。それが必要な理由は，最後の段落で「詩の作者と読者との間に共感が成り立つためには～知的判断をどこかに示していなくてはいけません」と述べていることから読みとれる。

問4　「太《た》刀《ち》打《う》ちできない」は，相手が強くて，まともに張り合って競うことができない，勝負にならないという意味。

□二 **問1**　「そういう」が指しているのは，――線①の直前で述べた「Aさんが喋《しゃべ》っているあいだはBさんが黙《だま》って聞いている，Aさんが喋り終えるとBさんが話す～違《ちが》いが浮《う》き彫《ぼ》りになります」という内容。

問2　文章Ⅱでは，「対話」について，「『問い』と『答え』の対《つい》が必要」「対話は一方的な語りではありません～確かめる～言った相手に問いかけ，それに答えるということが必要です」と述べている。(1)の会話文では，BがAの気持ちを確かめるような問いかけをし，それにAが答えている。

問3　「自《じ》己《こ》と自己の重なり」とは，相手と自分の重なりのこと。つまり，相手と自分を切《き》り離《はな》して考えるのではなく「私《わたし》たち」として一緒《いっしょ》に会話をつくっていく，「(自分と他者の)壁《かべ》がなくなり縁側《えんがわ》的な関係性が築ける」ような「共話」をするということ。

《解答例》

1　問１．［頂点／辺／面］　立体㋑［16／24／10］　立体㋒［16／24／10］　立体㋓［15／23／10］

問２．右図

面ＡＢＣＤＥを底面としたとき

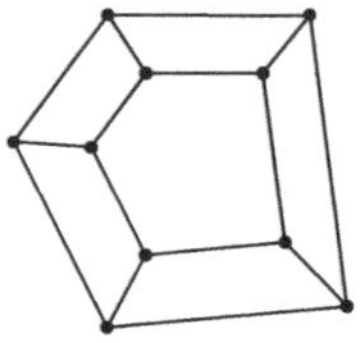

面ＣＨＩＤを底面としたとき

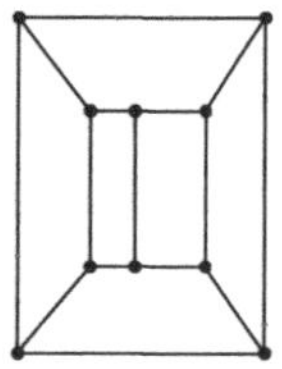

問３．［個数／理由］　頂点…12／立体㋔の頂点は４個で，１つの頂点を切ったときにできる新たな頂点の個数は３個で，元の頂点はなくなるから，３×４＝12(個)である。

辺…18／立体㋔の辺は６個で，１つの頂点を切ったときにできる新たな辺は３個で，元の辺は残るから，６＋３×４＝18(個)である。

面…８／立体㋔の面は４個で，１つの頂点を切ったときにできる新たな面は１個で，元の面は残るから，４＋１×４＝８(個)である。

問４．切断面に立体㋖の辺がふくまれない場合，切断面と立体㋖の辺が交わる点が切断面の頂点となるが，どのような切り方をしても，切断面は５個以上の辺を通ることになる。また，切断面に立体㋖の辺がふくまれる場合，どのような切り方をしても，切断面にふくまれない辺と切断面とが交わる点が３個以上になる。したがって，切断面の頂点は必ず５個以上になるから。

2　問１．(ア)Ｂ　(イ)Ｄ（アとイは順不同）　(ウ)①　　問２．(エ)２　(オ)４　(カ)じゅうまえ公園

問３．資料 11 から，地域住民による「じゅうまえ市活性化プロジェクト」を 2000 年から市が支援するようになったことがわかり，2000 年から 2005 年にかけてじゅうまえ市に転入する日本人が急増したことが資料 10 からわかります。資料 11 から，外国人にも住みやすいまちづくりを行っていることがわかるので，今後は外国人の転入者が増え，多文化共生のまちになると考えられます。

3　問１．(ア)10　(イ)15　　問２．(1)塩とレモンを交互に重ねると，塩とレモンがふれ合う面積が大きくなるから。(2)レモンをより細かく切る。　　問３．(1)液体…せっけん水　理由…せっけん水はアルカリ性だから。　(2)息をふきかけることでアルカリ性の成分が蒸発しやすくなるとともに，息にふくまれる二酸化炭素によってアルカリ性の性質が打ち消されるから。

《解　説》

1　**問１**　立体㋐は，頂点が５個，辺が８個，面が５個ある。切頂することによる頂点，辺，面の個数の変化を考える。

立体㋑と㋒は立体㋐と比べて，頂点が３＋２×４＝11(個)増え，辺が４＋３×４＝16(個)増え，面が５個増えるから，頂点が５＋11＝16(個)，辺が８＋16＝24(個)，面が５＋５＝10(個)になる。

立体㋓は立体㋐と比べて，頂点が３＋２×４－１＝10(個)増え，辺が４＋３×４－１＝15(個)増え，面が５個増えるから，頂点が５＋10＝15(個)，辺が８＋15＝23(個)，面が５＋５＝10(個)になる。

問２　裏と同じ図形をかき，その内部にその他の頂点からできる図形をかけばよい。

問３　問１と同様に，立体㋔からの頂点，辺，面の個数の変化を考える。

問4　切断面が六角形になるのは，右の図Ⅰの太線で切った場合，十角形になるのは図Ⅱの太線で切った場合，九角形になるのは図Ⅲの太線で切った場合である(図は１つの例である)。
これらを探す過程を通して，解答を考えたい。

図Ⅰ　図Ⅱ　図Ⅲ

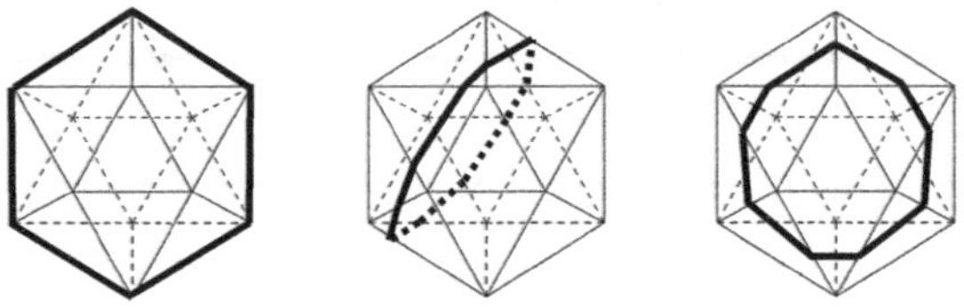

2　**問１**　史料Ｂは明治九年，史料Ｄは明治十年のものだから，この２つの史料は同じ明治時代に書かれたとわかる。史料Ａは昭和時代に書かれたものであり，過去のようすとして大正時代の卒業風景が描かれているから，事実と異なる可能性が高くなる。また，史料Ｃはいつの頃の卒業式かを確認できるものはない。

問２　10 歳未満の人口の割合は８％だから，25×0.08＝２(人)になる。30 代の人口の割合は 16％だから，25×0.16＝４(人)になる。資料７を見ると，10 歳未満と 30 代がともに土日に過ごす外出先で最も多いのは，じゅうまえ公園であることが読み取れる。

問３　資料９を見ると，1990 年から 1995 年の間にじゅうまえ市に鉄道が敷かれ，じゅうまえ市とだいいち市が合併したことがわかる。これによって，じゅうまえ市の人口が減少から増加に転じた理由は，市の合併であることがわかる。次に資料 11 を見ると，2000 年から「じゅうまえ市活性化プロジェクト」を市が支援し始めたことが読み取れる。市と地域住民が一体となってじゅうまえ市の魅力を発信したことで，2000 年から 2005 年の間にじゅうまえ市に転入した日本人が増えたことが資料 10 からわかる。資料 11 のヂウさんの発言を見ると，外国人にも住みやすいまちづくりをじゅうまえ市が行っていることが読み取れるので，活動を続けていけば，転入する外国人が増えてじゅうまえ市の人口も増え，多文化共生のまちへと発展していくと考えられる。

3　**問１**　レモンの重さあたりの出てきた水分量の割合は，10％の塩レモンでは$\frac{15}{147}$×100＝10.2…(％)，15％の塩レモンでは$\frac{23}{141}$×100＝16.3…(％)，20％の塩レモンでは$\frac{21}{136}$＝15.4…(％)であり，出てきた水分の重さで考えても，割合で考えても，一番小さいのは10％の塩レモン，一番大きいのは15％の塩レモンである。

問２⑴　資料２①の水分が出てくる原理に着目する。塩とレモンを交互《こうご》に重ねた場合と，塩をレモンの上からかけた場合では，塩とレモンを交互に重ねた場合の方が，塩とレモンがふれ合う面積が大きくなることから考える。

⑵　レモンをより細かく切ると，レモンの断面が増え，塩とレモンがふれ合う面積がさらに大きくなる。特に，レモンをうす切りにすると，レモンの断面積を大きくしやすい。

問３⑴　チモールフタレインがアルカリ性のときに青くなることから考える。レモン汁《じる》は酸性，牛乳はほぼ中性である。　**⑵**　実験２では，扇風機《せんぷうき》の風をあてたときにはアルカリ性の成分が蒸発しやすくなるため，色が消えるのにかかった時間が短くなったと考えられる。息をふきかけたときには，息(風)があたることで蒸発しやすくなることに加え，息にふくまれる二酸化炭素がアルカリ性の性質を打ち消すことで，色が消えるのにかかった時間がさらに短くなったと考えられる。

《解答例》

1 問１．① それぞれ数字の各位の和を求める。

左の式：636274→６＋３＋６＋２＋７＋４＝28　467929→４＋６＋７＋９＋２＋９＝37

右の式：1094203→１＋０＋９＋４＋２＋０＋３＝19

② ①で求めた数字を，それぞれ９で割ったあまりを求める。

左の式：28÷９＝３あまり１　37÷９＝４あまり１

右の式：19÷９＝２あまり１

③ 左の式のあまりどうしを足す。

左の式のあまりどうしの和：１＋１＝２⇐和が９未満

④ 左の式は２，右の式は１，数字が異なっているので，計算が誤りと判断できる。

問２．[□＝０　△＝０][□＝１　△＝３][□＝２　△＝６][□＝３　△＝９][□＝４　△＝２]
[□＝５　△＝５][□＝６　△＝８][□＝７　△＝１][□＝８　△＝４][□＝９　△＝７] のうち３つ

問３．(1)

~~1~~	0	~~1~~	0	1	1	0	1		1

(2)16

2 問１．③　問２．(ウ)富山湾とつながる街道が整備された　(エ)出世魚と呼ばれ，縁起のよい魚
問３．(オ)④　(カ)①　(キ)地元の魚を使ったレシピを作成して配布する。(ク)大豆について学習する。

3 問１．(1)(ア)低い　(イ)日光の当たる時間　(ウ)あたえる水　(2)44　問２．(1)糖度の高い品種…Ａ　理由…品種Ａの糖度の平均は(6.20＋5.95＋7.15＋5.80＋6.60)÷５＝6.34(％)で，品種Ｂの糖度の平均は(5.20＋4.90＋5.75＋6.00＋5.00)＝5.37(％)だから。　(2)(ア)同じ体積当たりの重さ　(イ)高い　問３．(1)みつがない　(2)クロマルハナバチが花粉を集めるときに花がゆれて花粉が落ち，すぐ下にある同じ花のめしべの先に花粉が付くから。

《解　説》

1 **問１**　計算式だけではなく考え方も書くことに注意する。問題文の形式を参考にすればよい。

問２　(a)の値《あたい》は，(５＋４＋８＋３＋４＋△)×３＝72＋△×３　(b)の値は，４＋２＋８＋１＋４＋□＝19＋□
(c)の値は，(72＋△×３)＋(19＋□)＝91＋△×３＋□
チェックデジットが９だから，(c)の一の位が10－９＝１ならばよいので，△×３＋□の一の位が０ならばよい。
よって，△と□にあてはまる数字の組み合わせは，解答例の10通りが考えられる。

問３(1)　「０」とパリティビットは反転していないので，反転した可能性があるものは，５つの「１」である。
パリティビットが「１」なので，送信したデータにおいてパリティビットを除く８個の数字の和は奇数だから，５か３か１が考えられる。
したがって，受信したデータの５つの「１」のうち，２つまたは４つの「１」が反転してできた「１」の可能性があるので，いずれか２つの「１」，または，いずれか４つの「１」のますにななめの線をかけばよい。

(2)　送信したデータにおいてパリティビットを除く８個の数字の和が５の場合，送信したデータと受信したデータは同じである。つまり，この場合の送信したデータは１通りである。
送信したデータにおいてパリティビットを除く８個の数字の和が３の場合，５つのうち２つの「１」が反転してで

きたものである。5つの「1」を左から順にA，B，C，D，Eとすると，反転した2つの組み合わせは，AとB，AとC，AとD，AとE，BとC，BとD，BとE，CとD，CとE，DとEの10通りが考えられる。送信したデータにおいてパリティビットを除く8個の数字の和が1の場合，5つのうち4つの「1」が反転してできたものである。反転した4つの「1」の組み合わせは，反転しなかった1つの「1」の選び方と等しく，5通りある。

以上より，送信したデータは，1＋10＋5＝16(通り)考えられる。

2 **問1**　10～11月ごろに北海道沿岸まで移動し，産卵にそなえ，3～4月に産卵するために南下することが資料1と2から読み取れる。

問2　高山から各地を結ぶ街道が整備され，富山湾・越中・高山・松本が街道でつながっていることを資料3と資料4から読み取る。

問3　資料6と資料7から，小学生と高校生の「知る」ための活動，「伝える」ための活動が何かを読み取る。

3 **問1(1)**　(ア)資料1より，トマトを育てるための条件として，適している温度が20℃～30℃であることがわかる。(イ)(ウ)資料4のトマトの糖度が高くなりやすい条件より，光の量と水の量に着目すればよいことがわかる。資料3より，ビニールハウスと露《ろ》地《じ》栽培《さいばい》で変わらないものは日光の当たる時間であることがわかる。また，屋根がない露地栽培では降った雨(水)はすべてトマトにあたえることになり，水をあたえすぎてしまうことがあるが，ビニールハウスでは雨がさえぎられ，必要な量の水をあたえることができる。　**(2)**　6月の1か月での積算温度が21.9×30＝657(℃)だから，収かくの目安である1000℃まであと1000－657＝343(℃)である。7月の平均気温は25.7℃だから，343÷25.7＝13.3…より，30＋14＝44(日)以上栽培すればよい。

問2(2)　例えば，体積1㎤あたりの重さを考えたとき，Aについて，トマト1は$\frac{12}{12}$＝1となり，同様に求めると，トマト2は0.91…，トマト3は1.2，トマト4は0.83…，トマト5は1.18…となる。よって，1㎤あたりの重さが大きいほど糖度が高くなることがわかる。Bについても同様の結果になる。

問3(2)　資料8より，自家受粉とは1つの花の中で，花粉が同じ花のめしべの先に付くことである。資料7より，1つの花の中で，花粉がめしべの先より上にあることがわかり，資料9より，クロマルハナバチの動きによって花粉が落ちることがわかるから，クロマルハナバチの花粉集めによって，トマトでは自家受粉が起こりやすくなると考えられる。

九段中等教育学校　2023 令和5 年度　適性検査1

《解答例》

一　問1．竜征が、犬たちを相手に演奏すると言い出した　問2．さくら子は、犬が客なら緊張せずに演奏できるということに、拝島が気づいた　問3．あえてさくら子には伝えなかった　問4．(例文)私は、一年生の時の国語の授業で、説明がわかりやすいと先生にほめられたことがきっかけで、自信をもって自分の考えを発表できるようになった。

二　問1．【あ】自然　【い】変らない　問2．【ア】記憶している　【イ】生きてきた　【ウ】連続している

問3．

私が九段中等教育学校に入学して充実した生活を送るうえで重要なことは、消極的な自分自身が「変わること」である。

その理由は、アメリカに住む親類の家を訪れた時、現地の方と英語で会話をする機会があったのに、勇気をもって積極的に話すことができなかったからだ。

消極的だった自分が一歩ふみ出して、友達と積極的に交流すれば、視野が広がったり、いろいろな経験ができたりして、充実した生活が送れると思う。

《解　説》

一　**問1**　眠人は、竜征が犬たちに向かって「君たち、せっかくだからおれらの演奏《えんそう》を聞いていけよ」と言ったのを聞いて、傍線部①のような反応を見せた。顔をしかめるとは、いやな顔をすること。

問2　直後で拝島は、「なるほど、さくら子ちゃんはわんこが客なら緊張《きんちょう》しないのか」と言っている。さくら子は人前に立つと緊張するということを知っていた拝島は、犬を相手に演奏すれば緊張しないことに気がついた。

問3　少し前に、「(さくら子が)急にまた緊張するようになったら困るので、さくら子の変化(＝犬連れではない客がいても動揺《どうよう》せずに演奏できるようになったこと)はあえて話題にしないように努めた」とある。その直後に「それは竜征も同じつもりのようで」とあるので、空らん【　ア　】には、竜征も同じく、さくら子の変化をあえて本人に伝えなかったという内容が入る。

二　**問1**　直前に「日常的なことでは、大きなものほど変らない。一番は自然の地形である」とあり、その具体例として富士山を挙げている。

問2ア　直前の「10 年前のことを」にうまくつながるのは「記憶《きおく》している」だけである。　**イ**　アとウにあてはまるものを先に考える。残った「生きてきた」が入る。　**ウ**　直後に「ずっと自分は自分だった」とあるので、これと最も意味が近い「連続している」が入る。

九段中等教育学校　2023 令和5年度　適性検査2

《解答例》

[1] 問1．620　　問2．［資料3］を見ると，中央口からB広場までは，道のりのほとんどが坂道になっている。また，C地点，D地点からB広場に向かう道は，ひろしさんの写真を見ると上り坂になっているから，道のり全体で上り坂が多くあると考えられる。一方で，南口からB広場までの道のりは平たんな道が多く，２つある坂道も，１つはE地点からB広場まで続く下り坂だから，中央口からB広場までの道と比べて，道のりは長いが歩きやすい
問3．歴史的資産への理解を深めてもらい，後世に受けついでいく

[2] 問1．(1)(ア)17.5　(イ)呼吸　(ウ)比べる　(2)にごりの原因である米ぬかやデンプン等の物質はえらを通過することができず，アサリの体内に残るから。　　問2．(1)(エ)2.3　(オ)0.4　(カ)56.3　(2)考え方…実験開始３時間後のにごりの割合は50%，４時間後のにごりの割合は43.75%だから，３時間後から４時間後までの１時間で6.25%減った。これがアサリ50ぴきの作用によるものだから，6.25を50でわるとアサリ１ぴきの作用によって減った水のにごりの割合を求めることができる。　答え…0.125　　問3．河川から流入した水にふくまれる物質の一部はアサリに取りこまれ，アサリが鳥類や魚類に食べられることで，干潟やその周辺の環境から取り除かれる。

[3] 問1．(3，1，2)，(2，2，3)，(1，3，1)　　問2．(3，1，2)，(2，3，2)，(2，1，3)と(3，1，2)，(2，3，3)，(2，1，2)　　問3．例えば，異なる２面が前面と後面から見て，３個の黒いブロックの場所が右図のようにまんべんなく散らばっているとき，どの黒いブロックも３通りの位置が考えられるので，１通りにしぼることはできない。このように，異なる２面が前面と後面，右面と左面，上面と下面のように，向かい合う２面のとき，３個の黒いブロックの場所は１通りにならないので，予想が正しいとは限らない。

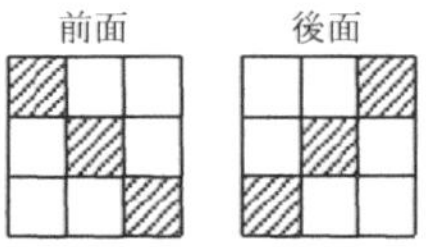

問4．右図／③

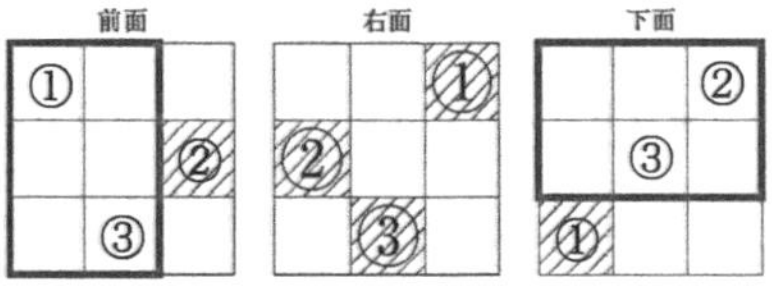

《解　説》

[1] 問1 ［編集の都合上，この書籍《しょせき》内の解答用紙は実際の解答用紙を86%に縮小しております。ご了承ください。］
定規で長さをはかると，実際の長さの200mは約1.3cmとなる。
また，A沼の周りの道の長さは，右図のような四角形の周の長さとしてみなすことができる。(ただし，右図は原寸大ではない)。
この四角形の辺の長さをはかるとそれぞれ，1.7cm，0.3cmとみなせるので，周の長さは(1.7＋0.3)×２＝４(cm)である。
よって，求める道のりは$200\times\frac{4}{1.3}$＝615.3…(m)より，
およそ620(m)である。

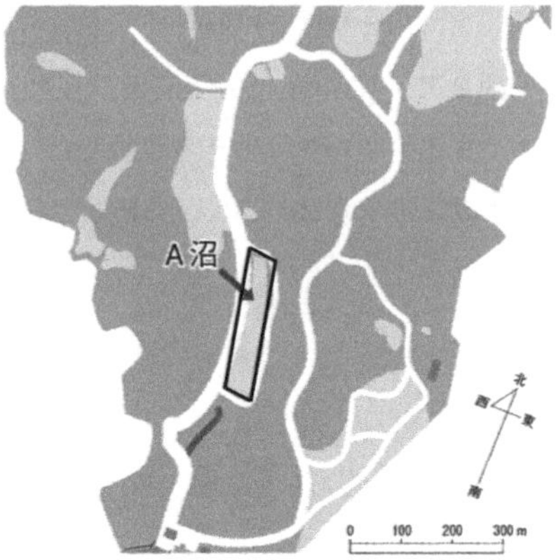

ただし，およその形次第で値が変わるので，A沼の周りの道をさらに大きく(または小さく)はかった場合を考えると，解答はおよそ600mから700mであればよいと考えられる。

問２　中央口からＢ広場までの道のりは，南口からＢ広場までの道のりと比べて坂道が多く，ひろしさんの写真を参考にして，上り坂になっていることを示す。

問３　国営ひたち海浜公園のネモフィラについて，会話文中に「非日常的な風景が見られるので～心がいやされるだけでなく，観光客が増加するなど地域の活性化」とあるので，観光資源としての役割以外を答える。資料６と資料７から共通して読み取れることは，どちらも遺跡を主とした国営公園であること，歴史的な理解を深められる場所になっていることである。人々が遺跡の歴史的価値を理解することで，費用を投入して遺跡を適切に保全し，忘れ去られることなく後世に引き継ぐことができる。

2　**問１⑴**　(ア)3.5％のこさの食塩水の重さが 500ｇであれば，とけている食塩の重さは 500×0.035＝17.5(ｇ)である。　(イ)アサリは，海水にとけている酸素をえらから取りこんで呼吸をする。　(ウ)資料５の左のガラス容器だけで実験を行い，にごりがうすくなっていくのを確かめても，その変化がアサリによるものであると判断することはできない。資料５の右のガラス容器のように，アサリの有無だけが異なる実験を行い，その実験でにごりが変化しないことを確かめることができれば，左の容器のにごりの変化がアサリによるものだと判断できる。　**⑵**　資料２のえらのしくみに着目する。

問２⑴　(エ)16÷７＝2.28…→2.3 倍　(オ)とう視度は$\frac{16}{7}$倍であり，にごりの割合はこれに反比例するから$\frac{7}{16}$倍である。よって，７÷16＝0.4375→0.4 倍である。　(カ)とう視度が７㎝のときのにごりの割合を 100％とすると，４時間後のにごりの割合は７÷16×100＝43.75(％)である。よって，減った割合は 100－43.75＝56.25→56.3％である。　**⑵**　資料 10 より，３時間後のとう視度は 14 ㎝だから，資料９より，このときのにごりの割合は 50％であることがわかる。また，⑴解説より，４時間後のにごりの割合は 43.75％だから，３時間後から４時間後までの１時間で 50－43.75＝6.25(％)減ったことになる。資料８より，この実験ではアサリを 50 ぴき加えているので，１ぴきあたりでは 6.25÷50＝0.125(％)となる。

問３　河川から流入した水にふくまれる物質を取りこむのは，プランクトン以外ではアサリなどの貝類であり，アサリなどの貝類は食物れんさによって鳥類や魚類に食べられることに着目する。

3　**問１**　前面と右面それぞれから，考えられる黒いブロックの位置を書き出し，照らし合わせる。
前面から見ると黒いブロックは，(３，１，１)(３，１，２)(３，１，３)に１つ，(２，２，１)(２，２，２)(２，２，３)に１つ，(１，３，１)(１，３，２)(１，３，３)に１つある。
右面から見ると黒いブロックは，(３，１，２)(３，２，２)(３，３，２)に１つ，(２，１，３)(２，２，３)(２，３，３)に１つ，(１，１，１)(１，２，１)(１，３，１)に１つある。
よって，前面と右面で共通している位置を考えればよいので，３個の黒いブロックの位置は，(３，１，２)(２，２，３)(１，３，１)である。

問２　問１の解説をふまえる。また，下線部のように㋐から㋕のグループに分けて考える。
後面から見ると黒いブロックは，㋐<u>(３，１，１)(３，１，２)(３，１，３)</u>に１つ，㋑<u>(２，３，１)(２，３，２)(２，３，３)</u>に１つ，㋒<u>(２，１，１)(２，１，２)(２，１，３)</u>に１つある。
左面から見ると黒いブロックは，㋓<u>(３，１，２)(３，２，２)(３，３，２)</u>に１つ，㋔<u>(２，１，３)(２，２，３)(２，３，３)</u>に１つ，㋕<u>(２，１，２)(２，２，２)(２，３，２)</u>に１つある。
㋐，㋑，㋒のグループと㋓，㋔，㋕のグループに共通している位置を考えると，(３，１，２)(２，３，２)(２，３，３)(２，１，２)(２，１，３)の５つあることがわかる。
このうち，㋐と㋓は(３，１，２)以外に後面と左面で共通する位置がないので，(３，１，２)は必ず黒いブロックである。㋑の（２，３，２）は㋕と，（２，３，３）は㋔と共通しているから，㋑と㋕が（２，３，２）のとき，㋒と㋔が共通しないといけないので，（２，１，３）になる。よって，（３，１，２）（２，３，２）（２，１，３）となる。
㋑と㋔が（２，３，３）のとき，㋒と㋕が共通しないといけないので，（２，１，２）になる。
よって，（３，１，２），（２，３，３），（２，１，２）となる。
したがって，（３，１，２），（２，３，２），（２，１，３）と（３，１，２），（２，３，３），（２，１，２）である。

問３　前面を固定した場合は，後面以外と後面で場合分けをして，それぞれの位置に対して黒いブロックの位置が複数考えられないかを確かめる。

図１　　図２

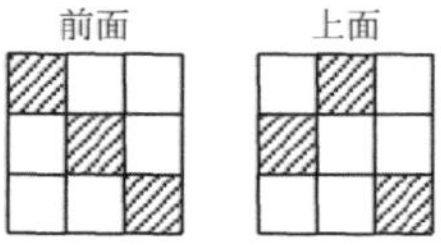

例えば，異なる２面が前面と上面のとき，図１，図２のように前面と上面が「まんべんなく散らばっている」場合を考えると，黒いブロックの位置は確かに（３，１，２）（２，２，３）（１，３，１）の１通りになる。このように，異なる２面のうちの一方を前面と定めると，もう一方の面は後面以外であれば，３個の黒いブロックの場所は１通りに決まる。ところが，解答例のように，異なる２面が向かい合う面だと，１通りにしぼることはできない。

問４　ここまでの解説をふまえる。右面からは，３つの黒いブロックが見えているので，①が（３，１，３）（３，２，３）（３，３，３），②が（２，１，１）（２，２，１）（２，３，１），③が（１，１，２）（１，２，２）（１，３，２）のうちのいずれかにある。
下面からは，（１，１，３）（２，１，３）（３，１，３）のいずれかに黒いブロックがあるから，右面と比べると，①は（３，１，３）にあると確定する。
前面からは，（２，３，１）（２，３，２）（２，３，３）のいずれかに黒いブロックがあるから，右面と比べると，②は（２，３，１）にあると確定する。
ここまでの解説から，①と②の番号を前面と下面の図に書きこむと，右図のようになる。③については，前面の黒いブロックがまんべんなく散らばっていることによって，はじめて真ん中の列の一番下になることが確定できる。

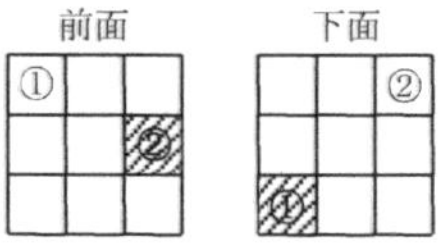

したがって，①は（３，１，３），②は（２，３，１），③は（１，２，２）だから，解答例のようになる。また，前面の黒いブロックが「まんべんなく散らばっている」ことから場所がわかるのは③である。

九段中等教育学校　2023 令和5年度　適性検査3

《解答例》

1　問1．⑴②　⑵(ア)アッサム　(イ)こう素のはたらきが強い

問2．(ウ)アフタヌーンティー　(エ)紅茶にさとうと牛乳を入れる

問3．(カ)②　(キ)③

2　問1．4，58，32　　問2．⑴右図　⑵6　※⑶26　※問3．9，20

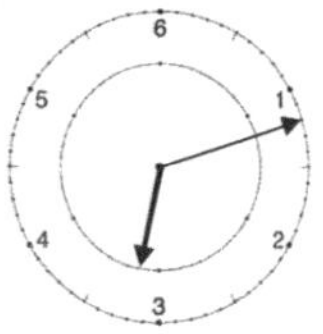

2問2の⑴の図

3　問1．(ア)①　(イ)①　　問2．水じょう気が水に変わるときに食品に熱をあげるから。　　問3．右図

問4．⑴重さが約7.7%減少し／重さが約3.3%減少している／B

⑵ひっくり返すまでの時間が短いと適度に熱を逃がすことができ，肉全体の温度が上がりすぎるのを防ぐことで肉の外に出ていく水分が少なくなることが考えられる。

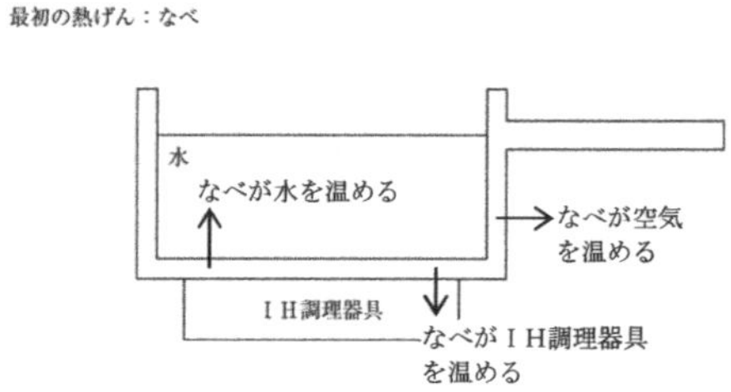

3問3の図

※の考えや途中の式は解説を参照してください。

《解　説》

1　**問1⑴**　チャノキの生産は，資料2に「年間平均気温13℃以上」「年間降水量1300㎜以上の地域」とあるように，温暖で雨が多い気候が適している。①は月平均降水量が1年を通して100㎜より少なく，年間降水量が1300㎜より少なくなる。③は最も寒い月の平均気温が－6℃程度，最も暖かい月の平均気温が20℃程度となっており，年間平均気温は13℃より低くなる。また，年間降水量も1300㎜より少ない。④は降水量は多いが，最も寒い月の平均気温が3℃程度，最も暖かい月の平均気温が16℃程度で，年間平均気温は13℃より低くなる。　**⑵**　紅茶の作り方として，資料1に「こう素を十分にはたらかせて」とあるので，資料3に「こう素のはたらきが強い」とあるアッサム種が適している。

問2　ウ．資料4のメモ3に「自宅に友人などを招待して紅茶や軽食を楽しむ習慣」「アフタヌーンティーは，1840年代からイギリスで流行した」とある。エ．メモ4に「働く人々は，仕事の合間の短い休けい時間に，さとうと牛乳を入れた紅茶を飲む」とあり，さとうには糖分(＝炭水化物)，牛乳にはカルシウムやナトリウムなど(＝ミネラル)がふくまれる。

問3　資料6に「生産者がおいしくて品質の良いもの～生活水準が保証され」「開発途上国の原料や製品を適正な価格～生産者や労働者の生活改善と自立を目指す」とある。オは④，クは①である。

2　**問1**　(記録の平均)×(回数)＝(記録の合計)となることを利用する。1回目から3回目までの3回の記録の平均が1か月前の記録と同じだった場合，3回目の記録はどうなるかを考える。

1回目と2回目の記録の合計は，4分58秒54＋5分01秒28＝9分59秒82であり，1か月前の記録の3倍は

(4分59秒38)×3＝12分177秒114＝12分178秒14＝14分58秒14

よって，3回目の記録が14分58秒14－9分59秒82＝14分57秒114－9分59秒82＝

13分117分114－9分59秒82＝4分58秒32のとき，1回目から3回目までの3回の記録の平均が1か月前の記

録と同じになる。よって，４分58秒32より速く泳げばよい。

問２⑴　６分計に書かれたある数字から，となりの数字までのきょりを「１」とする。６分計では，短針は１分で数字が１進み，長針は１秒で，６÷60＝0.1進む。よって，５分42秒＝(５×60＋42)秒＝342秒では，短針は$5\frac{42}{60}$＝5.7進むから，3.5＋5.7＝9.2より，9.2÷６＝１余り3.2となるから，3.2を指す。長針は342×0.1＝34.2進むので，３＋34.2＝37.2，37.2÷６＝６余り1.2となるから，1.2を指す。

⑵　⑴の解説をふまえる。短針は１秒で数字が$\frac{1}{60}$進むから，長針は短針より，１秒間に0.1－$\frac{1}{60}$＝$\frac{1}{12}$だけ多く進む。［資料５］図２の状態は短針が長針より0.5＝$\frac{1}{2}$だけ時計回りに多く進んでいるから，最初に分針と短針が重なるのは，$\frac{1}{2}$÷$\frac{1}{12}$＝６(秒後)である。

⑶　⑵の解説をふまえる。短針と長針が重なっている状態から，２本の進んだきょりの差が６になるのにかかる時間が，２本の針が再び重なるのにかかる時間である。よって，６÷$\frac{1}{12}$＝72(秒)ごとに２本の針は重なる。

30分30秒＝(30×60＋30)秒＝1830秒だから，［資料５］図２の状態から６秒後に初めて２本の針がぴったり重なるので，(1830－６)÷72＋１＝26.3…より，短針と長針は26回ぴったり重なる。

問３　水が入った状態の円柱の高さは１ｍ＝100㎝であり，これをひっくり返すと円柱部分の水の高さが10㎝減るのだから，上の接続部分に入っている水の体積と円柱部分に入っている水の体積の比は，10：(100－10)＝１：９である。よって，円柱部分に入っている水の水面の高さが10㎝下がり，高さ10＋10＝20(㎝)の空どうができたとき，365×$\frac{1}{1+9}$＝36.5(日)経過したことになる。したがって，高さ82㎝の空どうができたとき，36.5×$\frac{(82-10)}{10}$＝262.8(日)経過した。つまり，１月１日から数えて263日目に資料８の状態になる。

１月から８月までの日数の和は31＋28＋31＋30＋31＋30＋31＋31＝243(日)だから，求める日付は８月31日の263－243＝20(日後)である。したがって，９月20日となる。

３　**問２**　オーブンレンジは打ち水と逆のしくみを使っていることに着目する。打ち水では，水が水じょう気に変わるときに熱をもらうのだから，その逆は，水じょう気が水に変わるときに熱をあげることになると考えられる。オーブンレンジを使った後は中にたくさんの水てきが付いていることからも，水じょう気が水に変わったことがわかる。

問３　ガス調理器具では最初の熱源である火が空気を温めるのに使われるため，この部分で熱がむだになっている。

問４⑴　焼き方Ａでは焼いた後の重さが91－84＝７(ｇ)減少し，焼き方Ｂでは焼いた後の重さが121－117＝４(ｇ)減少している。重さが減少した割合を求めると，焼き方Ａが７÷91×100＝7.69…→7.7％，焼き方Ｂが４÷121×100＝3.30…→3.3％で，焼き方Ｂのときのほうが肉の外に出ていった水分の割合が小さいことがわかる。肉内部の水分が外に出てしまうと固い肉になってしまうので，焼き方Ｂで焼いた肉のほうがやわらかいと考えられる。なお，ここでは焼き方Ｂのときのほうが焼く前の肉の重さが大きく，出ていった水分の重さが小さいから，減少した割合を求めなくても焼き方Ｂのときのほうがやわらかい肉になることがわかる。

《解答例》

一　問１．大いなるエネルギーの源　　問２．磯遊びみたい　　問３．動物の本能を尊重する覚悟を持って

問４．(例文)サッカーの練習中に足首を痛めたときに、ボールを使った練習をしたいという気持ちをおさえて調整を行い、けがが完治した後の試合で活やくできたこと。

二　問１．死んだあとの未来の社会に、樹齢三百年ぐらいの大木を残す　　問２．自然の性質や本質

問３．(例文)

山村の人々の「労働」は、木を育てたり田畑を耕したりすることにとどまらず、多種多様であり、それらを行うことで豊富な知識を得られるものだった。一方、都市の人々の「労働」は、収入を得るために会社に勤めることだけであり、会社のなかのことしかわからなくなってしまいやすい。

私は将来、国際会議や商談に関わる通訳の仕事をしたいと考えている。なぜなら、通訳をする中で、いろいろな知識を身に付けられる上に、通訳をたのんだ人たちの仕事を通して、自分の仕事が世の中にたくさん残っていくことになり、きっと楽しいと思うからだ。通訳の仕事をするために、語学力や一ぱん常識、相手の国の文化や習慣に関する知識などを身に付け、自分を必要としてくれる人たちの仕事がうまくいくように支えたい。

《解　説》

一　**問１**　直後の４行に，このとき理央が感じたことが書かれている。ここに，「大いなるエネルギーの源《みなもと》を見たような気がした」とあるので，理央が「見出した」ものは，「大いなるエネルギーの源」である。

問２　８行後に「あれ(＝花太郎の飛翔《ひしょう》)にくらべればモコの飛翔など，磯遊《いそあそ》びみたいなものだ」とある。

問３　ここより前で，平橋さんは理央に「少しあせっとるかもしれんね」と言い，鷹匠《たかじょう》の条件として「大自然の理に溶《と》けこんでいく」こと，言いかえると「自然の声をよくきく」ことを挙げた。そしてさらに具体的なアドバイスとして，「飼い主は，動物の本能を尊重《そんちょう》する覚悟《かくご》を持ったほうがいいよ」と伝えている。

二　**問１**　おじいさんは「本当によい家をつくるためには，何百年もの間，山の木を育てなければいけない」と言っている。傍線部《ぼうせんぶ》①の直後にあるように，おじいさんは樹齢《じゅれい》三百年ぐらいの大木を育てようとしている。おじいさんは，自分が死んだ後の世界に，樹齢三百年の大木がある森という「自分の作品」を残そうとしているのである。

問２　同じ段落の内容を読み取る。「自然を人間化する」というのは，労働についての第一の定義である「自然を加工すること」である。すると，労働によって，「自然を人間化する」ことと「一緒《いっしょ》に進行する」「人間の自然化」とは，自然が「人間に自然の性質を教えていく」ことである。つまり，「人間の自然化」とは，労働についての第二の定義である「自然の性質や本質を認識《にんしき》していく」ことである。

問３　都市の人々の「労働」と山村の人々の「労働」の違《ちが》いは，主に本文の最後の５段落で説明されている。

《解答例》

1 問１．(ア)地域　(イ)公用語　(ウ)中国語

問２．おおまかな質問ではなく，具体的な答えを出しやすい質問をしていること。

問３．(例文)日本に住む外国人の半数以上が「日本人と同等」または「仕事や学業に差し支えない程度」に会話できるのに，情報発信言語として，やさしい日本語や英語を希望する人が７割近くいること。

2 問１．180　　問２．右図　　問３．第２ラウンドの第３投が１点だと 301 点まであと 59 点必要だが，１回投げて 59 点がもらえることはない。しかし，第２ラウンドの第３投が０点だとあと 60 点必要で，１回投げて 20×３に当たって 60 点がもらえる可能性はあるから。

※問４．31

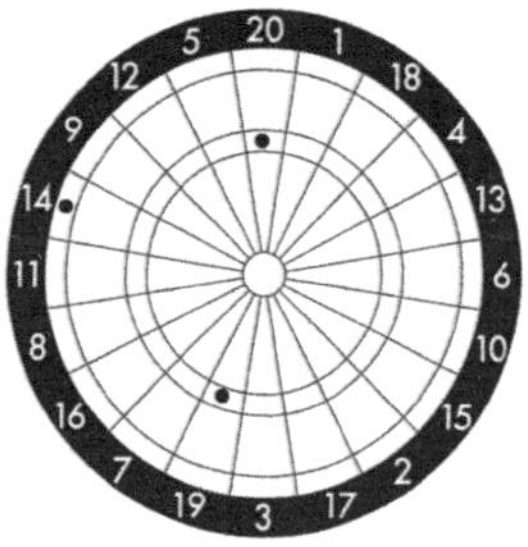

2問２の図

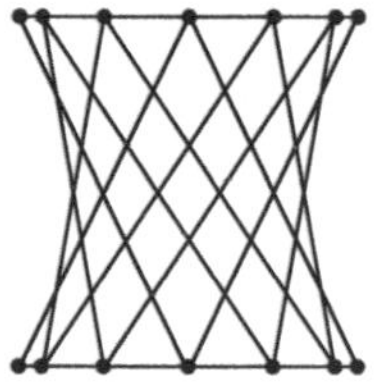

3問１の図

3 問１．右図　　問２．(あ)点⓪，点②，点⑫，点⑩を結んでできる四角形　(い)ひし形

問３．何個とばし…４／右図　　問４．(1)７　(2)２種類の「とばす個数」それぞれについて，(とばす個数)＋１と 12 との最大公約数を求める。その最大公約数が同じ数になる場合，できる図形が同じになる。

3問３の図

※の考えや途中の式は解説を参照してください。

《解　説》

1 **問１**　ア＝地域　イ＝公用語　ウ＝中国語　　ア．スイスはフランス・ドイツ・イタリア・オーストリアと国境を接している。このうちフランス・ドイツ・イタリアの母国語を公用語としていることから，フランス国境部に近い西部ではフランス語，ドイツ国境に近い北部ではドイツ語，イタリア国境に近い南部ではイタリア語が話されていると考えられる。ウ．資料６から，外国人旅行者全体はおよそ 2000 万人だから，50％＝1000 万人以上の旅行者がもつ共通言語は，中国・台湾・香港の中国語と考えられる。

問２　もとの話し言葉では，何を答えたらよいかが分かりにくいが，「やさしい日本語」を用いた話し言葉では，答えるべき内容が具体的になり，外国人でも答えやすくなる。

問３　50％以上の外国人が「日本人と同程度」または「仕事や学業に差し支えない程度」に会話できるのに，普通の日本語での情報発信を望んでいる外国人はわずか 22％しかおらず，やさしい日本語や英語といった言語を望んでいることから，日本語を難しいと考えている外国人が多いと思われる。

2 **問１**　１回投げたときの最高得点は 20×３＝60(点)だから，１ラウンドの中でとれる最高得点は，60×３＝180(点)

問２　１ラウンドの得点が 145 点ということは１投ごとの平均は 145÷３＝48.33…(点)なので，大きな得点を重ねたということである。そこで，１投目を 20×３＝60(点)，２投目を 19×３＝57(点)とすると，３投目は 145－60－57＝28＝14×２(点)である。よって，解答例のようになる。なお，１ラウンドの得点が 145 点になる投

げ方は，他にもいくつかある。

問３　301 点までの残りの得点の違いに注目する。

問４　問４の図の直角三角形ＡＢＣは，資料６の直角三角形を$\frac{200}{244}=\frac{50}{61}$(倍)に縮小したものである。

よって，ＢＣ＝$173\times\frac{50}{61}=\frac{8650}{61}=141\frac{49}{61}$(cm)だから，台の高さは，$173-141\frac{49}{61}=31\frac{12}{61}=31.1\cdots$より，31 cmである。

3　**問１**　点①～⑫，❶～⓬を右図のように書きこみ(下面の円は回転していないので，①～⑫の位置は資料５と同じである)，対応する点どうしを直線で結ぶ。

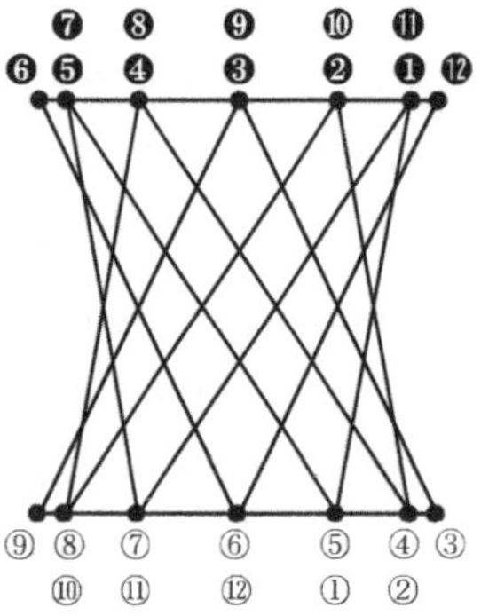

問２　２本の対角線がそれぞれの真ん中の点で垂直に交わる四角形は，ひし形である。

問３　もともといた点と，「(とばす個数)＋１」だけ進んだ先の点を直線で結ぶことをくり返すのだから，12 回進んで初めて「スタートの点」にもどるときが，すべての点を通るときである。

「スタートの点」に初めてもどるのは，「(とばす個数)＋１」と 12 との最小公倍数だけ進んだときだから，「(とばす個数)＋１」と 12 の最小公倍数が，「(とばす個数)＋１」×12 となればよい。このようになるのは，「(とばす個数)＋１」と 12 との公約数が１だけのとき(共通の素因数を持たないとき)である。

とばす個数の上限は特に決まっていないが「(とばす個数)＋１」を 12 以下の範《はん》囲《い》で考えると，12 との公約数が１だけとなるのは「(とばす個数)＋１」が５，７，11 のときである。

よって，とばす個数は５－１＝４(個)，７－１＝６(個)，11－１＝10(個)などが考えられる。

問４　問３をふまえる。「(とばす個数)＋１」を 12 以下の範囲で考えると，できる図形が同じになるのは，「１個とばしの場合と９個とばしの場合」以外に，「２個とばしの場合と８個とばしの場合」(図Ⅰの正方形ができる)，「３個とばしの場合と(1)7個とばしの場合」(図Ⅱの正三角形ができる)である。

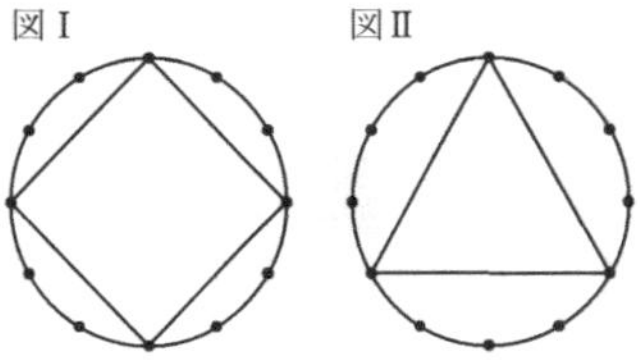

これら３つの組み合わせについて，12 との最大公約数，最小公倍数を調べて共通する特ちょうを探す。右表のようにまとめられるので，できる図形が同じになるのは，

とばす個数		1	9	2	8	3	7
(とばす個数)＋1		2	10	3	9	4	8
「(とばす個数)＋1」と 12 との…	最大公約数	2	2	3	3	4	4
	最小公倍数	12	60	12	36	12	24

(とばす個数)＋１と 12 との最大公約数が同じ場合とわかる。これは，12 に初めてもどるまでに進む回数が，12÷(12 との最大公約数)(回)であり，この回数が同じだとできる図形が同じになるからである。

《解答例》

1　問1．(ア)年々増えている　(イ)減少傾向にある　(ウ)減っている

問2．1950 年代の各家庭には風呂がなかったが，2010 年代になるとどの家庭にも風呂が設置され，銭湯を利用する人が減っているから。　　問3．(エ)緊急ひなん　(オ)観光のための宿泊施設

2　問1．下図　　問2．黄色と赤むらさき色と空色　　問3．ＬＥＤ電球をつないだときの方が熱に変わる電気の量が少ないから，白熱電球と比べて，ＬＥＤ電球の明かりがつく時間は長くなる。　　問4．①明かりを同じ時間つけたとき，それぞれの電球から同じきょりに置いた氷の重さの変化を記録する。　②電子てんびん／カップ／だっし綿／ストップウォッチ　③それぞれの電球からのきょりが５㎝の位置に，カップに入れた氷を置き，ストップウォッチを使って３分間計ったあと，カップに入っている水をだっし綿で吸いとる。電子てんびんでカップごと重さを量り，あらかじめ量っておいたカップごとの重さとの差を求め，その結果を記録する。

問5．一番上の色…赤色　理由…下から積もっていく雪や背の高いトラックなどで赤色が見えなくなることをさけるために，一番上が赤色になっている。

3　問1．(ア)空気　(イ)酸性　(ウ)５　　問2．芽かきをすることでストロンを出す茎の数が減り，１個当たりのイモにたくわえられるデンプンの量が多くなるから。　　問3．下図　　問4．東京の３月から６月までの平均気温が，帯広の５月から９月までの平均気温と近く，東京の３月から６月までの降水量の合計が，帯広の５月から９月までの降水量の合計とほぼ等しいから。

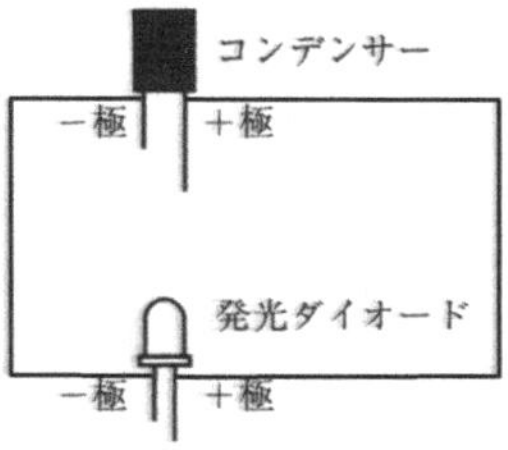

2問１の図

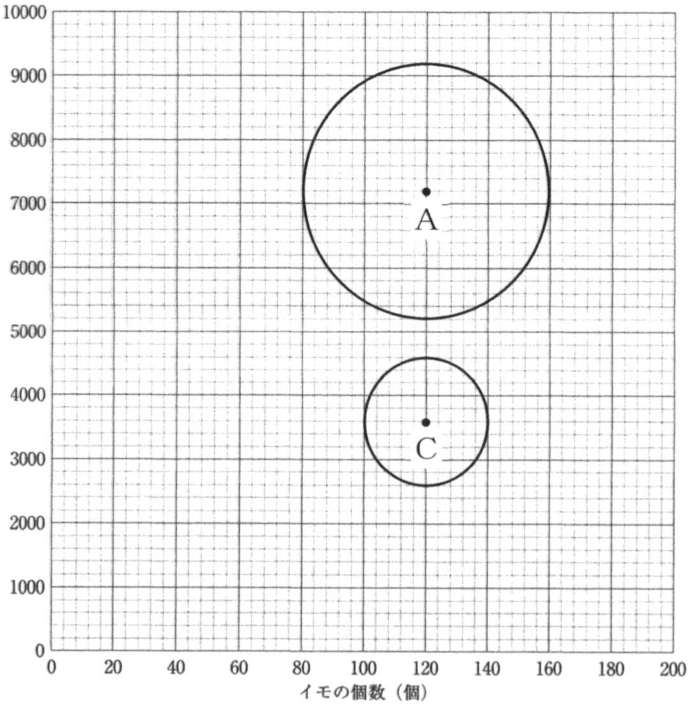

3問３の図

《解　説》

1　**問1**　資料1から，オーストラリアの人口は増加し続けていることを読み取ると，(ア)の直後に「～にもかかわらず」とあることから，家庭用水の消費総量については，「減少している」に近い内容があてはまるとわかる。2016年から2017年にかけて増加し，その後再び減少していることから，「減少している」や「減り続けている」ではなく「減少傾向にある」などとした方がより良いと思われる。オーストラリアの人口が増え続けているのに，家庭用水の使用量に変化がないということは，一家庭当たりの水使用量が減っていることを表しているので，(ウ)には，「減った」「減少した」などの言葉があてはまる。

問2　51C型プランの間取りには風呂がないこと，2010年の公営住宅の間取りには浴室があることから，銭湯に通う人が減少していることが考えられる。

問3　(エ)の前に「万一災害が起きたとき」とあることから，被災した場合の避難場所としての役割が浮かぶ。(オ)の直後に「新たな役割」とあることから考える。資料10には，銭湯の2階に宿泊施設を造って，銭湯を拠点とした観光を計画する記事が載っている。

2　**問1**　発光ダイオードは，正しい向きに電流が流れないと明かりがつかない。よって，明かりがついた資料2の図を参考に，発光ダイオードの＋極とコンデンサーの＋極，発光ダイオードの－極とコンデンサーの－極をつなぐように導線をかけばよい。

問2　資料5の図で，光が同時に当たっている部分では，色だけでなく，明るさも変化することに注意しよう。黄色と赤むらさき色と空色は赤色と緑色と青色の2倍の明るさ，白色は赤色と緑色と青色の3倍の明るさになっている。つまり，かい中電灯から出る光がすべて同じ明るさであれば，赤色と緑色と青色を組み合わせるか，黄色と赤むらさき色と空色を組み合わせることで白色の光をつくることができる。ここでは青色の光が出るかい中電灯がないから，同じ明るさの黄色と赤むらさき色と空色の光が出るかい中電灯を組み合わせればよい。なお，赤色と緑色の光のかい中電灯で黄色の光をつくることができるが，この黄色の光の明るさは，赤むらさき色や空色のかい中電灯から出る光の明るさの2倍になるので，赤色と緑色と赤むらさき色と空色の光を同時に当てても白色の光をつくることができない。赤色と空色，緑色と赤むらさき色の組み合わせについても，白色の光をつくることができない。

問3　白熱電球の場合，電気のエネルギーのほとんどが熱のエネルギーに変わってしまうため，温度が非常に高くなる。

問4　解答例の実験手順に加え，近くに電球を置かない氷を用意して，その他の条件をまったく同じにして実験を行うと，氷が3分間で自然にとけた重さを求めることで，それぞれの電球の熱による影響《えいきょう》をより正確に比べることができる。

3　**問1**　(イ)資料3より，ムラサキキャベツ液の色が赤色に変わったときは，強い酸性になっていることがわかる。石かいはアルカリ性の性質をもつから，強い酸性の土をアルカリ性で弱めて，ジャガイモの生育に適した弱い酸性の土にする。　(ウ)1㎡当たり800gのたい肥をまくから，25㎡では800×25＝20000(g)→20kgのたい肥が必要である。よって，1ふくろ4kg単位で売られているのであれば，20÷4＝5(ふくろ)買えばよい。

問2　資料5の芽かき前の状態の小さな葉は，十分な養分(デンプン)をつくることができないと考えられる。よって，この茎がストロンを出した場合，その先にできたイモには，大きな葉でつくられたデンプンも送られるようになり，すべてのイモが十分な大きさにならない可能性がある。

問3(1)　Aはイモの個数が120個，イモの重さの合計が7200gだから，その位置に点を打ち，点の下に「A」と書く。イモ1個当たりの平均の重さが60gだから，その点を中心とした直径6㎝(半径3㎝)の円をかく。　(2)　2倍の個数を収かくしたとすると，イモの個数と重さの合計はどちらも2倍になる。よって，イモの個数は60×2＝

120(個)，イモの重さの合計は1800×２=3600(個)になるから，その位置に点を打ち，点の下に「C」と書く。イモ１個当たりの平均の重さは30ｇで変わらないから，その点を中心とした直径３㎝(半径1.5㎝)の円をかく。

問４　帯広の５月から９月までの平均気温は11.6℃から20.3℃までの間にあり，降水量の合計は84.7+81.1+107.1+141.3+140.2=554.4(㎜)である。この条件がジャガイモの生育に適しているということだから，東京でもこれと同じような条件になる時期に育てればよい。東京の３月から６月までの平均気温は9.4℃から21.9℃までの間で，降水量の合計は116.0+133.7+139.7+167.8=557.2(㎜)である。

《解答例》

一　問1．先生は何と言うだろう〔別解〕いよいよ描くのだ　問2．墨のすり方　問3．⑴力を抜こうと努力して、いろいろ考えそうだ　⑵心を深く閉ざしている　問4．(例文)昨年の休校中に孤独を感じた。と中でオンライン授業が始まり、みんなも同じ気持ちでがんばっていたのだと知った時、心は繋がっているのだと感じた。

二　問1．片方だけ匂いがすると、犬は合図を読まなくても答えがわかってしまうから。　問2．⑴人間からの合図を読む　⑵人間の合図を読むテストの成績が、人間と接触がない子犬でも、他の動物より良かったから。

問3．(例文)

筆者は「社会的認知」を、他者から送られてくる合図を読み取るものだと考えている。

電車の中で立っている人が、つり革と荷物を何度も持ちかえていた。私はその様子を見て、荷物が重くて大変なのだとわかった。高れいでも体が不自由そうでもなく、荷物も大きくなかったので、そのしぐさに気付かなければ、大変そうだとは思わなかっただろう。

その時、私は席をゆずるという行動をとった。「ありがとう。助かります。」と言って座ったその人の手は、赤くて痛そうだった。それを見て、席をゆずって良かったと思った。

《解　説》

一　**問1**　傍線部《ぼうせんぶ》①までの文章の流れをおさえる。文章の最初で、湖山先生は「では、まずは墨《すみ》をするところから」と言っている。「僕《ぼく》」は「恐《おそ》る恐る墨を持って～すり始めた」が、しばらくして「あとどれくらいすればいいのだろう」と思い、先生を起こした。このことから、「僕」は、自分のすった墨の出来ばえが気になり、また、いよいよ描《か》くのだと思い、きん張していると考えられる。

問2　直前に「心が指先に表れるなんて考えたこともなかった。それが墨に伝わって粒子《りゅうし》が変化したというのだろうか」とある。つまり、心の変化が墨の変化として表れたのである。これより前で、「僕」は、湖山先生が描いた二つの絵を見比べて、墨のすり方一つでこれほどまでに絵が違《ちが》うものになるのかとおどろいている。

問3⑴　空らん[う]の直前に「なぜなら」とあるので、「言われたら言われたで、『僕』は墨をするときに力が入ってしまったと思う」と考えた理由を書けばよい。　**⑵**　傍線部②の前で、湖山先生は、「君はとてもまじめな青年なのだろう～自分独りで何かを行おうとして心を深く閉ざしている～真っすぐさや強さが、それ以外を受け付けなくなってしまう」と言っている。このように、「心を深く閉ざしている」、他のものを受け付けないという状態では、「繋《つな》がりが与えてくれるものを感じる」ことはできない。

二　著作権に関係する弊社《へいしゃ》の都合により本文を非掲載《ひけいさい》としておりますので、解説を省略させていただきます。ご不便をおかけし申し訳ございませんが、ご了承《りょうしょう》ください。

《解答例》

1　問１．②(イ)　④(エ)　⑤(ウ)　⑥(カ)　(⑤と⑥は順不同)　　問２．有償資金協力…Ｂ　技術協力…Ａ　多国間協力…Ｃ

問３．(1)(ク)，(コ)　(2)開発途上国の自立的発展を後おしするための開発協力をこれからも続けようとしていることである。／有償資金協力や技術協力の方が，開発途上国の自立的発展が目指しやすいことである。

問４．他の先進国が近年ＯＤＡ支出額を増やしている中で，日本は支出額が増えず，ドイツ，イギリスに抜かれていることがわかる。／日本の「ＯＤＡに支出した金額をＧＮＩで割った値」は先進国の中でも低く，目標となっている0.7％を大きく下回っている。

2　問１．鉄道網が郊外まで整備され，都心への通勤・通学が容易になったから。　　問２．(1)①　(2)食生活が充実し，住生活が向上した　　問３．①　　問４．(1)経済的　(2)精神的

3　問１．８　　問２．点が５個の場合は２×２×２×２×２＝32(通り)，点が６個の場合は32×２＝64(通り)の組み合わせがあり，点が５個では五十音すべてを表すことができないため。

問３．右図　説明…「ケ」はエ段だから，１，２，４の点が黒丸となり，カ行だから，６の点が黒丸となる。このように，文字が何段かによって，１，２，４の点のうちどれが黒丸になるのかが決まり，何行かによって，３，５，６の点のうちどれが黒丸になるのかが決まる。

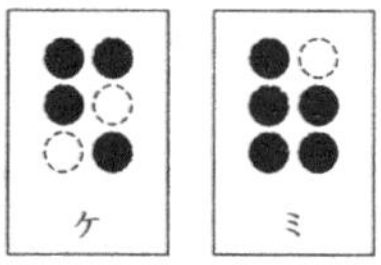

問４．(あ)シ　(い)110011　(う)011000　(え)001111　(お)ウ　(か)100100

《解　説》

1　**問１**　②は(イ)，④は(エ)，⑤・⑥は(ウ)と(カ)を選ぶ。[資料１]の各項目が二つずつ分類されることを読み取る。日本のＯＤＡは「多国間協力」「二国間協力」，二国間協力は「有償資金協力」「贈与」，贈与は「無償資金協力」「技術協力」に分類される。①は(オ)，③は(ア)。

問２　有償資金協力は，政府が開発途上国の設備建設に投資することだから，Ｂの道路建設への投資が当てはまる。技術協力は，日本の技術・技能・知識を開発途上国に伝えることだから，Ａの教育の知識や技術の伝達が当てはまる。多国間協力は，政府が国際連合などを通じて開発途上国に援助することだから，ＣのＵＮＩＣＥＦ(国連児童基金)への資金協力が当てはまる。

問３(1)　2020年の割合は，(キ)贈与が4877÷22700×100＝21.48…(％)，(ク)有償資金協力が14000÷22700×100＝61.67…(％)，(ケ)無償資金協力が1631÷4877×100＝33.44…(％)，(コ)技術協力が3246÷4877×100＝66.55…(％)。よって，(ク)と(コ)の割合が増えている。　**(2)**　[資料４]より，日本の援助が開発途上国の「自助努力」「将来における自立的発展」を目的としていることが読み取れる。そのことを踏まえて[資料５]を見ると，有償資金協力では開発途上国が資金を返済していくことで，技術協力では技術を活かすことで経済的な自立を目指していることが分かる。日本のＯＤＡは，返済を前提とした資金援助(円借款)の割合が高く，開発途上国の自助努力を引き出しつつも，貸付金利を低く設定して長期に分割して返済できるようになっていることも覚えておこう。

問４　[資料６]より，日本のＯＤＡ支出額は約17000百万ドルをピークにそれ以降は減少傾向であり，2015年にはドイツやイギリスに抜かれてしまったことが読み取れる。[資料７]と[資料８]より，ＳＤＧｓでは「ＯＤＡに支出した金額をＧＮＩで割った値が0.7％になる」ことを指標としているにもかかわらず，2018年の日本の値は目標の半分以下であり，ヨーロッパ諸国よりも低いことが読み取れる。

2 **問１**　［資料２］より，世田谷区・杉並区・大田区の人口が年々増加していることが読み取れる。その理由として，［資料３］と［資料４］より，世田谷区・杉並区・大田区の沿線に鉄道路線が増えたため，東京駅周辺の都心部へ通いやすくなったことが読み取れる。さらに［資料５］を見ると，都心で働いたり学んだりするために郊外に家を建てる人が増えたため，人口が増えていったことが導ける。

問２⑴　①江戸時代において人口が増えた期間は，始めの1603年から中ごろの1720年までである。この期間に，人口は約1200万人から約3200万人まで増加しているので，およそ2000万人増加したと導ける。　**⑵**　一段落に着目しよう。新種作物の導入・生産力向上，流通の拡大，１日３食制の定着などにより食生活が充実し，衣類・寝具の改善，たたみの普及などにより住生活が向上したことが読み取れる。

問３　①が正しい。2000年以降に15～64歳人口が減少し続けていくことは［資料８］，働く人の減少により生産力が減少していくことは［資料９］から読み取れる。　②［資料８］より，2040年から2060年にかけて，65歳以上人口は減少し続けていく予測である。　③［資料８］より，2010年から2060年にかけて，14歳以下人口は減少し続けていく予測である。［資料９］より，地域人口が減少していくため，地域社会の維持は困難になる。　④［資料８］より，2020年の高齢化率は29％なので，30％をこえていない。

問４⑴　最後の「フランスでは，子どもが増えると国からの支援額もどんどん増えていく」から，子育てにおける経済的支援が手厚いことが導ける。　**⑵**　真ん中の「(子育て支援)施設には，子育てアドバイザーがいつもいて，子育ての不安やなやみを気軽に相談することができる」から，子育てにおける精神的支援が手厚いことが導ける。

3 **問１**　１個の点に対して，●か○の２通りの表し方があるから，３個の点を使うと，２×２×２＝８(通り)の組み合わせを作ることができる。

問２　問１をふまえると，点が５個の場合は２×２×２×２×２＝32(通り)，点が６個の場合は32×２＝64(通り)の組み合わせを作ることができるとわかる。

問３　各段，各行ごとに点字を見ていくと，解答例のようなことに気づける。「ミ」はイ段だから，１，２の点が黒丸となり，マ行だから，３，５，６の点が黒玉となる。

問４　資料８の計算のルールから，「０－０＝０」「１－０＝１」「１－１＝０」「０－１＝１」になるとわかる。

う＋000010＝011010より，う＝011010－000010＝011000

101011＋い＝うより，101011＋い＝011000だから，い＝011000－101011＝110011

よって，１，２，５，６の点が黒丸だから，あに入る文字は，「シ」である。

え＝011010＋010101＝001111

え＋か＝101011より，001111＋か＝101011だから，か＝101011－001111＝100100

よって，１，４の点が黒丸だから，おに入る文字は，「ウ」である。

★九段中等教育学校　2021 令和3年度　適性検査3

《解答例》

1　問1．B　　問2．(1)右図　(2)1：9　　問3．右図

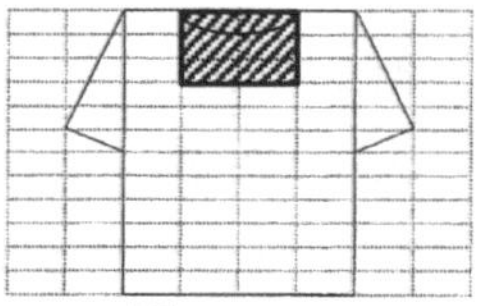

1問2(1)の図

1問3の図

問4．

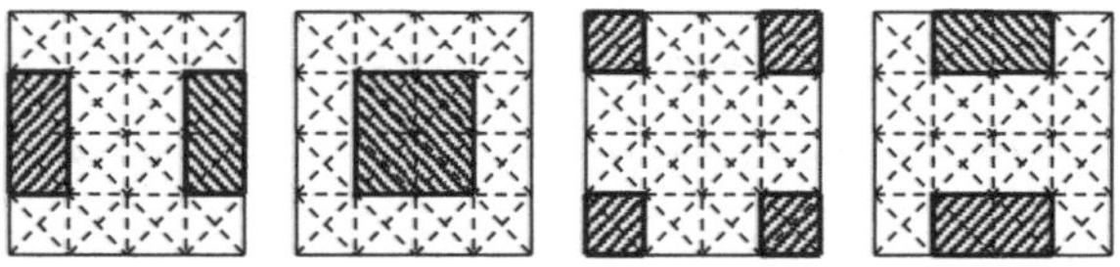

のうち1つ

2　問1．18℃より低くなる時期がある　　問2．(イ)西　(ウ)寒流　(エ)暖流

問3．(1)90.1　(2)56.5　　問4．(1)カッチュウソウがサンゴから抜け出ていく。

サンゴはエネルギーの約90%をカッチュウソウから得ているので，カッチュウソウが失われればサンゴは死めつし，サンゴが放出するねん液をエサとしているまわりに生息する生物も死めつする。　(2)平均気温が上しょうすることで，世界各地で海面水温が30℃をこすようになってきているから。

3　問1．アよりも高くなる。　　問2．ふき上がる水の高さ…ふん水の口の太さを変化させても変化しない。

ペットボトル①の水の減る速さ…ふん水の口の太さを細くするとおそくなる。

※問3．1秒あたり3mL出るふん水の口…4　1秒あたり8mL出るふん水の口…1

問4．(あ)ペットボトル③の水だめの水面より低く　(い)大きく　(う)細くする

※の計算は解説を参照してください。

《解　説》

1　**問1**　たての中心線で折っているのは折り方Bだけなので，たろうさんは折り方Bについて述べているとわかる。

問2(1)　資料2の図から，そでを除いた部分について，左側，右側をそれぞれ中心線に向かって折っていることがわかるので，③の後，たて12目もり，横2目もり分の長方形の部分が見える。④，⑤でたてを2回半分で折っているから，たて12÷2÷2＝3(目もり)，横2目もり分の長方形の部分が見える。

(2)　たて1目もり，横1目もりの長方形の面積を1として考える。

たたみ終わった後に見えるシャツの面積は，3×2＝6である。

たたみ始める前に見えるシャツは，そでを除いた面積が12×4＝48，そでの面積が(6×1÷2)×2＝6だから，全体の面積は，48＋6＝54である。よって，求める面積の比は，6：54＝1：9

問3　資料6と同様に考えると，たたんでいくと右図のようになるから，折れ線は解答例のようになる。

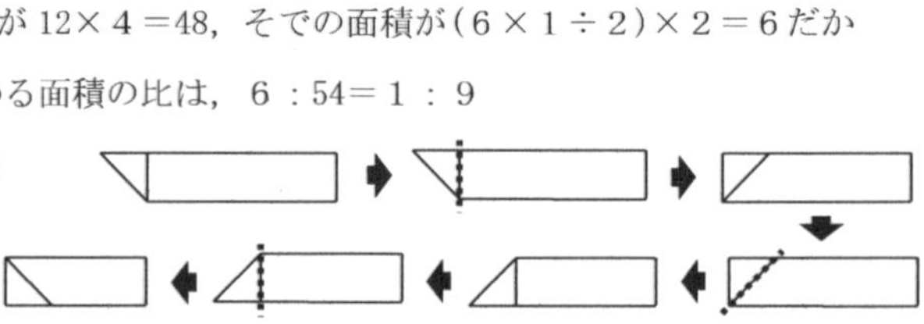

問4　正方形の紙を2回折りたたんだときの折りたたみ方によって，模様が変わる。資料10のように正方形の紙を2回折りたたみ，さらに半分に折った場合，広げると右図のような模様ができる。

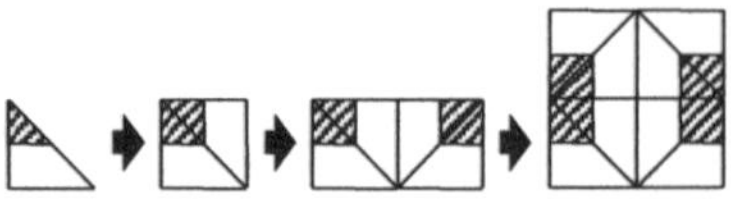

2　**問1**　資料3の条件のうち，資料4からわかることは水温についてである。資料4より，館山市沿岸の海面水温は30℃より高くなることはないが，18℃より低くなることがあるので，館山市沿岸でサンゴ礁《しょう》の観察ができない。

問2　資料5と6を見比べることで，赤道付近の暖流の影響《えいきょう》を受けるところではサンゴ礁が形成され，寒流の影

響を受けるところではサンゴ礁があまり形成されないことがわかる。

問３(1)　$\frac{225.9}{250.7}\times 100=90.10\cdots 90.1\%$　　**(2)**　225.9ジュールが８割にあたるので，２割は$225.9\times\frac{2}{8}=56.475\rightarrow$56.5ジュールである。

問４(1)　生態系とは，ある環境とそこに生息する生物を大きな１つのまとまりとして見たものである。海水温の上しょうがサンゴとカッチュウソウだけでなく，そのまわりに生息する生物にも影響を与《あた》えるということである。

(2)　地球温暖化は，陸に生息する生物だけでなく，海に生息する生物にも影響を与えている。

3　**問３**　25秒間で500mLの水がふき上がるためには，１秒間で$\frac{500}{25}=20$(mL)の水がふき上がるようにすればよい。１秒あたり８mL出るふん水の口を３本以上にすると20mLをこえるので，２本以下で考えると，３×４＋８＝20より，１秒あたり３mL出るふん水の口を４本，１秒あたり８mL出るふん水の口を１本組み合わせればよい。

問４　(あ)(い)資料10のサとシより，ペットボトル②の水だめの水面とペットボトル③の水だめの水面の高さの差が大きいとふき上がる水の高さが高くなると考えられる。　(う)資料９のふん水では，ペットボトル③の水がなくなると，ふん水が止まる。したがって，問２と同様に考えて，ペットボトル③の水の減る速さがおそくなるように，ふん水の口の太さを細くすれば，水が長い時間ふき上がる。

《解答例》

一　問1．いま、ここに在ることが生き生きと感じられてくる　　問2．淡い日光が草の葉を照らしている
問3．なくしてはいないでしょうか。　　問4．(1)意味だけでできているものだ　(2)(例文)まわりにさまざまなものを集めているような言葉をたくさん持ち、なくてはならぬ言葉、心の風景をつくる言葉を選んで使うこと。

二　問1．天体の高度を測り、観測値をもとに計算をして、自分のいる地球上の緯度や経度を知る
問2．天測をマスターするのにぴったりな本を見つけることができ、勉強意欲に燃えたから。
問3．(例文)
現代機器を使用した旅のよさは、周囲の地形を確認するなどの作業を自分ですることなく、ボタンを押すだけで位置が分かることだ。一方、地図とコンパスを用いた旅のよさは、周囲の風景への志向性が高まり、風景を自分の世界に取り込むことができることだ。
私は地図とコンパスで旅をしたい。なぜなら、旅先の様子をよく見て、その風景の中に自分がいることを実感したいからだ。もし地図とコンパスの方法で困ったら、その土地に住む人に聞く。現地の人とのコミュニケーションは、旅の思い出の一つになるだろう。

《解　説》

一　**問1**　傍線部《ぼうせんぶ》①の前後をふくめた「その言葉によって，自分が生かされていると感じている言葉というのがあります」と，最後の段落の「その言葉によって，いま，ここに在ることが生き生きと感じられてくる。そういう言葉を，どれだけもっているか」が，類似していることに着目する。

問2　「筧《かけい》の話」の「梢《こずえ》の隙間《すきま》を洩《も》れて来る日光が～弱い日なたを作つてゐた～なかには『まさかこれまでが』と思ふほど淡《あわ》いのが草の葉などに染まつてゐた。試《ため》しに杖《つえ》をあげて見ると，ささくれまでがはつきりと写つた」より，確かめたのは「まさかこれまでが」と思ったことだと分かる。まさかと思うほど淡い日光が草の葉などを照らしていることを，杖をあげて見て確かめたのだ。

問3　「『しげしげと目の前の風景を眺《なが》める』習慣をなくしてはいないでしょうか。そして，そのために『幸福感』をも」の「も」に着目する。「も」は，同じようなことが他にもあることを表す。よって，「幸福感」についても「『しげしげと目の前の風景を眺める』習慣」と同じように「なくしてはいないでしょうか」と筆者が問いかけていると思われる。

問4(1)　「活字という文字には匂《にお》いがあった～言葉は意味だけでできているのではなくて，文字には墨《すみ》の匂い，インクの匂い，紙の手触《てざわ》り，風合いがありました。本を手にする，本を読むことは，そういう感覚を覚えるということでもあったけれども～『本』という言葉も今日では，もうなくてはならぬ言葉，心の風景をつくる言葉として，ある親身な感覚を喚起《かんき》する言葉というふうではなくなっています」と述べられている。言葉が使《つか》い捨《す》てにされていない時代，人びとは「言葉は意味だけでできている」と考えていなかった。「なくてはならぬ言葉，心の風景をつくる言葉としてあるだろうかということを考え」，そういう言葉を自分のなかにたくさんもつことで，心のゆたかさをつくっていたのだ。　(2)　傍線部④の直前の段落に述べられている筆者の主張をふまえ，言葉を使い捨てにしないためにどうしたらよいかを自分なりに考えてまとめる。

二　**問1**　「天測というのは簡単《かんたん》に説明すると」という書き出しの，第2段落(最初の3文)の言葉を用いてまとめる。

問2　傍線部②の前の「まずは本屋に行って手ごろな教科書がないか物色することにした」「『天文航法』という～本を見つけた。天測で海を航海する方法を天文航法と呼《よ》ぶのでタイトル的にはぴったりだ」「これを読みさえすれば天測をマスターできる」と，傍線部②の直後の「だが現実に横文字の記号や複雑そうな計算式，しばしば登場する三角関数の記号を見ていると，正直，赤く燃えあがっていたやる気の炎《ほのお》も急激《きゅうげき》に鎮静化《ちんせいか》するのを感じる」などから，傍線部②の時点では，天測をマスターするのにぴったりな本を見つけることができ，勉強意欲に燃えていたことがわかる。

問3　筆者は，「現代機器を使用した旅のよさ」として，「別に自分で何か作業をしなくても，テントのなかでぽちっとボタンを押《お》すだけで地図上の位置が分かるので，周囲の地形を確認する必要もない」という便利さを挙げている。一方，「地図とコンパスを用いた旅のよさ」として，「まわりの山や谷に目をやり～風景を見わたし～山の頂《ちょう》上《じょう》や尾根筋《おねすじ》，谷の向きなどを見つけ，それを地図のなかに見出して自分の位置を求めるというプロセスを経ることで，周囲の風景への志向性が高まり，私と周囲の地形との間にある種の抜《ぬ》き差《さ》しならない関係性が生じ～風景を自分の世界に取り込《こ》むことができる」という点を挙げている。

《解答例》

1　問1．右グラフ　問2．(オ)短く　(カ)小さく

問3．右図　問4．ほとんどの場合交わる点が2つあるから。

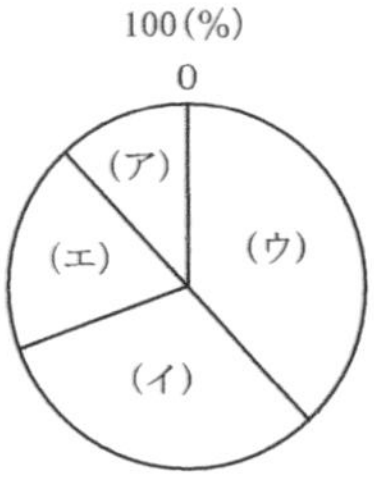

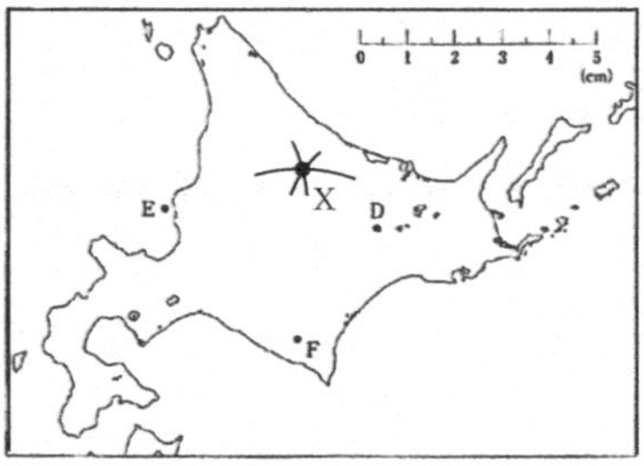

2　問1．(ア)曜日　(イ)分別

問2．参勤交代によって，各藩の藩主と家来が住むようになり，また，江戸城開発工事のために，全国から集められたさまざまな業者が城の完成後も江戸に残ったから。

問3．江戸の人たちには捨てるのは「もったいない」という損得勘定が働き，肥くみの下肥や古骨買いの古かさなど，捨てればタダのものを，売れば金になるという，経済的な合理精神があったから。

問4．(1)みさき　(2)使っていない部屋を有料で貸し出すことで維持費を得ることができる点。

3　問1．B，F　問2．グラフ…G，I　理由…Gは，資料3②の取り組みによる売り上げ増加を示すグラフであり，Iは，資料4の「島留学」による島外生徒の増加を示すグラフだから。　問3．冬に家族といっしょに来る観光客を増やすために，スキー場で家族がいっしょに受けることができるスキーやスノーボードの体験教室を開く。

《解　説》

1　**問1**　各年齢のスマートフォンの利用者の割合を表すおうぎ形の中心角を求める。全部で360度なので，大きい順に考えると，(ウ)が$360\times\frac{38.1}{100}=137.16$より，小数第一位を四捨五入して137度，(イ)が$360\times\frac{31.4}{100}=113.04$より113度，(エ)が$360\times\frac{18.6}{100}=66.96$より67度，(ア)が$360\times\frac{11.9}{100}=42.84$より43度である。

(ア)から(エ)の中心角の和は360度になるので，解答例のように円グラフに表せる。

問2　人工衛星から現在地までの距離が最短となるのは，[資料4]の円の中心に移動したときである。

よって，円よりも内側に移動すると，人工衛星から現在地までの距離はオ短くなり，円の大きさはカ小さくなる。

問3　地図上では50㎞が1㎝なので，D，E，Fの人工衛星からの距離は，地図上でそれぞれ100÷50＝2(㎝)，150÷50＝3(㎝)，175÷50＝3.5(㎝)となる。よって，D，E，Fから，半径がそれぞれ2㎝，3㎝，3.5㎝となる円の一部をかき，交わる点を探すと，解答例のようにXを見つけることができる。

問4　2つの円が交わる場合，ほとんどは右図Iのように交わる点が2つあるので，基本的には見つけることができないが，図IIのように2つの円が接するときは交わる点が1つに定まる。

図I　図II

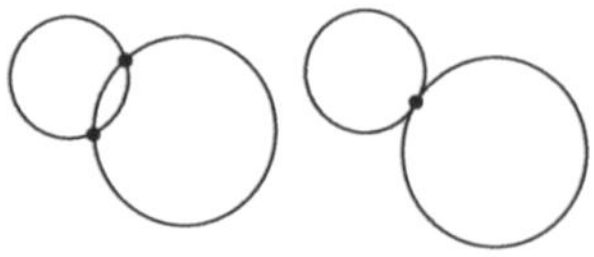

2　**問1**　ごみを種類ごとに分別し，可燃ごみは毎週月曜日と木曜日，ペットボトルは第2と第4の火曜日，紙類・布類は第2と第4の金曜日に出すように決められている。

問2　参勤交代は，徳川家光が武家諸法度に追加した法令で，大名を江戸と領地に1年おきに住まわせる制度である。[資料3]より，江戸城の築城工事を命じられた大名が多かったこと，[資料4]より，江戸城開発のために集められた専門業者には，築城後も江戸に住み続けた者が多かったことを読み取ろう。

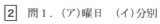

問3　江戸時代のリサイクルが環境に配慮したものではないことに注意しよう。［資料５］の「不要なものでも売れるものであるならば，捨てるのは『もったいない』という損得勘定が働き，リサイクルを促進させていた」「不要なものを捨てればタダだが，売れば金になるという，経済的な合理精神が働いていた」に着目し，［資料６］で「肥くみ」は人間の糞尿，「かさの古骨買い」は古いかさというように，ごみを売って金にしていた点で共通していることを導きだす。

問4⑴　たつやさんは宿泊先を探しているから，空き部屋の活用を考えているみさきさんと結びつけられる。ひさしさんは自転車を買いたい人，ちかこさんは旅行先のおみやげをもらいたい人や買いたい人と結びつけられる。

⑵　シェアリングエコノミーが，使われてないものを有効活用するしくみであることを踏まえて考えよう。住宅の空き部屋を有料で貸し出す民泊には，収入を得られることのほか，国内外からの宿泊者と交流する機会を得ることができるといった利点もある。

3　**問1**　カードＢとカードＦが正しい。カードＢは［資料１］と［資料２］の市長の声から，カードＦは［資料１］と［資料２］の市役所の職員の声から判断できる。　カードＡ．［資料１］にあやめ中学校は見当たらない。
カードＣ．［資料２］の市役所の職員Ｙさんの声より，保育園設置の理由は「保育士になりたい人が全員就職できるよう」でなく「希望者が全員入園できるよう」にするためである。　カードＤ．［資料２］の市役所の職員Ｚさんの声より，空き地にできた住宅地に引っこしてきたのは，「Ｘさんの家がある住宅街」でなく「あやめ市外」の人である。　カードＥ．［資料１］より，あやめ市となった後も駅は１つだけで，新しい駅はできてない。

問2　グラフＧとグラフＩを選ぶ。グラフＨは農家が利用している田畑の面積が減少傾向にあることを示すグラフである。グラフＪは海士町の人口の割合を示すグラフであり，人口減少を示すグラフではないから，注意しよう。

問3　①と②の条件について，［資料５］より，観光客が多い冬に最も少ない客層は，家族といっしょに来た（来る）観光客である。それを踏まえて［資料８］を見れば，冬に家族で楽しめるスキー場でのイベント開催が観光客数の増加につながると導ける。解答例の「スキー場で家族がいっしょに受けることができるスキーやスノーボードの体験教室を開く。」を「スキー場で家族がいっしょに楽しめるそり遊びや雪遊び専用のスペースを作る。」とすることもできる。なお，かなさんの立場にたってとあるので，［資料８］の［さくら公園］は春，［くわがた，かぶと虫］は夏，［いちょう並木］は秋の観光資源なので，選ばないようにしよう。

《解答例》

1 ※問１．27　問２．⑴右図

0秒

⑵車と車の間を十分にあけて走行すればよい。

問３．右表

旅行日（ 4 月 3 日）	行程表
時刻（所要時間）	行　動　計　画
7：15	家を出発　一般《いっぱん》の道路を使って、いずみICに向かう
↓（　0時間　30分）	
7：45	いずみＩＣに到着《とうちゃく》　高速道路に入る
↓（ 0 時間 30 分）	
8：15	たかいＳＡに到着
↓（ 0 時間 30 分）	たかいＳＡで休けい
8：45	たかいＳＡを出発
↓（ 1 時間 15 分）	
10：00	あかしろＩＣに到着　一般の道路に入る
↓（　0時間　40分）	
10：40	お花見会場に到着
↓（　4時間　00分）	お花見
14：40	お花見会場を出発

2 問１．(ア)温かい　(イ)冷たい　(ウ)強風　(エ)気温の低下　(ウとエは順不同)　問２．冬の気温が十分に下がらず，表層の水温が下層の水温よりも低くならなかったから。

問３．酸素がとけている表層の水が下降することで，湖底にすむ生物が呼吸をすることができるから。

3 問１．30　問２．縦 50 ㎝，横３ｍ→300 ㎝の花だんに，15 ㎜→1.5 ㎝の深さでたまった水の体積は 50×300×1.5＝22500(㎤)である。１Ｌは 1000 ㎤だから，22500÷1000＝22.5(Ｌ)となる。　答え…22.5　問３．水蒸気が水や氷になることで　問４．空気中にふくまれている水蒸気の量が多いと，ツバメのえさとなる虫が低く飛ぶようになり，ツバメがその虫を食べるために低く飛ぶから。

※の考え方や途中の計算式は解説を参照してください。

《解　説》

1 **問１**　車Ａから，１台後ろに下がるごとにその車は時速３㎞減速するから，79÷３＝26 余り１より，車Ａから 26 台後ろの車は，時速(79－３×26)㎞＝時速１㎞である。その車からもう１台後ろの車は停車するから，車Ａの後ろから 26＋１＝27(台目)の車が停車する。

問２⑴　図１の渋滞部分のように，３台の車で渋滞している場合，右図ｉのように２秒後に渋滞がなくなる。このとき，図ｉの色付きのマスにある車は動いていないので，２秒後までに色付きマスの左隣《どなり》のマスに車がついて新しい渋滞が起きないようにする。そのため，

図ｉ
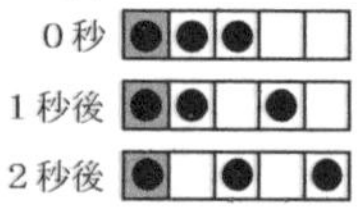

図ⅱ
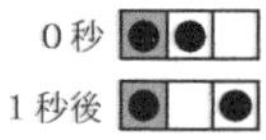

図ｉの色付きマスから左に３マス分は車がいないようにする。同様に考えると，２台の車で渋滞している場合は図ⅱのように１秒後に渋滞がなくなるから，図ⅱの色付きマスから左に２マス分は車がいないようにする。また，常に車と車の間が左右に１マスあいていれば，渋滞が起きることはないので，解答例のようになる。

解答例以外にも，右図ⅲのように車の位置は他にも色々考えられる。

図ⅲ
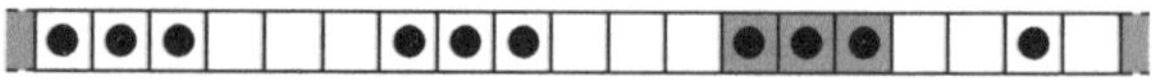

⑵　⑴の解説から，車と車の間の距離《きょり》が十分に空いていれば，新しい渋滞が起きないようになることがわかる。

問３　旅行日は，桜が満開であり，次の日が土日祝日となる４月３日か４月４日である。また，いずみＩＣに到着するのは７時 15 分＋30 分＝７時 45 分であり，この時間に渋滞にならないためには旅行日を平日にする必要があるので，旅行日は４月３日に決まる。たかいＳＡに到着するのは７時 45 分＋30 分＝８時 15 分である。たかいＳＡ→はなのＩＣ→あかしろＩＣまで，渋滞がない場合の所要時間の合計は 30 分＋45 分＝１時間 15 分であり，はなのＩＣ→あかしろＩＣで渋滞にならないために，あかしろＩＣに 10 時までに到着する必要がある

(はなのＩＣを11時過ぎに通っても渋滞は回避できるが，その場合は15時までにお花見を終えることができない)。よって，たかいＳＡで最大限休けいをとる場合，たかいＳＡを10時－１時間15分＝８時45分に出発するので，たかいＳＡでの休けい時間は８時45分－８時15分＝30分である。

お花見会場には10時＋40分＝10時40分に到着し，10時40分＋４時間＝14時40分に出発する。

2 **問１**　ア，イ．資料２より，同じ容積では，30℃の温かい水は８℃の冷たい水よりも軽いことがわかる。

問２　全層循環が起こらないということは，表層の水が下降しないということである。表層の水温が下層の水温よりも低くならなければ，表層の水が下降することはない。

問３　水中にすむ生物は，水にとけた酸素を使って呼吸している。先生の発言にあるように，琵琶湖の深い場所では，空気とふれて酸素がとけこむことも，(光合成を行って酸素をつくりだす)水草から直接酸素がとけることもないので，湖底にすむ生物が呼吸をするには，酸素がとけている表層の水が下降してくることが，必要不可欠である。

3 **問１**　転倒ます１回の転倒で0.5㎜の雨量を計測したことになるから，15㎜の雨量を計測したときには15÷0.5＝30(回)転倒したことになる。

問３　資料４より，水蒸気が冷やされると水になることがわかり，資料５より，上空では水が氷になる０℃よりも低くなっていることがわかる。

問４　ツバメは主に，空中を飛んでいる昆虫《こんちゅう》(トンボ，ハチ，ハエなど)をえさとする。えさとなる昆虫が低く飛ぶようになれば，それを食べるためにツバメも低く飛ぶようになるということである。

《解答例》

一　問１．小むすめと黄ちょうが自分についてきてくれること　　問２．愛想よく答えると、かえって菜の花に気をつかわせてしまうと思った　　問３．苦しくないということを示し、菜の花を安心させたかった　　問４．⑴心配
⑵(例文)
私がむねにいだくようにしているのは、飼いねこのミミです。以前家の外に出て迷子になったことがあり、またいなくならないか心配だからです。

二　問１．ア…対話　駒を動かすことは、自分の考えを示すことであり、盤上で話をしているようなものだ
問２．常識にとらわれること　　問３．相手もこちらの考えや、これからどう指すかを予測しやすい
問４．(例文)
　本文で用いられている「三人寄れば文殊の知恵」ということわざは、将棋でも、目標や価値観を共有できるチームやグループで一緒に研究すれば、一人でやるよりも様々なアイデアや発想が生まれるという意味である。
　班ごとにテーマを決め、調べたことを新聞にするという授業があり、私の班では、調べる方法や新聞の内容についていろいろな意見やアイデアが出た。それらを反映して作った新聞はたくさんの工夫があり、友だちや先生からおもしろい新聞だと言ってもらえた。

《解　説》

一　**問１**　傍《ぼう》線部①の前の段落を参照。傍線部①で「さもうれしそう」だったのは、菜の花を「小さな流れ」に流した小むすめが、菜の花を追ってかけて来たから。傍線部②は、黄ちょうが飛んできて、「菜の花の上をついて飛んで来」たから。菜の花は、かまってもらえることをうれしく感じている。

問２　「かえって（＝反対に）」というのは、菜の花が「今度はあなたが苦しいわ」と娘を心配しているのだから、本当なら愛想よく返さなければならないのに「かえって」ということ。傍線部④の前でも同じように菜の花が心配すると、小むすめは「菜の花に気をもませまいと」菜の花より先にかけていくことにした。ここから、小むすめが菜の花に気をつかわせまいとしていることが読みとれる。愛想よく答えると会話が続き、さらに菜の花が気をつかって色々なことを言ってくる可能性がある。

問３　問２の解説を参照。菜の花は、小むすめが自分を追って走り続けているので、苦しいのではないかと心配している。小むすめは、まだ体力に余裕《よゆう》があり、苦しくないことを示すために先にかけていくことにしたのである。

問４⑴　前の部分で菜の花が、「死にそうな悲鳴」をあげ「花も葉も色がさめたように」なっていたために、小むすめは傍線部⑤のようにした。こうした状況から、菜の花を「心配」したことが読みとれる。　**⑵**　自分が「心配」して、「むねにいだくように」大切にしている物事を書く。

二　**問１**　直後の「将棋《しょうぎ》では～言葉を交わすことはほとんどありませんが～盤上《ばんじょう》で話をしているようなものだ」より、「対話」が適する。

問２　傍線部①の１～６行前で、「身に着けてきたものが先入観や思い込みになって～新しいものが生まれてこない～クリエイティブなことをしようと思ったら、先入観を完全に頭の中から消し去るのが理想です」「まっさらな状態になって～考える。それが～」と言っているから、「新たなものを生み出す」のを難しくするのは、「先入観」や「思い込み」であるとわかる。この「先入観」、「思い込み」と同じことを言っているのが、対談Ｂの最後から６

行目の「常識にとらわれること」。

問3　自分が三手先を予測して打つように、相手も、自分の手を予測して打ってくるはずである。その時に自分が「これがいい」と思って指す手は、相手も当然思いつく手である可能性が高いということ。反対に、自分でも確信の持てない手は、自分でもいいのかどうか分からないのだから、相手にとって予測がつかない手になるのである。

《解答例》

1　問1．右表　　問2．(1)4，6，7 ／ 2，7，8 ／ 3，6，8
(2)AとBの机の個数の和がCの机の個数よりも多い。

	ご飯	パン	めん類
①	1	2	7
②	1	3	6
③	1	4	5
④	2	3	5

2　問1．(ア)減る　(イ)低い　　問2．(1)(ウ)5　(エ)クリスマス　(2)品種改良によって，早く成熟する性質を持ち，12月中旬から収穫できる品種をつくる努力。
問3．(1)③　(2)高級な　(3)特ちょう

3　問1．(1)右下グラフ　(2)価格…250　理由…買い手が買いたい数の合計と価格と，売り手が売りたい数の合計と価格が一致しているから。
問2．(1)300　(2)①　　問3．価格にみあわない品質の悪い商品を売るお店が出てくるから。

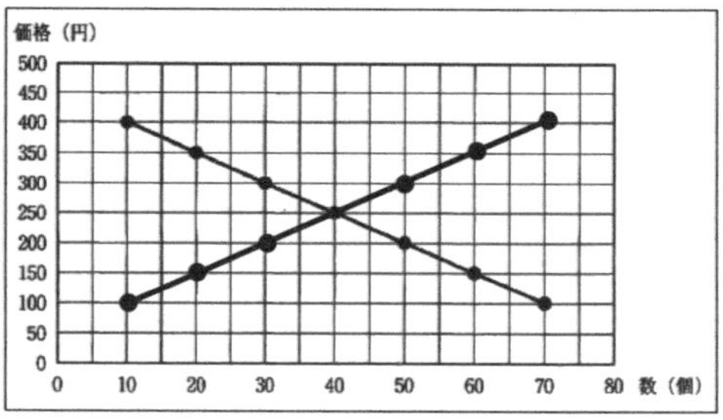

《解　説》

1　問1　ご飯の数によって場合を分けて考えればよい。ご飯が1のとき条件に合う組み合わせは，(ご飯，パン，めん類)＝(1，2，7)(1，3，6)(1，4，5)の3通り，ご飯が2のとき条件に合う組み合わせは，(2，3，5)の1通りである。

問2(1)(2)　［資料5］で三角形を作ることができないのは，AとBの机の個数の和がCの机の個数より少ないからである。AとBの机の個数の和がCの机の個数と同じでも三角形は作れないので，三角形を作ることができるのは，AとBの机の個数の和がCの机の個数よりも多いときである。したがって，Cの机が，17÷2＝8.5(個)より少ないとき，つまり8個以下のときに三角形を作ることができる。

Cの机が8個のとき，AとBの机の個数の和は17－8＝9(個)であり，Cの机の個数が最も多いのだから，(Aの机，Bの机，Cの机)＝(2個，7個，8個)(3個，6個，8個)(4個，5個，8個)の3通りが考えられる。

Cの机が7個のとき，(Aの机，Bの机，Cの机)＝(4個，6個，7個)の1通りが考えられる。

Cの机を6個以下にするとBの机が6個以上になってしまうので，条件に合わない。

2　問1　［資料1］と［資料2］より，茨城県では気温が最も高くなる6月～9月の時期をさけて，平均気温が20度を下回る冬から春にかけての比較的暖かい時期にレタスを作っていることが読み取れる。さらに，［資料2］から，長野県では気温が最も高くなる6月～9月の時期でも，平均気温が20度以下であることを読み取り，それらの時期が［資料1］のレタスの出荷時期と重なることに関連付けて，レタス作りには涼しい気温が適していることを導きだそう。なお，高冷地で見られる，夏の涼しい気候をいかして，高原野菜の時期をずらして栽培する方法(高冷地農業による抑制栽培)は，長野県のレタスのほか，群馬県のキャベツなどもある。

問2(1)(ウ)　［資料4］より，1960年に取り引きされたいちごの半分の割合が5月分で，その後，約30%(1970年)→約15%(1980年)→約10%(1990年)と減少している。　　(エ)　［資料5］の「12月中旬から収穫できる品種の

『女峰』の登場…当時の目標はクリスマス出荷だったので，外観もきれいな女峰は一気に広まりました」から考える。

(2)　[資料５]より，栃木県のいちご栽培の歴史において「技術的な転換点をむかえたのは昭和 60(1985)年」であることに着目し，その年に登場した品種「女峰」が「早く成熟する性質をもち，12 月中旬から収穫できる」という長所をもつことを読み取る。

問３(1)　③[資料６]より，栃木県産いちごの出荷量は平成 25 年以降減少しており，販売額は平成 24 年以降増加している。　**(2)**　(1)を踏まえて，いちご一つあたりの販売額が高くなっていることを読み取り，[資料７]の「ブランド品種(ブランド価値を付け，消費者の要望に合わせて改良を重ねた品種)開発」「一つあたりの価格の高いいちご」から導く。「商品価値が高い」や「単価が高い」などでもよいと考えられる。　**(3)**　[資料７]より，福岡県の「あまおう」は「あかい，まるい，おおきい，うまい」，熊本県の「ゆうべに」は「色つやの良さ」という特ちょうから名づけられたことを読み取る。

3　**問１(1)**　[資料３]の横じくは売り手が売りたい数，たてじくは売り手が売りたい１個の価格だから，[資料２]より，売り手が 10 個売りたいときは１個 100 円，20 個売りたいときは１個 150 円…70 個売りたいときは１個 400 円と，[資料１]のグラフのかき方にならって点をかき入れ，直線で結ぶ。　**(2)**　[資料３]より，買い手が買いたい量(需要量)と売り手が売りたい量(供給量)が 40 個のとき，１個の価格が 250 円で一致していることを読み取る。このような，需要量と供給量が一致する価格のことを均衡《きんこう》価格と言う。

問２　問１(2)の解説を踏まえて，[資料５]と[資料７]の均衡価格は 250 円で需要量は 40 個，[資料６]と[資料７]の均衡価格は 300 円で需要量は 50 個であることを読み取れば，ハンバーガーが人気になる前後で均衡価格と需要量が上がっていることが導ける。

問３　一部の企業が生産や販売市場を支配する状況を寡占化と言う。寡占化が進むと，企業の利潤が多くなるように一方的に価格が決められたり(独占価格)，商品の品質を下げられたりして，消費者が損をするおそれがある。こういった，競争を避けるために価格の維持や引き上げの協定を結ぶカルテルなどは，公正取引委員会が運用している独占禁止法によって禁じられている。

★九段中等教育学校　2019 平成31 年度　適性検査3

《解答例》

[1] 問1．右図　　問2．向かい合う曲辺

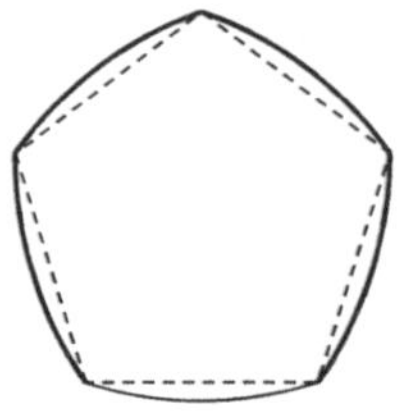

問3．※(1)ルーローの三角形…197.82　ルーローの五角形…197.82

(2)あなたが予想したこと…どちらも周の長さは197.82 cmになっている。

その理由…197.82 cmは直径63 cmの円の円周の長さであり，ルーローの図形は頂点を増やすほど円に近づいていくから。

[2] 問1．8.5　　問2．(ア)短く　(イ)コウモリとえもののきょりが近づいている　　問3．エコーとヒトリガの出した高い音が重なって聞こえる

[3] 問1．(1)②　(2)(ア)はね返す　(イ)見えにくく　　問2．白いレースカーテン　　問3．白いレースカーテンと同じ厚さにすること。

※の考え方や計算のと中の式は解説を参照してください。

《解　説》

[1] **問1**　頂点にコンパスの針をさし，その頂点と向かい合う曲辺をかくことを4回くり返せばよい。

問3(1)　ルーローの三角形では，1本の曲辺は，半径が63 cmで中心角が60度のおうぎ形の曲線部分になっているから，周の長さは，$(63\times2\times3.14\times\frac{60}{360})\times3=63\times3.14=197.82$(cm)

ルーローの五角形では，1本の曲辺は，半径が63 cmで中心角が36度のおうぎ形の曲線部分になっているから，周の長さは，$(63\times2\times3.14\times\frac{36}{360})\times5=63\times3.14=197.82$(cm)

[2] **問1**　音が伝わったきょりは $340\times0.05=17$(m)である。このとき音は，コウモリとえものの間を1往復しているから，コウモリとえもののきょりは $17\div2=8.5$(m)である。

問2　コウモリが高い音を出してからエコーがコウモリに聞こえるまでの時間が短いときほど，コウモリとえもののきょりは近い。

問3　資料4より，ヒトリガが高い音を出し始めると，コウモリはどの音がエコーで，どの音がヒトリガの出す高い音であるのか区別できなくなると考えられる。

[3] **問1(1)**　①資料2の方法(2)より，家の模型の中に取り付けた小型のライトの明るさは変化させていないことが分かる。②資料3より，Cでは外から光を当て，Dでは外から光を当てなかったことが分かる。③資料3より，CとDはどちらも白いレースカーテンを閉めたことが分かる。　**(2)**　家の模型の中では小型のライトを点灯させているので，その光が窓から外に出てくる。外から光を当てると，家の模型の中からの光の量よりもカーテンではね返る光の量の方が多くなるため，カーテンが明るく目立ち，家の模型の中が見えにくくなる。

問2　入浴剤をまぜた水が入った水そうが白いレースカーテンと同じようなはたらきをしたことで，外から光を当てたとき，家の模型の中のようすが見えにくくなったと考えられる。

問3　ある条件のちがいによって結果がどのように変わるかを比べるときは，その条件以外はすべて同じにしなければならない。ここでは，カーテンの色のちがいによる見え方のちがいを確かめたいのだから，カーテンの色以外の条件が変わらないように，カーテンの厚さや大きさ，素材，目の細かさなどは同じにしなければならない。

★九段中等教育学校　2018 平成30年度　適性検査1

《解答例》

一　問1．蜜柑のふさ〔別解〕小ぶくろ　　問2．自然の美　　問3．(1)ただ目の前のものを見ているだけで発見や感動がない　(2)自然の美に気づき、人生が深く豊かなものだと感じられる　　問4．きっと、蜜柑の中に隠されている無限に広がる美を感じることができるでしょう

問5．(例文)

雪の結しょうという自然の美が隠されているのを知った時、物事の真の姿は、肉眼では見えない部分にあるのかもしれないと思った。

二　問1．見てきたビジュアル情報〔別解〕経験したビジュアル情報　　問2．自分と対話

問3．ア．読む　イ．書く　　問4．上書きし続ける

問5．(例文)

筆者は、人は、多くの他人が過去につくりあげてきたもの(＝バトン)を受け取って、それを身に付けて自分という人間をつくりあげていると考えている。知識として手に入れたものも、自ら体験したことも含めて、今の自分があるということだ。

読書をして知識を得たり、音楽をきいて心が和んだり、美術館に行って作品に圧とうされたり…。私自身も、先人の努力や知えを受け取りながら成長している。そして私も、自分が受け取ったバトンを、次の世代の人たちに受けわたしていくのだと思う。

《解　説》

一　**問2**　蜜柑《みかん》が、改めて見ると不思議なほどに美しくかわいらしい形をしていることから、筆者は蜜柑を作り出す世界を「精密《せいみつ》機械の仕事場」にたとえている。傍線部《ぼうせんぶ》②の直後の「あなたの足は未見の美を踏《ふ》まずには歩けません」からも、傍線部②が、世界に「美」があふれていることを言うための表現だとわかる。また蜜柑や葡萄《ぶどう》などは、自然が作り出したものだから、解説文の1行目の「自然の美」をぬき出す。

問3　「仮《か》りの身」が「しんじつの身」に変わるのは、自分の身のまわりの自然にある「美」に気づいたとき。「仮りの身」の時は、この「美」に気づかないため、「ただ見るだけ」で「〈わかった！〉と思う瞬間《しゅんかん》」もなく、「何も生きる意味の無い」と感じてしまう。しかし、目の前にあるものに「無限に広がる美」があると気づくことができれば、人生が「もっと深く、豊かなもの」になり、「しんじつの身」に変わることができるのである。

問4　高村光太郎《たかむらこうたろう》は、傍線部④のように呼びかけることで、蜜柑にある「美」に気づかせようとしている。この「美」とはどういったものなのかを、詩の「世界は不思議に満ちた精密機械の仕事場」「時間の裏空間《うらくうかん》の外をも見ます」という表現や、解説文の「その中には、無限に広がる美が隠《かく》されています」などの部分を参考にして考えて書くとよい。

二　**問1**　傍線部①をふくむ一文に「僕《ぼく》が今までの人生で見てきたありとあらゆるビジュアル情報が～ストックされていて、そこから～選択《せんたく》しながら描《か》かされている」とあるので、この「今まで～見てきた～ビジュアル情報」によって描かされていると感じていることがわかる。直後の段落にも「過去に経験したビジュアル情報の断片《だんぺん》の中から～

ペンを走らせます」と同じような表現がある。

問２　「大きな地下室」は、過去の記憶《きおく》がつまった自分の心をたとえたもの。ドローイング（絵）を描いているときに外部から影響《えいきょう》を受けず、自分一人で「深く集中して没頭《ぼっとう》している」様子を表している。この、一人で集中して作業している様子を、第５段落で、「自分と対話している」と表現している。

問３　ア と イ の行為《こうい》の説明として、直後に「気持ちよく文章を書いている時は～」と続いているから、一つには「書く」が入る。この「書く」という行為の、（コインの「裏」に対して「表」となるような）逆の行為は、「読む」。「読む」は、先人たちの言葉を自分の内部に吸収すること、「書く」は、その先人たちの言葉を、再び外へと出していくことである。

問４　筆者は「知識として手に入れたものも、体験として感動したことも含《ふく》めて、自分という人間をつくりあげているありとあらゆるものが、この地図に描き込《こ》まれていく」と述べている。このように、体験や知識をつねに自分の中に積み重ねていくこと（＝自分の地図を上書きし続けること）が、「新しい自分を発見し続ける」ことにつながるのである。

問５　二重傍線部の前の段落に、本や絵画、音楽にふれることや、友達と会話したことなど、自分に影響を与《あた》えた体験が地図に描かれていくとあり、それによって、「いかに多くの他人によって今の自分があるか、ということに気付かされ」、多くの人が「自分を成り立たせてくれている」ことに畏敬《いけい》の念（敬《うやま》う気持ち）を抱《いだ》くようになったと書かれている。「バトンを受け取る」とは、このように、他人が作り上げてきたものや、他人と触れ合うことによって生まれたものを自分の中に取り入れ、身につけて成長していくことだと考えられる。

★九段中等教育学校

2018 平成30年度 適性検査2

《解答例》

[1] 問1．53.7　問2．ア．未生息を確認　イ．未調査　問3．ヤンバルクイナはマングースによって食べられる。
問4．ネズミとマングースの出現した割合が大きい時刻が異なるから。

[2] ※問1．$21\frac{1}{3}$　※問2．3600　問3．(1)857142　※(2)447

[3] 問1．(1)オ　(2)エ，カ，ク　問2．(1)右図　※(2)$10\frac{2}{3}$　問3．右図

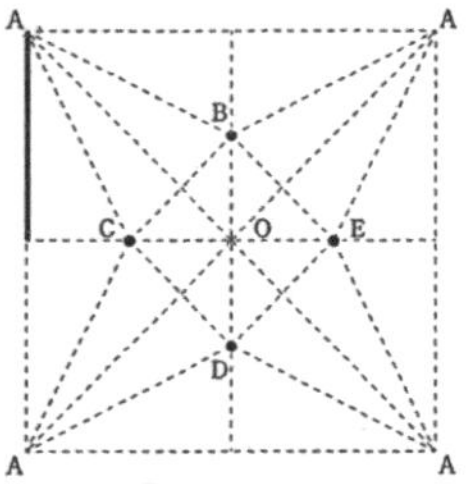

[3]問2(1)の図

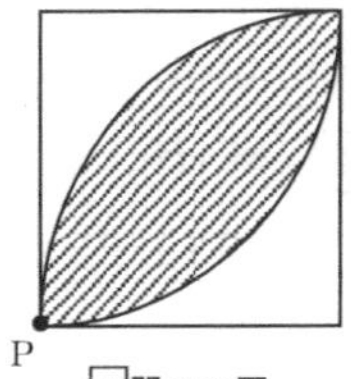

[3]問3の図

※の考え方や計算の途中の式は解説を参照してください。

《解　説》

[1] **問1**　調査したマス目のうち，ヤンバルクイナが生息しているマス目の割合を求めるので，黒色と灰色のマス目のうち黒色のマス目の割合を求めればよい。したがって，$\frac{102}{190}\times100=53.68\cdots\to53.7$%となる。

問2　資料2と資料3を比べると，資料3では未生息を確認した灰色の部分が示されているが，資料2では示されておらず，白色の部分が未生息を確認できているのか未調査なのかが分からないため，資料2と資料3を比較することができない。

問3　資料4より，ヤンバルクイナの生息場所は北へ移っていることが分かる。また，資料5より，2003年のマングースの捕獲場所は資料4の2004年の境界線の南側に集中していることが分かる。会話文でも先生がマングースはヤンバルクイナのような鳥を食べると言っており，ヤンバルクイナはマングースによって食べられるため，マングースから逃れるように生息場所を北へ移していったと考えられる。

問4　資料7より，マングースとヤンバルクイナの出現した割合が大きいのは昼間，ネズミの出現した割合が大きいのは夜だと分かる。したがって，マングースとネズミは活発に活動する時間帯が異なっているため，ネズミを追い払うことにマングースは役に立たなかったのではないかと考えられる。

[2] **問1**　右図のように，1本の直線に対して操作を1回行うとき，できた図形はもとの直線を3等分した直線4本でつくられる図形となるから，長さは$\frac{4}{3}$倍になる。これを3回くり返せばよいから，求める長さは，$9\times\frac{4}{3}\times\frac{4}{3}\times\frac{4}{3}=\frac{64}{3}=21\frac{1}{3}$(cm)

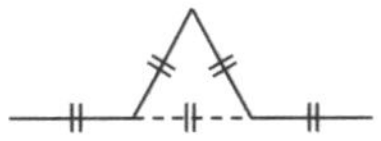

問2　右図は[操作2]まで行ったときのようすである。
太線で囲んだ三角形は[操作1]によりかかれた正三角形である。もとの正三角形の1辺の長さを3とすると，太線で囲んだ正三角形の1辺の長さは3÷3＝1となる。これより，もとの正三角形と太線で囲んだ正三角形の辺の長さの比は3：1となるから，高さの比も3：1となるため，もとの正三角形と太線で囲んだ正三角形の面積の比は(3×3)：(1×1)＝9：1となる。したがって，太線で囲んだ正三角形1個の面積は$2430\times\frac{1}{9}=270$(㎠)である。

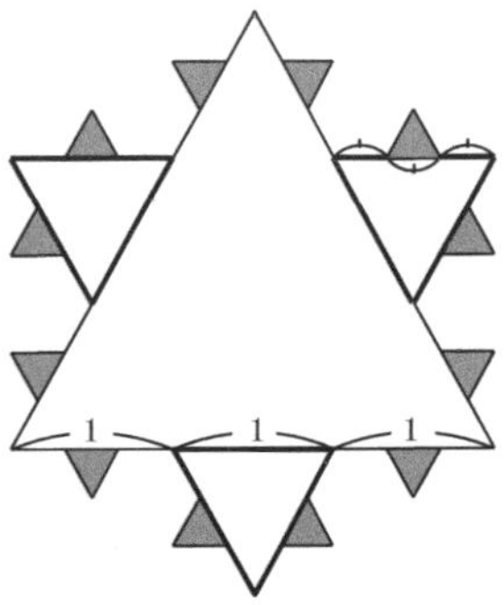

また，色付きの三角形は[操作2]によりかかれた正三角形である。上と同様に，太線で囲んだ正三角形と色つきの正三角形の面積の比は9：1となるので，色付きの正三角形1個の面積は$270\times\frac{1}{9}=30$(㎠)である。太線で囲んだ正三角形は3個，色付きの正三角形は12個あるから，求める面積は，

2430＋270×３＋30×12＝3600(㎠)

問３(1)　$\frac{6}{7}$のとき，［資料６］の筆算の上の〇印の 1.0 が 6.0 になり，それ以降は［資料６］で 60 が出てきたあとと同じになる。よって，$\frac{6}{7}$の小数第１位は８とわかり，それ以降の数字の並びは$\frac{1}{7}$と同じだから，求める循環節は「857142」である。

(2)　$\frac{6}{7}$の小数第１位～小数第６位にあたる循環節の各位の数字を足すと，８＋５＋７＋１＋４＋２＝27 となる。2018÷27＝74 余り 20 より，$\frac{6}{7}$の循環節を 74 回足し，さらに 20 を足すと，小数点以下の各位の数字を足した数が 2018 になるとわかる。$\frac{6}{7}$の循環節のうち，はじめの３つの数を足すと８＋５＋７＝20 だから，小数第１位から，74×６＋３＝447(個)の数を足せば 2018 となる。よって，求める位は，小数第 447 位である。

3　**問１**(1)　点Ｏを対称の中心として三角形アの３つの頂点を 180 度移動させると，右図Ｉのようになる。

よって，三角形アと点対称な三角形はオである。

(2)　線対称な図形は，対称の軸で折ったときに重なる図形である。三角形アは，折り目㋑で折るとカに，折り目㋒で折るとエに，折り目㋓で折るとクにそれぞれ重なるから，求める三角形は，エ，カ，クである(右図Ⅱ参照)。

図Ｉ

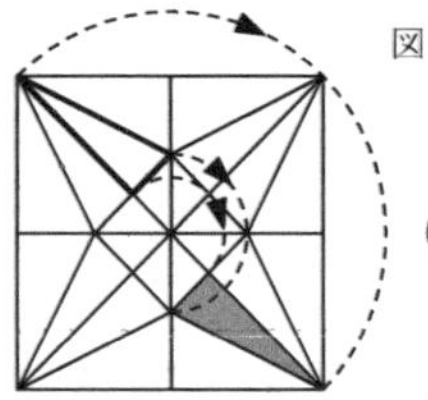

図Ⅱ

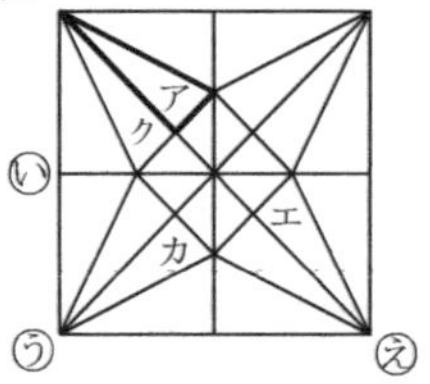

問２(1)　図Ⅲはできた正四角すいであり，図Ⅳはその展開図である。図のように記号をおく。

図Ⅳで，図ⅢのＡＯと同じ長さの直線を見つけ，実線を引けばよい。図Ⅲと図ⅣのＡＣの長さは等しく，図ⅢのＣＯは図ⅣのＨＣ＝ＣＯの長さと等しい。また，図Ⅲの角ＡＯＣ，図Ⅳの角ＡＨＣはともに 90 度である。このことから，図Ⅲの三角形ＡＣＯと図Ⅳの三角形ＡＣＨは合同であるとわかる。よって，図ⅣのＡＨに実線を引く。なお，ＡＨと同じ長さの直線で，もとの正方形の辺に平行であればよい。

図Ⅲ

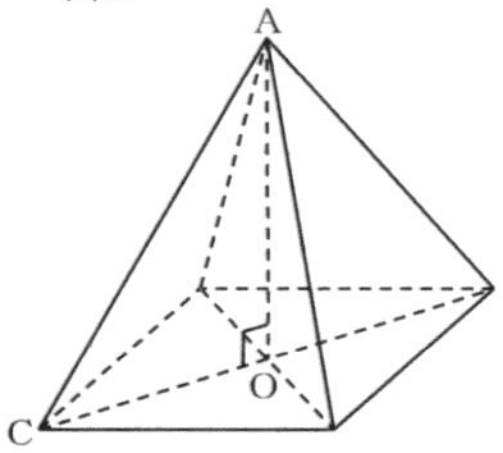

図Ⅳ

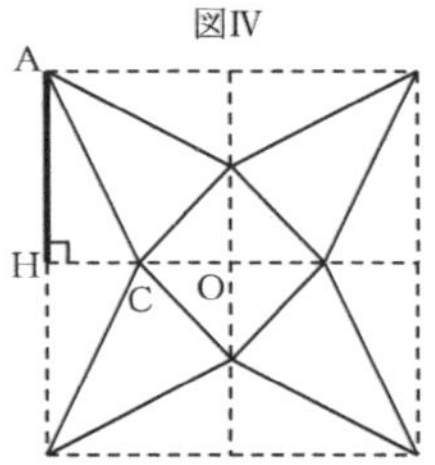

(2)　図Ⅴのように記号をおく。正四角すいの底面は正方形ＢＣＤＥである。

ＦＢ，ＢＯ，ＯＤ，ＤＧの長さは等しく，それぞれ８÷４＝２(㎝)である。

正方形の面積はひし形の面積と同様に(対角線)×(対角線)÷２で求めることができ，対角線ＢＤ，ＣＥの長さは２×２＝４(㎝)だから，正四角すいの底面積は，４×４÷２＝８(㎠)である。また，(1)より，正四角すいの高さは８÷２＝４(㎝)だから，求める体積は，８×４÷３＝$\frac{32}{3}$＝$10\frac{2}{3}$(㎤)

図Ⅴ

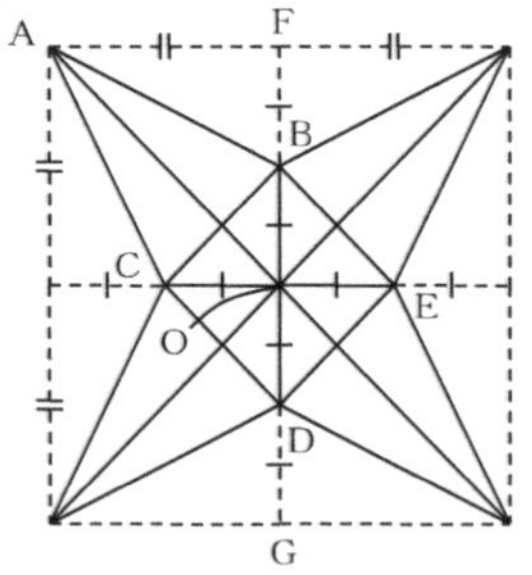

問３　右図のように，折り紙の頂点をＩ，Ｊ，Ｋ，Ｌとし，折り目の直線をＱＲとする。

ＱがＩＪ上にあり，ＲがＪＫ上にあるとき赤い部分の図形は三角形になる。

ＲがＫにあるときを考えると，ＰＲの長さは常にＬＫの長さに等しくなる。したがって，ＰはＫを中心とする半径ＬＫの円周(図Ⅶの太い実線)上にある。ＲがＪＫ上のどこにあってもＰがこの曲線より上側にくることはない。

図Ⅵ

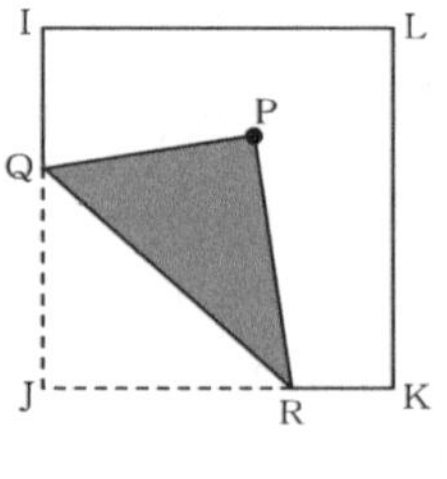

図Ⅶ

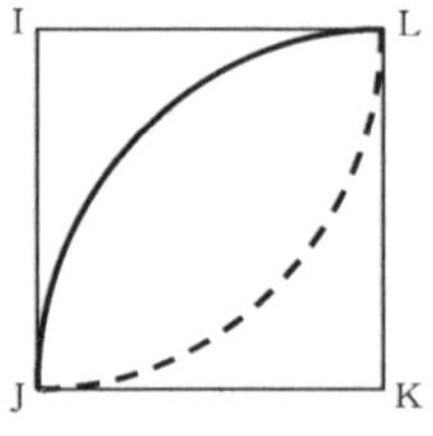

同様に，ＱがＩにあるときを考えると，ＰはＩを中心とする半径ＪＩの円周(図Ⅶの太い点線)上にある。ＱがＩＪ上のどこにあってもＰがこの曲線より下側にくることはない。

よって，Ｐが動く範《はん》囲《い》は図Ⅶの２本の曲線で囲まれた部分である。

★九段中等教育学校

2018 平成30年度 適性検査3

《解答例》

[1] 問１．平均気温…16.3　平均気温の変化…資料１では資料２より年間の平均気温が上昇している。　問２．イギリスでは天気が変わりやすく，たとえ雨が降っても量が少ないから。　問３．店名入りの貸がさを多くの人々がさすことで，宣伝効果があったこと。　問４．廃止した理由…用意した貸がさの９割が返却されず，継続するには追加費用がかかるから。　継続できている理由…貸がさのサービスを行う地域を限定して，再び訪れる人が利用しやすいようにしているため。

[2] 問１．混雑率が高い電車を事前に知らせることで，電車の利用客が分散すること。　問２．従業員 100 人以上の企業数が多く，他の地域から通勤してくる人の数が多いため。　問３．自動車を利用する人が増えて，交通渋滞が起こるようになったから。　問４．オリンピック選手が会場まで移動しやすくするため。

[3] 問１．空気がアイスクリームに入りこむから。　問２．アイスミルク　問３．濃さが同じとき，固まり始める温度は高い順に砂糖，水あめ，ブドウ糖であること。／どの糖でも，水溶液が濃いほど固まり始める温度が低いこと。　問４．２つのビーカーにそれぞれ水を 100 g 入れる。一方のビーカーの水には砂糖を 40 g とかし，もう一方のビーカーの水には砂糖 10 g，水あめ 15 g，ブドウ糖 15 g を混ぜてとかす。氷と塩を混ぜてその中にビーカーを入れ，それぞれの水溶液が固まり始める温度を調べる。

《解　説》

[1] **問１**　(6.1＋6.5＋9.4＋14.6＋18.9＋22.1＋25.8＋27.4＋23.8＋18.5＋13.3＋8.7)÷12＝195.1÷12＝16.25…より，小数第２位を四捨五入して 16.3℃である。10 年で 0.4℃も平均気温が上昇すると，今後の温暖化が心配される。

問２　資料５からイギリスの天気の変わりやすさを読み取る。ロンドンは，１年を通して降水量と気温の変化が小さい西岸海洋性気候に属する。また，資料４とそれに続くはなこの言葉から，ロンドンの１日に降る雨の量は，東京に比べて少ないことがわかる。これらをまとめればよい。

問３　貸がさに屋号を入れることで，多くの人に越後屋の文字を見てもらうことができる。そのあたりを，川柳の「はんじゃうを知る」と結びつけると，宣伝効果にたどりつく。

問４　地域Ｂも企業Ｃも，貸し出す範囲を限定することで返却率をあげようとする努力をしていることがわかる。それに対して，Ａ市の事例では，利用者が善意のもとに返してくれることを前提としており，返却の対策が不十分であったと考えられる。

[2] **問１**　大企業のオフィスや多くの大学・私立高校・中学などがある東京都内は，郊外から通勤通学をする人が多いため，朝のラッシュは本当に激しいものである。混雑の予想時間と予想状況をあらかじめ利用者に伝えることで，利用者の分散と利用者の不満解消をねらっていると考えられる。

問２　千代田区は江戸川区と比べて，従業員 100 人以上の企業が多いことが資料４から，公共用地や商業用地が多いことが資料５から，他の区からの流入が多いことが資料６からわかる。

問３　資料７を見ると，都電の横を多くの自動車が走っていることがわかる。資料８を見ると，東京都の自動車台数が増えるにつれて，都電の在籍車両数が減っていることがわかる。以上のことから，交通渋滞が原因と判断する。

問４　資料 10 から，東京国際空港とオリンピック会場・オリンピック村が首都高速道路でつながれていることがわかる。応援に来た外国人やオリンピック関係者がスムーズに移動できるための道路として，首都高速道路が建設されたことが読み取れる。

3 **問1**　1回目のゆきのの発言で，かき混ぜる間に少し体積が増えたように見えました，とある。また，2回目のまなぶの発言や資料2より，とける前のアイスクリームととけて再び固めたアイスクリームでは，とけて再び固めたアイスクリームの方が体積は大きく減っているのに重さはほとんど同じであり，かき混ぜないで固めたアイスクリームでは体積が増えないことが分かる。これらのことから，かき混ぜることでアイスクリームに空気の細かい気泡《きほう》が入りこんだまま固まったために体積が増えたと考えられる。

問2　資料4より，乳固形分は無脂乳固形分と乳脂肪分を合わせた量だと分かるので，商品ラベルの無脂乳固形分と乳脂肪分を合わせた 9.0＋3.0＝12.0(%)が乳固形分である。したがって，乳固形分が 10.0%以上 15.0%未満で乳脂肪分が 3.0%以上のアイスミルクである。

問3　資料5より，糖の水溶液の濃さが同じであっても，種類によって水溶液が固まり始める温度が異なることが分かる。温度が高い方から砂糖，水あめ，ブドウ糖である。また，どのグラフも右にいくほど下がっていることから，どの種類の糖も，水溶液が濃いほど水溶液が固まり始める温度が低くなることが分かる。

問4　同じ濃さの水溶液で比較することに注意する。2種類の同じ濃さの水溶液をつくればよいので，水の量ととけている糖の重さの合計をそれぞれ同じにする。資料5より，糖の水溶液が濃い方が，差が出やすいと考えられるので，水の量を多くしすぎないようにする。例えば，水の量をそれぞれ 100 g，とけている糖の重さの合計をそれぞれ 40 g (糖を混ぜる方は砂糖 10 g，水あめ 15 g，ブドウ糖 15 g など)にすれば，2つの水溶液の結果を比較《ひかく》しやすくなると考えられる。

■ ご使用にあたってのお願い・ご注意

（1）問題文等の非掲載

著作権上の都合により，問題文や図表などの一部を掲載できない場合があります。

誠に申し訳ございませんが，ご了承くださいますようお願いいたします。

（2）過去問における時事性

過去問題集は，学習指導要領の改訂や社会状況の変化，新たな発見などにより，現在とは異なる表記や解説になっている場合があります。過去問の特性上，出題当時のままで出版していますので，あらかじめご了承ください。

（3）配点

学校等から配点が公表されている場合は，記載しています。公表されていない場合は，記載していません。

独自の予想配点は，出題者の意図と異なる場合があり，お客様が学習するうえで誤った判断をしてしまう恐れがあるため記載していません。

（4）無断複製等の禁止

購入された個人のお客様が，ご家庭でご自身またはご家族の学習のためにコピーをすることは可能ですが，それ以外の目的でコピー，スキャン，転載（ブログ，ＳＮＳなどでの公開を含みます）などをすることは法律により禁止されています。学校や学習塾などで，児童生徒のためにコピーをして使用することも法律により禁止されています。

ご不明な点や，違法な疑いのある行為を確認された場合は，弊社までご連絡ください。

（5）けがに注意

この問題集は針を外して使用します。針を外すときは，けがをしないように注意してください。また，表紙カバーや問題用紙の端で手指を傷つけないように十分注意してください。

（6）正誤

制作には万全を期しておりますが，万が一誤りなどがございましたら，弊社までご連絡ください。

なお，誤りが判明した場合は，弊社ウェブサイトの「ご購入者様のページ」に掲載しておりますので，そちらもご確認ください。

■ お問い合わせ

解答例，解説，印刷，製本など，問題集発行におけるすべての責任は弊社にあります。

ご不明な点がございましたら，弊社ウェブサイトの「お問い合わせ」フォームよりご連絡ください。迅速に対応いたしますが，営業日の都合で回答に数日を要する場合があります。

ご入力いただいたメールアドレス宛に自動返信メールをお送りしています。自動返信メールが届かない場合は，「よくある質問」の「メールの問い合わせに対し返信がありません。」の項目をご確認ください。

また弊社営業日（平日）は，午前９時から午後５時まで，電話でのお問い合わせも受け付けています。

2025 春

株式会社教英出版

〒422-8054　静岡県静岡市駿河区南安倍３丁目 12-28

TEL　054-288-2131　　FAX　054-288-2133

URL　https://kyoei-syuppan.net/

MAIL siteform@kyoei-syuppan.net

教英出版　2025年春受験用　中学入試問題集

学校別問題集

✿はカラー問題対応

北海道

①[市立]札幌開成中等教育学校
②藤女子中学校
③北嶺中学校
④北星学園女子中学校
⑤札幌大谷中学校
⑥札幌光星中学校
⑦立命館慶祥中学校
⑧函館ラ・サール中学校

青森県

①[県立]三本木高等学校附属中学校

岩手県

①[県立]一関第一高等学校附属中学校

宮城県

①[県立]宮城県古川黎明中学校
②[県立]宮城県仙台二華中学校
③[市立]仙台青陵中等教育学校
④東北学院中学校
⑤仙台白百合学園中学校
⑥聖ウルスラ学院英智中学校
⑦宮城学院中学校
⑧秀光中学校
⑨古川学園中学校

秋田県

①[県立]
大館国際情報学院中学校
秋田南高等学校中等部
横手清陵学院中学校

山形県

①[県立]
東桜学館中学校
致道館中学校

福島県

①[県立]
会津学鳳中学校
ふたば未来学園中学校

茨城県

①[県立]
日立第一高等学校附属中学校
太田第一高等学校附属中学校
水戸第一高等学校附属中学校
鉾田第一高等学校附属中学校
鹿島高等学校附属中学校
土浦第一高等学校附属中学校
竜ヶ崎第一高等学校附属中学校
下館第一高等学校附属中学校
下妻第一高等学校附属中学校
水海道第一高等学校附属中学校
勝田中等教育学校
並木中等教育学校
古河中等教育学校

栃木県

①[県立]
宇都宮東高等学校附属中学校
佐野高等学校附属中学校
矢板東高等学校附属中学校

群馬県

①
[県立]中央中等教育学校
[市立]四ツ葉学園中等教育学校
[市立]太田中学校

埼玉県

①[県立]伊奈学園中学校
②[市立]浦和中学校
③[市立]大宮国際中等教育学校
④[市立]川口市立高等学校附属中学校

千葉県

①[県立]
千葉中学校
東葛飾中学校
②[市立]稲毛国際中等教育学校

東京都

①[国立]筑波大学附属駒場中学校
②[都立]白鷗高等学校附属中学校
③[都立]桜修館中等教育学校
④[都立]小石川中等教育学校
⑤[都立]両国高等学校附属中学校
⑥[都立]立川国際中等教育学校
⑦[都立]武蔵高等学校附属中学校
⑧[都立]大泉高等学校附属中学校
⑨[都立]富士高等学校附属中学校
⑩[都立]三鷹中等教育学校
⑪[都立]南多摩中等教育学校
⑫[区立]九段中等教育学校
⑬開成中学校
⑭麻布中学校
⑮桜蔭中学校
⑯女子学院中学校
✿⑰豊島岡女子学園中学校
⑱東京都市大学等々力中学校
⑲世田谷学園中学校
✿⑳広尾学園中学校(第2回)
✿㉑広尾学園中学校(医進・サイエンス回)
㉒渋谷教育学園渋谷中学校(第1回)
㉓渋谷教育学園渋谷中学校(第2回)
㉔東京農業大学第一高等学校中等部(2月1日 午後)
㉕東京農業大学第一高等学校中等部(2月2日 午後)

神奈川県

①[県立]
- 相模原中等教育学校
- 平塚中等教育学校

②[市立]南高等学校附属中学校
③[市立]横浜サイエンスフロンティア高等学校附属中学校
④[市立]川崎高等学校附属中学校
✿⑤聖光学院中学校
✿⑥浅野中学校
⑦洗足学園中学校
⑧法政大学第二中学校
⑨逗子開成中学校(1次)
⑩逗子開成中学校(2·3次)
⑪神奈川大学附属中学校(第1回)
⑫神奈川大学附属中学校(第2·3回)
⑬栄光学園中学校
⑭フェリス女学院中学校

新潟県

①[県立]
- 村上中等教育学校
- 柏崎翔洋中等教育学校
- 燕中等教育学校
- 津南中等教育学校
- 直江津中等教育学校
- 佐渡中等教育学校

②[市立]高志中等教育学校
③新潟第一中学校
④新潟明訓中学校

石川県

①[県立]金沢錦丘中学校
②星稜中学校

福井県

①[県立]高志中学校

山梨県

①山梨英和中学校
②山梨学院中学校
③駿台甲府中学校

長野県

①[県立]
- 屋代高等学校附属中学校
- 諏訪清陵高等学校附属中学校

②[市立]長野中学校

岐阜県

①岐阜東中学校
②鶯谷中学校
③岐阜聖徳学園大学附属中学校

静岡県

①[国立]静岡大学教育学部附属中学校
(静岡·島田·浜松)

②
- [県立]清水南高等学校中等部
- [県立]浜松西高等学校中等部
- [市立]沼津高等学校中等部

③不二聖心女子学院中学校
④日本大学三島中学校
⑤加藤学園暁秀中学校
⑥星陵中学校
⑦東海大学付属静岡翔洋高等学校中等部
⑧静岡サレジオ中学校
⑨静岡英和女学院中学校
⑩静岡雙葉中学校
⑪静岡聖光学院中学校
⑫静岡学園中学校
⑬静岡大成中学校
⑭城南静岡中学校
⑮静岡北中学校

⑯
- 常葉大学附属常葉中学校
- 常葉大学附属橘中学校
- 常葉大学附属菊川中学校

⑰藤枝明誠中学校
⑱浜松開誠館中学校
⑲静岡県西遠女子学園中学校
⑳浜松日体中学校
㉑浜松学芸中学校

愛知県

①[国立]愛知教育大学附属名古屋中学校
②愛知淑徳中学校

③
- 名古屋経済大学市邨中学校
- 名古屋経済大学高蔵中学校

④金城学院中学校
⑤椙山女学園中学校
⑥東海中学校
⑦南山中学校男子部
⑧南山中学校女子部
⑨聖霊中学校
⑩滝中学校
⑪名古屋中学校
⑫大成中学校
⑬愛知中学校
⑭星城中学校
⑮名古屋葵大学中学校
(名古屋女子大学中学校)
⑯愛知工業大学名電中学校
⑰海陽中等教育学校(特別給費生)
⑱海陽中等教育学校(I·II)
⑲中部大学春日丘中学校
新刊⑳名古屋国際中学校

三重県

①[国立]三重大学教育学部附属中学校
②暁中学校
③海星中学校
④四日市メリノール学院中学校
⑤高田中学校
⑥セントヨゼフ女子学園中学校
⑦三重中学校
⑧皇學館中学校
⑨鈴鹿中等教育学校
⑩津田学園中学校

滋賀県

①[国立]滋賀大学教育学部附属中学校

②[県立]
- 河瀬中学校
- 守山中学校
- 水口東中学校

京都府

①[国立]京都教育大学附属桃山中学校
②[府立]洛北高等学校附属中学校
③[府立]園部高等学校附属中学校
④[府立]福知山高等学校附属中学校
⑤[府立]南陽高等学校附属中学校
⑥[市立]西京高等学校附属中学校
⑦同志社中学校
⑧洛星中学校
⑨洛南高等学校附属中学校
⑩立命館中学校
⑪同志社国際中学校
⑫同志社女子中学校(前期日程)
⑬同志社女子中学校(後期日程)

大阪府

①[国立]大阪教育大学附属天王寺中学校
②[国立]大阪教育大学附属平野中学校
③[国立]大阪教育大学附属池田中学校

④[府立]富田林中学校
⑤[府立]咲くやこの花中学校
⑥[府立]水都国際中学校
⑦清風中学校
⑧高槻中学校（A日程）
⑨高槻中学校（B日程）
⑩明星中学校
⑪大阪女学院中学校
⑫大谷中学校
⑬四天王寺中学校
⑭帝塚山学院中学校
⑮大阪国際中学校
⑯大阪桐蔭中学校
⑰開明中学校
⑱関西大学第一中学校
⑲近畿大学附属中学校
⑳金蘭千里中学校
㉑金光八尾中学校
㉒清風南海中学校
㉓帝塚山学院泉ヶ丘中学校
㉔同志社香里中学校
㉕初芝立命館中学校
㉖関西大学中等部
㉗大阪星光学院中学校

兵庫県

①[国立]神戸大学附属中等教育学校
②[県立]兵庫県立大学附属中学校
③雲雀丘学園中学校
④関西学院中学部
⑤神戸女学院中学部
⑥甲陽学院中学校
⑦甲南中学校
⑧甲南女子中学校
⑨灘中学校
⑩親和中学校
⑪神戸海星女子学院中学校
⑫滝川中学校
⑬啓明学院中学校
⑭三田学園中学校
⑮淳心学院中学校
⑯仁川学院中学校
⑰六甲学院中学校
⑱須磨学園中学校(第1回入試)
⑲須磨学園中学校(第2回入試)
⑳須磨学園中学校(第3回入試)
㉑白陵中学校
㉒夙川中学校

奈良県

①[国立]奈良女子大学附属中等教育学校
②[国立]奈良教育大学附属中学校
③[県立]
国際中学校
青翔中学校
④[市立]一条高等学校附属中学校
⑤帝塚山中学校
⑥東大寺学園中学校
⑦奈良学園中学校
⑧西大和学園中学校

和歌山県

①[県立]
古佐田丘中学校
向陽中学校
桐蔭中学校
日高高等学校附属中学校
田辺中学校
②智辯学園和歌山中学校
③近畿大学附属和歌山中学校
④開智中学校

岡山県

①[県立]岡山操山中学校
②[県立]倉敷天城中学校
③[県立]岡山大安寺中等教育学校
④[県立]津山中学校
⑤岡山中学校
⑥清心中学校
⑦岡山白陵中学校
⑧金光学園中学校
⑨就実中学校
⑩岡山理科大学附属中学校
⑪山陽学園中学校

広島県

①[国立]広島大学附属中学校
②[国立]広島大学附属福山中学校
③[県立]広島中学校
④[県立]三次中学校
⑤[県立]広島叡智学園中学校
⑥[市立]広島中等教育学校
⑦[市立]福山中学校
⑧広島学院中学校
⑨広島女学院中学校
⑩修道中学校
⑪崇徳中学校
⑫比治山女子中学校
⑬福山暁の星女子中学校
⑭安田女子中学校
⑮広島なぎさ中学校
⑯広島城北中学校
⑰近畿大学附属広島中学校福山校
⑱盈進中学校
⑲如水館中学校
⑳ノートルダム清心中学校
㉑銀河学院中学校
㉒近畿大学附属広島中学校東広島校
㉓AICJ中学校
㉔広島国際学院中学校
㉕広島修道大学ひろしま協創中学校

山口県

①[県立]
下関中等教育学校
高森みどり中学校
②野田学園中学校

徳島県

①[県立]
富岡東中学校
川島中学校
城ノ内中等教育学校
②徳島文理中学校

香川県

①大手前丸亀中学校
②香川誠陵中学校

愛媛県

①[県立]
今治東中等教育学校
松山西中等教育学校
②愛光中学校
③済美平成中等教育学校
④新田青雲中等教育学校

高知県

①[県立]
安芸中学校
高知国際中学校
中村中学校

福岡県

① [国立] 福岡教育大学附属中学校（福岡・小倉・久留米）

② [県立]
- 育徳館中学校
- 門司学園中学校
- 宗像中学校
- 嘉穂高等学校附属中学校
- 輝翔館中等教育学校

③西南学院中学校
④上智福岡中学校
⑤福岡女学院中学校
⑥福岡雙葉中学校
⑦照曜館中学校
⑧筑紫女学園中学校
⑨敬愛中学校
⑩久留米大学附設中学校
⑪飯塚日新館中学校
⑫明治学園中学校
⑬小倉日新館中学校
⑭久留米信愛中学校
⑮中村学園女子中学校
⑯福岡大学附属大濠中学校
⑰筑陽学園中学校
⑱九州国際大学付属中学校
⑲博多女子中学校
⑳東福岡自彊館中学校
㉑八女学院中学校

佐賀県

① [県立]
- 香楠中学校
- 致遠館中学校
- 唐津東中学校
- 武雄青陵中学校

②弘学館中学校
③東明館中学校
④佐賀清和中学校
⑤成穎中学校
⑥早稲田佐賀中学校

長崎県

① [県立]
- 長崎東中学校
- 佐世保北中学校
- 諫早高等学校附属中学校

②青雲中学校
③長崎南山中学校
④長崎日本大学中学校
⑤海星中学校

熊本県

① [県立]
- 玉名高等学校附属中学校
- 宇土中学校
- 八代中学校

②真和中学校
③九州学院中学校
④ルーテル学院中学校
⑤熊本信愛女学院中学校
⑥熊本マリスト学園中学校
⑦熊本学園大学付属中学校

大分県

① [県立] 大分豊府中学校
②岩田中学校

宮崎県

① [県立] 五ヶ瀬中等教育学校

② [県立]
- 宮崎西高等学校附属中学校
- 都城泉ヶ丘高等学校附属中学校

③宮崎日本大学中学校
④日向学院中学校
⑤宮崎第一中学校

鹿児島県

① [県立] 楠隼中学校
② [市立] 鹿児島玉龍中学校
③鹿児島修学館中学校
④ラ・サール中学校
⑤志學館中等部

沖縄県

① [県立]
- 与勝緑が丘中学校
- 開邦中学校
- 球陽中学校
- 名護高等学校附属桜中学校

もっと過去問シリーズ

北海道

北嶺中学校
7年分（算数・理科・社会）

静岡県

静岡大学教育学部附属中学校
（静岡・島田・浜松）
10年分（算数）

愛知県

愛知淑徳中学校
7年分（算数・理科・社会）
東海中学校
7年分（算数・理科・社会）
南山中学校男子部
7年分（算数・理科・社会）
南山中学校女子部
7年分（算数・理科・社会）
滝中学校
7年分（算数・理科・社会）
名古屋中学校
7年分（算数・理科・社会）

岡山県

岡山白陵中学校
7年分（算数・理科）

広島県

広島大学附属中学校
7年分（算数・理科・社会）
広島大学附属福山中学校
7年分（算数・理科・社会）
広島学院中学校
7年分（算数・理科・社会）
広島女学院中学校
7年分（算数・理科・社会）
修道中学校
7年分（算数・理科・社会）
ノートルダム清心中学校
7年分（算数・理科・社会）

愛媛県

愛光中学校
7年分（算数・理科・社会）

福岡県

福岡教育大学附属中学校
（福岡・小倉・久留米）
7年分（算数・理科・社会）
西南学院中学校
7年分（算数・理科・社会）
久留米大学附設中学校
7年分（算数・理科・社会）
福岡大学附属大濠中学校
7年分（算数・理科・社会）

佐賀県

早稲田佐賀中学校
7年分（算数・理科・社会）

長崎県

青雲中学校
7年分（算数・理科・社会）

鹿児島県

ラ・サール中学校
7年分（算数・理科・社会）

※もっと過去問シリーズは
国語の収録はありません。

教英出版
〒422-8054
静岡県静岡市駿河区南安倍3丁目12－28
TEL 054-288-2131
FAX 054-288-2133
詳しくは教英出版で検索
教英出版 検索
URL https://kyoei-syuppan.net/

令和6年度

適性検査1

千代田区立九段中等教育学校

注意

1 検査開始の指示があるまで問題用紙を開いてはいけません。

2 検査時間は四十五分間で、終わりは午前九時四十五分です。

3 問題は 一 問1 から 問4
二 問1 から 問3 まであります。

4 問題用紙は1ページから13ページまであります。
検査開始の指示後、すぐにページがそろっているかを確認《かくにん》しなさい。

5 解答用紙は二枚《まい》あります。

6 受検番号をそれぞれの解答用紙の決められた場所に記入しなさい。

7 解答はすべて解答用紙に記入し、解答用紙のみ二枚とも提出しなさい。

一　次の文章を読んで、後の問いに答えなさい。
（＊印のついている言葉には、本文の後に［注］があります。）

私《わたし》の＊詩友・川崎洋《かわさきひろし》さんの作品「夜」の中に次のフレーズがあります。「夜」は六〇行近い長さの作品ですが、その中の一連です。

恐竜《きょうりゅう》の肋骨《ろっこつ》の一本一本に区切られる星の無数
何処《どこ》かひどく関係のない遠くで
橙《だいだい》色の月めがけて
すぽんと海を脱《ぬ》ぐ魚

（詩集『川崎洋《かわさきひろし》詩《し》集《しゅう》』）

この中の〈すぽんと海を脱ぐ魚〉という表現が、私はたまらなく好きです。これは、海中の魚が海面上に躍《おど》り出た様子ですが、〈魚が海面に躍り出た〉という普通《ふつう》の表現では太刀打《たちう》ちできない生動感＊を持っています。

〈 あ 〉と表現されているので、ふだん、魚が素肌《すはだ》で巨《きょ》大《だい》な海を着込《きこ》んでいることもあらためて私たちに感じられ、全＊身を撓《たわ》めて あ ときの、魚の胴《どう》のしなやかなひねりとその力強さまで伝わってきます。

魚が海面上に跳《と》び出たということを単に伝達したいだけならば、〈水中から海面上に魚が跳び出た〉と書いて充分《じゅうぶん》なわけです。しかしそういう表現では〈 あ 〉という表現から感じられるような、魚のピチピチした躍動感《やくどうかん》と生きのよさが捕《とら》えられません。ここが詩の表現と普通の文章との決定的な違《ちが》いだということを知ってほしいのです。

要するに意味がわかりゃあいいんだろ、では、詩の表現の魅《み》力《りょく》に近づくことができません。詩歌《しいか》の表現では、そこに「何が」書いてあるかだけでなく、「何が」「どのように」書いてあるかの二つで魅力が量られるのです。「何が」ももちろん大事ですが、それが「どのように」書かれているかによって、「何が」の印象も変わってきます。

〈すぽんと海を脱ぐ魚〉という表現は、そのことを鮮《あざ》やかにわからせてくれるのではないかと思います。このように私たちも、常識を脱ぐことができたらいいな、と思わせる表現でもあります。

川崎さんの作品をもう一つ挙げます。

①どうかして　　　川崎　洋

樹《き》
なんとかお前に交わる方法はないかしら
葉のしげり方
なんとかお前と
交叉《こうさ》するてだてはないかしら

鳥
お前が雲に消え入るように
僕《ぼく》がお前に
すっと入ってしまうやり方は
ないかしら
そして
僕自身も気付かずに
身体《からだ》の重みを風に乗せるコツを
僕の筋肉《きんにく》と筋肉の間に置けないかしら

夕陽《ゆうひ》
教えておくれ
どうして
坂の上に子供達《こどもたち》が集まって
おまえを視《み》るのか
どうして
子供達は
小さな頬《ほお》の上に忙《いそが》しく手を動かして
まるで
夕陽をそこにすりこむようにして
其処《そこ》に
歌かおしゃべりか判《わか》らない喚声《かんせい》が
渦《うず》を巻《ま》くのか

日の暮《く》れ方を教えておくれ
森の色の変《かわ》り方を
蜻蛉《とんぼ》の羽の透《す》きとおり方を
土のしめり方
粗《あら》い草の匂《にお》い方を

教えておくれ

（詩集『木《き》の考《かんが》え方《かた》』）

私は長いこと、若《わか》い人の投稿詩《とうこうし》を読んだ経験がありますが、その投稿詩で〈鳥のように飛びたい〉という言葉を＊頻繁《ひんぱん》に目にしました。人間の気持ちの中には確かに自由な＊飛翔《ひしょう》願望があり、とくに若い人の間にそういう欲求《よっきゅう》の強いことはわかりますが、〈鳥のように飛びたい〉という表現では、あまりにも、ありふれていて切実感がありません。

そこで、引用詩の第二連を見てほしいのです。この連は、飛翔願望そのものをうたったものではなく、鳥への＊融合《ゆうごう》を願っている詩ですが、これを、空を飛びたいという普通の表現に、仮に対比させてみますと、そういう普通の表現の及《およ》びもつかない方法で、飛翔力を人の筋肉の中にも取り入れることができるような、そんな幻想《げんそう》に導かれてしまいます。〈身体の重みを風に乗せるコツ〉を筋肉と筋肉との間に置くことができたら、本当に身体が宙《ちゅう》に浮《う》くのではないかという気がします。

この連の魅力は、浮力《ふりょく》を筋肉と筋肉との間に置きたい、という丁寧《ていねい》な手続きにあります。〈飛びたい〉と願う前に、飛ぶことに必要な手続きをとろうとするこの詩人の、飛翔への、あるいは空を飛ぶことができる生物たちへの、独特な愛着が、こういう丁寧な表現を生み出したのだと私には思われます。

〈空を飛びたい〉という願望を聞かされる時だけのとき、私たちは〈ああ、そうですか、どうぞ〉としか言えませんが、川崎さんの詩を読むと、私たちは、飛ぶために努力が要《い》るということを感じ、飛ぶことに、もっと強い愛情さえ感じます。

詩は思いを述べるもの、というふうに普通、思われています。たしかに詩は、ある思いが動機になって書かれるものですが、それが単に希望を述べるとか、嬉《うれ》しい悲しい淋《さび》しいと言うだけでは、それを読んでくれる人の共感が得られないのです。読者は、作者の述べている願望や喜怒哀楽《きどあいらく》の感情の直接的＊表白にたいしては、〈そうですか〉と言うほかないのです。

人間の精神活動は、知・情・意の三つに分けられますが、私たちは他人の感情や意志については、その人の感情や意志の理由がわからなければ賛成も反対もできません。つまりある人が怒《おこ》っているとか悲しんでいることの理由がわかって、はじめて私たちは同情することも可能になるわけです。

怒ったり悲しんだりしている理由を、その当人が、他人にもわかるようにしてはじめて共感の条件ができます。

言いかえますと、ある感情に包まれたり、ある意志を持っている人は、それをそのまま＊情意の赴《おもむ》くままに述べるのでなく、一度、②他人の判断が可能になるようにしなくてはいけません。

つまり、「知」的判断ができるようにすべきです。

表現の世界である詩の場合でも当然そうあるべきはずなのに、なぜか、詩歌の場合に限って、作者は自分の思いを単に述べるだけで、それが、他人の共感を得るはずだと錯覚《さっかく》されています。
詩の作者と読者との間に共感が成り立つためには、作者が単に思いを述べるだけでなく知的判断をどこかに示していなくてはいけません。その知的判断の面白さが読者の共感を誘《さそ》うのだということを心得てほしいと思います。

（吉《よし》野《の》弘《ひろし》『詩《し》の楽しみ』岩波ジュニア新書
問題のため一部改編）

［注］
＊詩友…詩を通じて交わる仲間のこと。
＊生動感…生き生きとして動き出しそうな感じ。
＊全身を撓《たわ》めて…身体全体を曲げることを表現している。
＊頻繁《ひんぱん》…たびたび行われること。
＊飛翔《ひしょう》…空高く飛ぶこと。
＊融合《ゆうごう》…二つ以上のものが一つになること。
＊表白…言葉に表すこと。
＊情意…感情のこと。

問1 あ にあてはまる言葉を本文中の「夜」の詩の中から四字で抜《ぬ》き出し書きなさい。

問2 ①どうかして とありますが、この後には言葉が省略されていると考えられます。その言葉を詩の内容をふまえて、六字以内で書きなさい。

問3 ②他人の判断が可能になるようにしなくてはいけません について（1）、（2）の問いにそれぞれ答えなさい。

（1）詩においては誰《だれ》が他人の判断を可能にすべきだと考えられますか。解答らんに合うように書きなさい。

（2）②他人の判断が可能になるようにしなくてはいけません のように筆者が述べたのはなぜですか。本文をふまえて解答らんに合うように書きなさい。

問4 本文中に 太刀打《たちう》ちできない とありますが、あなたが体験した「太刀打ちできなかった」ことは何ですか。また、そのことにどのように対応しましたか。次の条件にしたがって書きなさい。

条件1 本文で用いられている意味をふまえること。

条件2 書き出しは一ますめから書き始めなさい。

条件3 文章は、五十字以上六十字以内で書きなさい。
、や。や「 なども一字と数えます。

このページには問題は印刷されていません。

二　次の文章Ⅰと文章Ⅱを読んで、後の問いに答えなさい。
（＊印のついている言葉には、本文の後に［注］があります。）

文章Ⅰ

最後に、コミュニケーションについて、この数年ずっと考えていることをお伝えします。コミュニケーションから対話という言葉を連想するひとは多いと思います。一方僕《ぼく》は、対話とは違《ちが》う話し方、「共話」＊（図1）について研究しています。

図1
対話と共話の比較

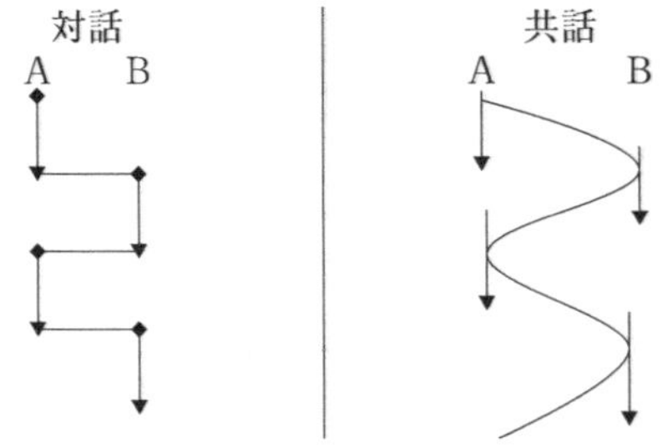

この図で示している通り、Aさんが喋《しゃべ》っているあいだはBさんが黙《だま》って聞いている、Aさんが喋り終えるとBさんが話す。これが対話です。対話しているとAとBの違いが浮《う》き彫《ぼ》りになります。①対話とは、そういう会話の方法なんですね。どちらが発言したかが明確なので、たとえ似たような内容を話していたとしても、両者の人格がくっきりと出る。

それに対して、共話は少し違います。相槌《あいづち》を打ったり首を振《ふ》ったり、相手が喋っているときに自分の声を重ねたり。もしくは＊フレーズを途中《とちゅう》で切っていいっぱなしにすることで、相手がフレーズを拾って続きを話したり。つまり、共話とは、相手と一緒《いっしょ》に会話をつくることです。現実には僕たちは、共話と対話をおり交ぜながら話し合っているんですが、共話で話すってことを意識してやっていると、本当に他愛のない話でも、相手と自分の心理的な距離《きょり》を縮《ちぢ》めることができます。自己《じこ》と自己の重なりをつくるコミュニケーション方法なんです。

これは言語教育学者の水谷信子《みずたにのぶこ》先生が＊提唱していてすごく共感したんですけど、とくに日本語の会話には共話が多いといわれています。共話をしていると、「私《わたし》とあなた」「私とそれ以外」というふうに切り分けるんじゃなくて、「私たち」としかいいようのない感覚が生まれてきます。＊縁側《えんがわ》（＊図2）は家の内側でも外側でもない場所にあるところに面白《おもしろ》さがあります。

図2
「わたし」と「わたしたち」

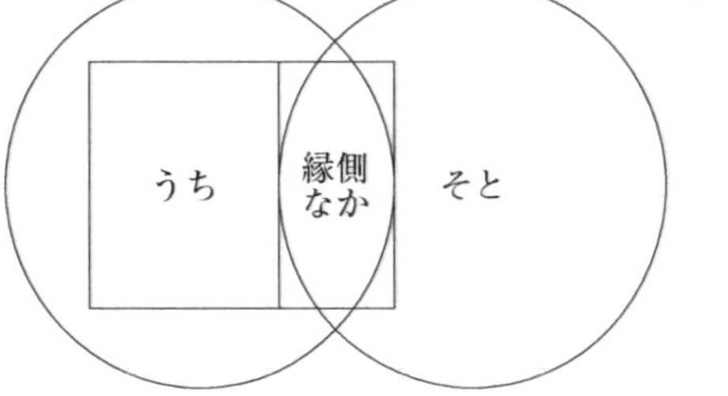

内のひとはもちろん、外のひともそこに上がれる。縁側に内と外のひとたちが一緒に座《すわ》って、仲間になる。「仲間になる場所＝縁になる側」という考え方なんです。これは人間関係に置き換《か》えられます。通常は、内と外に分けるように自分と他者を切り離《はな》して考えますが、共話をしているときには、その壁《かべ》がなくなり縁側的な関係性が築けるわけです。

　僕も、「今日は共話で話しましょう」と決めて話したトークイベントで、話が面白くなってどんどん掛《か》け合いになっていく感覚を味わいました。でも、ふたりともどっちが何をいったかはよく覚えていないんです。こんな話が出たというのは覚えているんだけど、どっちがいったのかは忘《わす》れている。でもすごく楽しくて、二人で一緒にその場をつくっていった感覚だけがある。

　言葉というのは、関係性をつくる道具です。私たちのなかにはいろんなものが渦巻《うずま》いていて、言葉になっている部分と、まだ言葉にならないモヤモヤしている部分、その二つをつなげるようにして自分の考えをまとめている。

（ドミニク・チェン「わかりあえなさをつなぐ言葉《ことば》たち」（『高《こう》校生《こうせい》と考《かんが》える　21世紀《せいき》の突破口《とっぱこう》』所収《しょしゅう》）問題のため一部改編）

［注］

＊図1…水谷信子《みずたにのぶこ》と川田順造《かわだじゅんぞう》の著書《ちょしょ》をもとに筆者が作成。

＊フレーズ…まとまった意味を表すひとつづきの言葉。

＊提唱…意見や主張を発表すること。

＊縁側《えんがわ》…和風住宅《じゅうたく》の周囲に作られた、庭などの外部から屋内に入るための通路部分。

＊図2…安田登《やすだのぼる》の図をもとに筆者が作成。

文章Ⅱ

「対話」のもとにあるギリシア語の「*ディアロゴス」が「問答」とも訳《やく》されることは、すでに見ました。二人の間で問いを発してそれに対して答えるという、このやりとりが対話の基本をなします。そこには「語る、聞く」がさらに具体的なかたちで働いています。

どうして「問い」と「答え」の対《つい》が必要かと言うと、「語る」と「聞く」は究極には一方向性や*一体性に陥《おちい》る可能性があるためです。*定義で見たように、対話は一方的な語りではありません。自分の言いたいことだけを言って確かめもしないとすれば、たとえ二人ともが自分の主張をしたとしても、それは言いっ放しです。確かめるという作業は、言った相手に問いかけ、それに答えるということが必要ですので、このような意味で対話の基本は問いを発し、答えるというところにあります。

（納富信留《のうとみのぶる》『対話《たいわ》の技法《ぎほう》』問題のため一部改編）

［注］

*ディアロゴス…「人と人との間で交《か》わされる言葉」という意味。日本語では、「問答」と訳される。以上の内容が、この文章より前に説明されている。

*一体性…全体が一つになって分けられない性質のこと。

*定義…用語の意味を正確に限定すること。この文章より前で「『対話』とは、二人や少数の間で、相互《そうご》に言葉のやりとりをすること、また、一方的に語られる場合は『対話』ではない」と説明されている。

問1 ①対話とは、そういう会話の方法なんですねとありますが、**文章Ⅰ**の「対話」について説明した次の一文の□にあてはまる最も適切な言葉を、本文から十字以内で抜《ぬ》き出し、解答らんに合うように書きなさい。ただし、、や。や「 なども一字と数えます。

一方は発言して、もう一方は□という会話の方法。

問2 次の会話文(1)から(5)の中から、**文章Ⅱ**で述べられている「対話」にあてはまる会話を一つ選び、その番号を書きなさい。また、その番号を選んだ理由を、解答らんに合うように書きなさい。ただし、**A**と**B**はどちらも小学生とします。

(1)

A：もうテニスをやめようと思います。

B：なぜテニスをやめようと思ったのですか。

A：試合で一度も勝てないからです。

B：勝つためだけにテニスを続けていたのですか。

A：いいえ、楽しいから続けられました。

B：では、今は楽しくなくなってしまったのですか。

A：いいえ、楽しいと思います。

B：では、もう少し続けてみてはどうですか。

(2)

A：夏といえば、海です。海に行きましょう。

B：山が良いです。山登りをしましょう。

A：海で泳ぐのは、気持ちが良いです。

B：山の頂上《ちょうじょう》から見える景色は、すばらしいです。

A：海ではスイカ割《わ》りもできます。楽しそうです。

B：山でテントを張って、キャンプをしたいです。

A：夏休みが待ち遠しくなってきましたね。

B：そうですね。今から準備しておきましょう。

(3)

A：クラスの発表会の出し物は、劇《げき》が良いと思います。

B：私も劇が良いと思っていました。

A：みんなで取り組める点が良いと思います。

B：クラスのみんなが参加できますね。

A：まずは台本を作り、配役を決めましょう。

B：劇の練習をする前に、台本が必要ですね。台本が完成したら、演じる役を決めましょう。

A：次に、場面に分かれて練習しましょう。

B：場面ごとにセリフを読み合わせて、演技に慣れましょう。

(4)

A：先日話した映画《えいが》なのですが。
B：あの映画、見に行ってきました。
A：もう見に行ったのですね。私も、今週。
B：見に行くのですね。私はとても感動して。
A：やはり感動するのですね。結末がどうなるのか気になって。
B：結末を伝えますと。
A：待ってください。結末は自分の目で。
B：すみません。言わないでおきます。

(5)

A：元気がないですね。
B：先生にしかられてしまいました。
A：そうですか。
B：情けなかったです。
A：そうなのですね。
B：もっと気をつけるべきでした。
A：そうですよね。
B：次から同じ失敗はしないつもりです。

問3 自己《じこ》と自己の重なりをつくるコミュニケーション方法に対するあなたの考えを書きなさい。その際、次の条件にしたがいなさい。

条件1 段落《だんらく》構成については、次の①から③にしたがうこと。

① 第一段落には、自己《じこ》と自己の重なりをつくる とはどのようなことか、自己《じこ》と自己の重なり とは何かを明らかにしながら、**文章Ⅰ**の本文中の言葉を用いて書きなさい。

② 第二段落には、第一段落をふまえて、自己《じこ》と自己の重なりをつくるコミュニケーション方法 で会話したあなたの体験を具体的に書きなさい。

③ 第三段落には、第二段落で書いたあなたの体験において、自己《じこ》と自己の重なりをつくる 上で大きな役割《やくわり》を果たしていたと考えられる具体的なしぐさや態度を書きなさい。

条件2 そのほかについては、次の①から③の条件にしたがうこと。

① 解答は原稿《げんこう》用紙の正しい使い方で書き、書き出しは一ます空けて書き始めなさい。

② また、言葉を正しく使い、文章は百八十字以上二百十字以内で書きなさい。

③ 、や。や「 なども一字と数え、改行などで空いたますも字数に数えます。

適性検査2

注　　意

1　検査開始の指示があるまで問題用紙を開いてはいけません。

2　検査時間は45分間で、終わりは午前11時00分です。

3　問題は　1　問1 から 問4
　　　　　2　問1 から 問3
　　　　　3　問1 から 問3 まであります。

4　問題用紙は1ページから21ページまであります。検査開始の指示後、すぐにページがそろっているかを確認《かくにん》しなさい。

5　解答用紙は2枚《まい》あります。

6　受検番号をそれぞれの解答用紙の決められた場所に記入しなさい。

7　解答はすべて解答用紙に記入し、解答用紙のみ2枚とも提出しなさい。

1　そうたさんとけいこさんが先生と、立体の積み木を見て話をしています。

〔先　生〕　立体の１つの頂点の近くで、切断面が平面になるように切ることを考えてみましょう。この操作《そうさ》を「切頂《せっちょう》」、すべての頂点を切頂することを「全切《ぜんせつ》頂《ちょう》」と呼《よ》ぶことにします。ただし、複数の頂点で切頂することで元の立体の辺がなくならないようにします。また、面を数えるとき、切頂による切断面も新たにできた面として数えます。

〔けいこ〕　具体的に立体㋐を全切頂してみましょう。立体㋐を全切頂した立体を立体㋑とします。（**[資料１]**）

[資料１]　立体㋐と立体㋑の見取図

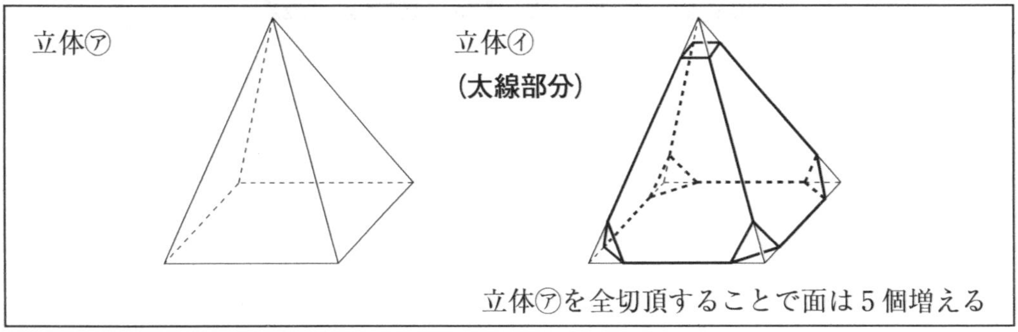

〔そうた〕　なぜ元の立体の辺がなくならないように切るのですか。

〔先　生〕　この条件があることで、同じ立体をだれがどのように切頂してもあるものにおいて同じ結果を得られるからです。

〔けいこ〕　あるものとは何でしょう。難《むずか》しいですね。

〔そうた〕　元の立体の辺がなくなるように全切頂して何が変わるかを考えましょう。

〔先　生〕　よい発想です。様々な場合の具体例を挙げることで共通する性質が見えてきます。

〔けいこ〕　立体㋐の辺がなくならないように、立体㋑と異《こと》なる全切頂をした立体㋒と、立体㋐の１個の辺がなくなるように、全切頂した立体㋓をつくります。立体㋑、㋒、㋓をくらべてみましょう。（**[資料２]**）

[資料２]　立体㋒と立体㋓の見取図

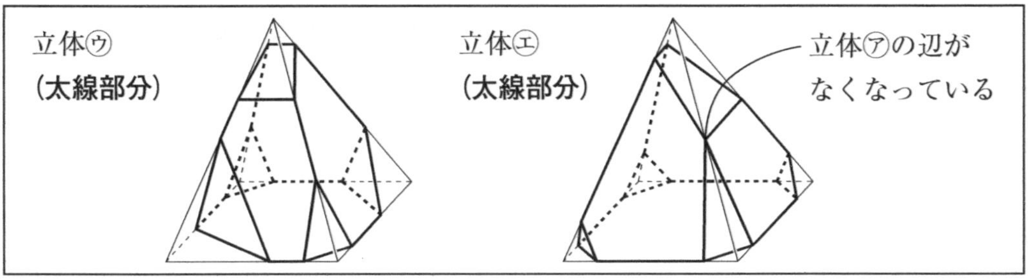

問１

立体㋑、㋒、㋓それぞれの頂点、辺、面の個数を求めなさい。

2024(R6) 九段中等教育学校
教英出版

〔けいこ〕 あるものとは全切頂後の立体の頂点、辺、面の個数ですね。

〔先　生〕 そうです。私《わたし》の決めた条件「切頂することで元の立体の辺がなくならない」を満たす「全切頂」を行えば、だれがどのように切っても頂点、辺、面の個数は変わりません。だからこそ、「全切頂」の性質を探《さぐ》ることができるのです。

〔けいこ〕 だれがやっても同じであることが大切なのですね。

〔そうた〕 立体の頂点、辺、面の個数を考えるとき、**[資料1]**、**[資料2]** のように立体がすけている見取図があれば数えやすいですが、見取図がない場合はどうでしょうか。展開図で考えると、面の数は展開図の面を数えることで分かりますが、頂点、辺は立体にしたときに重なるものと重ならないものに区別して数えなくてはいけないので時間がかかりますね。

〔先　生〕 よい方法がありますよ。次の資料を見てください。(**[資料3]**)

[資料3] 立体㋔を平面図形で表す手順

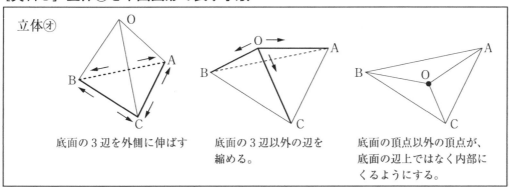

立体㋔

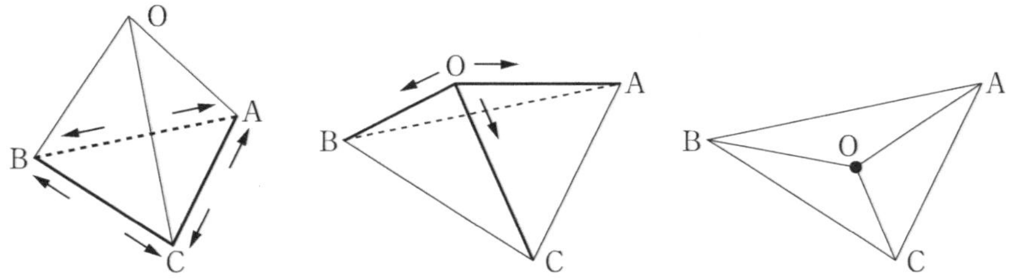

底面の３辺を外側に伸ばす

底面の３辺以外の辺を縮める。

底面の頂点以外の頂点が、底面の辺上ではなく内部にくるようにする。

〔先　生〕 ここに４個の合同な正三角形を面とする立体㋔があります。**[資料3]** のように辺を自由に伸《の》び縮《ちぢ》みさせられるとします。いくつかの辺をこのように動かすことで、立体図形を平たくして、平面図形にすることができます。

〔けいこ〕 なぜ平面図形にしたのですか。平面図形にすることで頂点、辺、面の個数を求めやすくなるからですか。

〔先　生〕 はい、そのとおりです。頂点、辺、面の個数を考えるのに辺の長さは関係ないので、辺の長さを自由に整えて図を見やすくして考えましょう。この平面図形を上から見た図を表《おもて》、下から見た図を裏《うら》と考えます。(**[資料4]**)

[資料4] 立体㋔で表している平面図形の表と裏

表から見ると、
頂点は４個、
辺は６個、
面は３個ある。

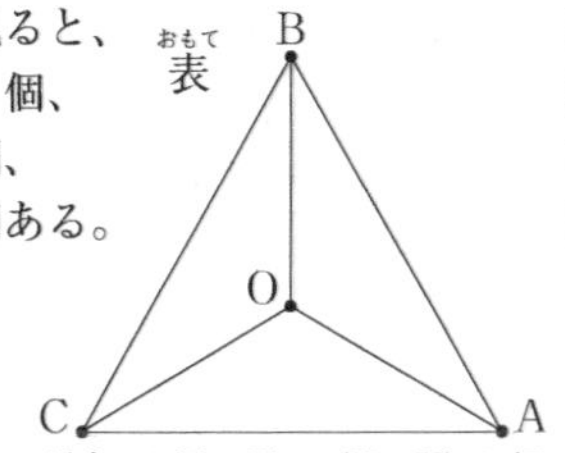

頂点: ４個　辺: ６個　面: ３個

裏から見ると、
表から見えない
頂点、辺はなく、
面は１個ある。

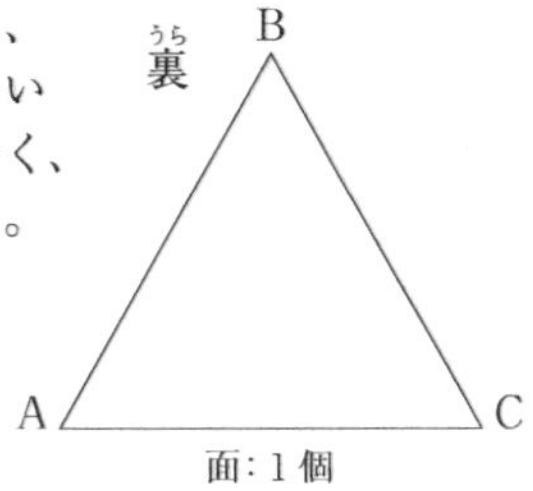

面: １個

表と裏の、
頂点、辺、面の
個数を合わせて、
立体㋔の頂点は４個、
辺は６個、面は４個
である。

〔そうた〕 先生、平面図形にすることで頂点、辺、面の個数を求めやすくなる理由が分かりました。この平面図形は立体図形を平たくしただけなので、展開図のように頂点、辺が立体にしたときに重なるか重ならないかを考える必要がなく、表と裏の頂点、辺、面の個数を数えるだけですむからですね。

〔先　生〕 そのとおりです。裏にも面が1個あることに注意すれば数えられます。

〔けいこ〕 そうすると、立体㋔の頂点は4個、辺は6個、面は4個ですね。

〔そうた〕 底面をどこにするかで平面図形は異なるのでしょうか。別の立体で試してみます。

問2

次の立体について、面ABCDEを底面としたときと、面CHIDを底面としたときの平面図形の表を解答らんの点線の中にそれぞれかきなさい。

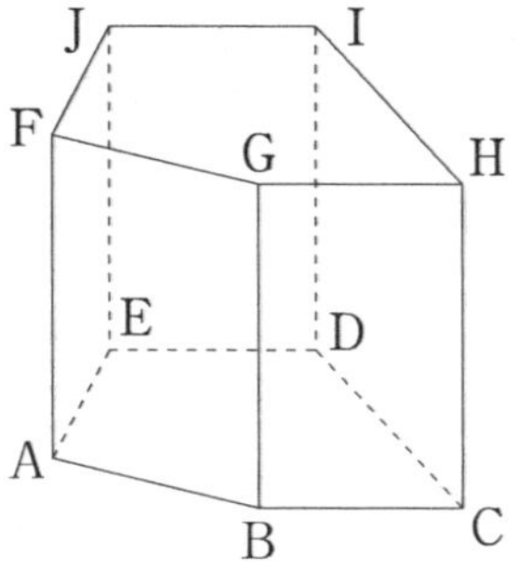

〔けいこ〕 立体の底面とする面を変えて平面図形をつくっても、頂点、辺、面の個数は変わりませんね。

〔先　生〕 そうですね。どの面を底面にしても、立体の辺を伸び縮みさせて平面をつくるだけなので、頂点、辺、面の個数に変化はないですね。平面図形のつくり方が分かったところで、具体的に全切頂の性質を考えていきましょう。これ以降《いこう》、全切頂により元の立体の辺がなくならないようにします。立体㋔を全切頂した立体㋕の頂点、辺、面の個数はいくつになりますか。(**[資料5]**)

[資料5] 立体㋔と立体㋕の見取図

立体㋔

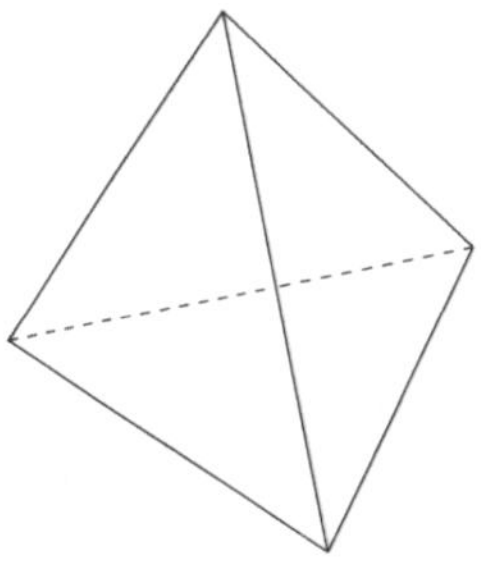

立体㋕
(太線部分)

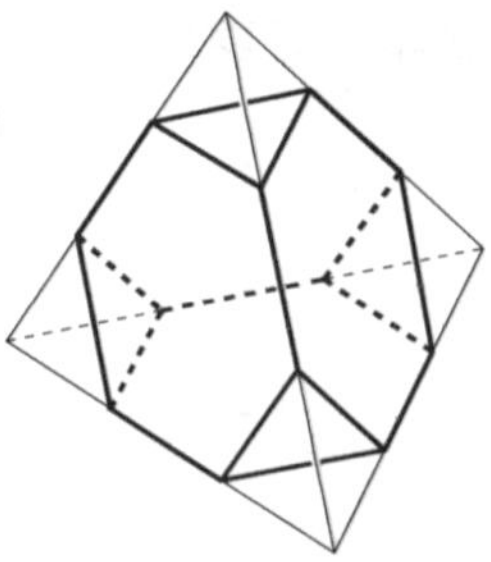

〔そうた〕 立体㋔の平面図形を利用して考えてみます。立体㋔の頂点、辺、面が全切頂することでどのように変化したかを考えれば、立体㋔の頂点、辺、面の個数を使って計算できそうですね。

〔けいこ〕 なるほど。立体㋔を全切頂することで、立体㋔の各頂点から新しい面ができて、立体㋕ができます。その面の辺と頂点の個数も考えれば、立体㋔の頂点、辺、面の個数を使って計算できますね。

問3

立体㋔を全切頂した立体㋕の頂点、辺、面の個数を求めなさい。また、その値《あたい》になった理由を次の【考え方】をふまえて、立体㋔の頂点、辺、面の個数を使った式と言葉で説明しなさい。

【考え方】

例えば、立体㋕の頂点の個数は、立体㋔の１つの頂点を切ったときにできる新たな頂点の個数と、立体㋔の頂点の個数に注目すると求まります。

〔けいこ〕 別の立体も切頂してみましょう。立体㋔と同様にすべての面が合同な正三角形である立体㋖はどうでしょう。（**[資料６]**）

[資料６] 立体㋖の見取図

立体㋖

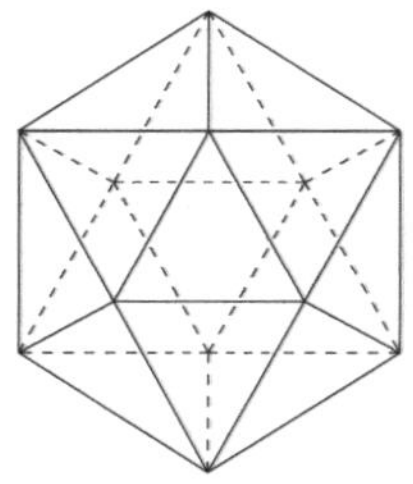

〔けいこ〕 どの頂点で切頂しても立体㋔では切断面は三角形でしたが、立体㋖では五角形になるのですね。

〔先　生〕 そうですね。では、切断面が五角形ではなくなる切り方はあるのでしょうか。切頂以外の切り方で探《さが》してみましょう。

〔そうた〕 六角形になる切り方を見つけました。

〔けいこ〕 私は切断面が十角形、九角形になる切り方を見つけました。

〔そうた〕 切断面が三角形になる切り方を試していますが、うまくいきません。

〔先　生〕 どのように切っても切断面が三角形になることはありませんね。同じ理由で四角形もつくれませんよ。

問4

立体㋖をどのように切っても、その切断面が三角形、四角形にならない理由を説明しなさい。ただし、切断面は平面になるように切ること。

2　小学生であるとうじさん、つむぎさん、かなたさんは、まちの調べ学習の方法を先生と話し合っています。

〔とうじ〕 昔のことを調べるためにはどうすればよいでしょうか。
〔先　生〕 昔のことが分かるものを集める必要があります。昔のことが分かるもののことをここでは「史料《しりょう》」といいます。
〔つむぎ〕 昔のことが分かるものなら何でもよいのですか。
〔先　生〕 特に決まりはありません。昔のことを知るために役に立つものはすべて史料とされています。
〔かなた〕「文字で書かれていない」とは、具体的にどのようなものですか。
〔先　生〕 **［資料１］**を見てみましょう。

［資料１］文字で書かれていない史料の例

（青森県《あおもりけん》三内丸山《さんないまるやま》遺跡《いせき》センターホームページより作成）

〔先　生〕 **［資料１］**は「文字で書かれていないもの」ですが、当時の人びとの生活ぶりや社会の様子が分かります。これも史料となります。
〔とうじ〕 でも、文字で書かれている方が昔のことをよく知ることができそうです。
〔先　生〕 ただし、文字で書かれているものを利用する場合には注意しなければならないことがあります。（**［資料２］**）

［資料２］文字で書かれている史料を利用する場合の注意点

① 書かれている内容を正しく理解する。

② 書かれている内容が誤《あやま》っていたり、不足していたりしないか確認《かくにん》する。

③ 文字で書かれている史料を複数見比べて、足りない情報を補《おぎな》う。

（弓削《ゆげ》達《とおる》『歴史学入門』より作成）

〔先　生〕 実際に史料を使って考えてみましょう（**［資料３］**）。これは、じゅうまえ市という架空《かくう》のまちの小学校に関連する史料です。

［資料３］じゅうまえ小学校に関連する史料

昭和二十九年　東海林《しょうじ》あやり作
『大正時代の卒業式風景』

史料A

証
山下《やました》　雄一《ゆういち》
明治九年　九歳《さい》
卒業したことを証す
明治九年十二月
じゅうまえ小学校

史料B

この年の卒業式では、「呼《よ》びかけ
形式」の卒業式が行われた。
来賓《らいひん》のあいさつ、五年生のお祝
い、六年生の感謝が交《か》わされたの
ち、次のような思い出が語られた。
「おもえば、長い年月…」
「いろいろなことがあったなあ」
こうして卒業生一人ひとりに台詞《せりふ》
があり、終盤《しゅうばん》には歌もあった。
（「じゅうまえ小学校　学校日誌《にっし》」）

史料C

じゅうまえ小学校試験会場に行った。…午前十二時に六歳から九歳の生徒十六名を試験し、全員が合格した。全員に卒業証書を与《あた》えた。午後五時を過ぎていた。
（「小坂哲史《こさかさとし》の日記」明治十年七月二十八日のページ）

史料D

（唐澤富太郎《からさわとみたろう》『教育博物館』および有本真紀《ありもとまき》『卒業式の歴史学』より作成）

〔つむぎ〕 これは卒業や卒業式に関連する史料ですね。

〔先　生〕 それぞれの史料を見比べて、読み取れることを考えてみましょう。

問1

> とうじさんは［**資料1**］、［**資料2**］の内容をふまえて、［**資料3**］について次のように考えています。次の文章について後の問いに答えなさい。
>
> 史料Aから史料Dはじゅうまえ小学校の卒業や卒業式に関連するものだが、それぞれいつの史料なのだろうか。史料（　ア　）と（　イ　）を見比べてみると同じ時代に書かれた史料だと分かる。この二つの史料からは（　ウ　）ということが読み取れる。
>
> 空らん（　ア　）と（　イ　）にあてはまるアルファベットを書きなさい。また、空らん（　ウ　）にあてはまる文として最も適している文を次の①～④のうち一つ選び記号で答えなさい。
>
> ①　明治時代のある時期では、試験に合格した生徒が卒業証書をもらっていた
> ②　大正時代のある時期では、卒業式に参加している児童は和服だった
> ③　明治時代のある時期では、卒業式は午前十二時から午後五時まで行っていた
> ④　大正時代のある時期では、卒業式では卒業生が思い出を語り、歌もうたっていた

〔つむぎ〕 現在を調べる場合はどうすればよいのでしょうか。

〔先　生〕 本やインターネットで調べることもできますが、実際に現地で調査をするのも有効です。

〔かなた〕 現地調査は具体的にどのように進めればよいのでしょうか。

〔先　生〕 まずは、調査計画を立てましょう。（［**資料4**］）

［資料4］ 調査計画の項目《こうもく》

> **【目的】**
> 何を調べるか具体的に決める。
> **【調べ方】**
> どのように調べるか具体的に決める（インタビューなど）。
> **【スケジュール】**
> いつ、だれが、どこで、何をするか決める。
> **【まとめ方】**
> ノート、表、カードなどに整理する。

〔とうじ〕 インタビューする場合、何人ぐらいにインタビューすればよいのですか。

〔先　生〕 できるだけ多くの人にインタビューした方がよいです。ただし、様々な立場の人にインタビューすることも大事です。じゅうまえ市を例に考えてみましょう。(**[資料5]**)

[資料5] 特定の人にインタビューする調査計画

【目的】
じゅうまえ市の魅力《みりょく》を調べる。
【調べ方】
じゅうまえ小学校の児童にインタビューする。
【スケジュール】
令和6年2月3日の土曜日に学校周辺でインタビューする。
【まとめ方】
表にしてまとめる。

〔先　生〕 この調査計画では「じゅうまえ市の魅力」を調べるのに、インタビューの回答者が「じゅうまえ小学校の児童」に限定されています。そうすると、調査結果は「じゅうまえ市の魅力」ではなく、「じゅうまえ小学校の児童が考えるじゅうまえ市の魅力」になってしまい、目的とずれてしまいます。

〔つむぎ〕 様々な立場の人からインタビューするのに何かよい方法はありますか。

〔先　生〕 一つの方法として割当法《わりあてほう》というものがあります。**[資料6]** を見てみましょう。

［資料6］じゅうまえ市を例にした割当法

割当法とは、例えば、ここではじゅうまえ市の年齢《ねんれい》ごとの人口の割合と同様になるように、回答者の人数を年齢ごとに決定する方法を指すこととする。

じゅうまえ市全体の人口分布	
10 歳未満	8 %
10 代	12 %
20 代	12 %
30 代	16 %
40 代	15 %
50 代	14 %
60 代	12 %
70 代以上	11 %
合計	100 %

じゅうまえ市の人口 10 万人

インタビューの割当人数	
10 歳未満	8 人
10 代	12 人
20 代	12 人
30 代	16 人
40 代	15 人
50 代	14 人
60 代	12 人
70 代以上	11 人
合計	100 人

インタビューの合計 100 人

〔先　生〕 人口の割合からインタビューする人数を決めれば、様々な立場の人にインタビューすることができます。

〔かなた〕 どの年齢の人が、まちのどこに集まりやすいかを知っておく必要がありますね。

〔先　生〕 次の資料も見てみましょう。（［資料7］）

[資料7] じゅうまえ市民が土日に過ごす外出先（年齢別割合）

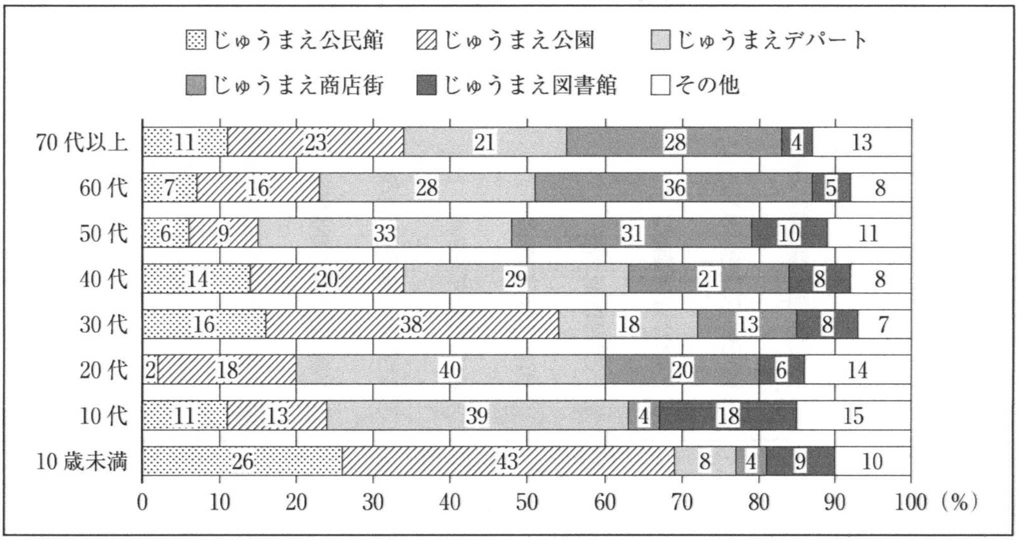

問2

つむぎさんは、先生のアドバイスをふまえて、**[資料5]** の調査計画をどのように改善《かいぜん》すればよいのかを考えています。**[資料4]**、**[資料6]**、**[資料7]** をふまえて、次の文章の空らん（　エ　）～（　カ　）にあてはまる数字や言葉を書きなさい。

調査目的を変えないでインタビューするのであれば、様々な立場の人にインタビューする必要がある。100人にインタビューするのは大変なので、何人かで協力して25人にインタビューすることにする。この場合、「10歳未満」は（　エ　）人、「30代」は（　オ　）人にインタビューすることになる。インタビューは、「10歳未満」と「30代」の人たちが多く集まりそうな外出先で行う。一日に複数の場所に行くのは大変だから、「10歳未満」と「30代」の両方からインタビューできる可能性が最も高い（　カ　）に行く。

〔かなた〕 将来《しょうらい》どのようなまちになるかを調べることはできますか。

〔先　生〕 昔から今にかけてどのようにまちが変化したのかを調べ、そこからどのように変化するのかを考えることができます。じゅうまえ市の人口の変化を見てみましょう。（**[資料8]**）

［資料８］じゅうまえ市の総人口推移

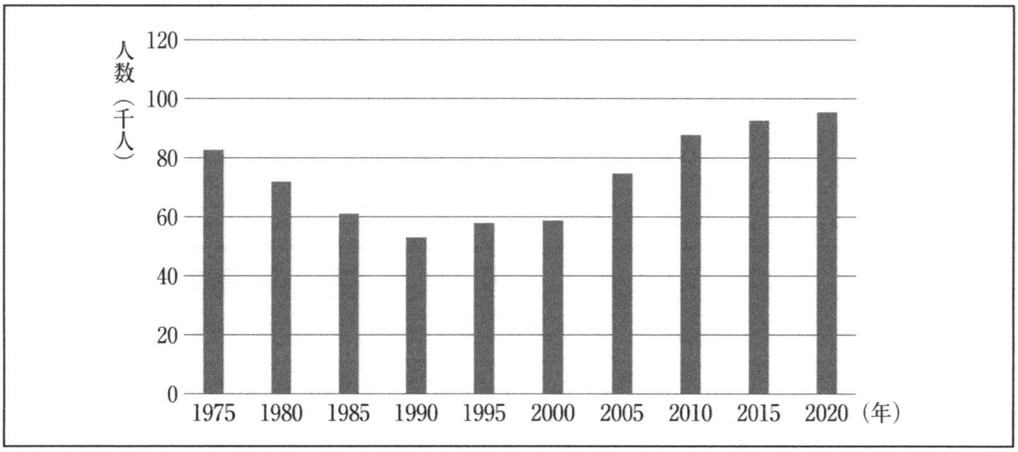

〔先　生〕 このグラフから何が読み取れますか。

〔とうじ〕 1990年までは人口が減っていたのに、1995年には少し増えているように見えます。これはどうして変化したのでしょうか。

〔先　生〕 何がその変化をもたらしたのか、次の**［資料９］**を見てみましょう。

［資料９］1990年から1995年にかけてのじゅうまえ市の変化

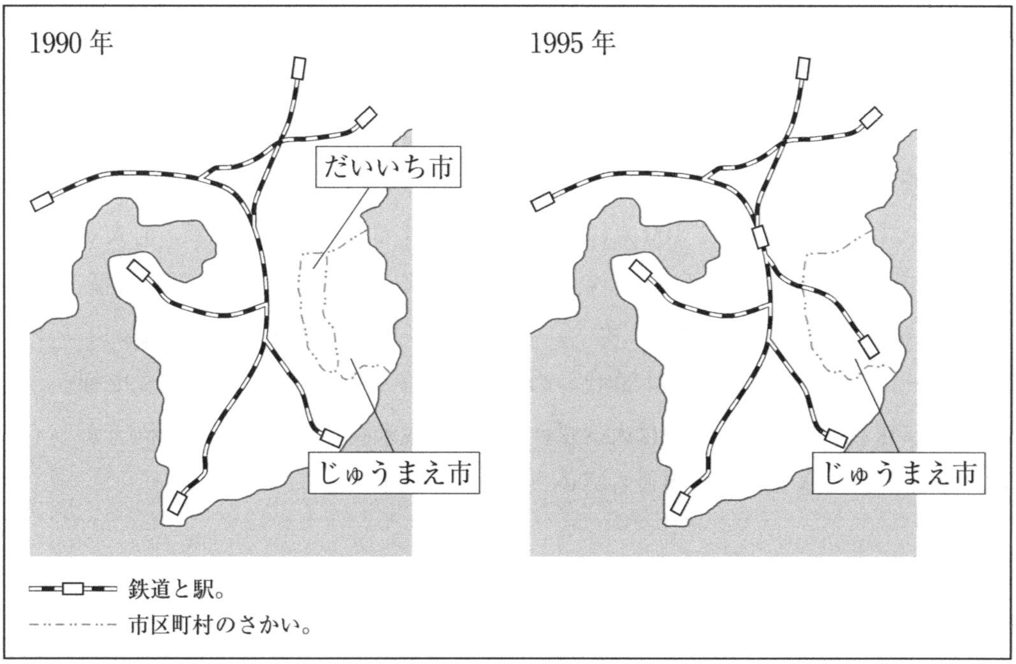

適性検査3

注　　意

1　検査開始の指示があるまで問題用紙を開いてはいけません。

2　検査時間は45分間で、終わりは午後0時15分です。

3　問題は　1　問1　から　問3

　　　　　2　問1　から　問3

　　　　　3　問1　から　問3　まであります。

4　問題用紙は1ページから19ページまであります。検査開始の指示後、すぐにページがそろっているかを確認《かくにん》しなさい。

5　解答用紙は2枚《まい》あります。

6　受検番号をそれぞれの解答用紙の決められた場所に記入しなさい。

7　解答はすべて解答用紙に記入し、解答用紙のみ2枚とも提出しなさい。

1　さとしさん、ありささん、先生の３人がテストを見直す方法について話をしています。

〔さとし〕　算数の計算問題で、しっかり見直しをするようにしたらまちがいがへりました。
〔ありさ〕　私《わたし》も日ごろから検算をしています。
〔先　生〕　面白い検算方法があるのですが、みなさん知っていますか。
〔さとし〕　どのような検算方法ですか。
〔先　生〕　九去法《きゅうきょほう》といわれる検算方法です。（**［資料１］**）

［資料１］九去法について

　九去法とは、各位の数字の和を９で割ったあまりを用いて、検算する方法である。例えば、足し算の場合は以下の方法で検算する。今回は、等号の左側を「左の式」、右側を「右の式」と呼《よ》ぶことにする。

例：式 317 ＋ 25 ＝ 352 を検算する。

①　それぞれ数字の各位の和を求める。

左の式　：　317 → 3 ＋ 1 ＋ 7 ＝ 11　　25 → 2 ＋ 5 ＝ 7
右の式　：　352 → 3 ＋ 5 ＋ 2 ＝ 10

②　①で求めた数字を、それぞれ９で割ったあまりを求める。

左の式　：　11 ÷ 9 ＝ 1 あまり 2　　7 ÷ 9 ＝ 0 あまり 7
右の式　：　10 ÷ 9 ＝ 1 あまり 1

③　左の式のあまりどうしを足す。
　このとき、和が９以上であれば、さらにその和を９で割り、あまりを求める。

左の式のあまりどうしの和　：　2 ＋ 7 ＝ 9　← 和が９以上
9 ÷ 9 ＝ 1 あまり 0

④　左の式と右の式で求めた数字が異《こと》なっているとき、計算が誤《あやま》りと判断できる。

左の式は０、右の式は１、数字が異なっているので、計算が誤りと判断できる。

〔さとし〕　こんな検算方法があるのですね。

問1

> 次の式は、さとしさんが計算したものです。**［資料1］**の九去法を用いて、この式を検算しなさい。ただし、考え方や途《と》中《ちゅう》の計算式もすべて記述すること。
>
> さとしさんの式　：　636274 ＋ 467929 ＝ 1094203

〔ありさ〕 誤りかどうかを確かめるのは大切ですね。

〔先　生〕 実は、さまざまな場面で検算が使われています。例えば、バーコードもそのうちの一つです。

〔ありさ〕 太さの異なる黒い線が縦《たて》方向に並《なら》んだものですね。買い物をしたときに、どの商品にもバーコードが付いていました。（**［資料2］**）

［資料2］バーコードの見本

4 569713 452132

〔先　生〕 バーコードの下に数字があります。**［資料2］**だと「4569713452132」です。この数字は、何を表していると思いますか。

〔ありさ〕 この数字で、一つ一つの商品についての情報を表しているのではないでしょうか。

〔先　生〕 そのとおりです。**［資料2］**は日本でよく見かけるバーコードです。黒い線と数字が対応しています。今回は、商品などに付いている13けたのバーコードの特ちょうについて見てみましょう。（**［資料3］**）

［資料３］バーコードの特ちょう

・左から順に、国コード（２けた）、企《き》業《ぎょう》コード（５けた）、商品コード（５けた）、チェックデジット（１けた）である。

・国や企業、そして商品には、決まった数字がそれぞれ割りふられている。

（例）日本：45　A社：69713　商品P：45213

「456971345213」は、日本のA社の商品Pを表している。

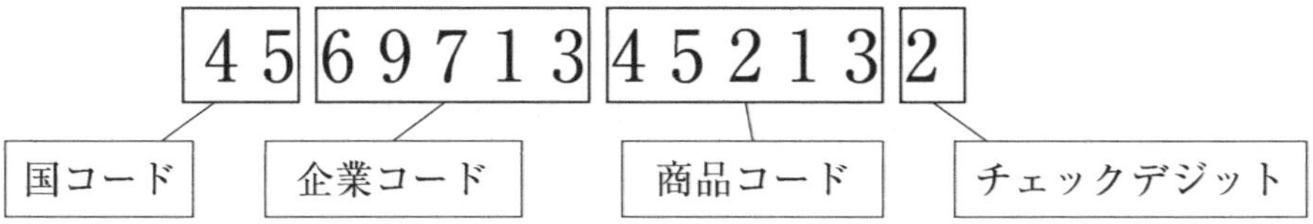

〔さとし〕　チェックデジットとは何ですか。

〔先　生〕　チェックデジットとは、バーコードの読みまちがいを防ぐための数字です。（**［資料４］**）

［資料４］チェックデジットの計算方法

［資料２］のコードを例に、以下の①～④の手順でチェックデジットを求める。

けた番号	13	12	11	10	9	8	7	6	5	4	3	2	1
コード	4	5	6	9	7	1	3	4	5	2	1	3	2
コード名	国コード		企業コード					商品コード					チェックデジット

①　偶数けたのコードの数字の和を求め、それを３倍する。この計算で求めた数を(a)とする。

$(5+9+1+4+2+3) \times 3 = 72$ … (a)

②　けた番号１を除《のぞ》いた奇数けたのコードの数字の和を求める。この計算で求めた数を(b)とする。

$4+6+7+3+5+1=26$ … (b)

③　(a)の数字と(b)の数字を足す。この計算で求めた数を(c)とする。

$72+26=98$ … (c)

④　10から、(c)の一の位を引いた数がチェックデジットになる。ただし、(c)の一の位が０の場合は、０がチェックデジットとなる。

98の一の位は８であるから、チェックデジットは $10-8=2$

〔ありさ〕 チェックデジットで読みまちがいが防げるのですね。

問2

次のコードは、ある商品のバーコードの下に書かれた13けたのコードである。このコードは、けた番号3、けた番号2のコードがそれぞれ□、△で表されている。**［資料3］**、**［資料4］**をふまえ、□、△に当てはまる数字の組み合わせを3つ書きなさい。

けた番号	13	12	11	10	9	8	7	6	5	4	3	2	1
コード	4	5	2	4	8	8	1	3	4	4	□	△	9
コード名	国コード		企業コード					商品コード					チェックデジット

［先　生］ チェックデジット以外にも、検算用の数字を付け加えることがあります。代表的なもので、パリティビットがあります。（**［資料5］**）

［資料5］データとパリティビットの説明

コンピュータでは、「０」と「１」の配置でさまざまな情報を表現している。複数個の数字の配置で構成されたものをデータと呼ぶ。

今回は、８個の「０」と「１」の配置で構成されたデータを考える。（**［図１］**）

［図１］ 8個の数字から構成されたデータとパリティビットの例

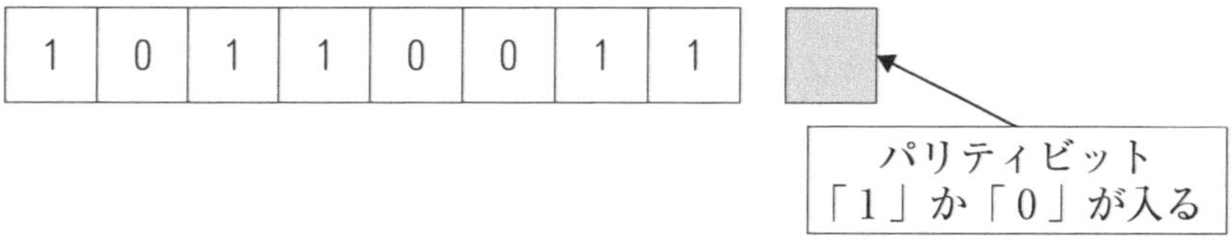

データを送信するとき、検算用の数字を１個付け加える。この付け加えた数字をパリティビットと呼ぶ。パリティビットをふくむ９個の数字の和が偶数になるように、パリティビットには「１」か「０」を入れる。

［図１］では、８個の数字の和が５なので、パリティビットに「１」を入れる。

〔さとし〕 なぜ、パリティビットというものを付け加えるのですか。

〔先　生〕 データを送信したとき、送信したデータと受信したデータが異なってしまうことがあります。受信したデータが異なっているかどうかを判断するために、パリティビットを付け加えるのです。（**［資料6］**）

［資料6］受信したデータが異なっているかどうかを判断する方法

「0」が「1」に、または「1」が「0」に書きかわることを「反転する」と呼ぶことにする。例えば、**［図1］**のデータを送信した場合、送信された数字が反転し、受信者はもとのデータとはちがうデータを受信してしまうことがある。(**［図2］**)

［図2］図1において反転したデータ

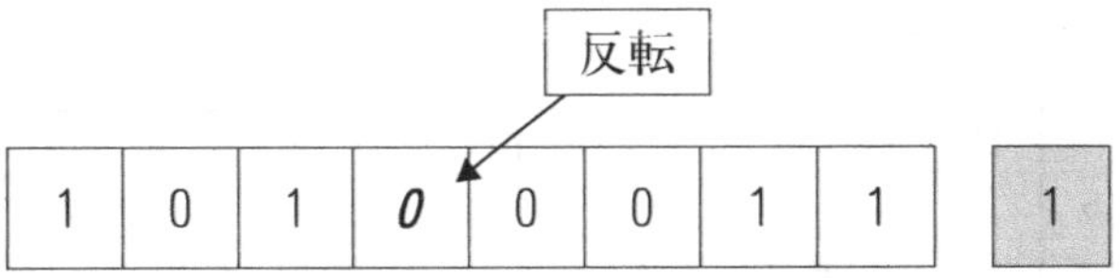

パリティビットを除いた8個の数字のうち、1個の数字が反転した場合、パリティビットをふくむ9個の数字の合計が偶数にならない。したがって、**［図2］**のデータは送信したデータと異なっていると判断できる。

〔さとし〕 この仕組みがあれば、異なったデータを受信したと判断できますね。

〔ありさ〕 本当にそうでしょうか。

〔先　生〕 例えば、私がさとしさんに、パリティビットをふくめた9個の数字からなるデータを送信し、さとしさんは次のデータを受信したとしましょう。ただし、パリティビットは反転していないものとします。(**［資料7］**)

［資料7］さとしさんが受信したデータ

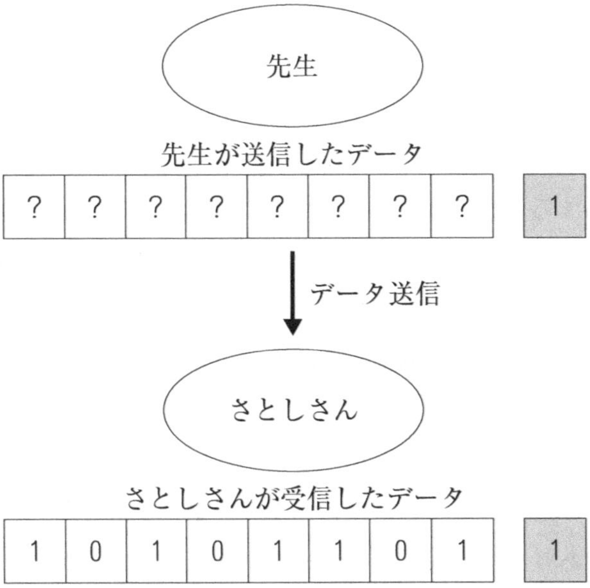

〔さとし〕　私が受信したデータは、パリティビットを除く８個の数字の和が奇数なので、パリティビットは「１」になるはずです。だから反転せず、送信者と同じデータを受信したことになると思います。

〔ありさ〕　本当に送信したデータと同じなのでしょうか。確かめてみましょう。

問３

［資料７］をふまえて、次の問いに答えなさい。ただし、さとしさんが受信したデータにある「０」とパリティビットは反転していないものとする。

（１）　ありささんは、先生が送信したデータと、さとしさんが受信したデータが異なるかもしれないと考えています。さとしさんが受信したデータ以外に、先生が送信した可能性があるデータの例を１つ考え、反転したところを【条件】にしたがって答えなさい。

【条件】

下の例のように、反転した数字のますにななめの線をかくこと。

~~1~~	0	1	0	1	1	0	1		1

（２）　先生が送信した可能性があるデータは何通りあるか答えなさい。ただし、さとしさんが受信したデータも１通りにふくめて答えること。

〔さとし〕　まちがいがないようにさまざまな工夫がされているのですね。

〔ありさ〕　私たちもまちがいがないように、検算を利用していくことが大切ですね。

2　あさひさんとみつきさんが話をしています。

〔あさひ〕　先週、旅行で富山県《とやまけん》に行ってきました。
〔みつき〕　富山県は日本海《にほんかい》に面している県ですね。何が名産なのですか。
〔あさひ〕　いくつかありますが、特にブリが名産です。富山湾《とやまわん》では、冬に脂《あぶら》がのった栄養価の高いブリがとれ、寒《かん》ブリと呼《よ》ばれます。
〔みつき〕　なぜ富山湾で寒ブリがとれるのでしょうか。
〔あさひ〕　それはブリが*回遊する魚であることが関係しています。次の資料を見てください。（**[資料1]**、**[資料2]**）

＊回遊：毎年季節ごとに一定の経路を移動すること。

[資料1] 富山湾でとれるブリの回遊について

・幼魚《ようぎょ》の間は、沿岸《えんがん》各地で小規模《きぼ》な回遊を行いながら成長する。
・成魚《せいぎょ》になると、10～11月ごろに北海道《ほっかいどう》沿岸まで移動し、小魚を多く食べて脂と栄養をたくわえ、産卵《さんらん》にそなえる。
・３～４月に産卵する。

（氷見市《ひみし》観光協会ホームページより作成）

[資料2] ブリがいる場所と産卵する場所

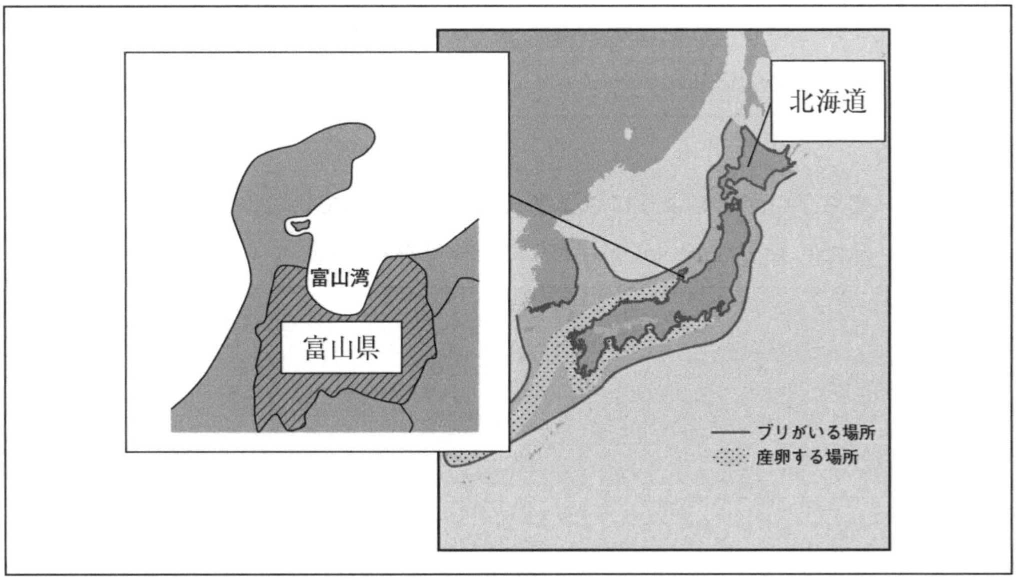

（「令和４年度のブリの資源《しげん》評価」水産資源研究センターより作成）

問1

次の文章は、あさひさん、みつきさんが［**資料1**］、［**資料2**］をふまえて、富山湾で脂がのった栄養価の高い寒ブリがとれる理由をまとめたものです。

文中の空らん（　ア　）に入るものを【地図】から、空らん（　イ　）に入るものを【語句】からそれぞれ選び、最も正しい組み合わせを①～④から選びなさい。

冬ごろにブリは、地図（　ア　）のように移動することから、富山湾でとれる寒ブリは、（　イ　）であることがわかる。（　イ　）のブリは脂がのっていて栄養価が高いと考えられる。

【地図】

Ⅰ

Ⅱ

【語句】

Ⅲ　産卵前　　　Ⅳ　産卵後

① ア　Ⅰ　イ　Ⅲ　　② ア　Ⅰ　イ　Ⅳ
③ ア　Ⅱ　イ　Ⅲ　　④ ア　Ⅱ　イ　Ⅳ

〔あさひ〕 ブリについて調べていると、岐阜《ぎふ》県《けん》高山《たかやま》市《し》では毎年、年末に「塩ブリ市《いち》」が開催《かいさい》されていることがわかりました。また、長野《ながの》県《けん》松本《まつもと》市《し》周辺では、正月の雑煮《ぞうに》に塩ブリが用いられるそうです。

〔みつき〕 岐阜県や長野県は、海に面していないのにブリを食べる文化があるのですね。なぜでしょうか。

〔あさひ〕 次の資料を見てみましょう。（［**資料3**］、［**資料4**］）

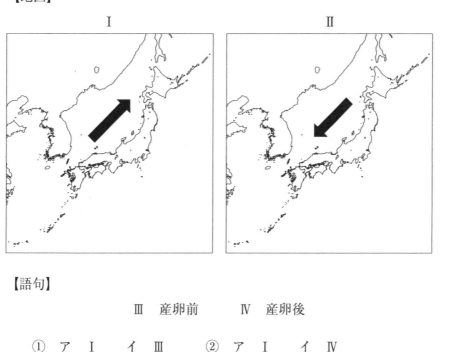

［資料３］高山市の歴史

戦国時代、武将《ぶしょう》の金森長近《かなもりながちか》が飛騨《ひだ》（現在の岐阜県北部）で高山城《たかやまじょう》と城下町を形成し、また、東西南北の街道《かいどう》の整備をはじめた。高山の商人らは越中《えっちゅう》（現在の富山県）から塩、魚、薬などを買い、信州《しんしゅう》（現在の長野県）へ売り、また飛騨の木材などを売った。江戸《えど》時代に入ってからも、商人らは整備された街道を使って経済《けいざい》活動をさかんにした。

（高山市歴史文化基本構想より作成）

［資料４］江戸時代のブリの取引のルート

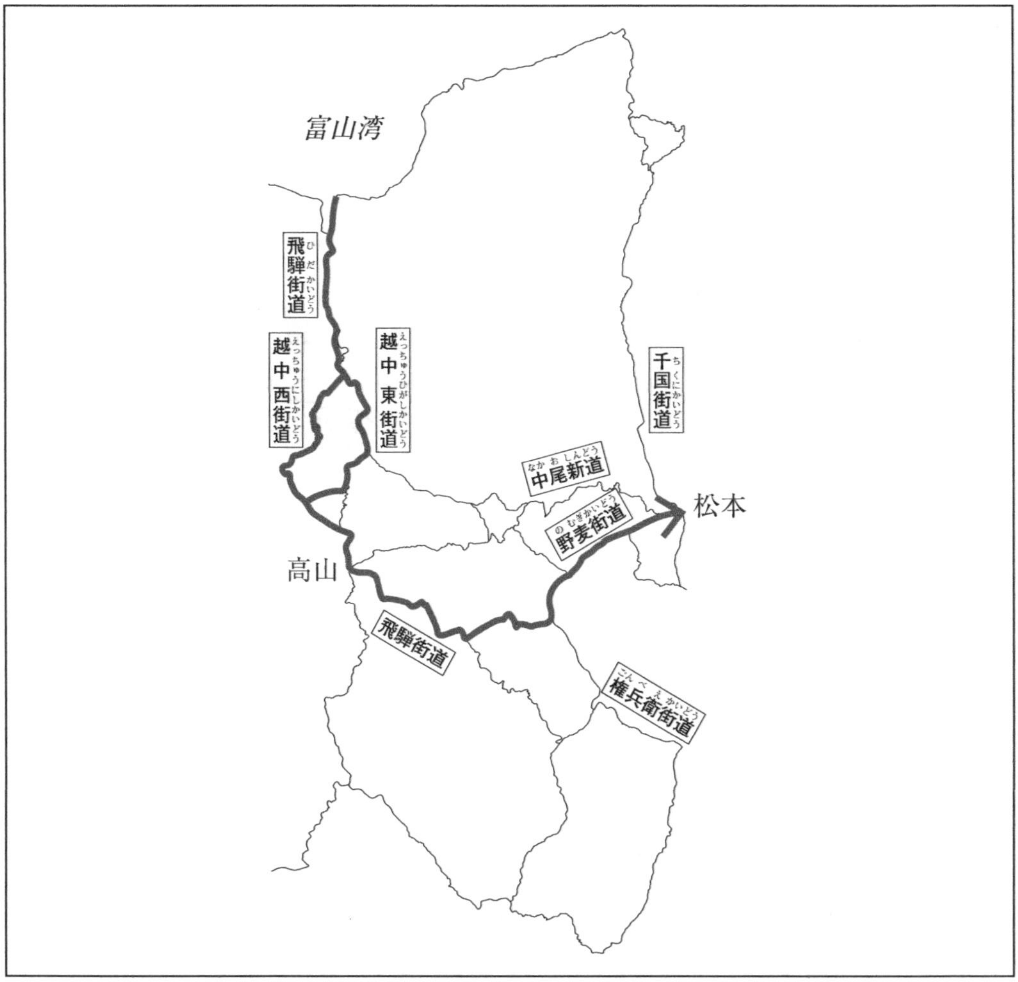

（市川健夫《いちかわたけお》、北林吉弘《きたばやしよしひろ》、菅田一衛《すげたかずもり》『定本鰤《ぶり》街道－その歴史と文化』より作成）

令和六年
適性検査1　解答用紙（1枚《まい》め／2枚中）

※100点満点
（配点非公表）

受検番号

一

問1

問2
どうかして　　　　。

問3
（1）

（2）他人の判断が可能になるように表現しなければ

と　　　　から。

210

180

辺		
面		

問４

受検番号				

問 3

(1)	液体	理由
(2)		

受検番号				

問2

(ウ)	
(エ)	

問3

(オ)		(カ)	
(キ)			
(ク)			

受検番号				

（2）	

【解答

受検番号				

令和6年

適性検査3　解答用紙（2枚《まい》め／2枚中）

3

問1

（1）	（ア）		（イ）	
	（ウ）			
（2）	日以上			

問2

（1）	糖度の高い品種　…　品種（　　　　　） 理由			
（2）	（ア）		（イ）	

問3

（1）	

令和６年

適性検査３　解答用紙（１枚《まい》め／２枚中）

※100点満点
（配点非公表）

1

問１

問２

１つめ	２つめ	３つめ
□＝　　　△＝	□＝　　　△＝	□＝　　　△＝

問３

（１）

1	0	1	0	1	1	0	1		1

（２）

通り

令和6年

適性検査2　解答用紙（2枚《まい》め／2枚中）

2

問1

（ア）		（イ）		（ウ）	

問2

（エ）		（オ）		（カ）	

問3

3

問1

（ア）		（イ）	

問2

（1）	

令和６年

適性検査２　解答用紙（１枚《まい》め／２枚中）

※100点満点
（配点非公表）

1

問１

立体㋑	頂点：	個	辺：	個	面：	個
立体㋒	頂点：	個	辺：	個	面：	個
立体㋓	頂点：	個	辺：	個	面：	個

問２

面 ABCDE を底面としたとき

表

裏

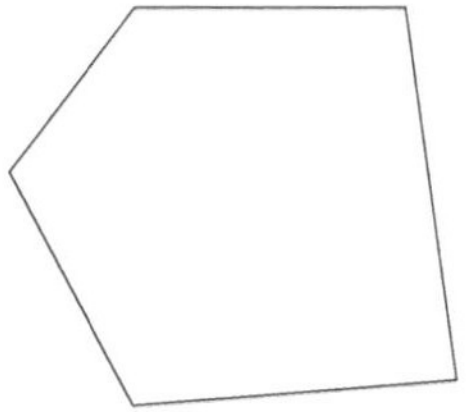

面 CHID を底面としたとき

表

裏

問３

	個数	理由
頂点		

【解答用

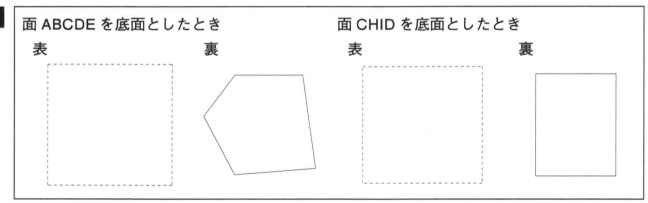

令和六年

適性検査1　解答用紙（2枚《まい》め／2枚中）

問3

受検番号

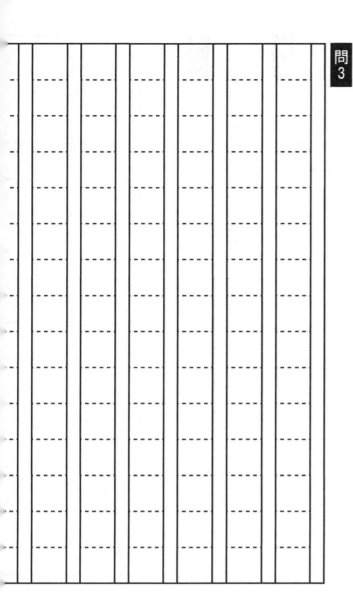

二

問1

一方は発言して、もう一方は

という会話の方法。

問2

選んだ番号

その番号を選んだ理由

一方の主張に対し、

から。

〔みつき〕 歴史を知ることが、食文化を知ることにつながっていますね。

〔あさひ〕 そうですね。では、別の視点《してん》で歴史を調べてみましょう。高山や松本周辺に暮《く》らしていた人々にとって、ブリはどのような魚だったのでしょうか。（**[資料5]**）

[資料5] 飛騨ブリについて

> 江戸時代、富山湾で水揚《あ》げされたブリは、飛騨高山で経由されて信州に運ばれ、飛騨ブリと呼ばれた。昔からブリは幼魚から成魚になるまでの間、大きくなるにつれて名前がかわることから出世魚《しゅっせうお》と呼ばれ、縁起《えんぎ》のよい魚とされている。高山・松本周辺では、年越《としこ》し・正月のお祝いの席でブリを食べるという風習となっていた。

（松本市立博物館編『「鰤のきた道」－越中・飛騨・信州へと続く街道－』より作成）

問2

> 次の文章は、高山や松本周辺におけるブリを食べる文化について、あさひさん、みつきさんが **[資料3]**、**[資料4]**、**[資料5]** をふまえてまとめたものです。文中の空らん（　ウ　）、（　エ　）に入る文や言葉を答えなさい。
>
> **[資料3]**、**[資料4]** から、（　ウ　）ことが理由で、海に面していない地域《ちいき》で海産物がさかんに取引されるようになったことがわかる。また、**[資料5]** から、ブリは（　エ　）であるので、年末年始に多くの人が求めていたと考えられる。
> この地域で今でもブリを食べる文化があるのは、こうした歴史が関係しているからだと推測《すいそく》される。

〔あさひ〕 歴史の中で育まれてきた独特な食文化が、今でも残っているのですね。

〔みつき〕 そうですね。日本の食文化について、もっと知りたくなりました。

〔あさひ〕 2013年に、日本の食文化は「和食；日本人の伝統的な食文化」として無形文化遺産《いさん》に登録されています。

〔みつき〕 無形文化遺産とは何ですか。

〔あさひ〕 伝統や表現、技術など、形のない文化遺産のことです。

〔みつき〕 形のないものを未来につなげていくためには、どうしたらよいのでしょうか。

〔あさひ〕 次の活動を参考に考えましょう。（**[資料6]**、**[資料7]**）

［資料６］小学生の活動

小学校に地元の魚市場関係者が招かれ、魚に関する食育の授業が行われた。子どもたちは、地元で水揚げされた魚についての学習をもとに、地元の魚（サバ・メヒカリ・カレイ）を使った「おさかな大すきレシピ」を作成した。レシピ完成後は、地域の人の協力を得て調理実習も行い、小学生はレシピを町内のイベントや店舗《てんぽ》などで、地域の人に配布した。

（農林水産省　令和元年度食育白書より作成）

［資料７］高校生の活動

（熊倉功夫《くまくらいさお》、江原絢子《えはらあやこ》『和食と食育　和食のこころを受け継《つ》ぎそして次世代へ』より作成）

問3

次の表は、あさひさん、みつきさんが日本の食文化を未来につなげていくための活動について**［資料6］**、**［資料7］**をふまえてまとめたものです。次の【条件】にしたがって、表を完成させなさい。

【条件】

・空らん（　オ　）、（　カ　）は【語句】①～④から一つずつ選び、番号で答えなさい。ただし、同じ番号を二度使わないこと。

・空らん（　キ　）は**［資料6］**、空らん（　ク　）は**［資料7］**からそれぞれ読み取り、入る文を答えること。ただし、表に記入されている他の項目《こうもく》の表現をふまえること。

方法 ／ 活動	（　オ　）	（　カ　）
［資料6］ 小学生の活動	魚について学習する。	（　キ　）
［資料7］ 高校生の活動	（　ク　）	オリジナル大豆製品の講習会を開く。

【語句】

①　伝える　　②　比べる　　③　食べる　　④　知る

〔あさひ・みつき〕　私《わたし》たち自身も日本の食文化を守る担《にな》い手ですね。

3 夏休み中に、小学生のもえこさんとたいちさん、先生の３人が話をしています。

〔もえこ〕 この前、育てたトマトを収《しゅう》かくして家で食べたら、とてもおいしいと喜ばれました。トマトは、次の資料を見て育てました。(**[資料１]**)

[資料１] トマトを育てるための条件

・適している温度は20℃～30℃である。
・開花日から数えて*積算温度が一定の値《あたい》をこえると、成熟した実を収かくすることができる。
・十分に日光を当てる必要がある。
＊積算温度：毎日の平均気温を合計した温度。

(農山漁村文化協会『トマト大事典』より作成)

〔先　生〕 もえこさんが育てたように、トマトは暖《あたた》かい時期に育てる野菜です。関東では、５月ごろから植え付けをすることができ、10月ごろまで収かくすることができます。次の資料を見てください。(**[資料２]**)

[資料２] 東京都の月ごとの平均気温と日数（1991年～2020年の平均値《へいきんち》）

月	1	2	3	4	5	6	7	8	9	10	11	12
平均気温(℃)	5.4	6.1	9.4	14.3	18.8	21.9	25.7	26.9	23.3	18	12.5	7.7
日数(日)	31	28	31	30	31	30	31	31	30	31	30	31

(気象庁《きしょうちょう》ホームページより作成)

〔たいち〕 私《わたし》の家の近くのスーパーマーケットには、一年を通してトマトが置いてあります。そのトマトのパックには、糖度《とうど》が高いと書いてありましたが、糖度とはどのようなものですか。

〔先　生〕 糖度とは、果物などにふくまれる糖分の割合《わりあい》のことです。

〔もえこ〕 一年中糖度の高いトマトを食べることができるのはどうしてですか。

〔先　生〕 それは、農作物を屋根のない畑で育てる露地栽培《ろじさいばい》以外に、ビニールハウスで栽培する方法があるからです。(**[資料３]**)

［資料３］露地栽培の特ちょうとビニールハウスでの栽培の特ちょう

＜露地栽培＞
・地域《ちいき》の自然条件を生かして栽培することができる。
・天候の影響《えいきょう》を受けやすい。
＜ビニールハウスでの栽培＞
・光を通すため、日光の当たる時間は露地栽培と変わらない。
・育てる環境《かんきょう》を一定に保ちやすい。

（誠文堂新光社《せいぶんどうしんこうしゃ》『まるごとわかるトマト』より作成）

〔先　生〕　また、トマトを育てるときには、次の条件に気を付けると糖度が高くなりやすいです。（**［資料４］**）

［資料４］トマトの糖度が高くなりやすい条件

・光合成がたくさん行われること。
・水をあたえる量を減らすこと。

（農山漁村文化協会『トマト大事典』より作成）

〔もえこ〕　ビニールハウスで育てることで、糖度の高いトマトを一年中食べることができるのですね。

問１

（１）　もえこさんが「ビニールハウスで育てることで、糖度の高いトマトを一年中食べることができるのですね」と言っていますが、そのように考えた理由は次のようにまとめられます。**［資料１］**、**［資料２］**、**［資料３］**、**［資料４］**をふまえて、次の文中の空らん（　ア　）から（　ウ　）に当てはまる言葉を答えなさい。

トマトは、気温が（　ア　）時期では、露地栽培で育てることは難《むずか》しいが、ビニールハウスで育てることで安定して収かくすることができる。
さらに、ビニールハウスは露地栽培と（　イ　）は変わらない。その上、（　ウ　）の量を調節しやすいため、糖度の高いトマトを育てやすい環境である。

（２）　露地栽培において、６月１日にトマトが開花した場合、成熟した実を収かくするまでに少なくとも何日以上栽培するのが適切だと考えられますか。**［資料１］**、**［資料２］**をふまえて、次の【条件】にしたがって答えなさい。

【条件】
・温度以外の条件は一定であるものとする。
・すべての月において平均気温が毎日続いているものとする。
・６月１日の気温もふくめる。
・今回栽培しているトマトは、積算温度が1000℃をこえた場合に収かくすることができるものとする。

〔たいち〕 家の近くのスーパーマーケットには、さまざまな品種のトマトが売られており、味もちがいますね。

〔もえこ〕 さまざまな品種のトマトについて、特ちょうを調べてみたいです。

〔先　生〕 例えば、糖度計を用いるとトマトにふくまれている糖度を測ることができます。(**[資料5]**)

[資料5] 糖度計

〔もえこ〕 糖度が高いほど、トマトにふくまれている糖分の割合が多いということですか。

〔先　生〕 そうです。

〔たいち〕 糖度だけではなく、重さや体積についても調べてみたいです。

〔先　生〕 それでは、2つの品種のトマトを用意して調べてみましょう。(**[資料6]**)

[資料6] 品種Aと品種Bについての重さ、体積、糖度

【品種A】

	トマト1	トマト2	トマト3	トマト4	トマト5
重さ(g)	12	11	12	10	13
体積(cm^3)	12	12	10	12	11
糖度(%)	6.20	5.95	7.15	5.80	6.60

【品種B】

	トマト6	トマト7	トマト8	トマト9	トマト10
重さ(g)	43	44	44	49	52
体積(cm^3)	42	44	42	46	51
糖度(%)	5.20	4.90	5.75	6.00	5.00

〔たいち〕　ちがう品種どうし、同じ品種どうしの中で比べても、重さ、体積、糖度のどの数値《すうち》もちがいますね。

〔もえこ〕　ここから考えられることはありますか。

問2

> **［資料6］**をふまえて、次の（1）、（2）に答えなさい。
>
> （1）　品種Aと品種Bの数値から、調べたトマトにおいてはどちらの品種の糖度が高いといえますか。品種Aと品種Bの糖度の平均を比べて説明しなさい。
>
> （2）　同じ品種どうしを比べて、どちらの品種においても共通していえることは何ですか。重さと体積の関係に着目して、次の文中の空らん（　ア　）、（　イ　）に当てはまる言葉を答えなさい。
>
> 同じ品種どうしで比べると、どちらの品種においても（　　　ア　　　）が大きいほど、糖度が（　イ　）と考えられる。

〔たいち〕　トマトについてもう少し知りたいです。花がさいてからトマトの実ができるまで、どのような過程で育つのですか。

〔先　生〕　まず、めしべの先に花粉が付くことが必要です。これを受粉といいます。そして、受粉をきっかけに花の根元の部分がふくらみ、実になります。（**［資料7］**）

［**資料７**］**トマトの花の特ちょう**

・花は下向きに開花することが多い。
・トマトの花では、みつが作られない。
・花びら、がく、おしべ、めしべで構成される。
・おしべの内側のふくろには、花粉が入っている。
・花粉は、外部から受けるしげきによって落ちる。
・受粉が行われると、花の根本の部分がふくらみ、実になる。

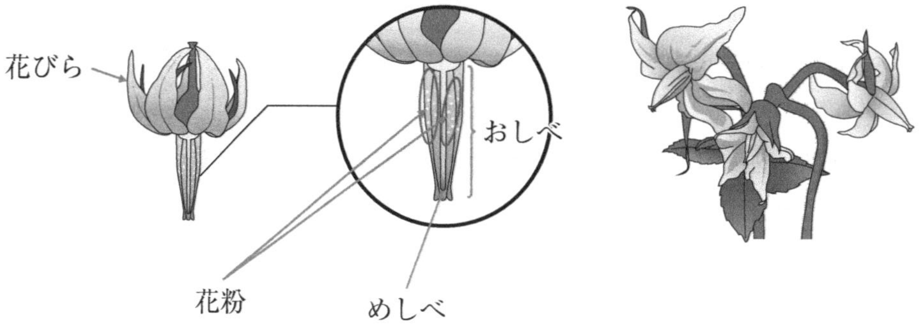

（農山漁村文化協会『トマト大事典』より作成）

〔先　生〕 受粉の方法には、主に２つの種類があります。トマトは、主に自《じ》家《か》受粉を行います。（［**資料８**］）

［**資料８**］**自家受粉と他《た》家《か》受粉**

【自家受粉】
　１つの花の中で、花粉が同じ花のめしべの先に付くこと。おしべとめしべがどちらも同じ花にある場合に起こる。

【他家受粉】
　花粉が、同じ種類の異《こと》なる花のめしべの先に付くこと。

〔先　生〕 農作物をビニールハウスで栽培するときは、受粉をしやすくするためにハチを放すことがあります。
〔たいち〕 どのような種類のハチが受粉にかかわっているのですか。
〔先　生〕 受粉のはたらきを助けてくれるハチは、大きく分けて２種類います。その中でもよく活用されているのはセイヨウミツバチとクロマルハナバチです。（［**資料９**］）

［資料9］ セイヨウミツバチとクロマルハナバチの特ちょう

＜2種類のハチに共通する特ちょう＞

・花のみつや花粉を求めて花に訪《おとず》れる。

・花のみつを集めて巣に持ち帰る。

・体に付いた花粉を足に集めて巣に持ち帰る。

＜それぞれの特ちょう＞

	セイヨウミツバチ	クロマルハナバチ
体のつくり		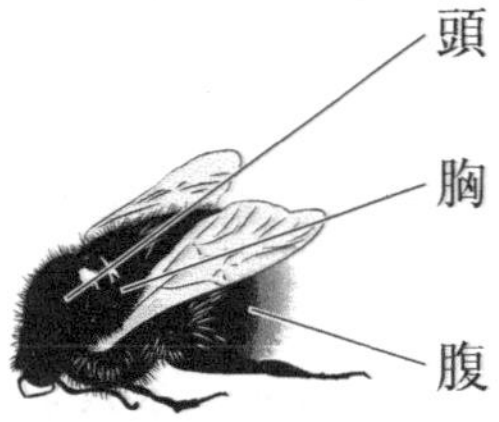
花に訪れる条件	みつがある場合、積極的に花に訪れる。 みつがない場合はほとんど訪れない。	みつがある場合もない場合も安定して花に訪れる。
花粉を集める主な方法	花に止まり、口でみつを吸《す》う。みつを吸う時に、花に触れて体毛に花粉が付く。	おしべの先にかみつき、胸の筋肉《きんにく》を動かす。これにより花がゆれて、花粉が落ちる。その花粉が腹に付く。

（農林水産省ホームページ、北海道大学出版会『日本産マルハナバチ図鑑《ずかん》』より作成）

〔先　生〕 このように、ハチの種類によって習性が異なるため、育てる野菜や果物ごとに活用されるハチの種類も異なります。

〔たいち〕 トマトの場合は、どちらの種類のハチが活用されているのでしょうか。

〔もえこ〕 クロマルハナバチだと思います。

〔先　生〕 トマトのビニールハウスでの栽培においては、セイヨウミツバチよりもクロマルハナバチを活用する方が、受粉しやすくなるといわれています。

〔たいち〕 どうしてですか。

問3

（1） 次の文章は、ビニールハウスでトマトを栽培するときに、セイヨウミツバチではなくクロマルハナバチを活用すると受粉しやすくなる理由について述べたものです。**［資料7］**、**［資料9］**をふまえて、次の文中の空らん（ ★ ）に共通して当てはまる言葉を答えなさい。

セイヨウミツバチは（ ★ ）花には訪れない。
それに比べて、クロマルハナバチは（ ★ ）花にも訪れる。
トマトの花は（ ★ ）ため、ビニールハウスでトマトを栽培するときには、クロマルハナバチを活用する方が受粉しやすくなる。

（2） クロマルハナバチがトマトの花粉を集めるときに、トマトが自家受粉しやすくなるのはなぜか。その理由を**［資料7］**、**［資料8］**、**［資料9］**をふまえて答えなさい。

〔たいち〕 生き物どうしがおたがいにかかわり合っていることがよくわかりました。

〔つむぎ〕 1990年から1995年の変化には、複数の原因が考えられそうです。

〔かなた〕 じゅうまえ市の人口には、ほかにも大きな変化がありますね。

〔先　生〕 **[資料8]** をより細かくした **[資料10]** も見てみましょう。

[資料10] じゅうまえ市の総人口と転出入者数の変化

（単位　千人）

年次	総人口	じゅうまえ市の転入者		じゅうまえ市の転出者	
		日本人	外国人	日本人	外国人
1975年	83	6	3	14	4
1980年	72	5	2	15	3
1985年	61	4	3	16	2
1990年	53	4	2	12	2
1995年	58	10	3	7	1
2000年	59	7	4	8	2
2005年	75	19	4	3	4
2010年	88	14	5	3	3
2015年	93	8	3	2	4
2020年	96	5	2	2	2

＊転出入者以外の人口変化はないものとする。

〔とうじ〕 **[資料10]** からは、じゅうまえ市の総人口の変化に加えて、どのような人たちに変化があったのかが分かります。

〔つむぎ〕 このような変化はどうして起きたのでしょうか。

〔先　生〕 じゅうまえ市に住んでいる人のインタビューを見てみましょう。

（**[資料11]**）

［資料１１］じゅうまえ市民へのインタビュー

かずひろさん

私《わたし》はじゅうまえ市のまちづくり課職員です。じゅうまえ市は1970年代以降《いこう》から人口が減り始めました。そこで、地域《ちいき》住民の中から「じゅうまえ市活性化プロジェクト」が立ち上がりました。2000年からは、私たち、まちづくり課の職員も参加し、地域の人たちの活動を支《し》援《えん》するようになりました。地域の人たちがまちづくりの主役となり、私たちがそのサポートをするといった関係は今も続いています。

すみかさん

私は2005年にじゅうまえ市に引っ越《こ》しました。じゅうまえ市の人たちは、住みやすいまちを自分たちでつくっているという＊広報誌《こうほうし》を見て、魅力を感じたからです。

現在、私も「じゅうまえ市活性化プロジェクト」に参加し、「じゅうまえSDGs」というプロジェクトを立ち上げました。じゅうまえ市の環《かん》境《きょう》保全のため、公園の清掃《せいそう》活動などに取り組んでいます。

ヂウさん

私はじゅうまえ小学校に通っている小学生です。2021年に父の仕事の関係で来日しました。私は日本語が分からず、じゅうまえ市は外国人が少ないと聞いていたので、生活が不安でした。でも、じゅうまえ市には外国語の表記も多く、日本語が分からない私にとっては安心でした。また週末には、日本人と外国人の交流イベントを地域の人たちが開いており、そこで日本人の友達と仲良くなりました。

＊広報誌：活動内容などを知らせるために情報をまとめたもの。

問３

かなたさんは、じゅうまえ市の総人口における５年ごとの数値《すうち》の変化の中でも、特に最も大きな変化から、じゅうまえ市の未来を考えようとしています。**［資料９］**、**［資料１０］**、**［資料１１］**の中から必要な資料をすべて用いて、予想されるじゅうまえ市の未来について、次の①～④の条件にしたがって書きなさい。

① 最も大きな変化は、「いつからいつ」、「どのような人」に起こった変化かを明らかにして書くこと。

② 「何が原因」で大きく変化したのかを明らかにして書くこと。

③ じゅうまえ市が今後どのように変化していくかを明らかにして書くこと。

④ どの資料を根拠《こんきょ》に説明しているかを明らかにして書くこと。

〔かなた〕 これで、私たちのまちの昔、今を調べて、未来のことを考えられますね。

このページには問題が印刷されていません。

3　さちよさんの家では、塩レモンをつくっています。

〔さちよ〕　私《わたし》の家では、塩とレモンをビンに入れて、塩レモンをつくっています。塩レモンは、昔からモロッコでつくられている食べものです。塩レモンにすると、レモンに塩のしょっぱさが加わるのでレモンが食べやすくなります。また、レモンがくさりにくくなり、長く保存《ほぞん》することができます。(**[資料1]**)

[資料1]　塩レモンのつくり方の例

① ガラスびんを熱湯で消毒する。

② レモンの重さを計り、レモンの重さの10～20％程度の重さの塩を用意する。

③ レモンを適当な大きさに切って、塩とレモンを交互《こうご》に重ねてびんにつめていく。できるだけすき間がないようにスプーンなどを使ってレモンをおさえながら入れ、びんのふたをしめる。

④ 日光の当たらないすずしい場所に置いて、１日１回ビンをふる。１週間程度これをくりかえし、水分が出てきたら塩レモンの完成である。

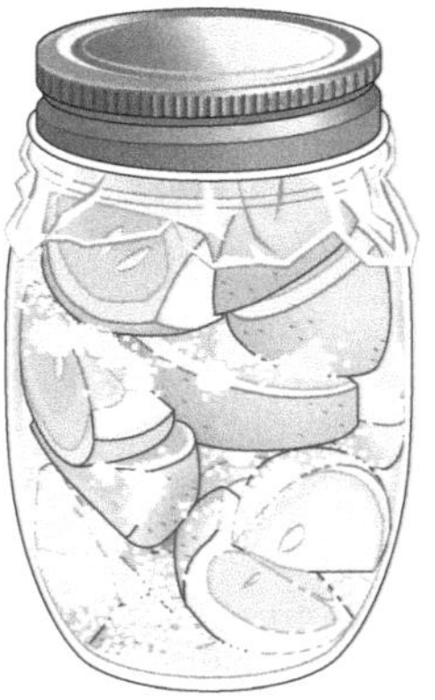

〔だいき〕　なぜ塩レモンはくさりにくいのですか。
〔先　生〕　その理由には、塩によってレモンから水分が出てくることが関わっています。(**[資料2]**)

[資料2]　水分が出てくる原理と塩レモンがくさりにくい理由

① 塩とレモンがふれ合っていることで、レモンの水分が塩の方へ移動し、レモンから水分が出てくる。

② レモンから水分が出てくることで、くさる原因となる菌《きん》が増えることを防ぎ、くさりにくくなる。

〔さちよ〕 塩の量は10〜20％程度とありますが、幅《はば》があります。そこで、レモン1個の重さに対する塩の重さの割合《わりあい》を10％、15％、20％に変えてそれぞれ塩レモンをつくり、表にまとめてみました。（**[資料3]**）

[資料3] 塩の割合を変えてつくった塩レモン

	10％の塩レモン	15％の塩レモン	20％の塩レモン
レモンの重さ	147g	141g	136g
入れた塩の重さ	15g	21g	27g
出てきた水分の重さ	15g	23g	21g

＊それぞれの重さは小数第一位を四捨五入《ししゃごにゅう》した数値《すうち》になっている。

問1

さちよさんは、**[資料3]** の結果を文章でまとめました。（ア）、（イ）にあてはまる数字を答えなさい。

[資料3] より、レモンの重さあたりの出てきた水分量の割合を比べると、出てきた水分量が一番少ないのは（ア）％の塩レモンだと分かる。
また、一番多く水分が出てきたのは（イ）％の塩レモンだと分かる。

〔さちよ〕 次に塩とレモンのびんのつめ方について考えてみました。「塩とレモンを交互に重ねて入れたびん」、「塩をレモンの上からかけたびん」で塩レモンをつくってみました。（**[資料4]**）

［資料４］「塩とレモンを交互に重ねて入れたびん」と「塩をレモンの上からかけたびん」

	塩とレモンを交互に重ねて入れたびん 	塩をレモンの上からかけたびん 
レモンの重さ	145g	134g
入れた塩の重さ（レモンの重さの 15%の重さ）	21g	19g
出てきた水分量	29g	16g

＊それぞれの重さは小数第一位を四捨五入した数値になっている。

問２

（１）［資料４］を見ると、「塩とレモンを交互に重ねて入れたびん」の方が「塩をレモンの上からかけたびん」よりもレモンの水分が多く出ていることが分かる。「塩とレモンを交互に重ねて入れたびん」の方が多くの水分が出てくる理由を［資料１］、［資料２］、［資料３］、［資料４］の中から必要な資料をすべて用いて、説明しなさい。

（２）塩とレモンを交互に重ねて入れることに加えて、レモンからさらに多くの水分が出てくるための方法を考えて、説明しなさい。ただし、以下の【条件】に従《したが》うこと。

【条件】
・使用するレモンの重さ、塩の重さ、びんの大きさは「塩とレモンを交互に重ねて入れたびん」と同じにすること。
・びんに入れている時間と温度、びんをふる回数を同じにすること。
・レモンをしぼって水分を出さないこと。

〔だいき〕 塩レモンを食べてみると、レモンのすっぱさがやわらぎました。レモンのすっぱさの原因はなんですか。

〔先　生〕 すっぱさの原因は、レモンにふくまれている「酸」です。レモンの成分は以下の通りです。（**[資料5]**）

[資料5] レモンの主な食品成分

水分	ミネラル	クエン酸
タンパク質	ぶどう糖《とう》	リンゴ酸
脂質《ししつ》	果糖	クロロゲン酸
炭水化物	ショ糖	その他

レモンのすっぱさの原因は「酸」である。
特にふくまれている量が多いとされているのは「クエン酸」である。

（出典　文部科学省『食品大辞典』より作成）

〔先　生〕 レモン汁《じる》を青色リトマス試験紙にたらすと、青色から赤色に変わるため、レモン汁は酸性ということが分かりました。他にも、酸性とアルカリ性を調べるものにＢＴＢ溶液《ようえき》がありますね。（**[資料6]**）

[資料6] ＢＴＢ溶液の色の変化

・酸性の水溶液…黄色
・中性の水溶液…緑色
・アルカリ性の水溶液…青色

性質	酸　　性	中性	アルカリ性
色	黄色	緑色	青色

〔だいき〕 酸性のレモン汁にＢＴＢ溶液をたらすと、黄色になりますね。他の液体でもためしてみましょう。（**[資料7]**）

［資料７］他の液体でのＢＴＢ溶液の色の変化

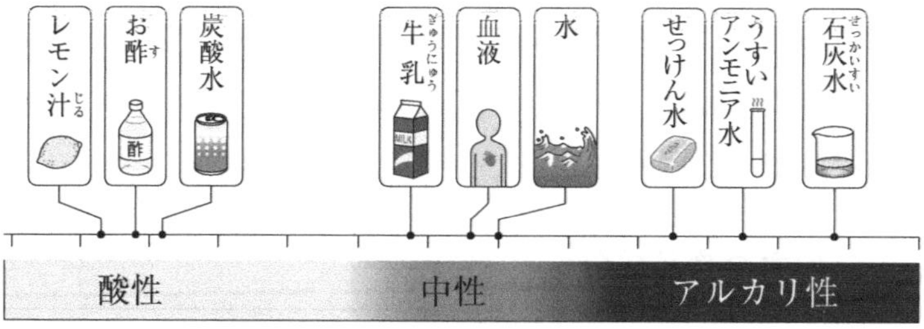

〔だいき〕 お酢《す》や炭酸水も酸性の液体なのですね。なぜ、水は中性なのに、炭酸水は酸性なのですか。

〔さちよ〕 炭酸水は、水に二酸化炭素がとけて酸性になります。実際に、水にＢＴＢ溶液を入れて、息をふきこむ実験をしてみましょう。（［資料８］）

［資料８］水にＢＴＢ溶液を入れて、息をふきこむ実験

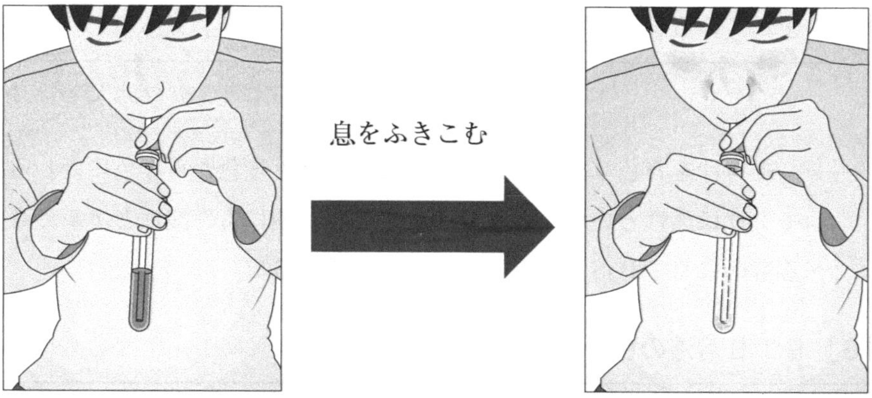

息をふきこむ前は緑色　　息をふきこむと黄色に変化

息の中にふくまれている二酸化炭素が水にとけて、酸性になった。

〔さちよ〕 私《わたし》たちの体の中や身の周りにも、たくさんの酸性やアルカリ性のものがありますね。ところで、酸性とアルカリ性のものを混ぜるとどうなりますか。

〔先　生〕 お互いの性質を打ち消し合います。これを「中和」といいます。中和の実験の例を見てみましょう。（［資料９］）

［資料９］ 中和の例

① レモン汁（酸性の溶液）にＢＴＢ溶液を入れると、黄色に変化する。

② レモン汁に石灰水《せっかいすい》（アルカリ性の溶液）をガラス棒《ぼう》でよく混ぜながら少しずつ入れていく。

③ 少しずつ石灰水を入れると、レモン汁の色が黄色から緑色へ、石灰水をさらに入れ続けると青色へと変化していく。

④ 水溶液が完全に青色になった後、今度はレモン汁を入れていくと水溶液の色が青色から緑色へ、レモン汁をさらに入れ続けると黄色へと変化していった。

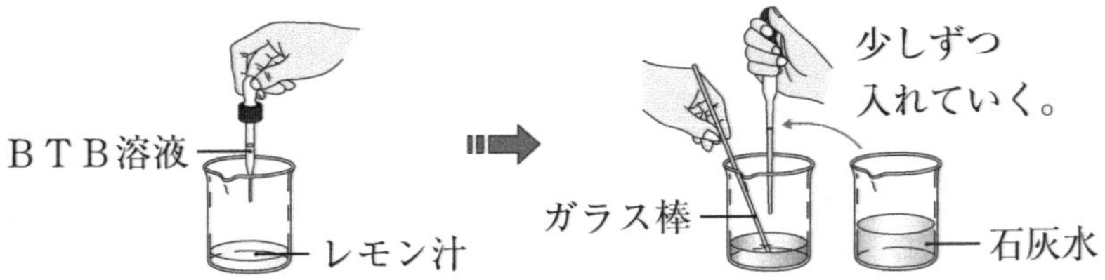

〔さちよ〕 私たちの身の周りで、酸性とアルカリ性が混ざって性質が打ち消し合っているものはありますか。

〔先　生〕 色つきスティックのりは時間がたつと色が消えます。これも酸性とアルカリ性の原理でできています。色つきスティックのりをぬった実験をしてみましょう。（**［資料１０］**）

［資料１０］紙に色つきスティックのりをぬった実験

今回の実験で使う色つきスティックのりは青色である。このスティックのりには、チモールフタレインという成分が使われており、チモールフタレインはアルカリ性の時に青くなる。色つきスティックのりを紙にぬった後の変化に関する以下の実験を行った。

【実験１】紙に色つきスティックのりをぬっておいておくと色が消えた。色が消えた場所にある液体をかけたところ、青色にもどった。

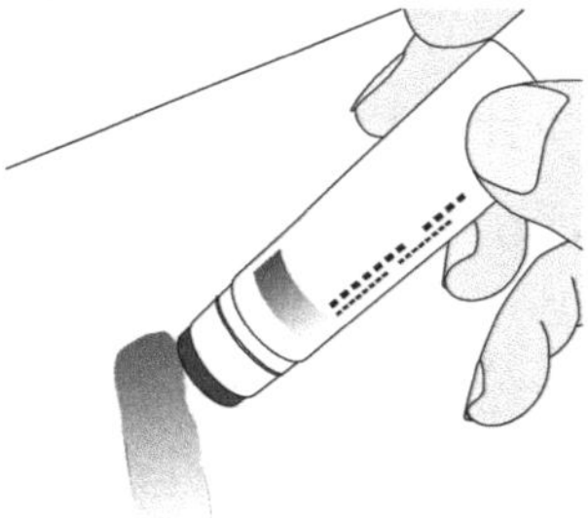

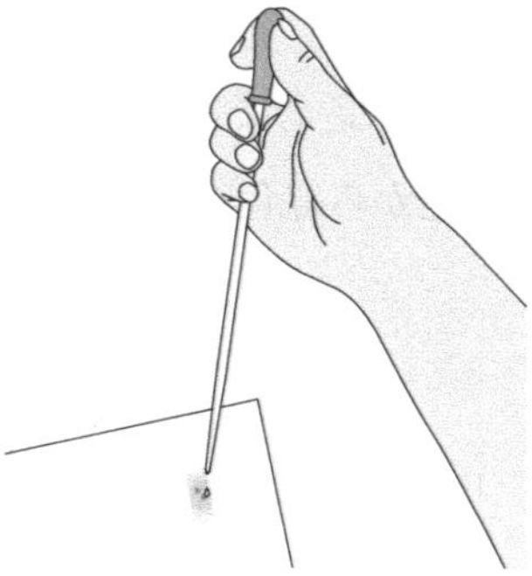

【実験２】紙に色つきスティックのりをぬり、色が早く消える方法を調べて、表にまとめた。

方法	色が消えるのにかかった時間（秒）
何もせずにおいておく	80秒
扇風機《せんぷうき》の風をあてる	40秒
息をふきかける	26秒

問３

［資料７］、［資料８］、［資料９］、［資料１０］を参考にして、次の問いに答えなさい。

（１）【実験１】において、もとの青色にもどすために使った液体はどれか。次の液体から選び、理由も説明しなさい。

液体：レモン汁、牛乳《ぎゅうにゅう》、せっけん水

（２）【実験２】より、紙に色つきスティックのりをぬったところに、息をふきかけるとより早く色が消えたことが分かる。どのような理由が考えられるか書きなさい。

〔さちよ・だいき〕身の周りには、いろいろな理科の考え方があり、とてもおもしろいです。

令和5年度

適性検査1

千代田区立九段中等教育学校

注意

1 検査開始の指示があるまで問題用紙を開いてはいけません。

2 検査時間は四十五分間で、終わりは午前九時四十五分です。

3 問題は 一 問1 から 問4
二 問1 から 問3 まであります。

4 問題用紙は1ページから8ページまであります。
検査開始の指示後、すぐにページがそろっているかを確認《かくにん》しなさい。

5 解答用紙は二枚《まい》あります。

6 受検番号をそれぞれの解答用紙の決められた場所に記入しなさい。

7 解答はすべて解答用紙に記入し、解答用紙のみ二枚とも提出しなさい。

一 次の文章を読んで、後の問いに答えなさい。
（＊印のついている言葉には、本文の後に［注］があります。）

眠人《みんと》、竜征《りゅうせい》、さくら子《こ》の三人は、ある先生のお別れ会のためにそれぞれの楽器で合奏《がっそう》をすることになった。しかし、さくら子は人前に立つと緊張《きんちょう》し、演奏し続けることができなかった。次の文章は、三人が公園で練習しているところに、いつも公園で話しかけてくるおじいさん（拝《はい》島《じま》）が犬を連れてきた場面である。

トトトンと竜征が出《だ》し抜《ぬ》けに＊太鼓《たいこ》を叩《たた》く。すると＊ソロが狼《おおかみ》のような大きくて三角の耳をさらにぴんと立てた。

「お、反応したぞ」

竜征が面白《おもしろ》がってもう一度叩く。いたずら心を起こしたようだ。続いて眠人も＊三線《さんしん》を奏《かな》でてみた。今度は＊うららのほうがぼんやりとした顔つきのまま反応した。

「君たち、せっかくだからおれらの演奏を聞いていけよ」

ソロとうららに竜征が笑いかける。また①おかしなことを言い出しやがって、と眠人は顔をしかめた。けれども拝島がその話に乗っかった。ソロとうららにお座《すわ》りをさせ、飼い主たちをベンチに座らせた。

「竜征君、太鼓の音が大きいとびっくりしちゃうから控《ひか》えめにね」

拝島の注文に竜征は「ラジャー」と元気に応える。それからやさしく太鼓を叩いてみせた。これぐらいならいいでしょう、と。「ほら、さくら子ちゃんも」と拝島にうながされ、さくら子も＊三味線《しゃみせん》を手に取った。

音はおとなしめ。テンポはゆっくり。犬たちの反応を窺《うかが》いながら＊『じんじん』を演奏した。眠人が歌ったら、ソロもうららも目を丸くしたり首をかしげたりしながら聞いている。その様子が微笑《ほほえ》ましくて、笑いそうになりながらなんとか演奏を終えた。飼い主たちも面白がってくれて、そろって眠人たちに礼を述べた。

「あんまり緊張しなかったみたいだな」

竜征がさくら子に向かって言う。さくら子はきょとんとしたあと、不思議そうな顔をして答えた。

「あ、そ、そうかも。ソロ君とうららちゃんがかわいくて、そっちばかりに気を取られてたから」

その言葉を耳にした拝島の②目が光ったように見えた。

「なるほど、さくら子ちゃんは＊わんこが客なら緊張しないのか」

「あはは、そうかもしれないです。*箏《そう》の演奏会もお客さんが全部犬だったら緊張しないのにな」

「なるほど。だったらいろいろ連れてきてあげよう。おれはわんこの友達がたくさんいるからさ」

その日以降《いこう》、拝島は犬とその飼い主を、公園へ連れてくるようになった。犬の友達が多いと言っていたけれど、実際にたくさんの犬を連れてやってきた。平日の夕方でも土日の昼でも、次から次へと新たな犬を連れてきた。

パピヨンのような小型犬もいれば、バーニーズ・マウンテン・ドッグのような超大型犬《ちょうおおがたけん》もいた。いかにも猟犬《りょうけん》といったいかつい顔つきの子もいれば、かわいらしい雑種の子もいた。統一性はない。とにかく多くの犬が来た。二週間で三十頭近くやってきただろうか。拝島によればまだまだ連れてこられるという。

さくら子は新たな犬がやってくるたびに大喜びだった。小さい子は抱《だ》きしめ、大きい子には抱きつき、触《ふ》れ合《あ》いを存分《ぞんぶん》に楽しんだ。拝島はやってきた犬たちが眠人たちの演奏を聞く絵を描《か》いては、飼い主たちに渡《わた》していた。ただ、描かれる犬は連れてこられた犬たちよりもなぜかいつも一頭多くて、眠人が観察してみたところ白い和犬が交ざっていた。

「いつも描かれてる白い犬、どこかで見たことがあるんだけど」

奇妙《きみょう》なことをさくら子が言う。拝島に尋《たず》ねてみたところ、それがかつて沖縄でレスキューしたという犬だった。拝島が悲しげな表情を浮《う》かべたので、それ以上詳《くわ》しく質問できなかったけれども。もうこの世界にいない子であることは容易に想像できた。

拝島が犬を連れてきて、眠人たち三人が演奏を聞かせる。なんだかんだ言って、さくら子が緊張に慣れるのにこの方法が一番のようだった。さくら子は犬に聞かせるつもりで三味線を弾《ひ》く。とはいえ飼い主たち人間も聞いているわけで、結果的にたくさんの*場数を踏《ふ》むこととなった。

そうしたある日のことだ。ゴールデン・レトリーバーを連れた家族が招かれてやってきて、眠人たちの演奏を聞いた。家族には小学校三年生の女の子がいた。その子は熱心に演奏を聞き、そしてさくら子に言ったのだ。

「三味線かっこいいです。わたしもお姉《ねえ》ちゃんみたいに、三味線を弾けるようになりたいです」

さくら子の目に涙《なみだ》が浮かんでいた。憧《あこが》れてくれる人がいる。

そうした喜びに心を打たれての涙のようだった。いままで彼女《かのじょ》の涙は何度も見てきた。でもまったく違《ちが》う涙に見えた。

不思議なことに涙を流したその日以降、さくら子の演奏は安定していった。犬連れではない客が＊東屋《あずまや》の外で聞いていても、動揺《どうよう》せずに演奏できるようになった。急にまた緊張するようになったら困《こま》るので、さくら子の変化はあえて話題にしないように努めた。それは竜征も同じつもりのようで、気づいているけれども【　ア　】。

拝島も変化に気づいたようだ。眠人とふたりきりのときに、のんびりとした口調で言ってきた。

「さくら子ちゃん、緊張しなくなったなあ。憧れられて自信が芽生えたのかもなあ。もしくは憧れられたからには、かっこいい姿《すがた》を見せなくちゃって頑張《がんば》ってるのかもなあ」

さくら子の緊張対策《たいさく》が解決に向かったことで、練習は演奏の完成度を上げることに集中できるようになった。日に日に曲がいいものに仕上がっていく手応えがあり、練習後は晴れ晴れとした気持ちでダム湖の堤防《ていぼう》の上に延《の》びる遊歩道を歩いた。

（関口尚《せきぐちひさし》『虹《にじ》の音色《ねいろ》が聞《き》こえたら』問題のため一部改編）

［注］

＊太鼓《たいこ》・・・打楽器の一種。文章中では竜征が担当《たんとう》する。

＊ソロ・・・拝島が連れてきた大型犬の名前。

＊三線《さんしん》・・・弦楽器《げんがっき》の一種。文章中では眠人が担当する。

＊うらら・・・ソロと同様、拝島が連れてきた大型犬の名前。

＊三味線《しゃみせん》・・・弦楽器の一種。文章中ではさくら子が担当する。

＊じんじん・・・曲の名前。

＊わんこ・・・犬のこと。

＊箏《そう》・・・弦楽器の一種。

＊場数を踏《ふ》む・・・多くの経験を積んで慣れること。

＊東屋《あずまや》・・・主に四方の柱と屋根だけの小屋のこと。

問1 ①おかしなことを言い出しやがって、と眠人は顔をしかめた　とありますが、眠人が「顔をしかめた」理由を解答らんに合うように書きなさい。

問2 ②目が光ったように　とありますが、「目が光ったよう」とは、この場面ではどのようなことを表現しているのか解答らんに合うように書きなさい。

問3 本文中の空らん【　ア　】に入ると考えられる内容を、解答らんに合うように十五字以上二十字以内で書きなさい。ただし、「さくら子」という言葉を用いること。

問4 自信が芽生えた　とありますが、これまでのあなたの経験の中で、あることがきっかけで自信をもてるようになったことは何ですか。そのきっかけを明らかにしながら、次の条件にしたがって具体的に書きなさい。

条件1　書き出しは一ますめから書き始めなさい。

条件2　文章は、六十字以上七十字以内で書きなさい。
　　、や。や「　なども一字と数えます。

二　次の文章を読んで、後の問いに答えなさい。
（*印のついている言葉には、本文の後に［注］があります。）

*パスカルが宇宙《うちゅう》の果てについて論《ろん》じた、〝知らない世界を本当に想像することができる〟か、という問題がある。われわれは未知とか未来とか言ってるものを想像するが、実はそれは*既《き》知《ち》の延長《えんちょう》で想像しているだけで、本当に知らない世界は想像できないはず。なぜなら、想像するにも手がかりがない。

宇宙の果てが何なのかって考えるのと同じで、手がかりがないから考えようもない。われわれは今、未来のことを論じるとすると、今のさまざまな*徴候《ちょうこう》から論じている。さまざまな今の徴候から論じる未来が本当の未来なのか？　本当に新しいことは、徴候すら見せていないのではないか。

人間は本当に宇宙の果てを想像できないかと言うと、私《わたし》はそうじゃないと思う。過去を見て、「懐《なつ》かしさ」を感じた時に、例えば田舎《いなか》に帰ってふと私は畑とか石垣《いしがき》に何かを感じる時がある。石垣にハッと思う時がある。その時に、「懐かしい」という感覚と共に何か未知なものがある。

文学者の*杉本秀太郎《すぎもとひでたろう》が京都の街を歩いている時、路地を見て、昔の同級生の家をふっと思い出したことがあると書いている。同級生の家ではないのに同級生がそこにいると思うと同時に、ヘンな未知が見える。アァ鋭《するど》い感性だなと思った。「懐かしさ」とは、過去の横にふと感じることができる「未知」なのかもしれない。それでホーッと思って、「懐かしさ」というのは不思議な感覚だとますます興味を覚えた。

建物とか街というものは、人間が生きていくうえでなぜ必要かということを考えた。もちろん、実用的なことは別にして。「懐かしさ」を生む条件というのは、あまり変化しないことなんだと思う。日常的なことでは、大きなものほど変《かわ》らない。一番は自然の地形である。その象徴が①富士山《ふじさん》。人間が作ったものの中では、建築や都市が最も変らない。

考える手がかりとして一番分かりやすいのは、毎日家から駅まで通う通勤通学《つうきん》中の風景。大抵《たいてい》つまらない建物だが、それが突然《とつぜん》なくなって駐車場《ちゅうしゃじょう》なんかになっている時がある。あの時の喪失感《そうしつかん》。あの喪失感は、ほかに例えようのない不思議な感覚だと思う。なんて言うんだろう。ほんのちょっとした感覚なんだが、深いようでもあり、すごく微妙《びみょう》な感覚で、そこが思考をそそる。

人は建築や都市を毎日見ているが、無意識のうちに何かを確《かく》認《にん》しているのではないだろうか、と思う。建物や街を見た時に、昨日や去年やその前に同じものを見たと確認している。

例えば、子供《こども》の時に訪《おとず》れた家を久しぶりに見たとする。すごく懐かしく思う。

10年前に見た家がまだ残っていたりすると、10年前のことを【　ア　】自分に気づく。自分は10年前から今まで【　イ　】ということが分かる。自分は10年間【　ウ　】、ずっと自分は自分だったんだということが分かる。その時、湧《わ》いてくるのが「懐かしさ」という謎《なぞ》の感覚ではないか。

自分の連続性の確認というのは、実は毎日やっていて、それが欠けると自分の連続した一部が欠けてしまうように不安になる。人間が「なぜ、私は私なのか」ということを、②建築や都市が変らないことで確認している可能性があるのではないか。

（藤森照信《ふじもりてるのぶ》『建築《けんちく》とは何《なに》か　藤森照信《ふじもりてるのぶ》の言葉《ことば》』問題のため一部改編）

［注］

＊パスカル・・・フランスの思想家、数学者、物理学者。

＊既知《きち》・・・すでに知っていること。

＊徴候《ちょうこう》・・・何かが起こる前ぶれ。

＊杉本秀太郎《すぎもとひでたろう》・・・フランス文学者。

問1 ①富士山《ふじさん》 とありますが、富士山は何の具体例として挙げられていますか。それを説明した次の文の【　あ　】、【　い　】にあてはまる適切な言葉を本文から抜《ぬ》き出《だ》し書きなさい。ただし、【　あ　】は二字、【　い　】は四字で書くこと。

富士山は【　あ　】の中で【　い　】ものの具体例として挙げられている。

問2 本文中の空らん【　ア　】、【　イ　】、【　ウ　】にあてはまる言葉を次の語群から一つずつ選びなさい。

語群 ｛連続している　記憶《きおく》している　生きてきた｝

問3 ②建築や都市が変らないこと とありますが、九段中等教育学校に入学して充実《じゅうじつ》した生活を送るうえで、「変わること」、「変わらないこと」のどちらが重要であるとあなたは考えますか。あなたの考えとその理由を書きなさい。その際、次の条件にしたがいなさい。

条件1 段落《だんらく》構成については、次の①から③の条件にしたがうこと。

① 第一段落には、あなたが九段中等教育学校に入学して充実した生活を送るうえで、何が「変わること」が重要であるか、または、何が「変わらないこと」が重要であるか、どちらか一方について、考えを書きなさい。

② 第二段落には、第一段落で書いたあなたの考えの具体的な理由を、あなたの経験をもとにして書きなさい。

③ 第三段落には、第一、二段落をふまえて、九段中等教育学校入学後のあなたの生活が、どのように充実するかを書きなさい。

条件2　そのほかについては、次の①から③の条件にしたがうこと。

① 解答は原稿《げんこう》用紙の正しい使い方で書き、書き出しは一ます空けて書き始めなさい。

② また、言葉を正しく使い、文章は百八十字以上二百二十字以内で書きなさい。

③ 、や。や「なども一字と数え、改行などで空いたますも字数に数えます。

2023(R5) 九段中等教育学校
K 教英出版

適性検査2

注　　意

1　検査開始の指示があるまで問題用紙を開いてはいけません。

2　検査時間は45分間で、終わりは午前11時10分です。

3　問題は　1　問1 から 問3
　　　　　2　問1 から 問3
　　　　　3　問1 から 問4 まであります。

4　問題用紙は1ページから22ページまであります。検査開始の指示後、すぐにページがそろっているかを確認《かくにん》しなさい。

5　解答用紙は2枚《まい》あります。

6　受検番号をそれぞれの解答用紙の決められた場所に記入しなさい。

7　解答はすべて解答用紙に記入し、解答用紙のみ2枚とも提出しなさい。

このページには問題が印刷されていません。

問題は次のページからです。

1　いずみさん、さくらさん、ひろしさんは春休みの予定について話をしています。

〔いずみ〕 春休みに、*森林公園（国営《こくえい》武蔵《むさし》丘《きゅう》陵《りょう》森林公園《しんりんこうえん》）に行こうと思っています。

＊以下の会話文の中の「森林公園」は「国営武蔵丘陵森林公園」を指します。

〔ひろし〕 私《わたし》は先日、初めて森林公園に行きました。

〔さくら〕 私も行ったことがあります。とても広くて雑木林を中心に、池や沼《ぬま》、湿《しっ》地《ち》、草地などの自然を身近に感じられる場所ですね。

〔ひろし〕 この地域《ちいき》は沼が多いことが有名なので、はじめにA沼を一周しました。

〔さくら〕 森林公園のガイドマップがあるので場所を確認《かくにん》しますね。（[資料1]）

[資料1] ガイドマップとA沼周辺を拡大《かくだい》したもの

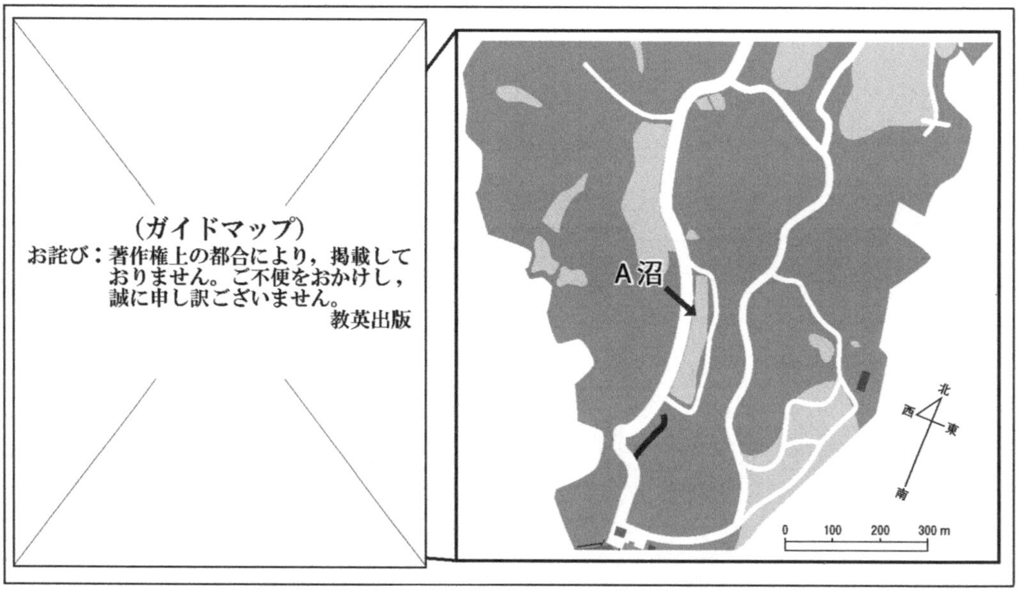

（国営武蔵丘陵森林公園ガイドマップより作成）

〔いずみ〕 沼といっても大きそうですね。一周どれくらいの道のりなのでしょうか。

問1

[資料1] にあるA沼の周りの道を歩いて一周したときの道のりを、定規やコンパスを用いて求め、解答らんに合うようにかきなさい。

〔いずみ〕　ガイドマップがあると便利ですね。

〔さくら〕　このガイドマップには、ほかにも徒歩時間ときょり表記の地図がのせられています。ここではB広場付近を見てみましょう。（**[資料2]**）

[資料2]　徒歩時間ときょり表記の地図とB広場周辺を拡大したもの

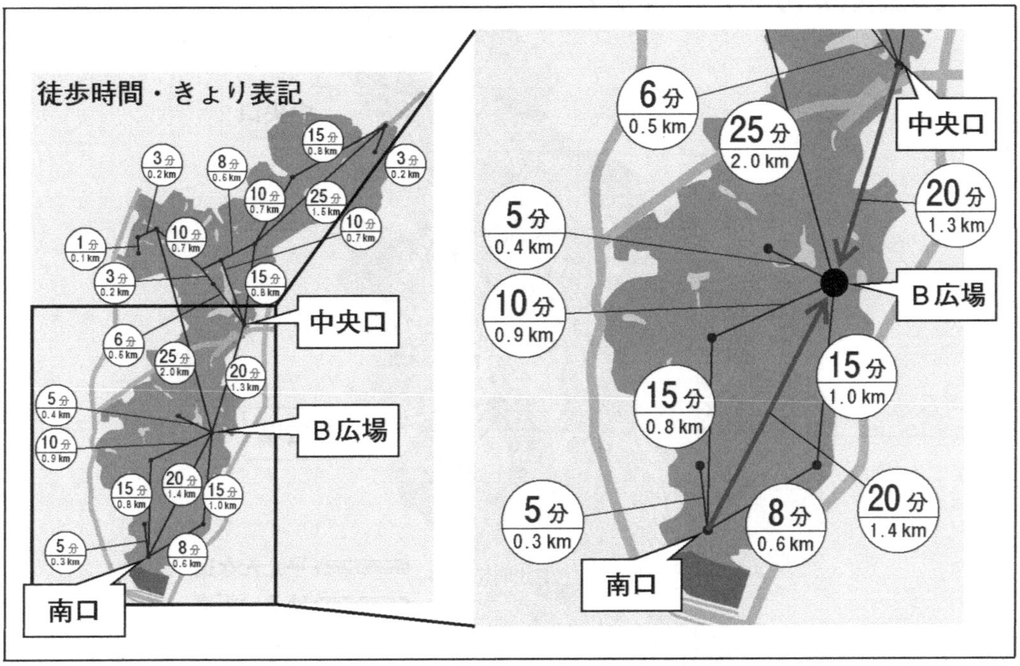

（国営武蔵丘陵森林公園ガイドマップより作成）

〔いずみ〕　徒歩時間ときょりの目安がかかれていて便利ですね。

あれ、南口からB広場までと中央口からB広場まではどちらも20分かかるとかかれているのに、きょりがちがいますね。

〔さくら〕　この地図を見たらその理由がわかるかもしれません。これはバリアフリーマップです。（**[資料3]**）

〔ひろし〕　私のとった写真も参考になりそうです。どの写真もB広場に向かって歩いた時に進行方向の道をとった写真です。写真をとった四つの場所を、それぞれC地点、D地点、E地点、F地点として、その地図（**[資料3]**）にかき加えますね。

［資料３］写真をとった地点をかき加えたＢ広場周辺のバリアフリーマップと、
ひろしさんがとった写真

写真をとった地点をかき加えた
Ｂ広場周辺のバリアフリーマップ

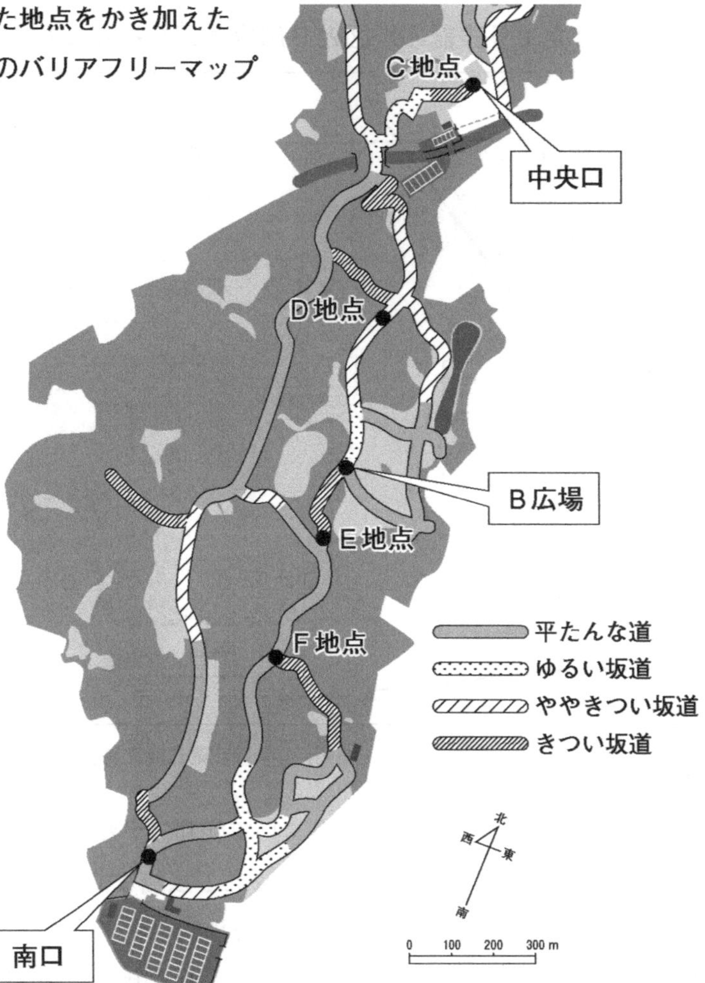

ひろしさんがとった写真

Ｃ地点（上り坂）

Ｄ地点（上り坂）

Ｅ地点（下り坂）

Ｆ地点

（国営武蔵丘陵森林公園ガイドマップより作成）

問2

> ［**資料2**］の南口からB広場までと中央口からB広場までは、きょりは異《こと》なるのに、徒歩時間は同じになっています。その理由を、［**資料3**］をふまえてかきなさい。ただし、［**資料2**］のきょりと時間については、［**資料3**］において目的地までの最短の道を使用したものとします。

〔いずみ〕　森林公園では、来園者の知りたい情報に合わせて、いろいろな地図を用意しているのですね。改めて森林公園のガイドマップを見ると、森林公園の見どころもたくさんかかれていて、ますます楽しみになりました。

〔ひろし〕　森林公園と同じような国営公園はほかにもあるのですか。

〔さくら〕　これを見てください。（［**資料4**］）

［資料4］全国の国営公園の位置

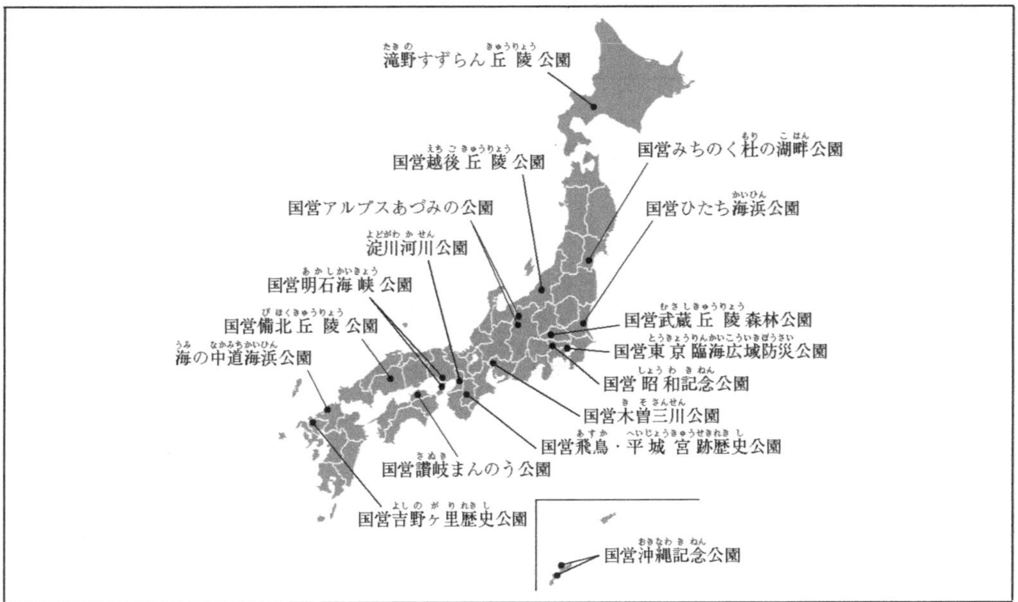

（国土交通省ホームページより作成）

〔ひろし〕　日本各地にあるのですね。

〔さくら〕　私は先日、国営ひたち海浜《かいひん》公園に行きました。そのころの様子が新聞にのっていました。（［**資料5**］）

［資料5］国営ひたち海浜公園についての新聞記事

（新聞記事）
お詫び：著作権上の都合により，掲載しておりません。ご不便をおかけし，誠に申し訳ございません。
教英出版

（日本経済新聞電子版　「空色のネモフィラ見ごろ」２０２２年４月２２日より作成）

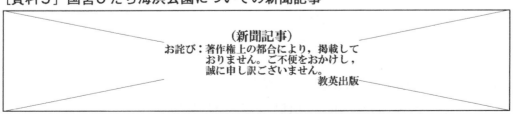

〔いずみ〕 ネモフィラの花を見るために、来園者が多く来るのですね。

〔さくら〕 非日常的な風景が見られるので、茨城県外の人の来園者も多いようです。心がいやされるだけでなく、観光客が増加するなど地域《ちいき》の活性化にも一役買っているようです。

〔ひろし〕 国営公園の取り組みやイベントには様々な役割《やくわり》があるということですね。ほかの国営公園の様子も調べてみましょう。(**[資料6]**、**[資料7]**)

[資料6] 国営公園の取り組みやイベントについての記事①

(新聞記事)
お詫び：著作権上の都合により，掲載しておりません。ご不便をおかけし，誠に申し訳ございません。
教英出版

(朝日新聞デジタル２０２２年2月６日　青銅の剣作った！吉野ヶ里歴史公園で「鋳込み体験」より作成)

[資料7] 国営公園の取り組みやイベントについての記事②

(新聞記事)
お詫び：著作権上の都合により，掲載しておりません。ご不便をおかけし，誠に申し訳ございません。
教英出版

(読売新聞オンライン　2022 年 3 月 20 日「大極門」格調高く開門！より作成)

問3

[資料6]、**[資料7]** から共通して読み取れる国営公園の役割を **[資料6]**、**[資料7]** の内容をふまえてかきなさい。ただし、**[資料5]** の国営ひたち海浜公園のネモフィラの取り組みの役割とは異なる役割を答えること。

〔いずみ〕 国営公園が全国各地にある理由が分かった気がします。今度実際に行って、そのような役割にも注目しながら楽しみたいと思います。

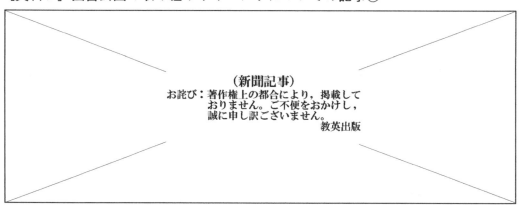

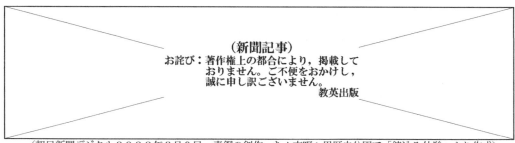

このページには問題が印刷されていません。

2　はなこさんはアサリのおみそしるを作ったことをふり返り、学校で先生と話をしています。

〔はなこ〕 先日、アサリのおみそしるを作るときに、準備のために食塩水を用意して、そこにアサリを入れました。しばらくするとアサリは管を出し、動き始めました。

〔先　生〕 その管は入水管と出水管と言います。アサリは入水管と出水管を利用して、海水を取りこみ、呼吸《こきゅう》をしたり、エサであるプランクトンを取りこんだりしています。（**[資料1]**）

[資料1] アサリの入水管と出水管

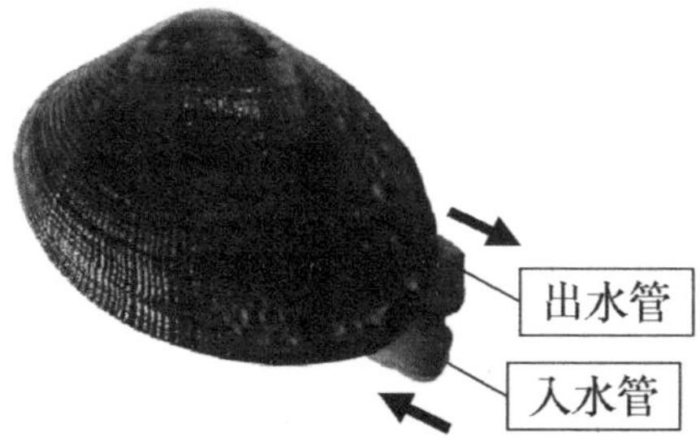

※アサリは呼吸やエサの取りこみを行うため、海水を入水管で取りこみ、出水管で排出《はいしゅつ》する。

〔先　生〕 アサリが入水管で取りこんだ海水はえらを通過します。アサリのえらのしくみがエサを食べるために重要な役割《やくわり》を果たしています。（**[資料2]**）

[資料2] アサリのえらのしくみ

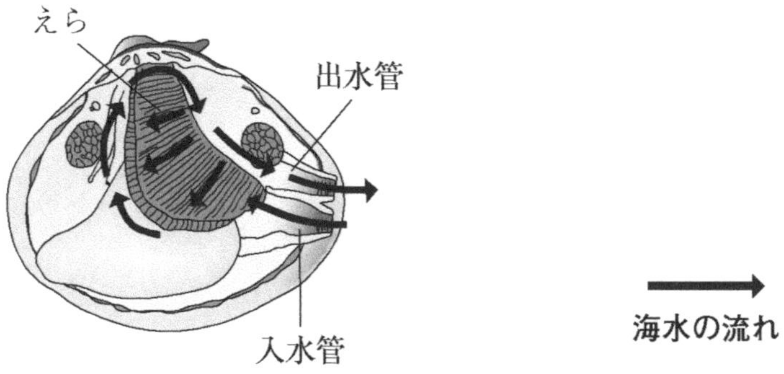

※海水はえらのすき間を通過し、えらを通過できなかった物質が体内に残る。

〔先　生〕 アサリはえらに［**資料2**］のようなしくみをもっているため、海水をきれいにする力があります。

〔はなこ〕 アサリが海水をきれいにしてくれているなんてとても不思議です。今度料理でアサリを使う前に実験で確かめることはできますか。

〔先　生〕 それでは、今回はアサリに害のない物質であると考えられる米のとぎじるを利用して、実験を計画してみましょう。米のとぎじるには米ぬかやデンプン等の物質がふくまれており、にごっています。

〔はなこ〕 この実験では、アサリにより、米のとぎじるによるにごりが、だんだんとうすくなっていくことが予想できますね。

〔先　生〕 生きたアサリを利用して安全に実験するためには、正しい準備や手順を計画して実験を行うことが重要です。それでは計画して実験してみましょう。（［**資料3**］、［**資料4**］）

［資料3］実験方法と準備

【準備する物】

とう明なガラス容器2つ、生きたアサリ5ひき、3.5%食塩水（食塩の重さが水よう液全体の重さの3.5%である食塩水）、エアーポンプ（アサリに空気を送るためのポンプ）、米のとぎじる

【実験方法】

① 2つのガラス容器に3.5%食塩水500 mLを入れ、それぞれに米のとぎじる5 mLを加える。

② 2つのガラス容器にエアーポンプで空気を送る。

③ ガラス容器の片方《かたほう》にアサリ5ひきを加える。

④ 2つのガラス容器に加えた米のとぎじるのにごりの変化を観察する。

［資料4］実験開始直後の写真

〔はなこ〕　3時間経過したら、アサリを加えたほうのガラス容器はにごりがうすくなり、とう明になってきているのが分かります。（**［資料5］**）

［資料5］実験開始3時間後の写真

〔先　生〕　米のとぎじるによるにごりの変化からアサリが水をきれいにする力をもっていることを確かめることができましたね。

問1

（1）　はなこさんは、アサリを利用した実験がうまくいくように、以下の点に気を付けて計画と準備を行いました。**［資料1］**、**［資料3］**、**［資料4］**、**［資料5］**をふまえて（　ア　）から（　ウ　）に当てはまる言葉や数字を答えなさい。

はなこさんは、アサリが生きたまま安全に実験を行うことができるように、海水と同じこさである3.5％食塩水を用意することにしました。実験に必要な3.5％食塩水は、（　ア　）gの食塩を計量し、ちょうど500gになるように水を加えることで調整しました。また、アサリが（　イ　）をすることができるように、エアーポンプで空気を送り、アサリの活動が低下しないようにしました。さらに、2つのガラス容器を用意して、実験結果を（　ウ　）ことで、米のとぎじるのにごりの変化がアサリの作用により生じたことを示しました。

（2）　**［資料5］**の結果のように、アサリを加えたほうのガラス容器内のにごりがうすくなったのはなぜか、**［資料1］**、**［資料2］**をふまえて、「えら」という言葉を用いて答えなさい。なお、ガラス容器内の水のにごりは、アサリの作用以外で変化しないものとします。

このページには問題が印刷されていません。

〔はなこ〕 米のとぎじるのにごりの変化から、アサリは水をきれいにする力をもっていることが分かりました。しかし、見た目のにごりの変化だけでは、アサリの作用によって具体的にどれくらい水がきれいになったのか分かりにくいと思いました。にごりの変化を数値《すうち》などで表すことはできますか。

〔先　生〕「とう視度《しど》」で表すことができます。

〔はなこ〕 とう視度とは何ですか。

〔先　生〕 とう視度とは*試料のとう明の程度を示すものです。手作りのとう視度計で測定することが可能です。身近な材料であるペットボトルを利用してとう視度計を作り、とう視度を実際に測ってみましょう。（**[資料6]**、**[資料7]**）

＊試料：分せきや検査に用いる液体などの物質。

[資料6] ペットボトルを利用して作成したとう視度計と標識板《ひょうしきばん》

とう視度計

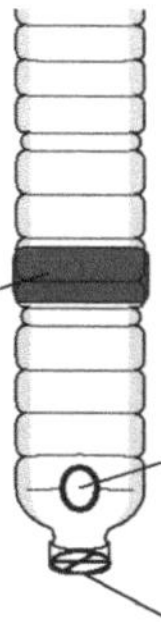

テープ

底に穴《あな》を開けた２本のペットボトルをとう明なテープでつなぎ、十分な長さにする。

排水のための穴を空け、ふたを作る。

ペットボトルのキャップの内側に標識板を取り付ける。

標識板

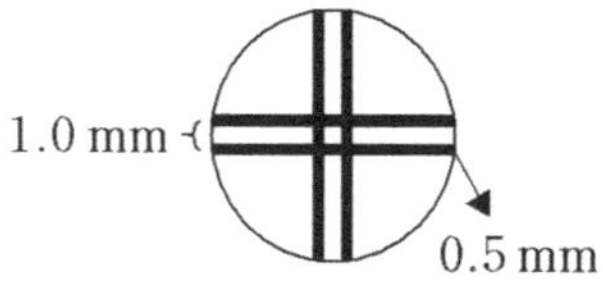

※線の太さが 0.5 mm、線と線の間が 1.0 mm になるように線を引く。

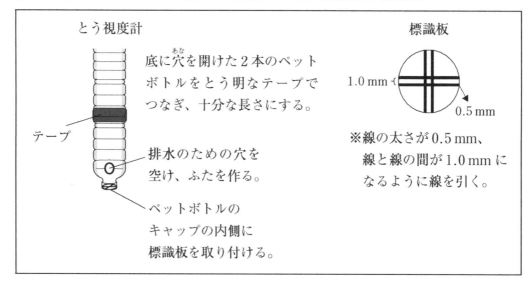

[資料7] とう視度の測り方

① とう視度計にとう視度を測りたい液体を流し入れる。

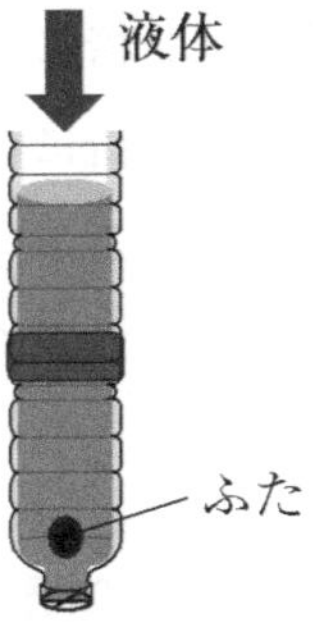

※排水の穴はふたをしておく。

② 排水のふたをゆるめ、排水しながら標識板を上から見る。

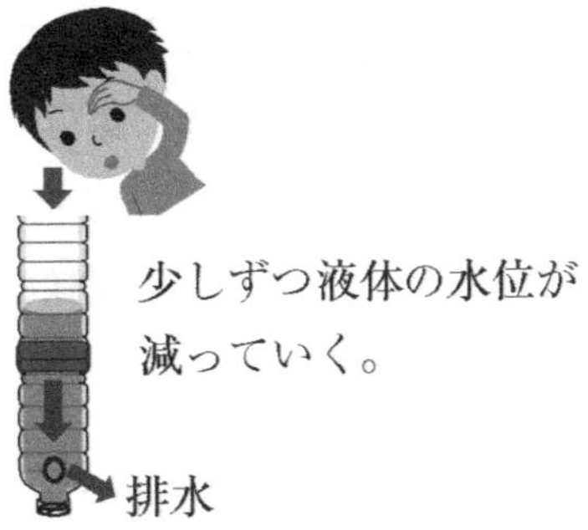

③ 標識板の二重十字がはっきり見えたらふたを閉《と》じ、排水を止める。

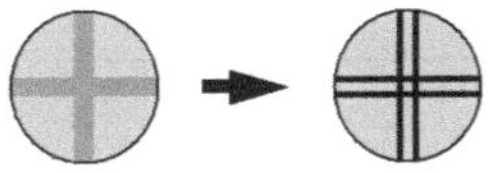

④ とう視度計内の液体の水位を定規で測り、とう視度（cm）として記録する。

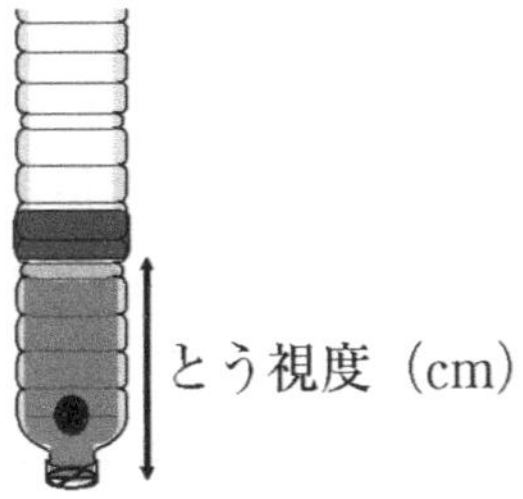

〔先　生〕 それでは実験してみましょう。今度は先程よりも大きなガラス容器を利用して実験してみます。（[資料8]）

[資料8] とう視度を測るための実験方法と準備

【準備する物】

大型のとう明なガラス容器1つ、生きたアサリ 50 ぴき、3.5％食塩水、エアーポンプ、米のとぎじる、とう視度計、定規

【実験方法】

① ガラス容器に 3.5％食塩水 5 L を入れ、米のとぎじる 50 mL を加える。

② ガラス容器にエアーポンプで空気を送る。

③ ガラス容器にアサリ 50 ぴきを加える。

④ 1時間ごとにガラス容器内の水のとう視度を測定する。

※ガラス容器内の水には、米のとぎじると、食塩が混ざっている。

〔先　生〕 はじめにアサリを入れる前に、ガラス容器内の水のにごりの割合《わりあい》と、とう視度の関係を実験で求めてみましょう。最初に米のとぎじるを入れたときの水のにごりの割合を100%として、2倍、3倍、4倍と、米のとぎじるを入れる前の水でうすめて、とう視度を測定します。2倍にうすめるとは、うすめた後の液体の総量が、うすめる前の液体の量の2倍になっている状態のことを言います。2倍にうすめれば、にごりの割合は最初の50%になります。3倍以上も同様に行います。表に結果をまとめてみましょう。
（[資料９]）

[資料９] ガラス容器内の水のにごりの割合と、とう視度の関係

うすめた倍率	1倍	2倍	3倍	4倍	5倍
にごりの割合（%）	100	50	33.3	25	20
とう視度（cm）	7	14	21	28	35

※とう視度は、うすめた倍率ごとに3回測定し、その平均を示した。
※うすめた倍率が3倍のときのにごりの割合は、四捨五入《ししゃごにゅう》し小数第1位まで示してある。

〔はなこ〕 [資料９] を見ると、とう視度が2倍、3倍に変化すると、にごりの割合は$\frac{1}{2}$倍、$\frac{1}{3}$倍に変化しています。この関係は反比例であると考えられます。
〔先　生〕 そのとおりですね。次に実際にアサリを加えて1時間ごとにガラス容器内の水のとう視度を測定しましょう。（[資料１０]）

[資料１０] ガラス容器内の水のとう視度と時間の関係

経過時間（時間）	0	1	2	3	4	5
とう視度（cm）	7	10	12	14	16	17

※とう視度は、経過時間ごとに3回測定し、その平均を示した。

〔はなこ〕 アサリの作用によって水がどれだけきれいになったか分かります。

［資料９］の関係を利用すれば［資料１０］の結果から、アサリの作用によりどれくらい水のにごりがなくなったか、推定《すいてい》することができると思います。

〔先　生〕 それでは実際に考えてみましょう。

問２

（１） はなこさんは「アサリの作用によって水がどれだけきれいになったか分かります。［資料９］の関係を利用すれば［資料１０］の結果から、アサリの作用によりどれくらい水のにごりがなくなったか、推定することができると思います。」と言っていますが、はなこさんはどのように考えたのでしょうか。

［資料７］、［資料８］、［資料９］、［資料１０］をふまえて、下の はなこさんの考え 内の（　エ　）から（　カ　）に当てはまる数字を答えなさい。

ただし、答えが小数になる場合には、四捨五入して小数第1位まで求めなさい。なお、ガラス容器内の水のにごりの割合は、アサリの作用以外で変化しないものとします。

はなこさんの考え

［資料９］の結果から、ガラス容器内の水のにごりの割合と、とう視度は反比例の関係にあると考えられます。この関係を［資料１０］の結果に利用すると、実験開始4時間後に、とう視度の値は実験開始時と比べて（　エ　）倍になっていることから、ガラス容器内の水のにごりの割合は実験開始時と比べて（　オ　）倍になっていることが予想されます。つまり、実験開始4時間後までにアサリの作用によってガラス容器内の水のにごりの割合は（　カ　）%減ったと推定することができます。

（２） 実験開始3時間後から4時間後までの間に、アサリ1ぴきの作用によって水のにごりの割合は何%減ったと推定されますか。

［資料７］、［資料８］、［資料９］、［資料１０］をふまえて、考え方とともに解答らんに答えをかきなさい。

〔先　生〕 アサリは実際の海では*干潟《ひがた》に多く生息しています。干潟には海水をきれいな状態に保つ働きがあり、アサリも役割《やくわり》を果たしています。

＊干潟：海水が引いたときにできる浅いはま辺。

〔はなこ〕 旅行で干潟に行ったことがあります。干潟にはアサリ以外にもたくさんの生物が見られたのを覚えています。

〔先　生〕 干潟やその周辺にはたくさんの生物が存在《そんざい》し、食物れんさを通して海水をきれいな状態に保っているのです。次の資料を見てください。

（[資料１１]、[資料１２]）

[資料１１] 干潟やその周辺の生物と環境《かんきょう》の例

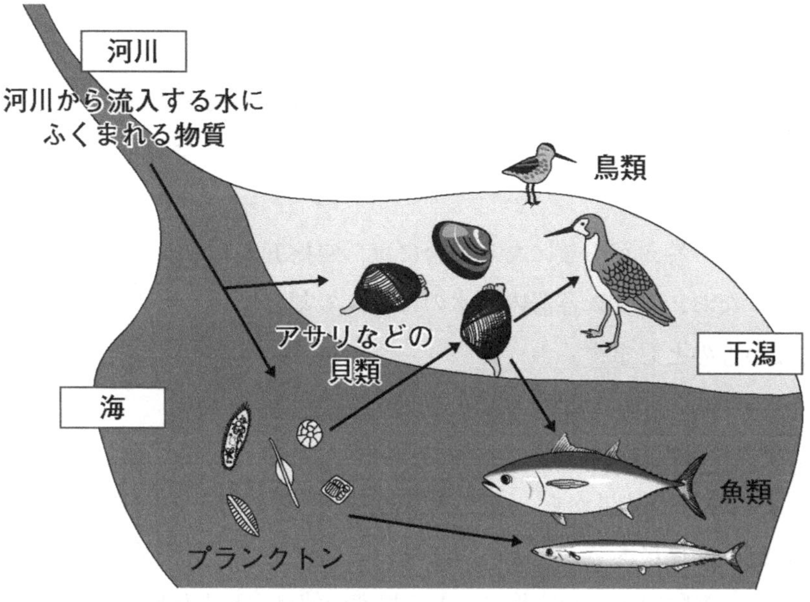

※図の矢印は河川から流入した物質の流れを示す。

（環境省　せとうちネットホームページより作成）

[資料１２] 干潟やその周辺の生物の食物れんさの例

・プランクトンは河川から流入した水にふくまれる物質を取りこむ。

・アサリなどの貝類はプランクトンを食べたり、海水中の物質を取りこんだりする。

・魚類はプランクトンやアサリなどの貝類を食べる。

・鳥類はアサリなどの貝類を食べる。

※生物が取りこんだ物質や食べ物のうち、成長に使われなかったものの一部は排出物としてその場に残る。

〔先　生〕 河川から流入した水にふくまれる物質はプランクトンの栄養になりますが、その物質が多すぎるとプランクトンが増えすぎてしまい、海水がにごってしまう原因となります。

〔はなこ〕 干潟やその周辺の生物の食物れんさによって、河川から流入した水にふくまれる物質の一部は取り除《のぞ》かれ、プランクトンの増えすぎを防ぎ、海水はきれいな状態に保たれるのですね。

〔先　生〕 地球の環境にとって重要な干潟やその周辺の生物と環境を、私《わたし》たちは大切にしていかなければなりませんね。

問3

はなこさんは「干潟やその周辺の生物の食物れんさによって、河川から流入した水にふくまれる物質の一部は取り除かれ、プランクトンの増えすぎを防ぎ、海水はきれいな状態に保たれるのですね。」と言っていますが、河川から流入した水にふくまれる物質の一部は、どのように干潟やその周辺の環境から取り除かれますか。［**資料１１**］、［**資料１２**］をふまえて、説明しなさい。

3 そうたさんとけいこさんがブロックで遊んでいます。ブロックはすべて１辺の長さが10 cmの立方体です。ブロックの面どうしはくっつけたり、はなしたりすることができます。ブロックはとう明のものと、黒いものの２種類があります。とう明のブロックは無色とします。

〔そうた〕　８個のブロックを使って、１辺の長さが20 cmの立方体を作ってみます。

〔けいこ〕　とう明と黒のブロックを使うと、とう明のブロックにすけて黒のブロックが見えます。

〔そうた〕　同じ面でも、左からのぞきこんだり、下からのぞきこんだりすることで見え方がちがうので、前面と右面の見方を統一します。（**[資料１]**）

[資料１]　とう明のブロック５個と黒のブロック３個で作った１辺の長さが20 cmの立方体の例

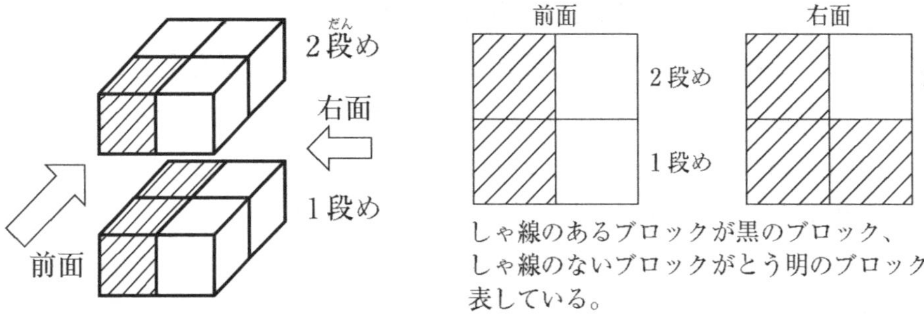

しゃ線のあるブロックが黒のブロック、
しゃ線のないブロックがとう明のブロックを
表している。

〔けいこ〕　前面から見ると黒のブロックは２個あります。

〔そうた〕　あれ、私《わたし》が右面から見ると３個です。私とけいこさんは見ている面がちがうから、黒のブロックの個数がちがって見えるのですね。

〔けいこ〕　どの面から見るかによって見え方がちがうということです。ブロックの場所を、高さ、横、縦《たて》の位置を表す３つの数で表すときちんと定まります。（**[資料２]**）

[資料２]　高さ、横、縦の３つの方向と、ブロックの場所の表し方

図のように
高さ（下から上に）
横（左から右に）
縦（手前から奥《おく》に）
の３つの方向の位置を
（高さ, 横, 縦）と表す。

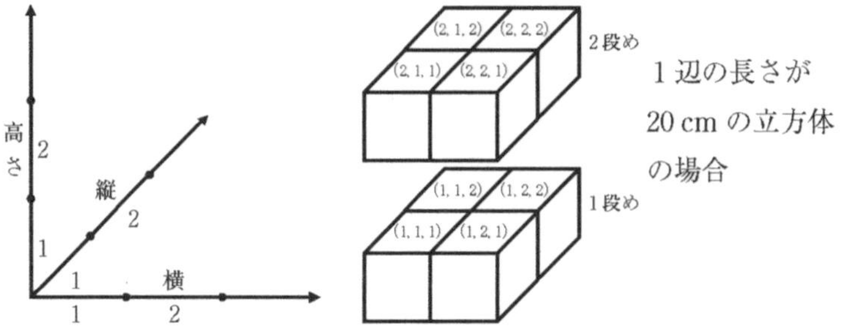

〔そうた〕　**[資料２]** の表し方だと、黒いブロックの場所は、(1, 1, 1)、(1, 1, 2)、(2, 1, 1) となりますね。

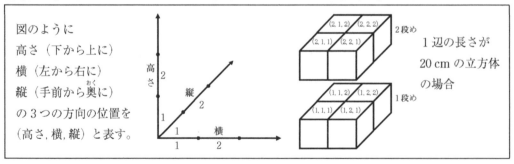

このページには問題が印刷されていません。

〔けいこ〕 次に黒いブロックを3個、とう明のブロックを24個使って1辺の長さが30 cmの立方体を作ります。ブロックの場所は［**資料2**］の方法で表します。（［**資料3**］）

［資料3］ 1辺の長さが 30 cm の立方体について、（高さ, 横, 縦）の3つの数によるブロックの場所の表し方

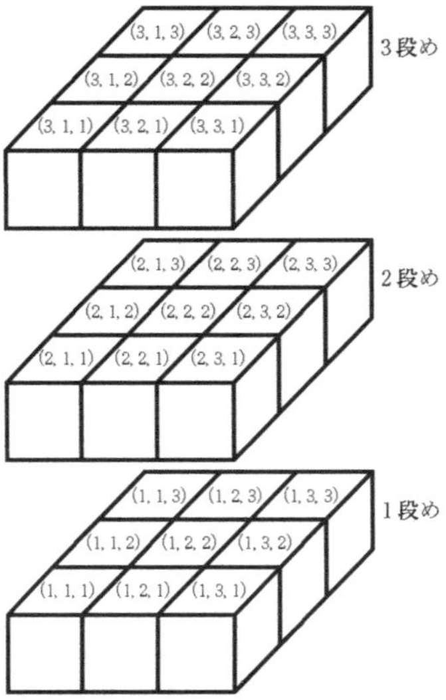

1辺の長さが 30 cm の立方体の場合

〔そうた〕 右面から見ると黒のブロックが3個あります。

〔けいこ〕 前面から見ても3個です。立方体の中の黒のブロックの場所はどこでしょう。私とそうたさんの見ている面からだけで場所がわかるでしょうか。

〔そうた〕 私たちの見ている2面からだけでわかりそうですね。

問1

右図のように1辺の長さが 30 cm の立方体の前面と右面が見えている。3個の黒いブロックの場所を［**資料3**］の表し方でかきなさい。

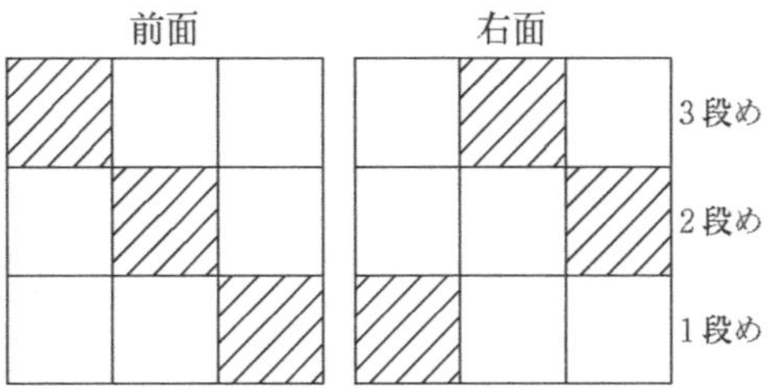

〔そうた〕 黒いブロックを3個、とう明のブロックを24個使って1辺の長さが30 cmの立方体を作りました。けいこさんが作ったものとは黒いブロックの場所が異《こと》なる立方体です。別の面から見てみましょう。けいこさんが後面、私が左面から見ますね。

〔けいこ〕 前面と右面のようにほかの面の見方も統一する必要がありますね。(**[資料4]**)

[資料4] 立方体の各面と向かい合ったときの見方

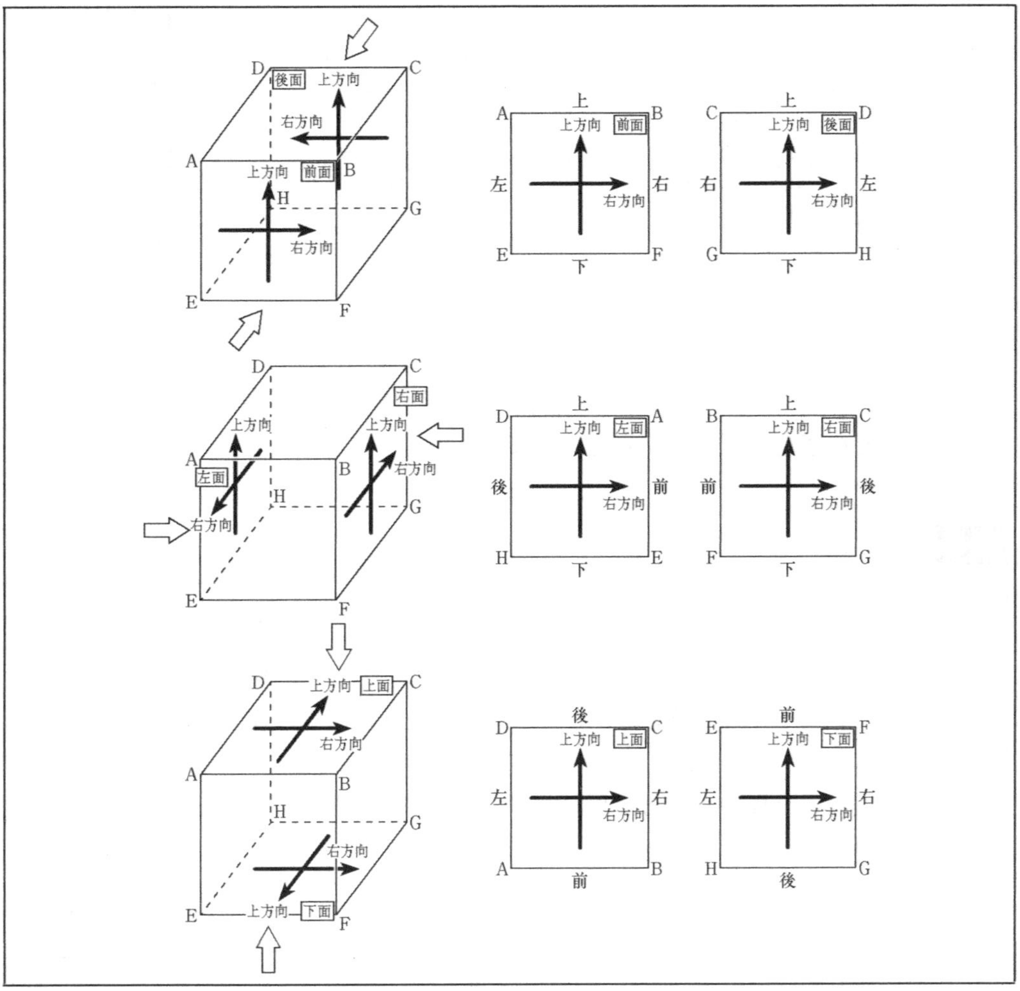

問2

右図のように1辺の長さが30 cmの立方体の後面と左面が見えている。3個の黒いブロックの場所を**[資料3]**の表し方ですべての場合についてかきなさい。すべてをかいても、解答らんの「(　,　,　)」が余る場合は余った「(　,　,　)」には何もかかなくてよい。

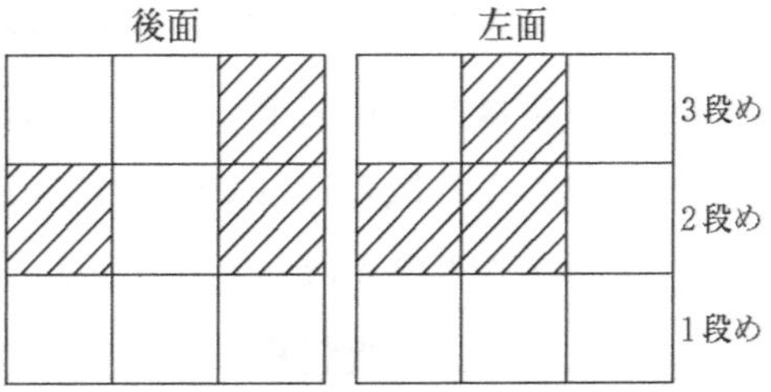

〔そうた〕 異なる２面から見るだけだと、３個の黒いブロックの場所を１通りに特定できないことがあるのですね。

〔けいこ〕 １つの面から見たとき、３個の黒いブロックが横、縦どちらにも２個以上ないことを「まんべんなく散らばっている」と表しましょう。（**[資料５]**）

[資料５]「まんべんなく散らばっている」状態と、「まんべんなく散らばっている」状態ではない例

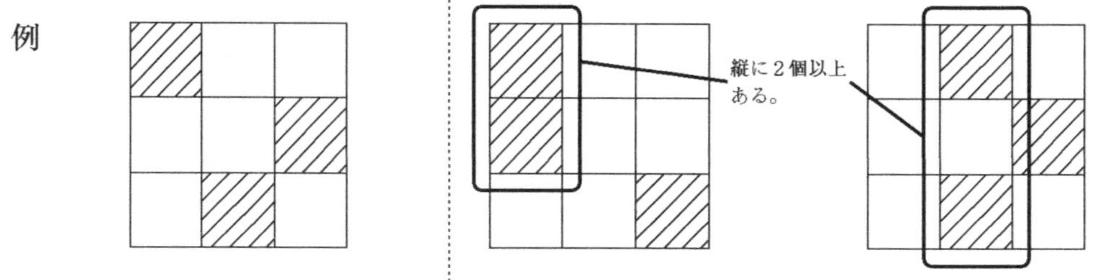

「まんべんなく散らばっている」状態　「まんべんなく散らばっている」状態ではない

〔けいこ〕 異なる２面から見て、どちらの面からも黒いブロックがまんべんなく散らばっているとき、３個の黒いブロックの場所は１通りになると言えそうですね。

〔そうた〕 その予想が正しいか考えてみましょう。

問３

けいこさんたちは、「異なる２面から見て、どちらの面からも黒いブロックがまんべんなく散らばっているとき、３個の黒いブロックの場所は１通りになる」と予想しています。この予想は正しいとは限りません。その理由を説明しなさい。

〔そうた〕 異なる２面の見え方と黒いブロックの位置の関係はわかってきました。面の数ではなく、別の制限をつけてみても黒いブロックの場所が１通りになるか試してみましょう。いままでと変わらず、黒いブロックの個数は３個とします。今度は異なる３面のうち、２面の一部が見えなくなるようにシールをはるとどうでしょうか。

〔けいこ〕 シールにかくれるブロックの個数や、黒いブロックがまんべんなく散らばっているかで、黒いブロックの場所が１通りになるかどうか変わりそうですね。

〔そうた〕 では、具体例を１つ試してみましょう。前面と右面は黒いブロックがまんべんなく散らばっています。下面の黒いブロックはまんべんなく散らばっているかどうかはわかりません。この状態で前面と下面にシールをはってみましょう。（**[資料６]**）

［資料6］ そうたさんがシールをはった具体例

・前面と右面の黒いブロックはまんべんなく散らばっている。
・下面の黒いブロックはまんべんなく散らばっているかどうかはわからない。
・前面と下面には、次の図のようにシールがはられている。

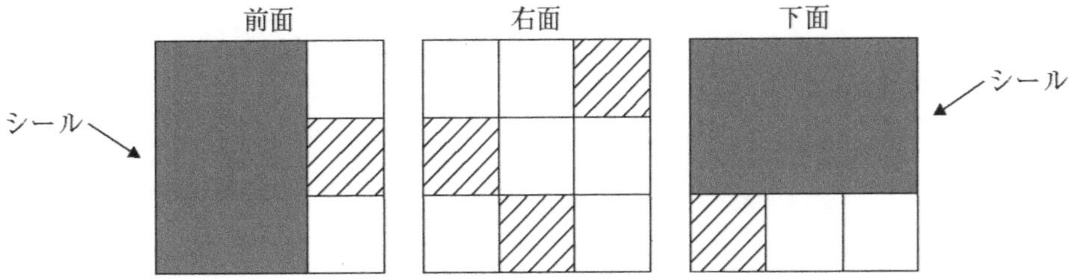

〔けいこ〕 この条件なら、シールで見えないブロックがあっても、黒いブロックの場所は1通りになりそうですね。

問4

［資料6］のシールをはがして前面と下面を見た場合、黒いブロックはどのように見えますか。右面から見える3つの黒いブロックを下図のように①、②、③とするとき、それに対応する前面と下面の場所に、それぞれ①、②、③の番号をかきなさい。なお、最初からシールをはっていない部分にも番号をかくこと。

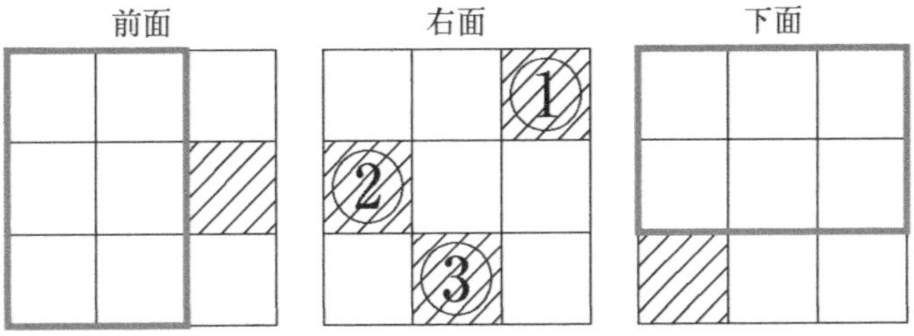

また、前面の黒いブロックがまんべんなく散らばっていることによって、(高さ, 横, 縦) の場所がわかる黒いブロックは①、②、③のどれですか。解答らんの（　　　）の中に番号をかきなさい。

適性検査3

注　　意

1　検査開始の指示があるまで問題用紙を開いてはいけません。

2　検査時間は45分間で、終わりは午後0時35分です。

3　問題は　1　問1　から　問3
　　　　　2　問1　から　問3
　　　　　3　問1　から　問4　まであります。

4　問題用紙は1ページから24ページまであります。検査開始の指示後、すぐにページがそろっているかを確認《かくにん》しなさい。

5　解答用紙は2枚《まい》あります。

6　受検番号をそれぞれの解答用紙の決められた場所に記入しなさい。

7　解答はすべて解答用紙に記入し、解答用紙のみ2枚とも提出しなさい。

このページには問題が印刷されていません。

問題は次のページからです。

1　みどりさん、あおいさんはお茶を選ぶためにデパートを訪《おとず》れました。

〔店　員〕 ご注文はお決まりですか。

〔みどり〕 まだ迷っています。お茶にはさまざまな種類があるのですね。

〔店　員〕 緑茶、ウーロン茶、紅《こう》茶は、すべてチャノキという植物の葉から作られています。そのほかにも、麦茶やハーブティーなど、チャノキ以外の植物で作られるお茶もあります。

〔あおい〕 緑茶、ウーロン茶、紅茶が同じ植物の葉から作られているとは知らなかったです。味や香りのちがいは、どのようにして生まれるのですか。

〔店　員〕 チャノキの葉にふくまれる＊こう素が、味や香りに関係しています。こう素は加熱するとはたらきを止めることができるので、これを利用して、種類のちがうお茶が作られます。(**[資料1]**)

＊こう素：さまざまな物質を変化させるはたらきをもち、動物や植物などの生物の体内にある物質。

[資料1] お茶の作り方

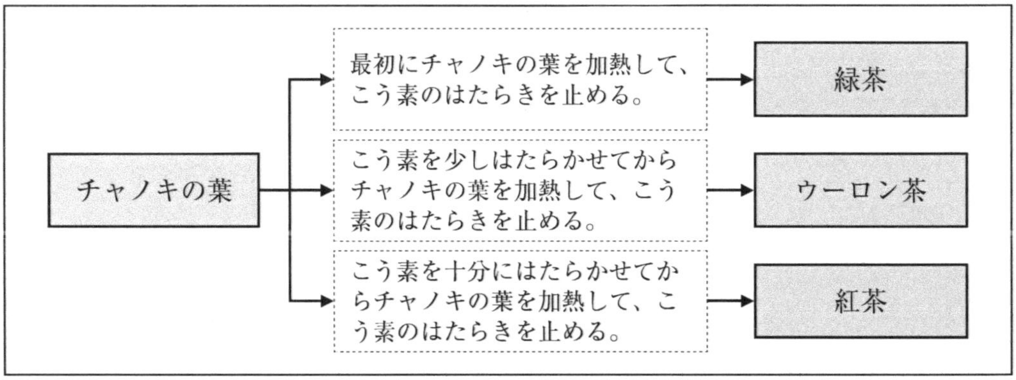

〔みどり〕 以前、静岡県《しずおかけん》の茶畑を見学したことがあります。日本でもチャノキが生産されているのですね。

〔店　員〕 チャノキは、気候条件のあう世界各地で生産されています。(**[資料2]**)

［資料２］チャノキの産地と気候条件

【世界のおもなチャノキの産地】

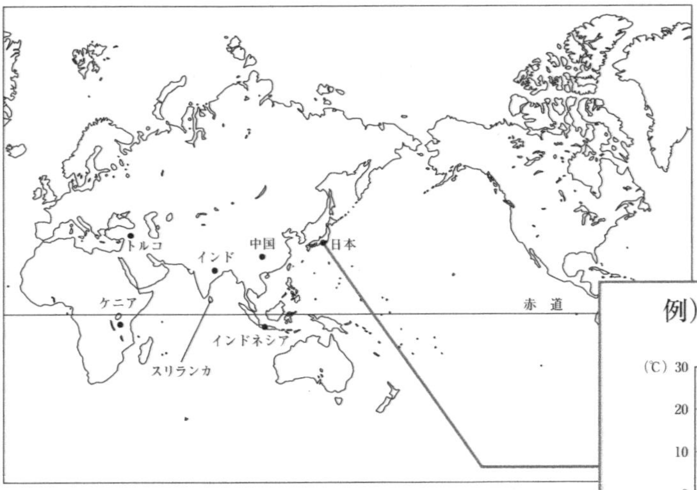

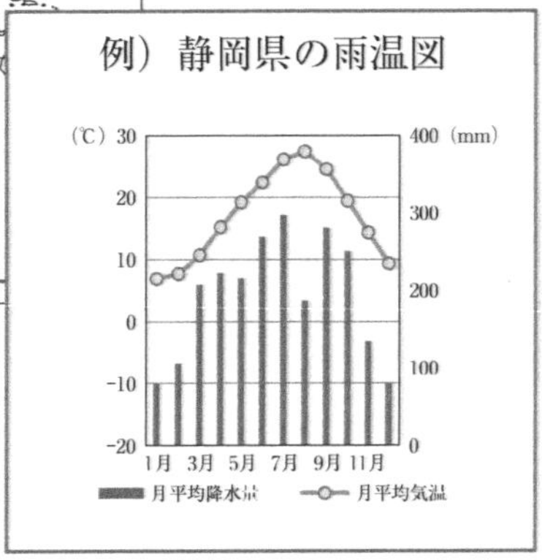

【チャノキ生産に適した気候条件】

・年間平均気温 13℃以上

・年間降水《こうすい》量 1,300 mm 以上の地《ち》域《いき》

（静岡県経済《けいざい》産業部農業局お茶振興《しんこう》課『めざせお茶博士！こどもお茶小事典 お茶の基本 108 と 88 の Q＆A』および気《き》象《しょう》庁《ちょう》ホームページより作成）

〔あおい〕 チャノキに品種はあるのですか。

〔店　員〕 大きく分類すると、チャノキには二つの品種があります。お茶を作るときは、それぞれの特ちょうに応じて品種を使い分けています。（［資料３］）

［資料３］チャノキの品種・地域・特ちょう

品種名	おもに生産される地域	品種の特ちょう
中国種	中国、日本、トルコなど	アッサム種と比べて ・寒さに強く暑さに弱い ・こう素のはたらきが弱い
アッサム種	インド、スリランカ、インドネシア、ケニアなど	中国種と比べて ・寒さに弱く暑さに強い ・こう素のはたらきが強い

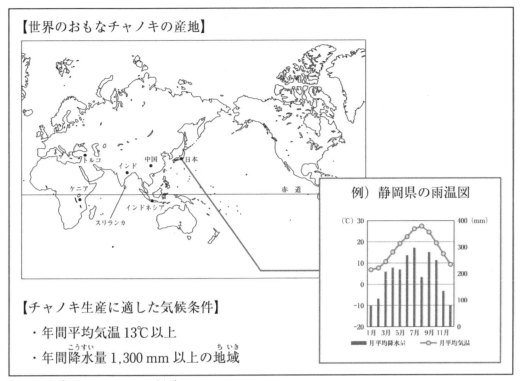

問1

［資料1］、［資料2］、［資料3］をふまえて、次の（1）、（2）の問題に答えなさい。

（1） 雨温図①から④のうちチャノキの生産に最も適している気候を一つ選び番号で答えなさい。

①

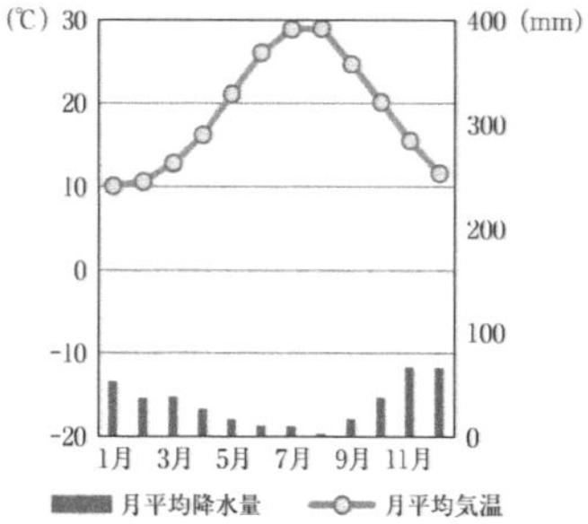

②

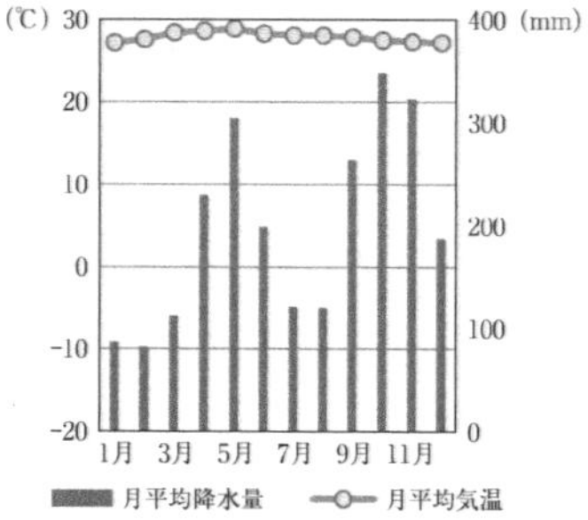

③

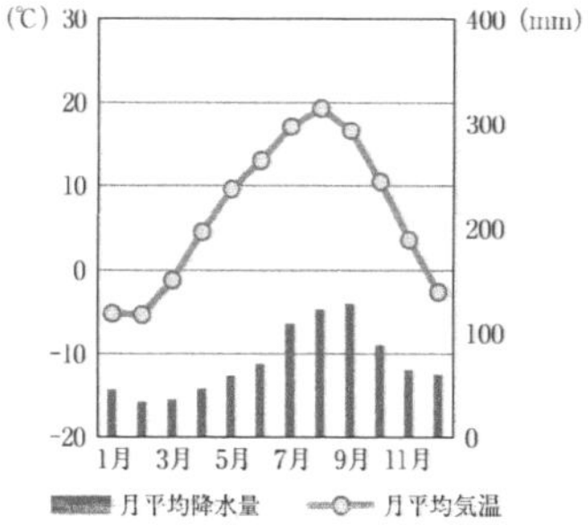

④

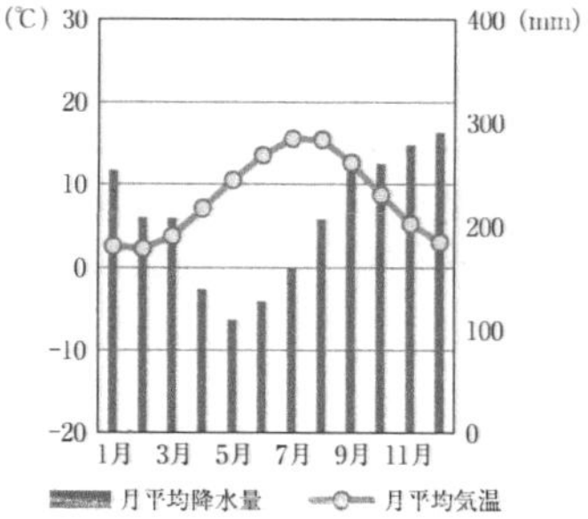

（2） 次の空らんにあてはまる言葉や文を答えなさい。

チャノキの品種のうち、紅茶を作るのにより適しているのは（ ア ）種である。なぜなら、（ イ ）という品種の特ちょうがあるからだ。

このページには問題が印刷されていません。

みどりさん、あおいさんは図書館でお茶についてさらに調べることにしました。

〔あおい〕 お茶を飲む習慣は世界中で見られます。

〔みどり〕 例えばイギリスは、チャノキを生産しにくい気候です。しかし、紅茶を飲む習慣が広まっていますね。どのような理由があるのでしょうか。

〔あおい〕 資料を集めて、まとめてみましょう。(**[資料4]**)

[資料4] みどりさん、あおいさんが資料をまとめたメモ

メモ1

イギリスにおける紅茶の消費量の変化

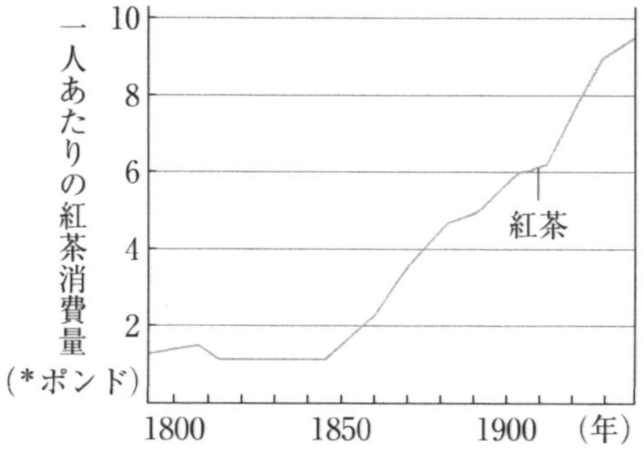

＊ポンド：重さの単位。1ポンドは約 453.6 グラム。

(E・J・ホブズボーム『産業と帝国《ていこく》』(浜林《はまばやし》正夫《まさお》・神武庸《かみたけよう》四郎《しろう》・和田《わだ》一夫《かずお》訳《やく》) より作成)

メモ2

五大栄養素の食品例とはたらき

栄養素	食品例	はたらき
炭水化物	米、パン、めん類、いも類、さとう	おもにエネルギーのもとになる
脂質《ししつ》	油、バター、マヨネーズ	
たんぱく質	魚、肉、卵《たまご》、豆、豆製品	おもに体をつくる
ミネラル(無機質)	牛乳《ぎゅうにゅう》、乳製品、小魚、海そう	
ビタミン	野菜、果物、きのこ	おもに体の調子を整える

メモ３

紅茶を飲む習慣

・昼食と夕食の間の午後４時から午後５時くらいに、自宅《じたく》に友人などを招待して紅茶や軽食を楽しむ習慣をアフタヌーンティーと呼《よ》ぶ。
・アフタヌーンティーは、1840年代からイギリスで流行した。

メモ４

紅茶と仕事

・1700年代の終わりから1800年代にかけて、イギリスでは商工業が発展《はってん》し、都市で働く人が増加した。
・働く人々は、仕事の合間の短い休けい時間に、さとうと牛乳を入れた紅茶を飲むようになった。

メモ５

チャノキの葉にふくまれる成分

・チャノキの葉には、カフェインと呼ばれる成分がふくまれている。
・カフェインには、ねむい気分を取りのぞく効果がある。

問２

次の文章は、みどりさん、あおいさんが［**資料４**］の内容をふまえて、イギリスで紅茶を飲む習慣が広まった理由についてまとめたものです。空らんにあてはまる言葉や文を答えなさい。

イギリスにおける紅茶の消費量は1840年代から大きく増加しており、このころに紅茶を飲む習慣が広まっていったと考えられる。消費量が増えたことには、いくつかの理由が挙げられる。その一つは、（　ウ　）の流行である。（　ウ　）には、夕食までの時間の空腹《くうふく》を満たすだけでなく、自宅で紅茶を囲みながら友人とコミュニケーションをとるという社会的役割《やくわり》があったと考えられる。

もう一つは、都市部で働く人々の間に紅茶が広まったことだ。休けい時間に紅茶を飲むことで、ねむい気分を取りのぞき、さらに、（　　エ　　）ことで炭水化物やミネラルなどの栄養を補《おぎな》ったと考えられる。

以上のことから、イギリスで紅茶を飲む習慣が広まったのは、生活様式の変化が関係しているといえる。

後日、みどりさん、あおいさんは再びデパートを訪れました。

〔店　員〕 今日はどちらのお茶にしますか。
〔みどり〕 この紅茶の箱には、不思議なマークが印刷されていますね。これは何でしょうか。（**[資料５]**）

[資料５] みどりさんが見つけた紅茶の箱と印刷されたマーク

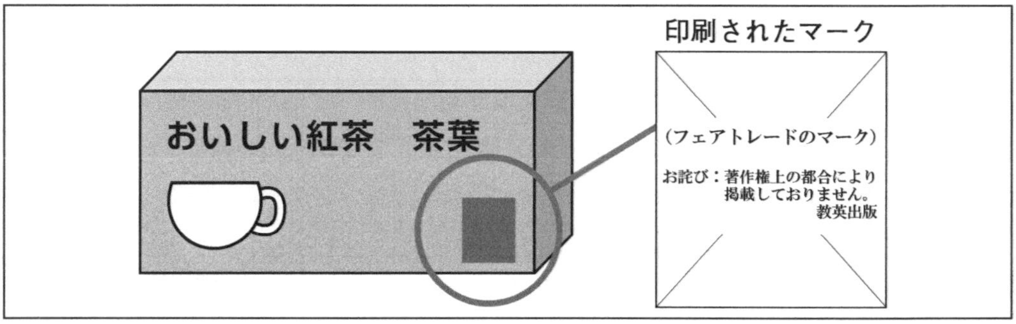

〔店　員〕 これは、国際フェアトレード認証《にんしょう》ラベルです。近年、フェアトレードという貿易のしくみが注目されています。（**[資料６]**）

[資料６] フェアトレードとは

（フェアトレードの文章）
お詫び：著作権上の都合により，掲載しておりません。ご不便をおかけし，誠に申し訳ございません。
教英出版

（フェアトレードジャパン ホームページより作成）

〔あおい〕 一ぱいのお茶でも世界とつながっていて、私《わたし》たち消費者の選たくでより良い未来にこうけんできるのですね。今日は、この紅茶を買うことにします。
〔店　員〕 ありがとうございます。

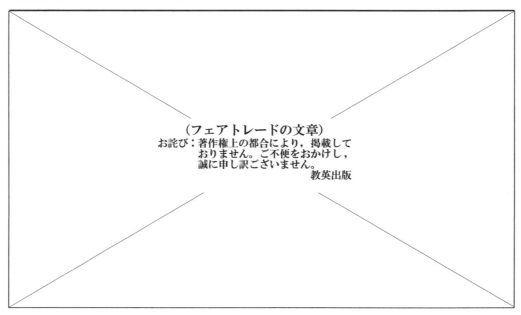

問3

次の**図1**と**図2**は、**[資料6]** をふまえて、茶葉の持続可能な取引のサイクルをまとめたものです。(オ) から (ク) には、下の①から④のいずれかの文があてはまります。このうち、(カ) と (キ) にあてはまる文を一つずつ選び番号で答えなさい。

図1 生産者に不利な取引のサイクル

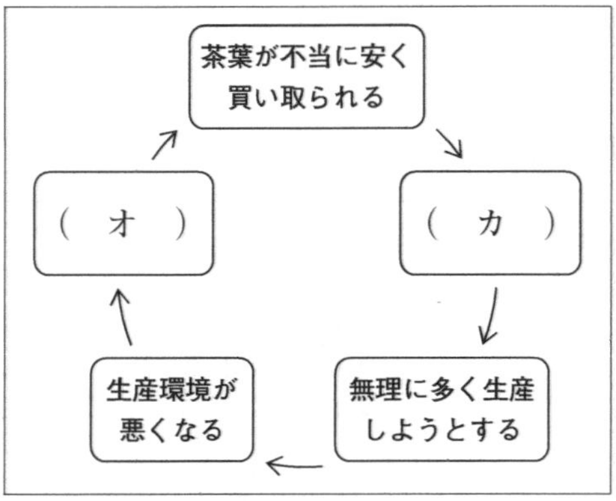

図2 持続可能な取引のサイクル

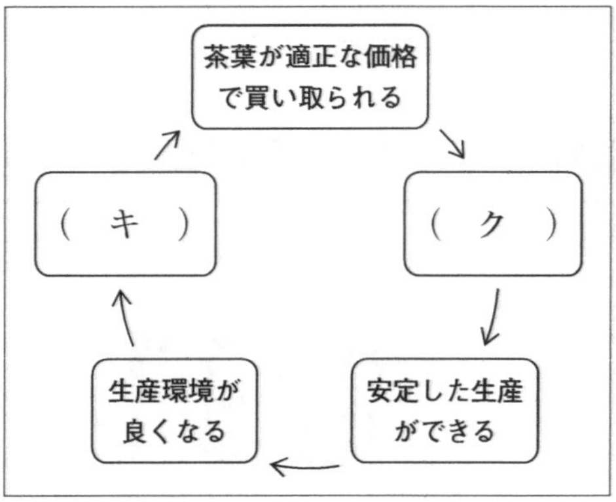

① 生産者が十分な対価を得られる　② 生産者が十分な対価を得られない
③ 茶葉の品質が良くなる　④ 茶葉の品質が悪くなる

2 ゆうじさん、けんさん、めぐみさんの３人が時計について話をしています。

〔ゆうじ〕 私《わたし》たちの生活に時計は欠かせないものですね。時計にはいくつかの種類がありますね。

〔け　ん〕 左から時間、分、秒がそのまま数字で表示されている時計と、針《はり》の位置で時刻《じこく》を読み取る時計がありますね。２つの時計を比べるために、それぞれの時計を「デジタル表示の時計」、「アナログ表示の時計」と呼《よ》ぶことにします。（**[資料１]**）

[資料１] デジタル表示の時計とアナログ表示の時計

デジタル表示の時計

アナログ表示の時計

〔めぐみ〕 私は水泳を習っています。記録は100分の１秒まで計測できるデジタル表示のストップウォッチで計っています。（**[資料２]**）

[資料２] めぐみさんが使用しているデジタル表示のストップウォッチ

※６分43秒75を表示している。

〔ゆうじ〕 １時間は60分、１分は60秒と、60ずつを１つのまとまりで考えているのに、100分の１秒だけ60を１つのまとまりにしていないのですね。

〔めぐみ〕 そうです。正確な記録は、次の目標を決めるのに役立ちます。

問1

めぐみさんの400 m自由形の記録（ある日の2回分）は次の表のとおりです。

回数	1回目	2回目
記録	4分58秒54	5分01秒28

めぐみさんは、3回目の記録を計る前に、1回目から3回目までの3回の記録の平均をこの日の1か月前の記録より速くしたいという目標を立てました。めぐみさんの1か月前の記録は4分59秒38でした。目標を達成するための3回目の記録について、解答らんにあてはまる数をかきなさい。

〔けん〕 100分の1秒まで計れることで、スポーツでもデジタル表示の時計は有効に使われているのですね。

〔ゆうじ〕 今度はアナログ表示の時計の特ちょうを考えてみましょう。

〔めぐみ〕 文字ばんの上に12時間で1周する時針《じしん》、60分で1周する分針《ふんしん》の2種類の針が回っていて、それを見ることで、時刻が読み取れます。60秒で1周する秒針《びょうしん》がついている時計もあります。文字ばんに1から12までの数字がついている時計もあるし、ついていない時計もありますね。（[資料3]）

[資料3] アナログ表示の時計の例

〔ゆうじ〕 アナログ表示の時計は、針の位置でおおまかな時刻を知ることができますね。

〔け　ん〕 そういえば先日、アナログ表示の時計と同じように針を使っている「12分計」というものを見ました。12分で1周する分針と、60秒で1周する秒針の2種類の針が回っていました。ふだん見ている時計よりも針の回る速さが速いから、まるで秒針と分針が追いかけっこをしているみたいでした。

〔ゆうじ〕 12分計ですか。そのような変わったものもあるのですね。針の回る速さを変えれば、例えば6分計や10分計なども考えることができますね。

今回は、6分計について考えてみましょう。(**[資料4]**)

[資料4] 3人が考えた6分計

・文字ばんは円形で、1周を60等分した目もりがふられている。また、10目もりごとに数字が1から6までふられている。

・分針（短針）の回る速さは一定で、6分で1周する。

・秒針（長針）の回る速さは一定で、60秒で1周する。

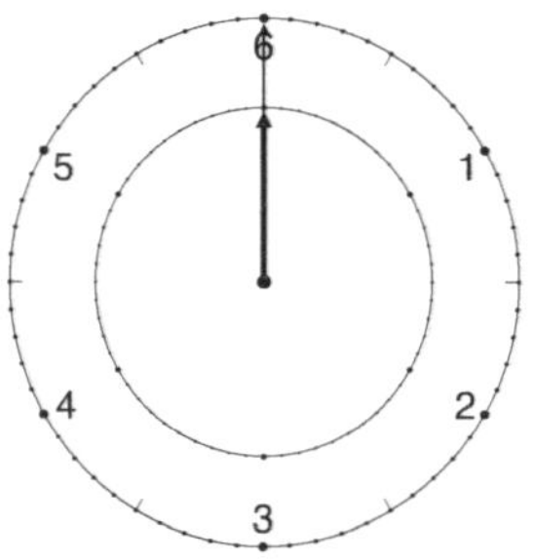

〔めぐみ〕 **[資料4]** の6分計で3分30秒を計ると、次のようになりますね。(**[資料5]**)

[資料5] 針の進み方の例

図1　　**図2**

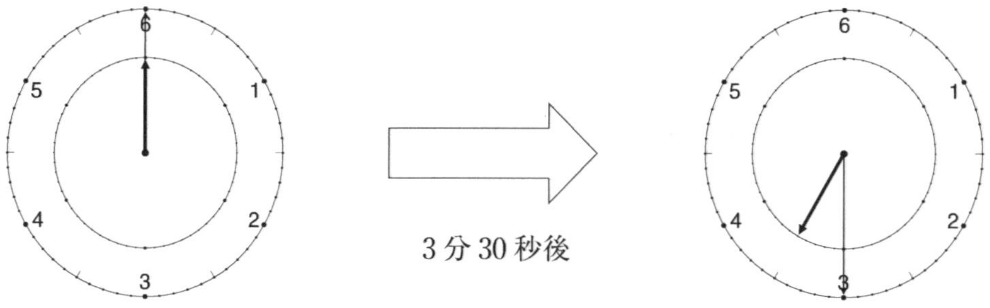

令和五年

適性検査1　解答用紙（1枚《まい》め／2枚中）

一

問1

から。

問2

ということ。

問3

という内容。

問4

受検番号

※100点満点
（配点非公表）

220　200　180

【解答

問2

(1)	(エ)		(オ)		(カ)	
(2)	考え方 答え　　　　%					

問3

受検番号

前面の黒いブロックがまんべんなく散らばっていることから、

（高さ，横，縦）の場所がわかる黒いブロックは（　　　　　　）である。

受検番号

（3）

答え　　　　　　回

問3

答え　　　　月　　　　日

受検番号

問4

（1）	［資料１２］をふまえて、焼き方Aと焼き方Bそれぞれについて、焼く前後の重さの量の関係を調べると、 焼き方Aは＿＿＿＿＿＿＿＿＿＿＿＿＿＿＿＿＿＿＿＿、 焼き方Bは＿＿＿＿＿＿＿＿＿＿＿＿＿＿＿＿＿＿＿＿ことがわかる。 よって、この結果を比べると、焼き方＿＿＿＿で焼いた肉のほうがやわらかい。
（2）	［資料１２］の結果を得るためにひっくり返しながらフライパンで合計6分間焼くが、ひっくり返すまでの時間によって差が出た。その理由として、

【解答

受検番号

令和５年

適性検査３　解答用紙（２枚《まい》め／２枚中）

3

問１

（ア）		（イ）	

問２

打ち水は水が水じょう気に変わるときにアスファルトから熱をもらうが、水じょう気を用いたオーブンレンジは、

問３

最初の熱げん：なべ

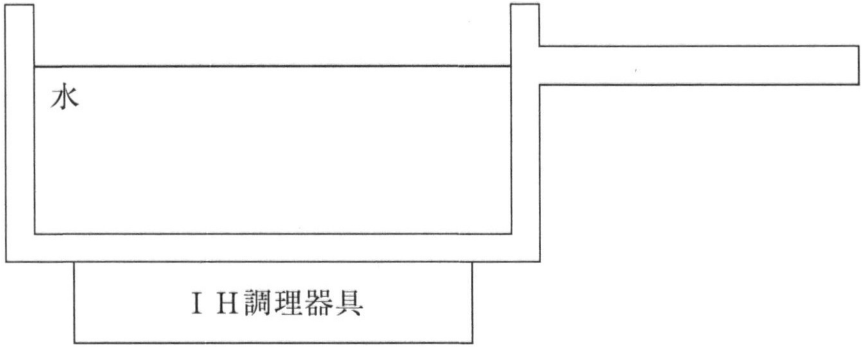

令和５年

適性検査３　解答用紙（１枚《まい》め／２枚中）

※100点満点
（配点非公表）

1

問１

（１）				
（２）	（ア）		（イ）	

問２

（ウ）		（エ）	

問３

（カ）		（キ）	

2

問１

３回の平均を４分59秒38より速くするためには、

３回目を（　　　）分（　　　）秒（　　　）より速く泳げばよい。

問２

（１）

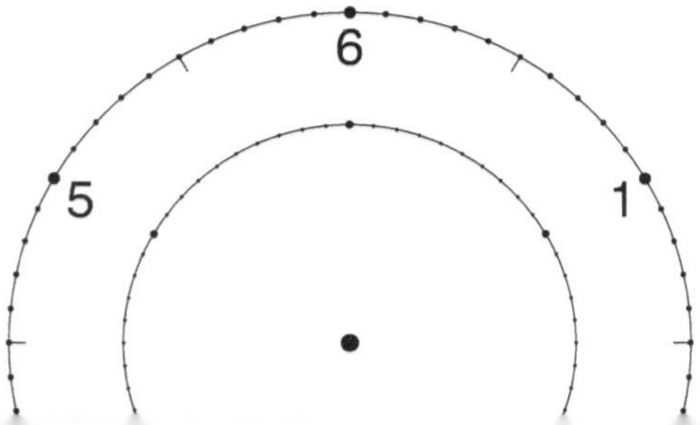

（２）　　　　秒後

【解答用

令和５年

適性検査２　解答用紙（２枚《まい》め／２枚中）

3

問1

(　,　,　)、(　,　,　)、(　,　,　)

問2

(　,　,　)、(　,　,　)、(　,　,　) と (　,　,　)、(　,　,　)、(　,　,　) と

(　,　,　)、(　,　,　)、(　,　,　) と (　,　,　)、(　,　,　)、(　,　,　)

問3

問4

前面　　右面　　下面

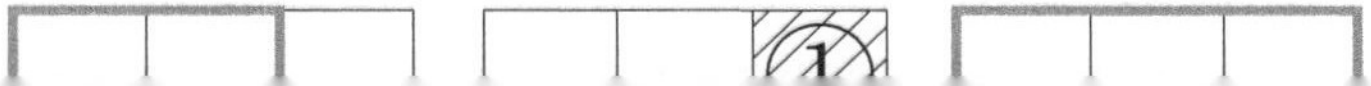

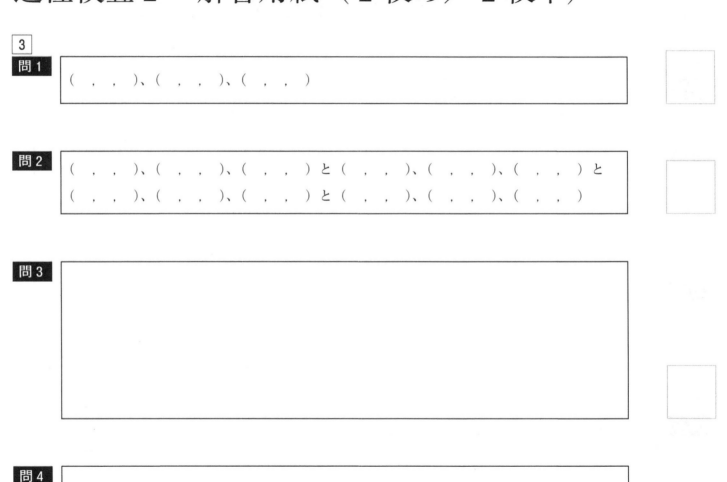

令和5年

適性検査2　解答用紙（1枚《まい》め／2枚中）

※100点満点
（配点非公表）

1

問1　およそ　　　　m

問2

と考えられるため

問3

という役割

2

問1

（1）	（ア）		（イ）		（ウ）	
（2）						

【解答用

令和五年

適性検査1　解答用紙（2枚《まい》め／2枚中）

問3

100

受検番号

30

60

70

二

問1

【あ】

【い】

問2

【ア】

【イ】

【ウ】

【解答

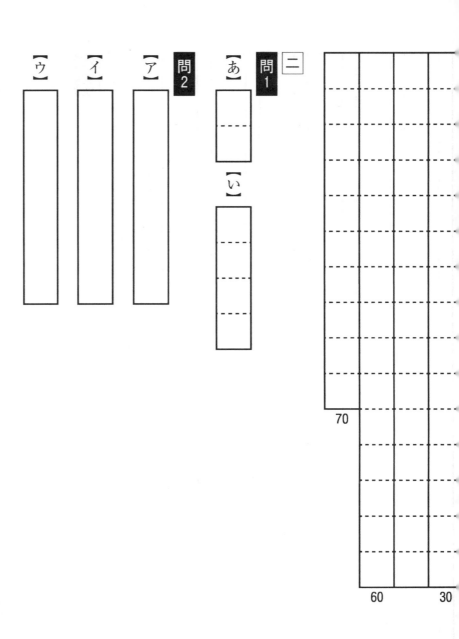

問2

（1）［**資料5**］**図2** の状態からさらに5分42秒後の分針と秒針の位置を解答らんの図にかきなさい。ただし、次の かき方 の指示にしたがうこと。

かき方

・定規を使うこと。

・分針は円の中心から内側の円周までの長さでかくこと。

・秒針は円の中心から外側の円周までの長さでかくこと。

【例】

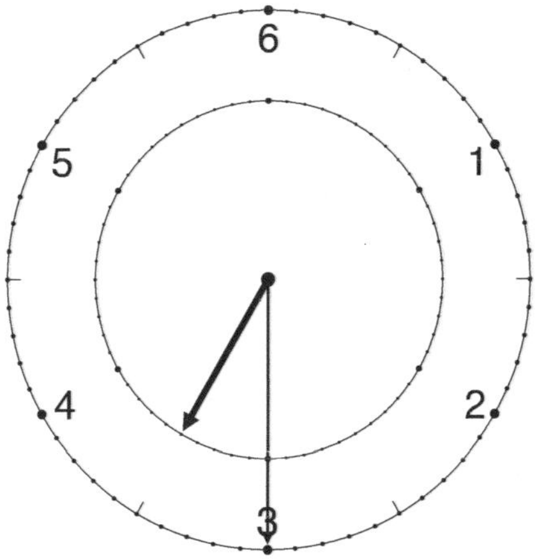

【例】は、［**資料5**］**図2** と同じ針の位置を表した図がかかれている。

（2）［**資料5**］**図2** の状態から、最初に分針と秒針がぴったり重なるのは何秒後ですか。解答らんに合わせてかきなさい。

（3）［**資料5**］**図2** の状態から30分30秒経過する間に、分針と秒針は何回ぴったり重なりますか。重なる回数をかきなさい。ただし、考え方や途《と》中《ちゅう》の計算式もすべて記述すること。

〔け　ん〕 デジタル表示の時計、アナログ表示の時計を見てきましたが、それぞれに特ちょうがありますね。ほかにも特ちょうのある時計はありますか。

〔ゆうじ〕 すなの量の変化で時間を計る「すな時計」がありますね。

〔めぐみ〕 すなが上から下へ流れることで時間を計るのですよね。中には１年間を計るすな時計もあるようです。

〔け　ん〕 すな時計と同じしくみで、すなの代わりに液体を使った「液体時計」もあります。

〔ゆうじ〕 365日を計る液体時計を考えてみましょう。（**[資料６]**、**[資料７]**）

[資料６] ３人が考えた液体時計

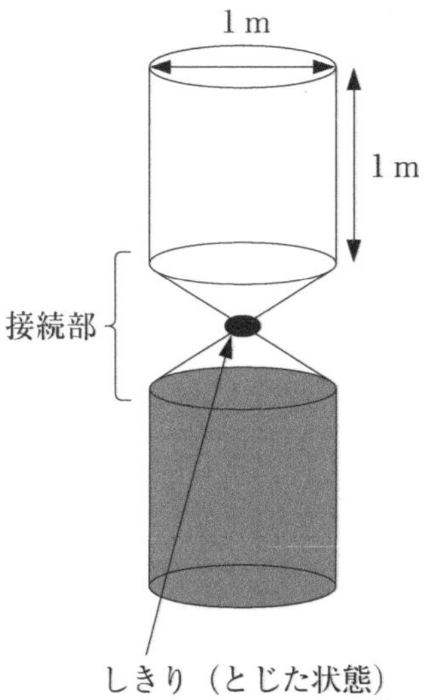

<特ちょう>

・２つの円柱とそれをつなぐ「接続部」でできている。

・２つの円柱はともに底面の円の直径が１ｍ、高さが１ｍである。

・入っている液体の量は、円柱１つ分の体積と等しい。

・接続部の中央には開けしめが自由にできるしきりがついている。接続部より上の円柱を「上部」、下の円柱を「下部」と呼ぶ。

・１秒間あたりに上部から下部へ移る液体の量は一定である。

・容器の厚みは考えないものとする。

[資料７] [資料６] の液体時計をひっくり返したときの図

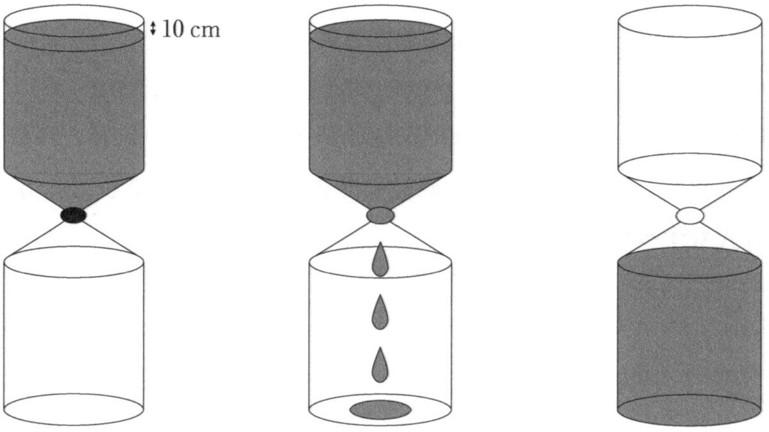

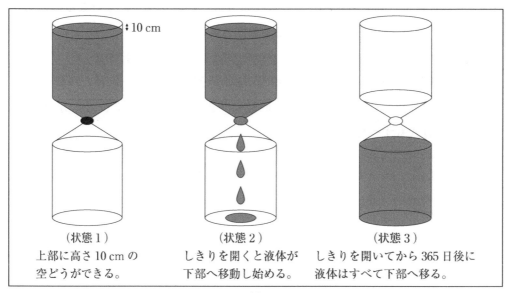

（状態１）
上部に高さ10cmの空どうができる。

（状態２）
しきりを開くと液体が下部へ移動し始める。

（状態３）
しきりを開いてから365日後に液体はすべて下部へ移る。

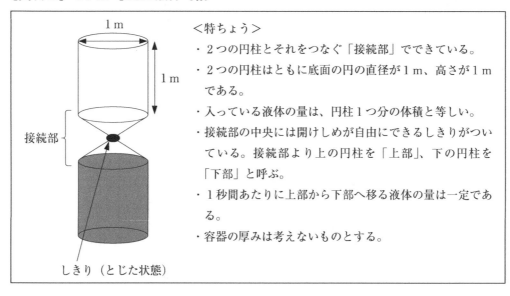

〔け　ん〕 この液体時計では365日ちょうどしか計れないのでしょうか。

〔ゆうじ〕 残っている液体の量から考えることができますよ。例えば上部に高さ82 cmの空どうができる場合を考えてみましょう。(**[資料8]**)

[資料8] 液体時計の上部に高さ82 cmの空どうができる図

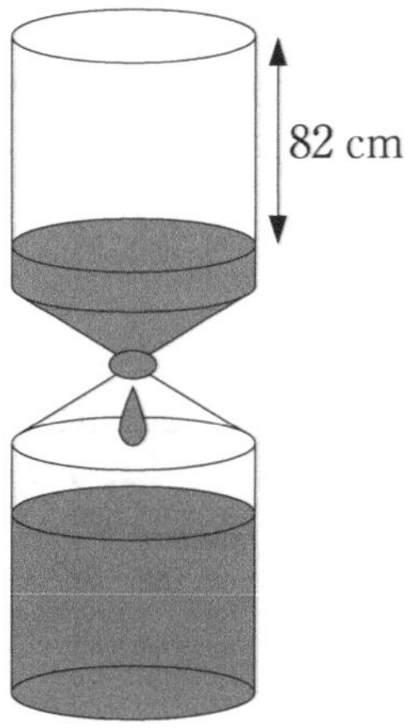

問3

ある年の1月1日午前0時に、**[資料7]**（状態1）のようにすべての液体が上部にある状態でしきりを開けました。**[資料8]** の状態になるのは、この年の何月何日ですか。**[資料6]**、**[資料7]**、**[資料8]** をふまえて、次の【条件】にしたがって答えなさい。ただし、考え方や途中の計算式もすべて記述すること。

【条件】
この年の日数は365日で、各月の日数は以下のとおりとする。

月	1	2	3	4	5	6	7	8	9	10	11	12
日数	31	28	31	30	31	30	31	31	30	31	30	31

〔めぐみ〕 すな時計や液体時計は、古くから利用されていたようです。

〔け　ん〕 時間は、まるでものさしのようですね。見えない時間を計るために、さまざまな工夫《くふう》がされてきたことがわかりました。

〔ゆうじ〕 そう考えると、これからもいろいろな時計が発明されるかもしれないですね。

3 小学生のなおやさん、中学生のひなのさん、高校生のあかりさんの３人は夕食を食べながら今日のピクニックをふり返っていました。

〔ひなの〕 今日のピクニックは電車に乗って公園まで行きました。
〔あかり〕 交通けいＩＣカードにお金をチャージしていたので、電車に乗ったり、飲み物を買ったりすることができました。
〔なおや〕 かざすことで自動的にお金がはらわれたり、自動改札機を通過できたりするのでＩＣカードに電気が流れていることは理解できますが、ＩＣカードをじゅう電したことはありません。ＩＣカードの内部に電池が入っているのですか。
〔あかり〕 使わなくなったＩＣカードの内部を見てみましょう。(**［資料１］**)

［資料１］ ＩＣカードの内部

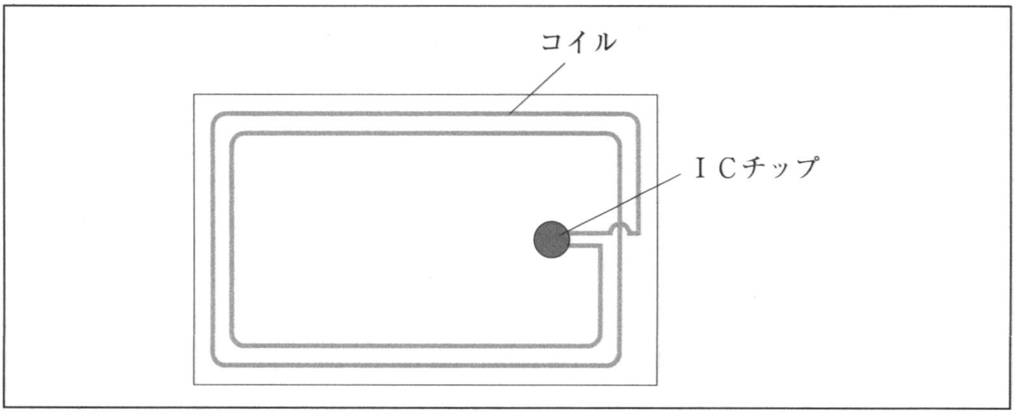

〔ひなの〕 ＩＣカードは外側にコイル、内側にＩＣチップがあり、電池はありません。
〔なおや〕 電池が使われていないのになぜ電気が流れるのでしょうか。
〔あかり〕 コイルがあるからです。
〔なおや〕 小学校の実験で使用したコイルとは形がちがいます。(**［資料２］**)

［資料２］ 小学校の実験で使用したコイル

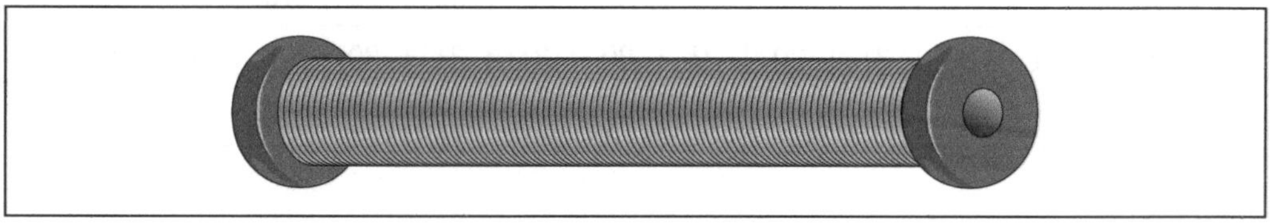

〔ひなの〕 ＩＣカードの内部にあるコイルと **［資料２］** のコイルは、形がちがいますが、コイルを作っている素材は同じです。
〔なおや〕 コイルがあってもかざさないと電気は流れません。かざす部分に何かひみつがありますか。

〔あかり〕 自動改札機を例に挙げると、かざす部分の内部に電磁石《でんじしゃく》が用いられています。（**[資料３]**）

［資料３］ 自動改札機

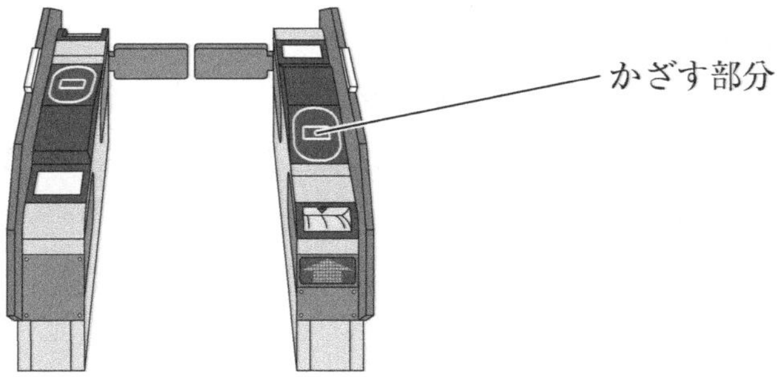

〔なおや〕 自動改札機にかざすということは、コイルを電磁石に近づけていることと同じです。本当に電気が流れるのか確かめてみたいです。
〔ひなの〕 コイルに電気が流れる条件について豆電球を使って調べてみましょう。

問１

次の［実験１］と［実験２］の結果から豆電球が光るための条件をまとめました。（　ア　）、（　イ　）にあてはまる言葉を解答ぐんから一つ選び番号で答えなさい。

［実験１］
金属、ゴム、紙のひもをそれぞれ10回ずつ巻《ま》き、コイルを作った。それぞれのコイルに豆電球をつなげて電磁石に近づけたところ、金属で作ったコイルだけ豆電球が光った。

［実験２］
［実験１］で豆電球が光ったひもを３つ準備して、それぞれ10回、20回、30回巻きコイルを作った。それぞれのコイルに豆電球をつなげて電磁石に近づけたところ、すべて豆電球が光ったが、明かりは30回巻いたものが最も明るく、10回巻いたものが最も暗かった。

［実験１］と［実験２］の結果より、電気が流れるためには素材が（　ア　）で、流れる電気の大きさは（　イ　）巻いたものが最も小さいことがわかった。

（　ア　）の解答ぐん　①　金属　②　ゴム　③　紙

（　イ　）の解答ぐん　①　10回　②　20回　③　30回

〔ひなの〕　今日食べたお弁当は、あかりさんの家に集まって作りました。

〔なおや〕　私《わたし》の家のオーブンレンジは温めるときにタンクに水を入れますが、あかりさんの家で使用したときは水を入れませんでした。なぜ私の家のオーブンレンジは水が必要なのですか。

〔ひなの〕　なおやさんの家のオーブンレンジは水じょう気を使っているからです。水を加熱して水じょう気に変え、その水じょう気でオーブンレンジの中を満たして食品を加熱しています。

〔なおや〕　水じょう気でどうやって食品を加熱するのでしょうか。

〔あかり〕　打ち水のしくみはわかりますか。

〔なおや〕　夏場にアスファルトの地面に水をまき、水のじょう発を利用して地面の温度を下げるしくみです。（**［資料４］**）

［資料４］打ち水のしくみ

〔ひなの〕　**［資料４］**は熱くなったアスファルトに水をまくことでアスファルトから水に熱が伝わっている様子をあらわしています。水は熱をもらって水じょう気に変わり、アスファルトは水に熱をあげて温度が下がります。

〔あかり〕　なおやさんの家のオーブンレンジは打ち水と逆のしくみを使っています。

〔ひなの〕　そのため、オーブンレンジを使った後は中にたくさんの水てきが付きます。（**［資料５］**）

［資料5］なおやさんの家のオーブンレンジ

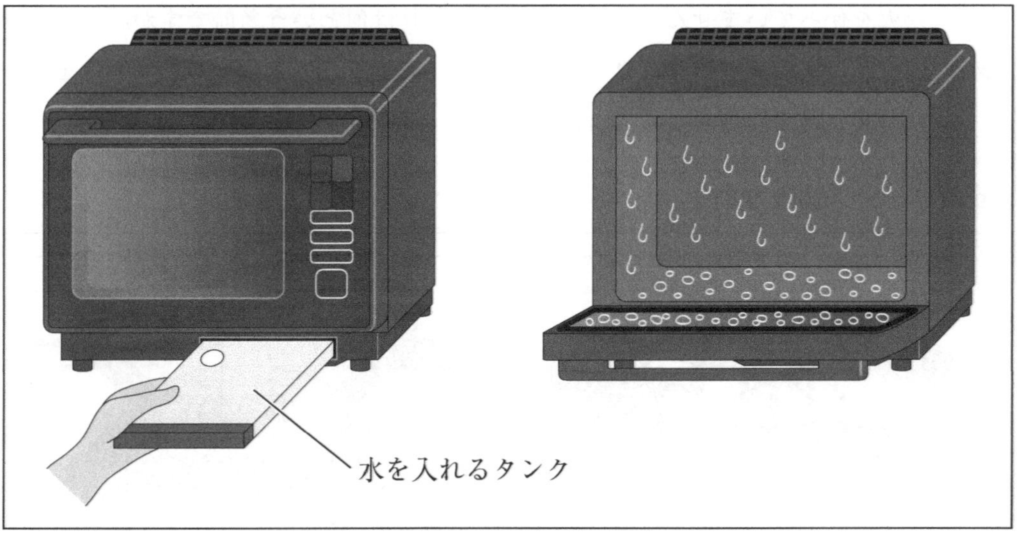

問2

食品を水じょう気で温めることができる理由を［**資料4**］の打ち水のしくみと比べて説明しなさい。ただし、「水」、「水じょう気」、「熱」という3つの言葉を用いて、解答らんに合わせてかくこと。

〔なおや〕　あかりさんの家の調理器具は火を使っていましたが、私の家の調理器具は火を使っていません。それぞれの調理器具は何という名前ですか。

〔あかり〕　私の家の調理器具はガス調理器具といいます。ガス調理器具はガスを燃やして食材を調理します。(**[資料6]**)

[資料6]　ガス調理器具

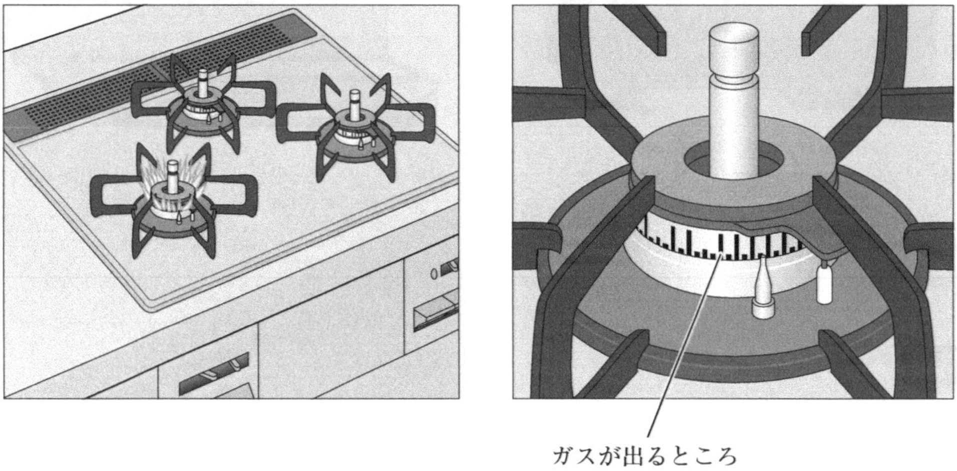

〔あかり〕　なおやさんの家で使用している調理器具はＩＨ調理器具といいます。(**[資料7]**)

[資料7]　ＩＨ調理器具

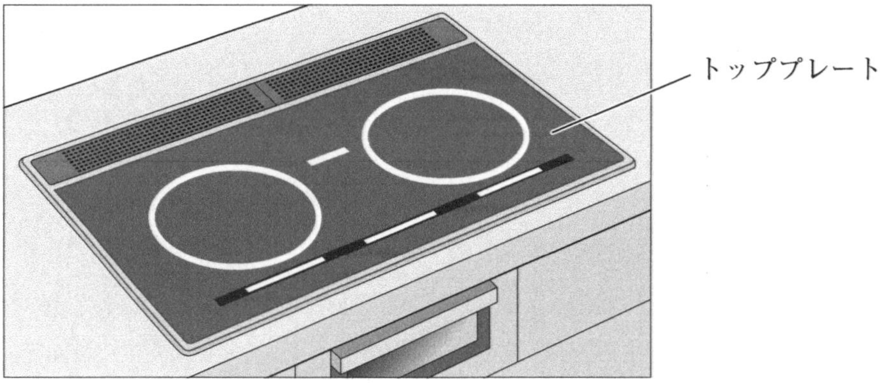

〔なおや〕 火を使わないのにどうして調理できるのか不思議です。

〔あかり〕 ＩＨ調理器具の内部の構造を見てみましょう。（**［資料８］**）

［資料８］ ＩＨ調理器具の内部の構造

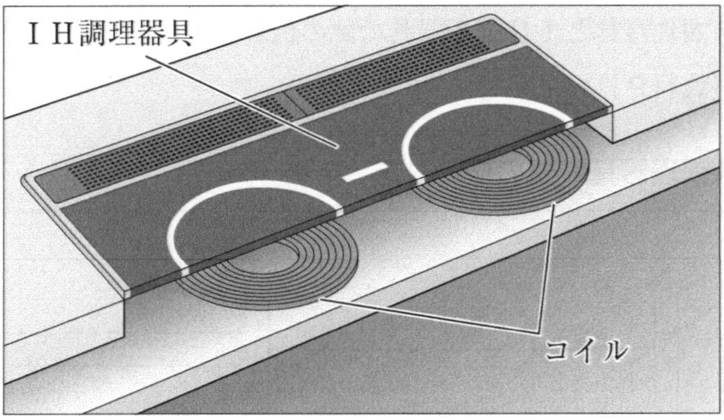

〔ひなの〕 **［資料７］**の平らな面をトッププレートといい、トッププレートの丸で囲まれたところの内部にコイルが入っています。

〔あかり〕 トッププレート内部のコイルに電気を流すとどうなりますか。

〔なおや〕 コイルが電磁石になります。

〔ひなの〕 次にコイルを電磁石として考えると、トッププレートの丸で囲まれたところに金属製のなべやフライパンを乗せるとどのような関係とみなすことができますか。

〔なおや〕 トッププレートの丸で囲まれたところが電磁石で、上に乗っているなべはコイルと同じ素材だから、ＩＣカードと自動改札機の関係に似ています。ＩＣカードのコイルは輪の形でしたが、なべやフライパンの底のように輪の形になっていなくても電気は流れるのですね。

〔ひなの〕 電気が熱のはたらきに変わり、なべやフライパンを熱くするので、調理することができます。

〔なおや〕　ＩＨ調理器具はこのようなしくみで、なべやフライパンを温めているのですね。ところでガス調理器具と比べてＩＨ調理器具の利点はどんなところがありますか。

〔ひなの〕　熱をむだにしないことが挙げられます。

〔あかり〕　ガス調理器具とＩＨ調理器具の熱の伝わり方の図をかき、考えてみましょう。([資料９])

［資料９］ガス調理器具の熱の伝わり方

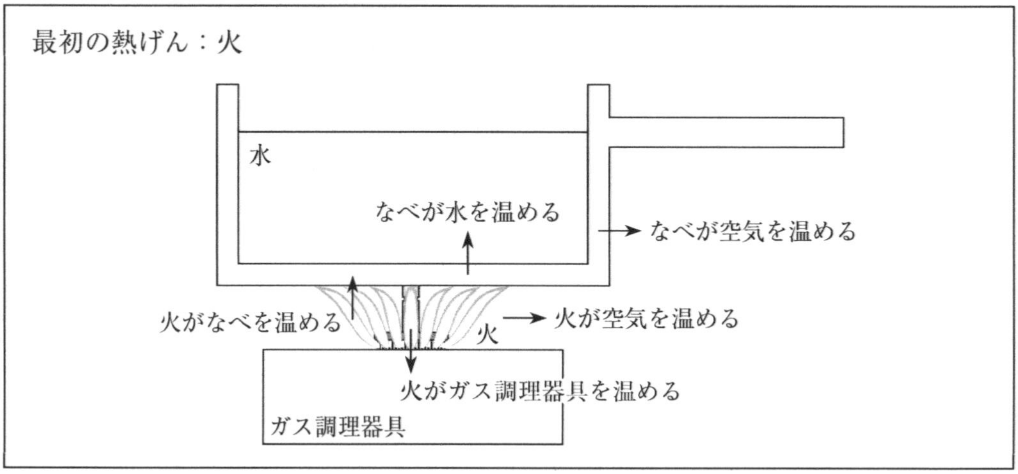

〔ひなの〕　ガス調理器具は火が最初の熱げんとなっていて、なべと空気とガス調理器具を温めます。

〔なおや〕　熱げんとは何ですか。

〔あかり〕　熱は温かい方から冷たい方へ伝わっていきます。周囲に熱を伝える側を熱げんといいます。

〔なおや〕　ガス調理器具の場合は火から熱が伝わっていくので最初の熱げんが火となります。

〔あかり〕　その通りです。

〔なおや〕　ＩＨ調理器具を使用した場合の最初の熱げんは何になりますか。

〔ひなの〕　なべが最初の熱げんとなります。

〔あかり〕　それでは、なべからどのように熱が伝わるかを考えてみましょう。

問3

［**資料9**］を参考にして、熱の伝わり方をあらわす矢印と、なべが何を温めているかをすべてかきなさい。ただし、答え方については次の【条件】のとおりにかくこと。

【条件】

・［**資料4**］の打ち水の場合

　アスファルトから水に熱が伝わるので、矢印の根本がアスファルトの中、矢印の先が水にふれるようにかき、何が何を温めているかを矢印の近くにかくこと。

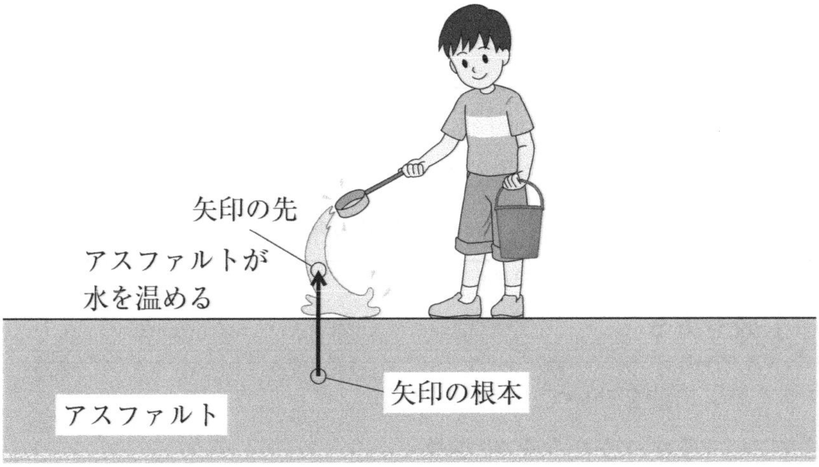

最初の熱げん：なべ

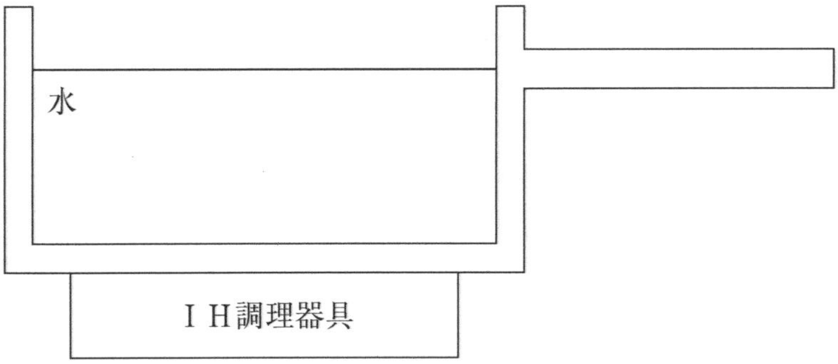

〔ひなの〕　今から牛肉を使ってステーキを焼きます。

〔なおや〕　私はやわらかくて、肉汁《にくじゅう》あふれるジューシーな肉が好きなので、そのように焼きたいです。

〔ひなの〕　長く焼きすぎると肉全体の温度が高くなってしまい、肉内部の水分が外に出てしまうので固い肉になってしまいます。

〔あかり〕　しかし、肉の中心の温度が十分に高くないとおなかをこわしてしまいそうです。

〔なおや〕　どのような焼き方をすれば肉内部の水分が残った状態で肉の中心まで十分に焼くことができますか。

〔ひなの〕　同じ部位、同じ厚さの肉を用意して２種類の方法で実際に調理してみましょう。（**[資料１０]**、**[資料１１]**）

[資料１０]　焼き方A

❶　フライパンに油をひいて、肉をのせる。
❷　弱火にしてまずはかた面を３分焼く。
❸　その後ひっくり返してもう一方の面を３分焼く。

[資料１１]　焼き方B

①　フライパンに油をひいて、肉をのせる。
②　弱火にしてまずはかた面を30秒焼く。
③　その後ひっくり返してもう一方の面を30秒焼く。
④　②と③を１回として、６回くり返す。

〔なおや〕　同じ火加減、同じ時間で焼いたのに差がつきました。（**[資料１２]**）

[資料１２]　焼く前後の重さの変化

	焼き方A	焼き方B
焼く前の肉の重さ（g）	91	121
焼いた後の肉の重さ（g）	84	117

〔あかり〕 これまでの話をまとめて、どちらの焼き方で焼けばやわらかい肉になるのかを考えてみましょう。(**[資料１３]**)

[資料１３] ３人の会話のまとめ

・同じ部位、同じ厚さの肉を、同じ火加減、同じ時間で焼いている。
・肉の中心まで十分に焼く。
・温度を上げすぎると肉汁（肉内部の水分）が肉の外に出てしまい、固い肉になる。

問４

（1） 焼き方Ａと焼き方Ｂのどちらの焼き方がやわらかい肉となりますか。また、あなたがそのように考えた理由を、焼き方Ａで使用した肉と焼き方Ｂで使用した肉の重さがちがうということに気をつけて、解答らんに合わせてかきなさい。

（2） **[資料１２]** の結果を得るためにひっくり返しながらフライパンで合計６分間焼きましたが、ひっくり返すまでの時間によって差が出ました。その理由を「熱」という言葉を用いて、解答らんに合わせてかきなさい。

〔ひなの〕 肉はしっかり焼いて食べましょう。
〔３　人〕 ごちそうさまでした。

令和4年度

適性検査1

千代田区立九段中等教育学校

注意

1 検査開始の指示があるまで問題用紙を開いてはいけません。

2 検査時間は四十五分間で、終わりは午前九時四十五分です。

3 問題は 一 問1 から 問4
　　　 二 問1 から 問3 まであります。

4 問題用紙は1ページから10ページまであります。
検査開始の指示後、すぐにページがそろっているかを確認《かくにん》しなさい。

5 解答用紙は二枚《まい》あります。

6 受検番号をそれぞれの解答用紙の決められた場所に記入しなさい。

7 解答はすべて解答用紙に記入し、解答用紙のみ二枚とも提出しなさい。

一　次の文章を読んで、後の問いに答えなさい。
（＊印のついている言葉には、本文の後に［注］があります。）

鳥専門《せんもん》のペットショップで売られていたタカを買ってもらった中学生の理央《りお》は、そのタカをモコと名付けて育て始めた。理央は、鷹匠《たかじょう》（タカに狩《か》りをさせるために、飼育、訓練をする人）を目指し、モコを高く飛ばしたいと願っているが、うまくいかずに思いなやんでいた。次の文章は、〝女子高生は鷹匠〟と新聞に取り上げられていた平橋《ひらはし》さんを訪《たず》ねた場面である。

「じゃあ、一回目、行きます」
平橋さんがそう言うと、腕《うで》に乗った＊花太郎《はなたろう》は、言葉を理解したように、首を前に数回小さくつきだした。そして、笛の合図とともに飛び立った。花ちゃんが飛ぶのを実際に見るのは二回目だが、今日はさらに攻撃的《こうげきてき》だ。
「気合十分って感じ」
「さっき、首を前につきだしたでしょ。あれは、今から敵《てき》を襲《おそ》うっていうサインなんよ」
「へえ」
その意気ごみどおり、花太郎はカラスに一直線につっこんでいった。
「カーカーカー」
とたんに上空にはカラスの鳴き声がひびきわたった。
「すごっ」
どこからこんなに集まってきたのかと思うほどのカラスの大群が、空をおおう。
「花ちゃん」
理央は心配になった。いくら訓練を受けているといっても、たった一羽でこの大群に勝てるだろうか。
しかし花太郎はさらに高度を上げると、果敢《かかん》にも、もう一度つっこんでいった。ひるむ素振《そぶ》りも迷いも見せない。風をつきやぶる矢のようだ。
カラスはそんな花太郎のまわりで、あっちに行ったりこっちに来たり、あわてふためいた様子だ。さっき平橋さんが言っていた、＊モビングという行動だろうが、理央の目には、ただパニックになっているようにしか見えなかった。
そのうち、花太郎の飛び方が変わってきた。特定のカラスにばかり向かっている。明らかに一羽にねらいをつけたようだ。けれどその後は、あまり深追いもせず電柱に止まった。

花ちゃん、疲《つか》れたんかな。

理央が思ったとたん、花太郎はぱっと飛び立った。相手の不意をつくタイミングだった。そして一気に加速し、猛《もう》スピードでねらいを定めたカラスに襲いかかった。敵を油断させて出《だ》し抜《ぬ》いたのだ。ねらわれたカラスは命からがら逃《に》げていく。

「カーカーカー」

それを見たほかのカラスが、我先《われさき》にと逃げはじめた。あっというまに、上空からカラスはかき消えた。

①「すごい」

理央は肩《かた》で息をついた。花太郎の行動はまさに狩りをする動物の迫力《はくりょく》そのものだった。持ち得《う》る観察力や瞬発力《しゅんぱつりょく》、持久力。その能力のすべてを、獲物《えもの》をとるというただ一点に、集中させ炸裂《さくれつ》させる。大いなるエネルギーの源《みなもと》を見たような気がした。

カラスを追いはらったあとの花太郎は、勝ち取った空を、まるで悠々《ゆうゆう》と散歩でもするように飛んでいた。だれに遠慮《えんりょ》することもなく、空を独《ひと》り占《じ》めにしている。翼《つばさ》を立てて、なめらかにのびやかに飛んでいる。

「帆翔《はんしょう》……」

理央は空をあおいでつぶやいた。

「よく知っとるね」

平橋さんも空を見あげた。

「前にペットショップの店長さんから教わりました。本当にヨットが帆《ほ》を立てて、海にこぎ出してるみたい」

タカはまっすぐに翼を広げたまま、空を飛んでいる。ときどき体を傾《かたむ》けると、翼は天に向かって伸《の》び、まさに帆船《はんせん》のマストみたいに見える。

②まるで大海原《おおうなばら》を進むような、花太郎。体が傾くたびに、すうっと高度があがる。帆が風の力を借りて進むように、翼で風を受けているのだ。

「気持ちよさそう」

途《と》中《ちゅう》までは人と同じ進化を遂《と》げながら、神から空を飛ぶことを許された動物、鳥。

花太郎はゆったりと全身を風にあずけている。あるがままの姿《すがた》だ。見ているこちらまでも、ゆったりとした気分になる。あれにくらべればモコの飛翔など、磯遊《いそあそ》びみたいなものだ。

モコのことを思い出し、ついふきだしそうになっていると、平橋さんは言った。

「すごく楽々と飛んでいるように見えるでしょう。でも、あれ、意外に細かい技術が必要なんよ」

「細かい技術？」

「尾羽《おばね》をよく見てみて。少しずつ左右に傾けて、微妙《びみょう》なバランスをとっとるのがわかるよ」
「えっ、そうなんですか」
理央は、すべるように風に乗る花太郎の尾羽に目を凝《こ》らしてみた。
「あ、ほんとう」
確かに両翼《りょうよく》は広げたままだが、尾羽のほうは、かじを切るように左右に傾けている。
「軽くやってのけているように見えても、その裏《うら》には、繊細《せんさい》な技術が必要なんよね」
平橋さんの言葉は、すかんと開いた空にしんなりとしみこんでいくようだった。
しばらくして平橋さんは笛を吹《ふ》き、花太郎を戻《もど》した。
「おつかれさま」
*ヒヨコをついばむ花太郎に、ねぎらいの言葉をかける。
花太郎の行動をモコはどう見ていたのだろうか。花太郎が飛んでいるあいだ、理央の腕に止まっていたモコは、上空の雄姿《ゆうし》にさして関心は持っていないようだった。
「モコちゃんもやってみる？」
「……はい」
とまどいながらもモコを見る。
飛んでくれるだろうか。
理央は、風に向かって立った。
「モコ、行くよ」
笛をくわえる。
がんばれ、モコ。
モコに念を送って、笛を吹く。
「ピッ」
モコは飛び立った。
行けっ、モコ。
理央は両手をにぎりしめる。けれどやはりモコの体は思うようにはあがらなかった。低いところを小さくひとまわりして、近くにあった倉庫の屋根に止まってしまった。
「モコ、がんばれ」
理央は声をはりあげたが、もう役目は終えたとばかりにじっと羽を閉《と》じている。しかたなく理央は笛を吹いて、腕に戻した。
「じつはモコ、このごろあんまり飛ばないんです」
戻ってきたモコを見ながら、理央はため息をつく。
「どのくらいの頻度《ひんど》で飛ばしとるの？」
「週に二回」

答えると、平橋さんは少し首をかしげた。

「タカによってちがうかもしれんけど、それはちょっときついかもしれんねえ」

「でも、モコは訓練が遅《おく》れたし、がんばらんといけんから」

「気持ちはわかるけど」

平橋さんは、前置きをしてこう言った。

「理央ちゃん、少しあせっとるかもしれんね」

*康太《こうた》にも同じことを言われたばかりで理央は苦笑いをした。

「鷹匠の条件って知っとる？」

「いいえ」

「愛、知、威《い》。前に読んだ本に書いてあったよ」

平橋さんは地面に漢字を書いて示した。

「タカを愛し、よく知り、威厳《いげん》を持って接する。それが、大自然の理に溶《と》けこんでいくことだって」

「大自然の理に溶けこむ？」

「うん。かんたんに言ったら、自然の声をよくきくってことかな。自然は自分の思うようにはならんでしょ。おしつけたって無理。それどころかすごく敏感《びんかん》だから、こちらのあせりやいらだちを感じて反発する。そうすると関係がこじれることがあるよ」

「……はい」

このところの訓練のやりづらさに、*舞子《まいこ》とのやりとりが重なって思い出されて、理央はくちびるをかんだ。

「飼い主は、動物の本能を尊重《そんちょう》する覚悟《かくご》を持ったほうがいいよ。コントロールする技術はそのあといくらでもつくから、③まずは広い心を持つこと」

「広い心……」

ひりりと痛《いた》むような言葉だった。

実際、なかなか思うように飛ばないモコがくやしかった。何度か見せてもらった花ちゃんとは大ちがいなのはまだしも、カラスやハトにも負けている。タカなのにとじりじりした。だから、一生懸命《いっしょうけんめい》に訓練した。

けれど自分が躍起《やっき》になればなるほど、モコの能力は後退《こうたい》していく。どうしていいのか、わからなくなっていた。モコにはモコのペースがあったのに、自分の気持ちしかわからなくなっていた。

モコ、ごめんね。

理央は腕のモコに心のなかであやまった。ちょこんと腕に乗っているモコが、かわいらしくて、鼻の奥《おく》がつんと痛くなった。

（まはら三桃《みと》『鷹《たか》のように帆《ほ》をあげて』問題のため一部改編）

［注］

＊花太郎…平橋さんが飼っているタカの名前。

＊モビング…急降下《こうか》したり、不規則に飛んだりして、外敵をおどしつけるようにする飛び方。

＊ヒヨコ…タカのえさとして与《あた》えている。

＊康太…理央のおさななじみ。

＊舞子とのやりとり…同級生の舞子と、モコとの接し方について口を出されて気まずくなったこと。

問1 ①「すごい」とありますが、「すごい」と理央が言った理由を説明した次の一文の［　　］にあてはまる最も適切な言葉を本文から十字以上十五字以内で抜き出して、解答らんに合うように書きなさい。

花太郎のカラスを追う様子から、［　　］を見出したから。

問2 ②まるで大海原《おおうなばら》を進むような、花太郎 とありますが、花太郎の飛翔は「大海原を進むような」とたとえられています。同じように、モコの飛翔はどのようにたとえられていますか。本文から五字以上八字以内で抜き出して書きなさい。

問3 ③まずは広い心を持つこと とありますが、平橋さんは、モコに対してどのように接することがよいと考えていますか。解答らんに合うように書きなさい。

問4 少しあせっとるかもしれんね とありますが、これまでにあなたが、あせる気持ちをおさえて着実に物事を進めた体験は何ですか。あなた自身の体験を次の条件にしたがって具体的に書きなさい。

条件1 書き出しは一ますめから書き始めなさい。

条件2 文章は、六十字以上七十字以内で書きなさい。
、や。や「 なども一字と数えます。

二　次の文章を読んで、後の問いに答えなさい。
（＊印のついている言葉には、本文の後に［注］があります。）

人間にとってもっとも大切な自由とは何でしょうか。私《わたし》は、それは働くことの自由だと考えています。なぜなら人間が生きていく意味は、自分や自分の仲間たちと一緒《いっしょ》に、何らかの作品をつくりだしていくことのなかにあるからです。人はその一生をとおして、さまざまな物を生みだし、仲間と一緒に社会という作品をつくっていくのです。自分のつくりだした作品をみながら、生きてきたことの意味を発見する、それが人間のもっとも重要な営みなのだと思います。そうしてこの作品をつくりだすための努力、それが働くということなのです。

私は山女《やまめ》や岩魚《いわな》を釣《つ》るために、ときどき山里を旅行することがあります。＊うっそうと茂《しげ》った森のなかを、よく一人で歩きます。山の動物たちもそうですが、何百年もの年輪を経た大木に出合うと、私はいつでも友人と話をしているような気がするのです。

ある村に住むおじいさんは、昔から山の木を育てていました。そのおじいさんは言います。樹齢《じゅれい》五十年で切った木でつくった家は五十年しかもたない。百年の木を使えば百年もつし、二百年の木なら二百年もつ家をつくることができる。だから本当によい家をつくるためには、何百年もの間、山の木を育てなければいけない。

そのおじいさんはそう言いながら、山に木を植え、下枝や下草を刈《か》り、毎日山を歩いて木の生長をながめているのです。それがこのおじいさんの一生をかけた労働でした。その労働をとおして、おじいさんはいろいろなことを教わってきました。自然のもつ力や美しさや、動物たちの世界や生物の一員である人間の役割《やくわり》や。

①このおじいさんが植えた木は、彼《かれ》が生きている間に切られることはないのです。彼は樹齢三百年ぐらいの大木を育てようとしているからです。自分が死んだ後で森という作品が残っていく、彼はそこに自分の労働の＊ロマンをみているのです。

労働とは、そんなふうに自分の作品をつくり、またそのことによって自分もいろいろなことを教えられていく過程なのでしょう。労働とは人間であることの証明なのです。もし働くことの自由がなければ、私たちには作品をつくりだす自由も、人間として生きたことを証明する自由もなくなってしまうでしょう。

だが現代とは、この働くことの自由が次第《しだい》に失われていく時代なのではないかと思います。ですから、これから私は、*哲学《てつがく》の立場から労働について考えていきたいと思います。

いまでは日本の大多数の人々は平野に住んでいるので、昔からそうだったのではないかという気がするのですが、どうやら昔の人々はむしろ山地のほうに住んでいたらしいのです。

それによると、稲作《いなさく》が入ってくる前の日本人たちは、たいてい、山のふもとのあたりに住んでいて、木の実を拾ったり、場所によってはヤマイモのような根菜類やアワ、ヒエなどの雑穀《ざっこく》類《るい》を栽培《さいばい》したりしながら暮《く》らしていたらしいのです。その頃《ころ》の日本の平地には、ツバキやシイのように冬でも葉を落とさない照葉樹の大木がうっそうと茂っていて、地面は光が当たらずジメジメしていてヒルなどの多い、まるで密林《みつりん》のようで、全く人間の生活には適さないところだったらしいのです。

だから人間は、ナラやブナのような落葉樹の多い山のふもとに多く住んでいました。そのうち稲作が伝わってきて水田をつくるようになると、人々は照葉樹林を切《き》り倒《たお》して少しずつ下りながら平地へと進出してきたのです。水田もはじめは山の清水を利用して溜池《ためいけ》をつくりながら、比較的《ひかくてき》高地につくっていたようです。奈良地方が昔の日本の中心だったのは、ああいう盆地《ぼんち》のほうが当時の稲作には適していたからでしょう。

ところで、昔はどこにでもあったはずの照葉樹林も、いまでは神社の裏山《うらやま》などにほんの少し残るだけになってしまいました。平野は完全に切《き》り拓《ひら》かれ、都市と農村が広がっています。とするといまの日本の景色は、人間によってつくり変えられた景色だということになります。

この自然の大規模《だいきぼ》な改造、それは人間の労働の蓄積《ちくせき》によってもたらされたことに、私たちは容易に気付くでしょう。田畑をつくり木を切り倒し、道をつけ家を建てていったさまざまな労働、それらが日本の景色をすっかり変えてしまったのです。

人間の労働についての第一の定義*、それは〈労働とは自然を加工することだ〉と私は考えています。つまり自然を加工して人間の作品に変えていくことです。

たとえば鉄鉱石は自然のものです。人間は労働によって鉄鉱石を加工し、鉄を生み出します。原油からガソリンや重油をつくりだし、さらにプラスチックや化学繊維《せんい》を生み出します。労働の第一の定義とは、そうやって次々に自然を加工していくことなのです。だからこの二千年ぐらいの間に、日本の人々は労働を積み重ねながら自然を加工しつづけ、ついに日本の景色までをすっかりつくり変えてしまったのです。

歴史とは労働を基礎《きそ》にしてつくられてきたと考えてもよいで

しょう。人間は労働によって自然を加工し、作品をつくりだし、そうやって歴史に参加してきたのです。とすると労働こそ、人間の最大の喜びであり楽しみでなければならないはずなのです。

　しかし現在の人間の労働は、そんなに楽しいものでも喜びでもなくなってしまいました。どうしてそうなってしまったのかを考えるためにも、私たちはもう少し、哲学にとって労働とは何かについて考えていくことにしましょう。

　労働についての第一の定義、それは自然を加工することでした。しかしそれだけで労働の定義は終わるわけではありません。

　たとえば河原には無数の石が落ちているでしょう。しかし、もし石に興味をもっていなければ、そこに石があることさえ気付かずに、私たちは歩いていってしまうかもしれません。

　だが、いま何らかの労働に使う目的をもって、それにそった石を探《さが》していたとしましょう。木の実をつぶすための石、穴《あな》を掘《ほ》るための石、そういうふうに目的をもって石を探せば、私たちは石の性質の違《ちが》いを考えるようになるでしょう。仮に適した石がなければ、今度は自分で石を割ったり磨《みが》いたりしながら、石を加工しはじめるかもしれません。そうすると石の加工方法も工夫《くふう》するようになるでしょう。そういうことを繰《く》り返《かえ》しながら、私たちはきっと、石とは何かということを知っていくのです。

　労働についての第一の定義は自然を加工することでした。だが、ここで、第二の定義が必要になったようです。それは〈労働によって人間は自然の性質や本質を認識《にんしき》していく〉ということです。つまり労働によって、人間は自然を加工し、逆に自然は人間に自然の性質を教えていくのです。自然を加工することを哲学では〝自然を人間化する〟といいますが、そのとき②〝人間の自然化〟も一緒に進行していくのです。

　人間は労働によっていままで知らなかったことを発見し、自分の意識や能力を高めていくのです。ですから労働をするようになったとき、ほかの動物とは違う人間が誕生《たんじょう》し、そのときの労働の歴史が人間を変えつづけてきたといってもよい、と私は思います。

　私はしばしば釣りに出かけては、山村に滞在《たいざい》しています。ところが山奥《やまおく》の村に行ってそこに住む人たちと話をしてみると、彼らが実に多くの知識をもっていることに驚《おどろ》かされるのです。はじめはそのことが不思議でなりませんでしたが、しばらくすると理由がわかってきました。

　彼らは実に多くの労働をしていたのです。木を育て木を切り倒し、田畑を耕し、昔は魚も釣れば猟《りょう》もしていました。それだけではなく、必要なときは都市に働きに行き、また村の祭りを主催《しゅさい》したり、子供《こども》たちのために学校をつくったりするのも、村では立派《りっぱ》な労働でした。
会社に勤《つと》めることが唯一《ゆいいつ》の労働になっている都市に住む私たちは、次第に会社のなかのことしかわからなくなってしまいやすいのです。なぜなら〈労働〉によって知ることができるのは、そのことだけだからです。
ところが、山村の人たちは昔からいろいろな労働をしながら生きてきました。そうしてそのことが、彼らの豊富な知識をつくりだしていったのです。
現在では、収入《しゅうにゅう》を得るために働くことが労働だというような社会になってしまいましたが、人間の労働とは本当は、もっと深くて広いものなのです。いま私はできるだけ深くて広い労働のなかに身を置いて生きていきたいと思っています。なぜなら労働とは自分をつくることでもあり、自然を知ることでもあるからです。

（内山節《うちやまたかし》『内山節著作集《うちやまたかしちょさくしゅう》4　哲学《てつがく》の冒険《ぼうけん》』問題のため一部改編）

[注]

＊うっそう…光が通らないほど樹木が生《お》い茂っている様子のこと。

＊ロマン…ここでは、強いあこがれ、のこと。

＊哲学…世界・人生・事物のあり方や根本原理を理性によって探求《たんきゅう》する学問のこと。

＊定義…言葉の意味を正確に限定すること。

問1　①このおじいさんが植えた木は、彼《かれ》が生きている間に切られることはないのです　とありますが、おじいさんは、なぜ木を育てているのですか。おじいさん自身が考える木を育て続ける理由を考え解答らんに合うように書きなさい。

問2　②〝人間の自然化〟　とありますが、それはどのようなことですか。本文中の言葉を五字以上八字以内で抜《ぬ》き出《だ》して、解答らんに合うように書きなさい。

問3 筆者は都市に住む人々と山村に住む人々の違いを述べています。始めに、このことについて要約し、次に、それをふまえてあなたはどのような「労働」がしたいか、を書きなさい。その際、次の条件にしたがいなさい。

条件1 段落《だんらく》構成については、次の①から②にしたがうこと。

① 第一段落には、都市の人々の「労働」について、山村の人々の「労働」と比較《ひかく》しながら要約しなさい。

② 第二段落には、第一段落をふまえ、あなたはどのような「労働」をしたいか、具体的な「労働」の内容を、理由もふくめて書きなさい。

条件2 その他については、次の①から③の条件にしたがうこと。

① 解答は原稿《げんこう》用紙の正しい使い方で書き、書き出しは一ます空けて書き始めなさい。

② また、言葉を正しく使い、文章は二百八十字以上三百四十字以内で書きなさい。

③ 、や。や「 なども一字と数え、改行などで空いたますも字数に数えます。

適性検査2

注　　意

1　検査開始の指示があるまで問題用紙を開いてはいけません。

2　検査時間は45分間で、終わりは午前11時10分です。

3　問題は　1　問1　から　問3
　　　　　2　問1　から　問4
　　　　　3　問1　から　問4　まであります。

4　問題用紙は1ページから23ページまであります。検査開始の指示後、すぐにページがそろっているかを確認《かくにん》しなさい。

5　解答用紙は2枚《まい》あります。

6　受検番号をそれぞれの解答用紙の決められた場所に記入しなさい。

7　解答はすべて解答用紙に記入し、解答用紙のみ2枚とも提出しなさい。

このページには問題が印刷されていません。

このページには問題が印刷されていません。

問題は次のページからです。

1 教室でみらいさんとビリーさんが会話をしています。

〔みらい〕 先日の授業で、「多文化共生社会」について学習しました。

〔ビリー〕 私《わたし》は、特に言語のちがいに興味をもち、関連する資料を探《さが》しました。これはスイスで使われている紙へいです。表と裏《うら》に、合わせて4つの言語が表記されています。（**[資料1]**）

[資料1] スイスの紙へい

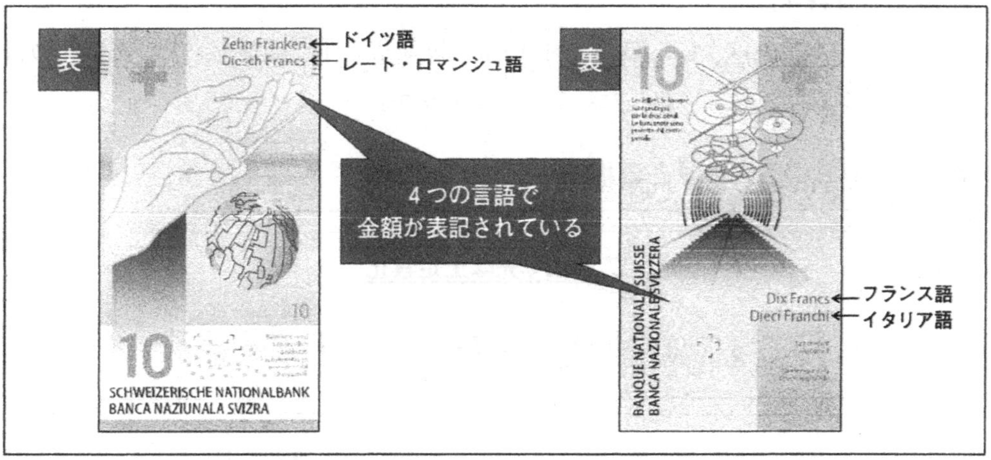

〔みらい〕 なぜ1枚《まい》の紙へいに複数の言語が表記されているのでしょうか。

〔ビリー〕 次の資料が参考になります。（**[資料2]**、**[資料3]**）

[資料2] スイス連邦憲法《れんぽうけんぽう》（日本語訳抜粋《やくばっすい》）

> 第70条　言語
>
> 1 （スイス）連邦の＊公用語は、ドイツ語、フランス語及《およ》びイタリア語である。レート・ロマンシュ語の使用者との関係においては、レート・ロマンシュ語も公用語である。
>
> ＊公用語：国が発行する文書や公《おおやけ》の場面で使用される言語。

（国立国会図書館調査及び立法考査局『各国憲法集(6)スイス憲法』より作成）

［資料３］

資料は著作権の都合により掲載できません。

〔みらい〕　日本の観光地でも、複数の言語で表記された看板《かんばん》を見たことがあります。（［資料４］）

日本語のほかに、英語、中国《ちゅうごく》語、韓国《かんこく》語で「土足禁止」という意味の言葉が表記されていました。なぜでしょうか。

［資料４］　みらいさんが見た看板①

これより先は土足禁止

Please Remove Shoes　严禁穿鞋入内　신발 착용 금지

〔ビリー〕　次の資料から考えてみましょう。（［資料５］、［資料６］）

［資料５］　日本を訪《おとず》れた外国人旅行者数の変化

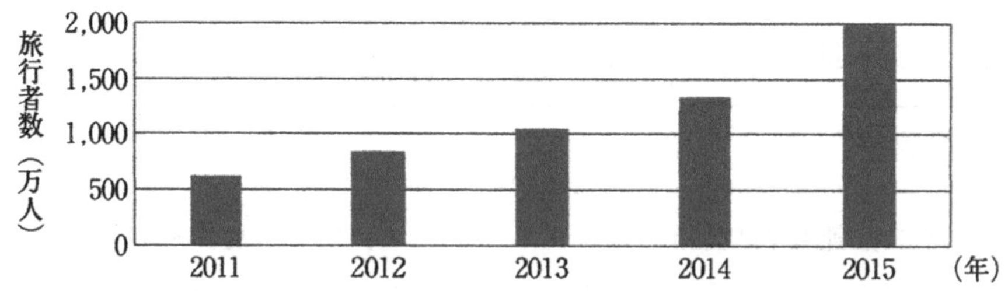

（観光庁《かんこうちょう》ホームページより作成）

[資料6] 日本を訪れた外国人旅行者数・出身の国や地域とその公用語（2015年、上位10の国や地域）

順位	出身の国や地域	旅行者数（人）	公用語
全体		19,737,409	−
1	中国	4,993,689	中国語
2	韓国	4,002,095	韓国語
3	台湾《たいわん》	3,677,075	中国語など
4	香港《ほんこん》	1,524,292	中国語・英語など
5	アメリカ合衆国《がっしゅうこく》	1,033,258	*英語など
6	タイ	796,731	タイ語
7	オーストラリア	376,075	英語
8	シンガポール	308,783	英語・中国語・マレー語・タミール語
9	マレーシア	305,447	マレー語・中国語・タミール語・英語
10	フィリピン	268,361	フィリピノ語・英語

（日本政府観光局（ＪＮＴＯ）統計・外務省ホームページより作成）

*アメリカ合衆国において公用語は定められていないが、国が発行する文書は主として英語が使用されている。

問1

次の文章は、みらいさんとビリーさんが［資料2］、［資料3］、［資料5］、［資料6］をふまえて、スイスと日本で複数の言語が表記される理由についてまとめたものです。

スイス国内に住む人は（　ア　）によって話す言語が異《こと》なります。また、複数の（　イ　）が決められているため、紙へいにも4つの言語が表記されています。

日本では外国人旅行者が年々増加しており、少なくとも50%以上が（　ウ　）を公用語とする国や地域からきています。そのため、英語以外も表記されています。

以上のことからスイスでは主に国内に住む人々に向けて、日本の観光地では主に日本を訪れる外国人に向けて、複数の言語が表記されていると考えられます。

（　ア　）、（　イ　）にあてはまる言葉を答えなさい。また、（　ウ　）にあてはまる言語名を1つ答えなさい。

〔みらい〕　このような看板も見たことがあります。二通《ふたとお》りの日本語で表記されていたので不思議に思いました。（**[資料7]**）

[資料7]　みらいさんが見た看板②

> **<u>土足禁止</u>**
>
> ここで　くつを　ぬいでください

〔ビリー〕　これは「やさしい日本語」を用いて書かれた看板ですね。（**[資料8]**）

[資料8]「やさしい日本語」とは

> 日本語が*母語ではない外国人などに情報を正確に伝えるために、表現を工夫《くふう》したり相手に配りょしたりしたわかりやすい日本語のこと。
>
> *母語：生まれたばかりの子どもが、家族や地域で話していることを聞きながら自然に話せるようになる言語。

（出入国在留管理庁・文化庁『在留支援《しえん》のためのやさしい日本語ガイドライン』より作成）

〔みらい〕　どのような工夫や配りょがあるのですか。

〔ビリー〕　「やさしい日本語」を用いた書き言葉の例を見てみましょう。（**[資料9]**）

[資料9]「やさしい日本語」を用いた書き言葉の例

もとの書き言葉		「やさしい日本語」を用いた書き言葉
土曜日は、<u>校外試合に行きます</u>。	→	**土曜日は、<u>○○運動場へ試合に行きます</u>。**
この商品は、<u>セール対象外です</u>。	→	**この商品は、<u>安くなりません</u>。**

（愛知県《あいちけん》地域振興《しんこう》部国際課多文化共生推進《すいしん》室『「やさしい日本語」の手引き』より作成）

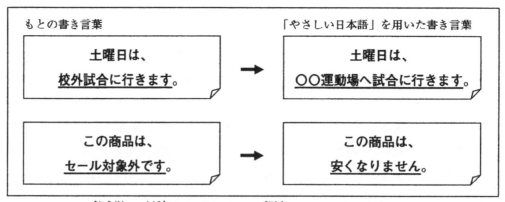

〔みらい〕 **[資料9]** の下線部を見ると、読み手となる外国人に理解してもらいやすいように、「校外試合」や「セール対象外」という言葉をくわしく説明することで、わかりやすい表現に置きかえられていますね。

〔ビリー〕 「やさしい日本語」は話し言葉でも用いることができます。(**[資料１０]**)

[資料１０]「やさしい日本語」を用いた話し言葉の例

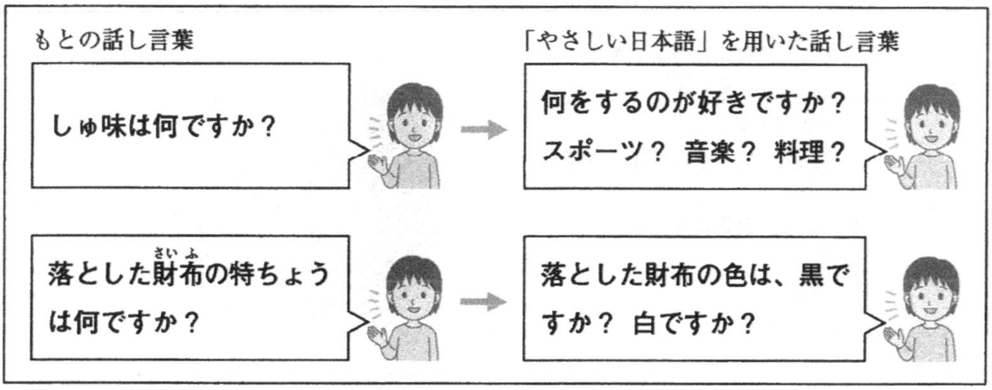

(愛知県地域振興部国際課多文化共生推進室『「やさしい日本語」の手引き』より作成)

問２

日本語が母語ではない外国人などに情報を正確に理解してもらうために、**[資料１０]** の「やさしい日本語」を用いた表現には、どのような工夫があるか説明しなさい。

〔みらい〕「やさしい日本語」を知ることで、コミュニケーションのはばが広がった気がします。

〔ビリー〕 では、日本に住む外国人は、どのように日本人とコミュニケーションをとりたいと望んでいるのでしょうか。この資料を見てください。
（**[資料１１]**、**[資料１２]**）

[資料１１] 日本に住む外国人が日本語で会話できる程度（2017 年調査）

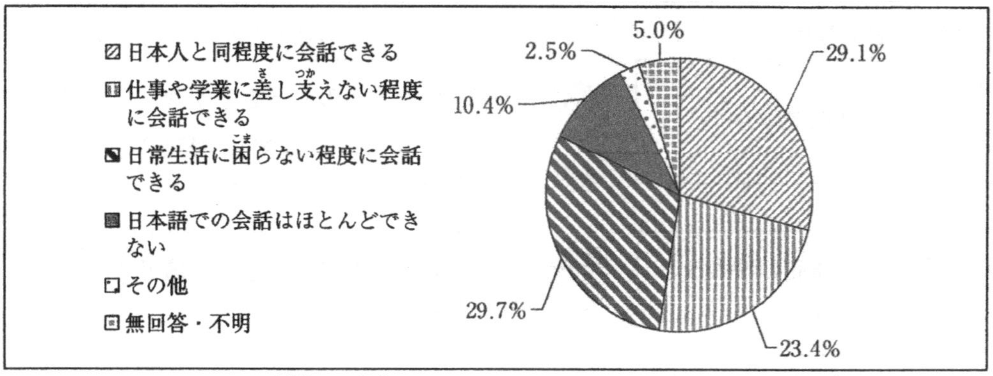

（公益財団法人人権《じんけん》教育啓発《けいはつ》推進センター『外国人住民調査報告書－訂正版《ていせいばん》－』より作成）

[資料１２] 日本に住む外国人が希望する情報発信言語（2018 年調査）

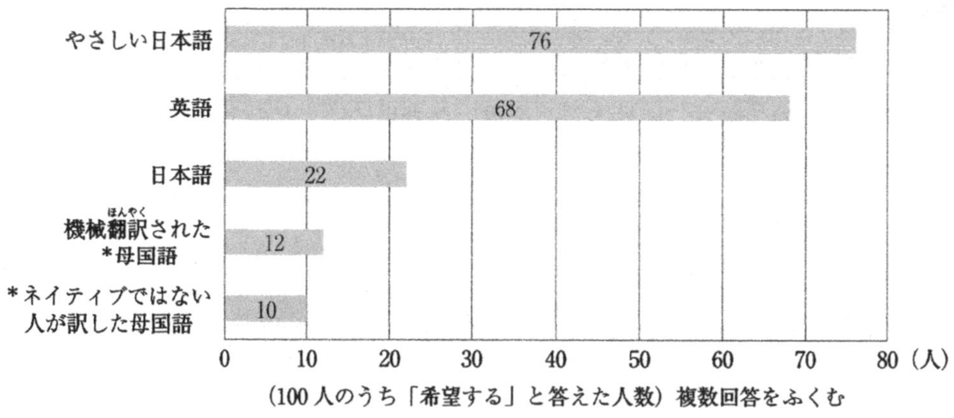

＊母国語：生まれた国の言語。

＊ネイティブ：その言語を母語とする人。

（東京都国際交流委員会『東京都在住外国人向け情報伝達に関するヒアリング調査報告書』より作成）

問 3

日本に住む外国人と日本人とのコミュニケーションについて、あなたが気づいたことを答えなさい。ただし、**[資料１１]**、**[資料１２]** の何に着目したか、それぞれ具体的にふれること。

このページには問題が印刷されていません。

このページには問題が印刷されていません。

2 かえでさんとはるきさんは、一緒《いっしょ》に遊んでいます。

〔はるき〕 ダーツで遊びましょう。矢を的《まと》に投げて、得点をきそう遊びです。
（**[資料１]**）

[資料１] ダーツの遊び方

矢

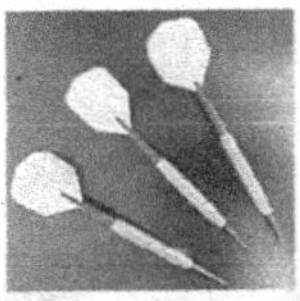

決められた場所から、矢を的に投げて、得点をきそう遊び。
矢の先端《せんたん》がとがっていて、的にささるようになっている。

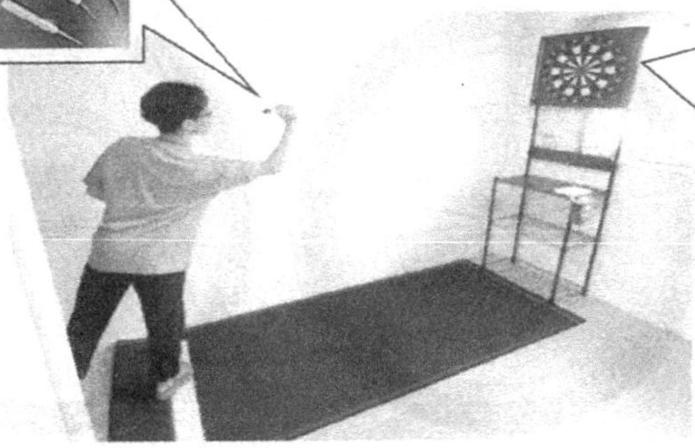

的

〔かえで〕 手元には矢が３本ありますが、３本とも投げるのですか。
〔はるき〕 ３本の矢を１本ずつ順番に投げます。この３投を「１ラウンド」と言います。
〔かえで〕 さっそく投げてみます。えい。えい。えい。
〔はるき〕 第１ラウンドの得点を計算してみましょう。（**[資料２]**）

[資料２] 得点計算の方法①

【得点計算の基本①】
矢の先端がささった場所の外側に
書いてある点数がもらえる。
真ん中は50点である。

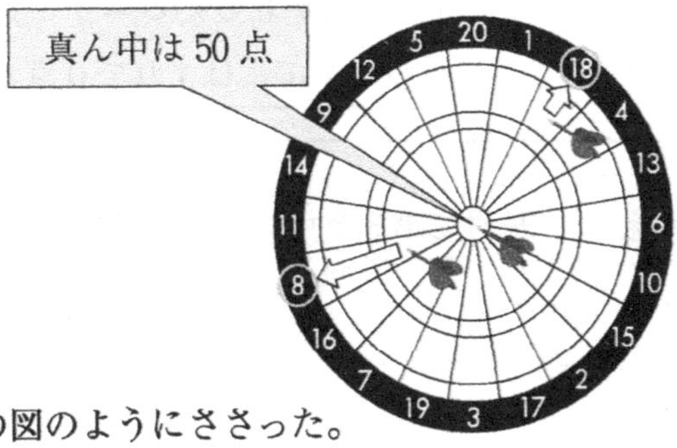

【かえでさんの第１ラウンドの得点】
かえでさんが投げた３本の矢は、右の図のようにささった。
外側の数字は８、18であり、真ん中は50なので、
第１ラウンドでもらった得点は次のようになる。

$8 + 18 + 50 = 76$（点）

〔かえで〕 続けて投げてみます。えい。えい。えい。

〔はるき〕 第2ラウンドの得点を計算してみましょう。（**[資料3]**）

[資料3] 得点計算の方法②

【得点計算の基本②】

「点数がもらえるエリア」にささらなかった場合、はずれで0点。

「　　　　のエリア」にささった場合、得点は2倍になる。

「　　　　のエリア」にささった場合、得点は3倍になる。

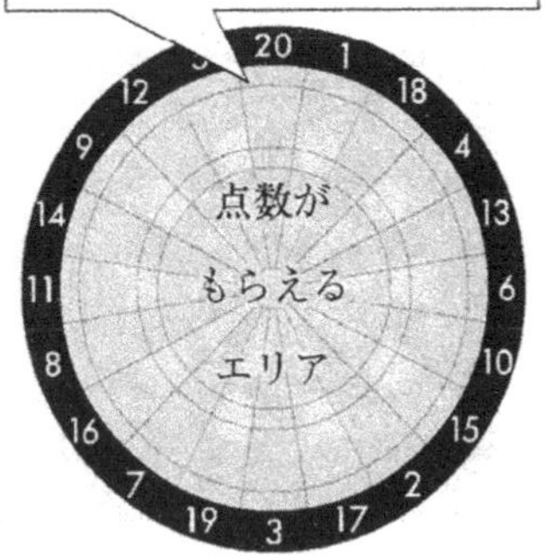

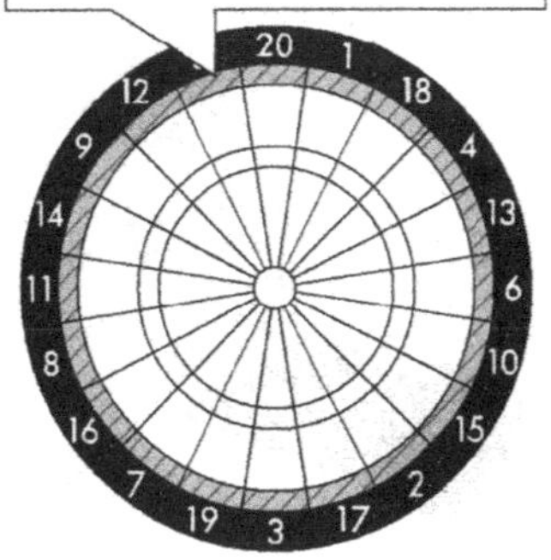

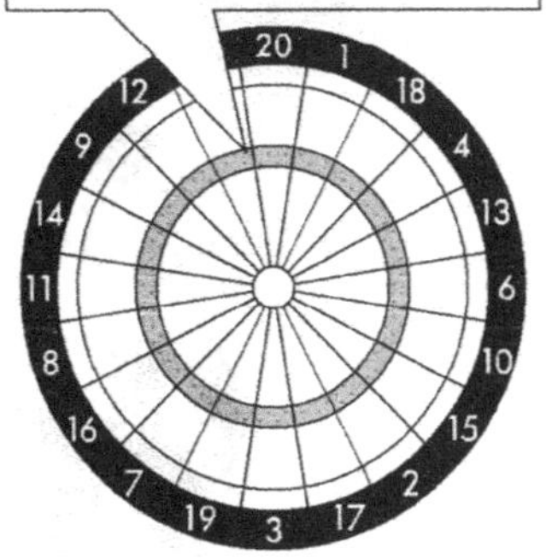

【かえでさんの第2ラウンドの得点】

かえでさんが投げた3本の矢は、右の図のようにささった。

第2ラウンドでもらった得点は次のようになる。

$0 + 9 \times 2 + 4 \times 3 = 30$（点）

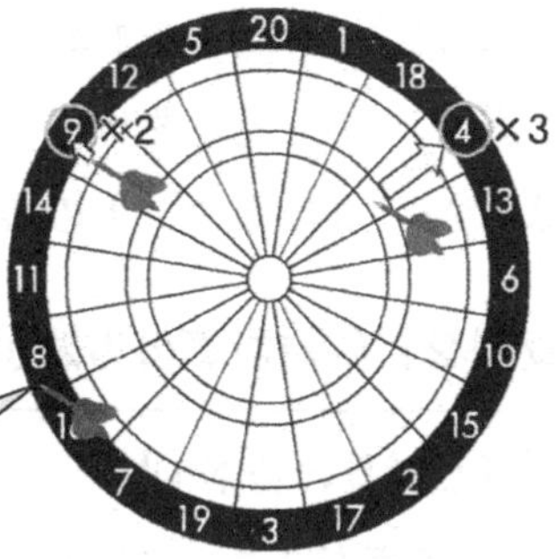

「点数がもらえるエリア」ではないので、はずれで0点。

〔かえで〕 続けて第3ラウンドを投げてみます。今度こそ高得点をねらいます。

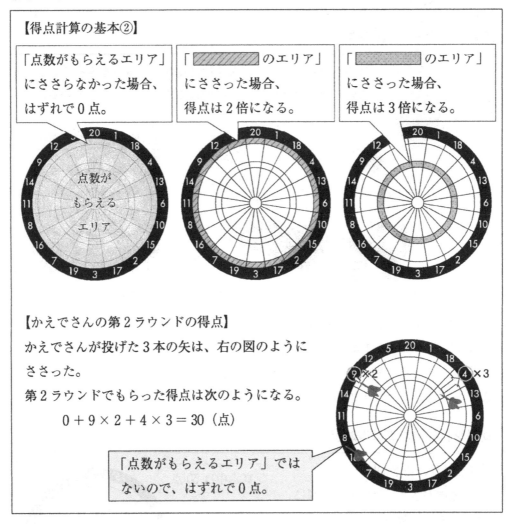

問 1

1ラウンドの中でとれる最高得点は何点ですか。［**資料2**］、［**資料3**］をふまえて、得点を答えなさい。

問 2

かえでさんの第3ラウンドの得点は145点でした。このラウンドでかえでさんが投げた矢がささった場所は、3本とも異《こと》なる得点でした。このラウンドで矢がどのようにささったかを解答らんの図にかきこみなさい。矢は、解答のかき方のようにかきこみなさい。

解答のかき方

ささった場所には●をかきこむこと。

線の上に●をかきこまないように注意すること。

右の図は4×3点にささった場合である。

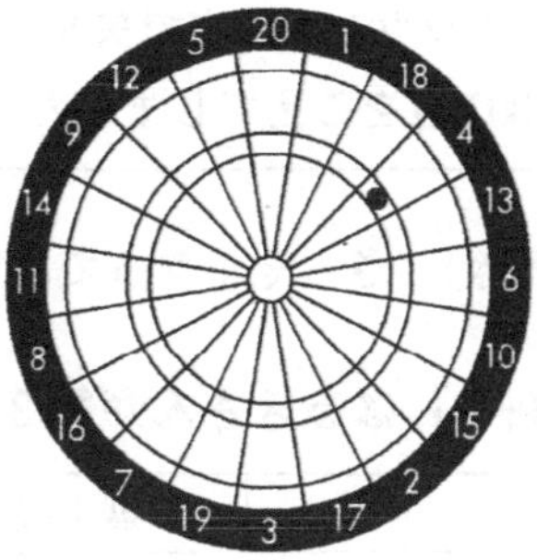

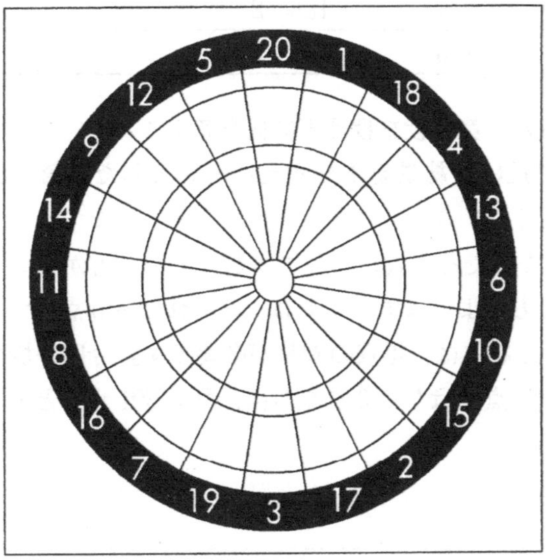

〔かえで〕 ねらったところに投げるのは難しいけど、それでも高得点がもらえる可能性があるからダーツは楽しいですね。

〔はるき〕 どんな人でも楽しめるから、ダーツはだれでもちょう戦できる競技としても注目されています。プロとして活やくしている人もいます。ためしに競技と似たルールを追加して遊んでみましょう。(**[資料4]**)

[資料4] 追加ルール

これまでのルール(**[資料2]**、**[資料3]**)に、次のルールを加える。

・合計得点が301点ちょうどになることを目指す。この時、301点になるために投げた矢の本数やラウンド数は、少ない方を勝ちとする。

・301点ちょうどになるまでラウンドをくり返し、得点は合計していく。

・ラウンドの途《と》中《ちゅう》で301点になってもよい。
(1ラウンドの中で矢を3投するが、第1投や第2投で301点になってもよい。)

・301点をこえてしまったら、前のラウンドまでの合計得点からやり直しになる。

〔はるき〕 さっそくやってみましょう。(**[資料5]**)

[資料5] はるきさんが第3ラウンドの第2投まで投げた結果

	第1投	第2投	第3投	301点までの残り
第1ラウンド	15	50	6	230
第2ラウンド	20	15 × 2	1	179
第3ラウンド	20 × 3	20 × 3		

〔かえで〕 はるきさん、第3投を投げずに何を考えこんでいるのですか。

〔はるき〕 ここまで投げた結果をふりかえっていました。第2ラウンドの第3投は1点になるくらいなら、はずれた方がよかったです。

〔かえで〕 301点になるために投げる矢の本数は少ない方がよいのだから、1点でも多くとった方がよいはずですよね。はずれたら0点ですよ。

〔はるき〕 301点をとるには、得点の調整が必要です。今回の場合は、第2ラウンドの第3投が1点ではなく0点ならば、早く301点をとることができたかもしれません。

問3

はるきさんが「第2ラウンドの第3投が1点ではなく0点ならば、早く301点をとることができたかもしれません。」といった理由として考えられることを、**[資料4]**、**[資料5]** をふまえて答えなさい。

このページには問題が印刷されていません。

〔かえで〕 決められた場所から投げると、的が遠く感じて難しいです。

〔はるき〕 的の高さや投げるときの立ち位置なども、競技用の距離《きょり》のルールで決められています。([**資料6**])

[資料6] 競技用の距離のルール

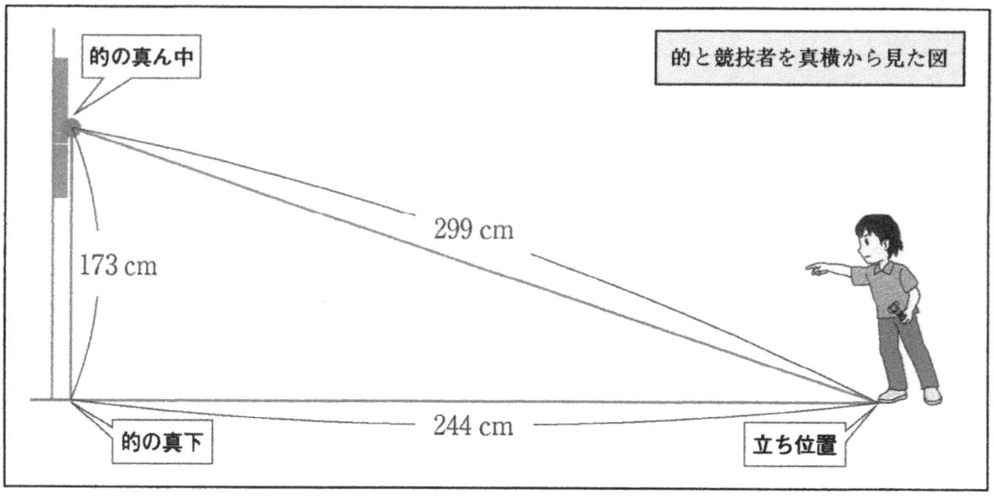

〔かえで〕 私《わたし》たちの体格でも投げやすい場所を考えてみましょう。もう少し近くで投げてみたらどうでしょう。

〔はるき〕 距離だけが近くなったら、的までの角度が上向き過ぎてかえって投げにくいかもしれません。([**資料7**])

[資料7] 的までの距離を近くした場合

〔かえで〕 的の高さも少し下げて、投げる角度が変わらないようにしたいです。

〔はるき〕 競技用の距離のルールの、立ち位置、的の真ん中、的の真下を結ぶと、三角形ができます。この三角形そのものを縮小《しゅくしょう》してみたらどうでしょう。（［資料8］）

［資料8］ はるきさんの考え

競技用の距離のルールの、立ち位置、的の真ん中、的の真下を結び、三角形を作る。この三角形自体を小さくするように、立ち位置と的の高さを変える。

〔かえで〕 これなら投げるときの角度は変わりませんね。しかし、的はかべに固定されてしまっているから、的の高さを下げることは難しいと思います。

〔はるき〕 それなら、台の上に乗って投げてみましょう。

問4

かえでさんたちは、下の図の位置まで近づいて矢を投げることにしました。競技用の距離のルールどおりに投げるときと変わらない角度で投げるためには、高さ何 cm の台に乗ればよいですか。［資料6］、［資料7］、［資料8］をふまえて答えなさい。考えや途中の式も記述し、割《わ》り切れない計算があるときには小数第1位を四捨五入《ししゃごにゅう》して、整数の値《あたい》にしなさい。

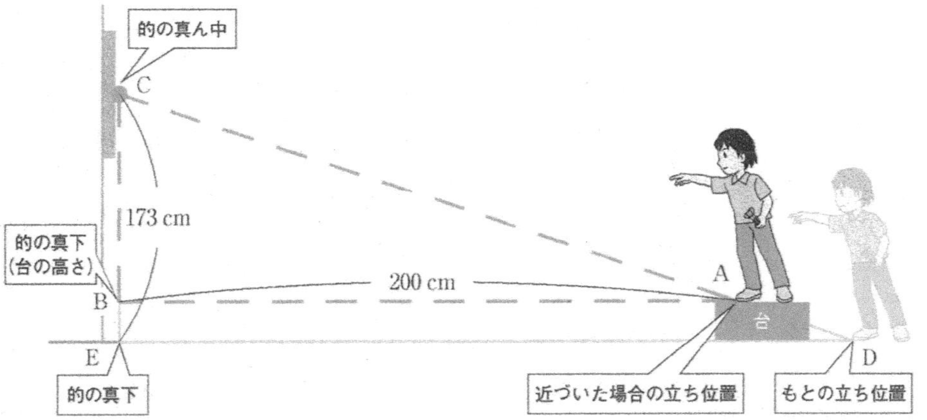

このページには問題が印刷されていません。

3　ゆうかさんとりょうさんは、きれいな建造物について、次のような会話をしました。

〔ゆうか〕　金沢駅《かなざわえき》にある鼓門《つづみもん》や、神戸《こうべ》ポートタワーを知っていますか。([資料1])

[資料1] 鼓門と神戸ポートタワー

鼓門

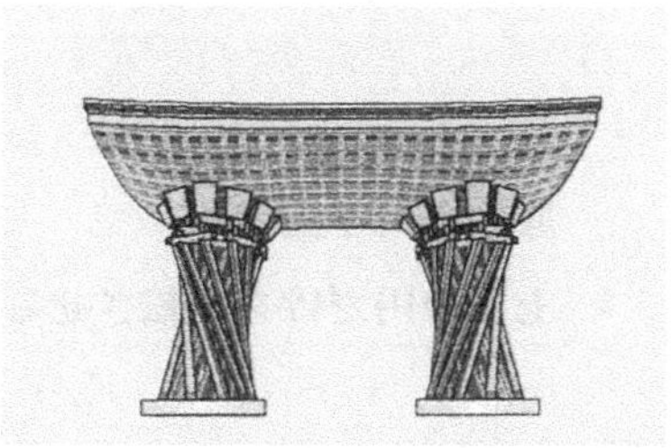

神戸ポートタワー

〔りょう〕　知っています。とてもきれいなかたちをしていますよね。どうやって作られているのでしょうか。

〔ゆうか〕　気になったので調べてみました。円柱の側面には平行な直線をたくさんかくことができますが、これらの直線を少しずつずらして作られるかたちのようです。鼓《つづみ》（日本の伝統的な打楽器の一種）に似ているので鼓型と呼《よ》ぶことにしましょう。([資料2]、[資料3])

[資料2] 鼓

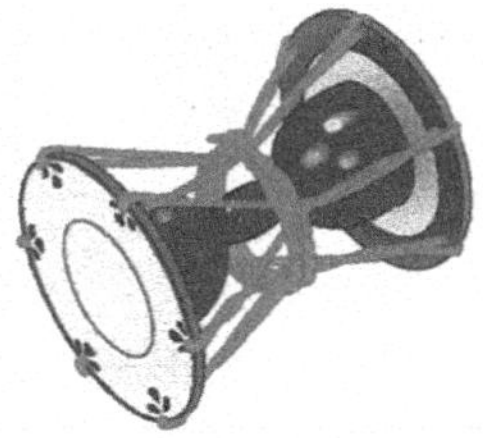

[資料3] 鼓型のでき方

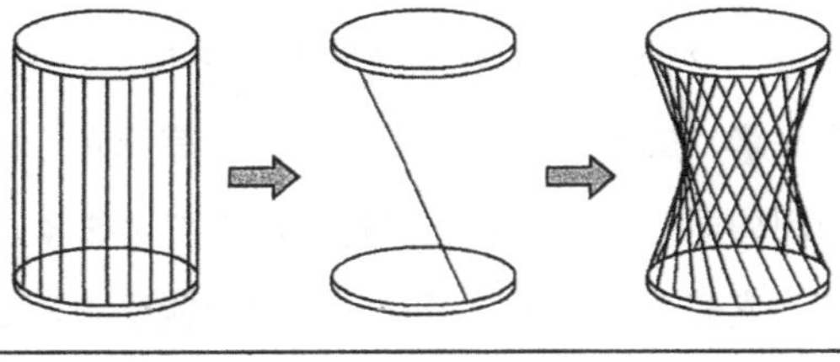

〔りょう〕　このきれいなかたちが、直線でできているなんておもしろいですね。

〔ゆうか〕 もっと実際の様子をくわしく見てみるために、パソコンを使って模《も》型《けい》を作ってみました。底面の円を固定し、上面の円だけを回転させることで、直線が少しずつずれていきます。（**[資料4]**）

[資料4] 鼓型の模型

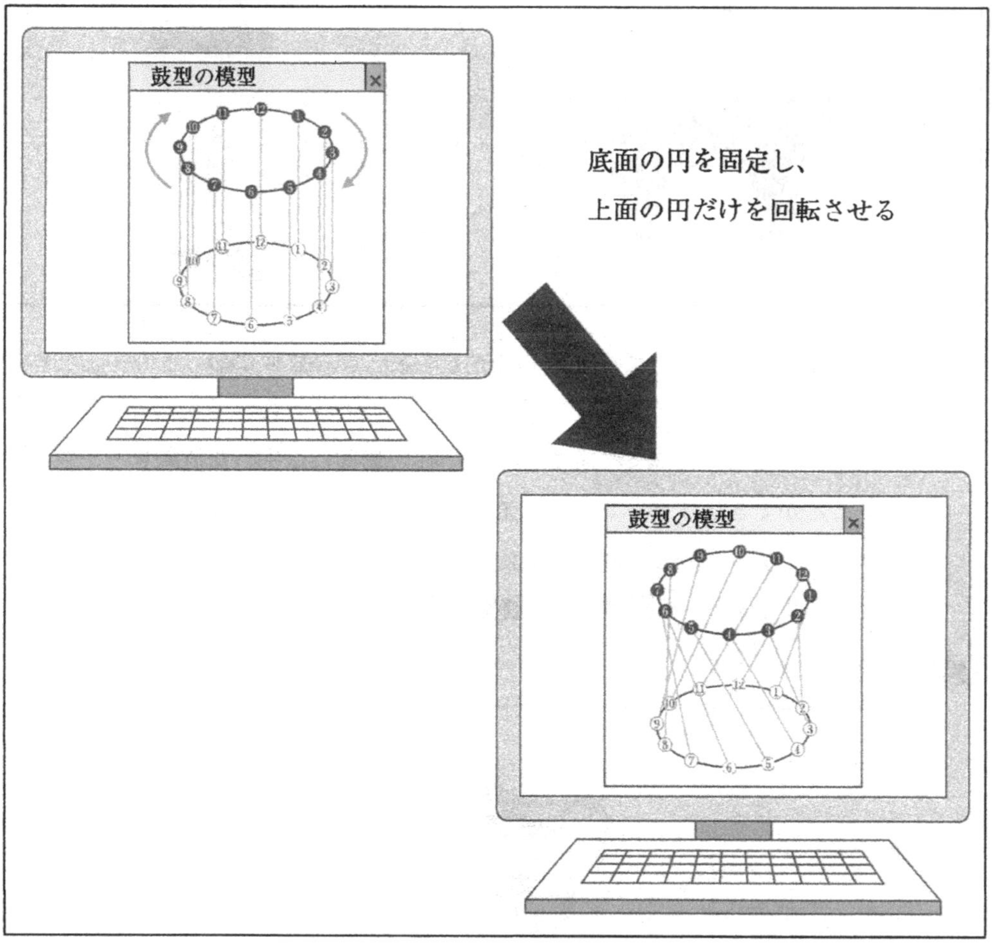

〔りょう〕 上面の円を回転させたことで、円柱の側面が少しくぼんだように見えますね。どのようにして作ったのですか。

〔ゆうか〕 この模型では、２つの円を上下にかき、それぞれの円周に12個の点（上面の円には❶～⓬、底面の円には①～⑫）を等間かくに並《なら》べたあとで、上面の円と底面の円の同じ番号の点を直線で結んでいます。上面の円だけを回転させることで、直線が少しずつずれ、鼓型を観察することができます。真横から見た様子（側面図）や真上から見た様子（平面図）を観察することもできます。（**[資料5]**）

［資料5］ 点③の真上に点❶が来るようにしたときの鼓型の側面図と平面図

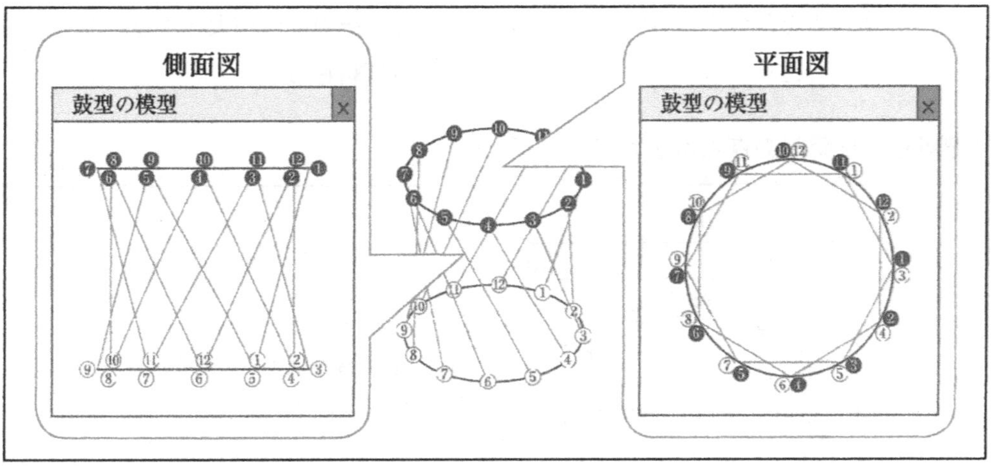

〔りょう〕 側面図や平面図も、それぞれきれいでおもしろいですね。でも、円柱より少しくぼんでいるだけで、鼓門や神戸ポートタワーのようには見えないような気がします。

〔ゆうか〕 確かにそうですね。上面の円をもう少し回転させてみましょう。

問1

点④の真上に点❶が来るようにしたときの側面図を、［資料4］、［資料5］をふまえて、解答のかき方にしたがい、解答らんの図に直線定規を使ってかきなさい。解答を作成する際にかいた数字などを消す必要はありません。

解答のかき方　点③の真上に点❶が来るようにしたとき

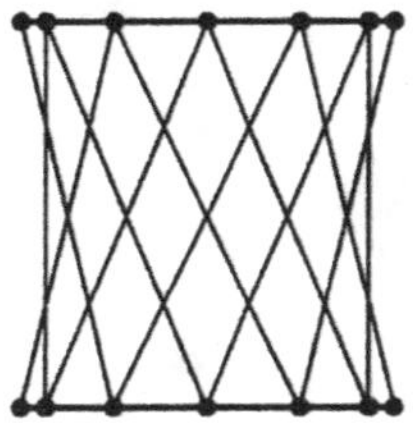

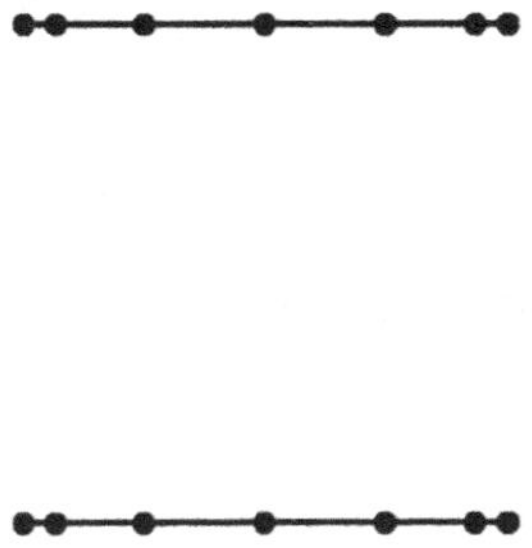

〔ゆうか〕 平面図では、真ん中に直線が通らない部分ができることがありますが、上面の円をどれぐらい回転させたかによって、その部分が大きくなったり小さくなったりすることもおもしろいです。（**[資料6]**）

[資料6] 平面図の真ん中の様子

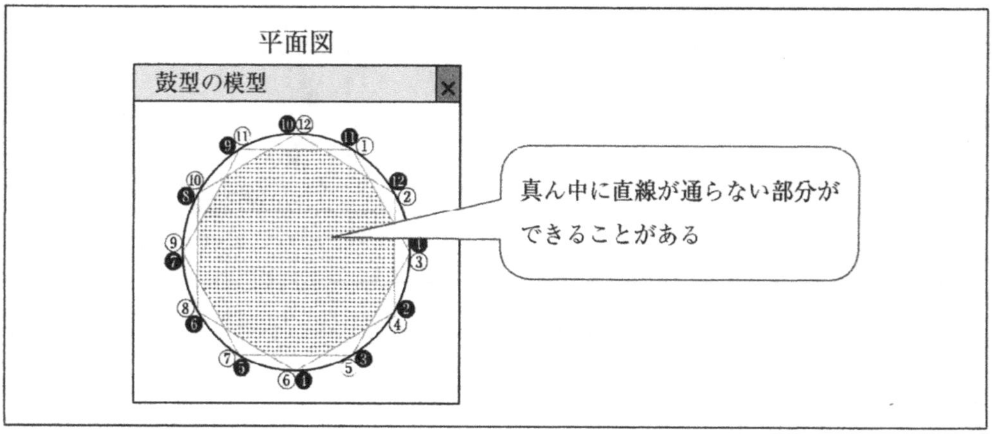

〔りょう〕 点⑤の真上に点❶が来るように上面の円を回転させたときの平面図を見てみると、真ん中にできる直線が通らない部分に、上面の円の半径のちょうど半分の長さの半径をもつ円が見えてくるような気がします。（**[資料7]**）

[資料7] りょうさんが気づいたこと

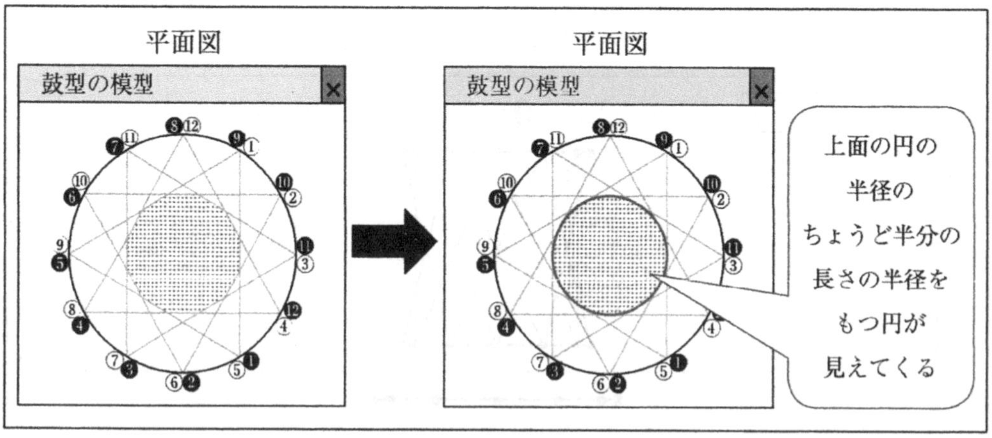

〔ゆうか〕 確かに真ん中に円が見えますが、本当に真ん中の円の半径は上面の円の半径の半分の長さになるのでしょうか。

〔りょう〕 点⑤の真上に点❶が来るように上面の円を回転させたときの平面図の様子をもとに、次のように考えてみようと思います。（**[資料8]**）

[資料8] りょうさんの考え

＜1＞ 円周に 12 個の点（◇1〜◇12）が等間かくに並んだ円をかく。
円の中心を◇0とする。

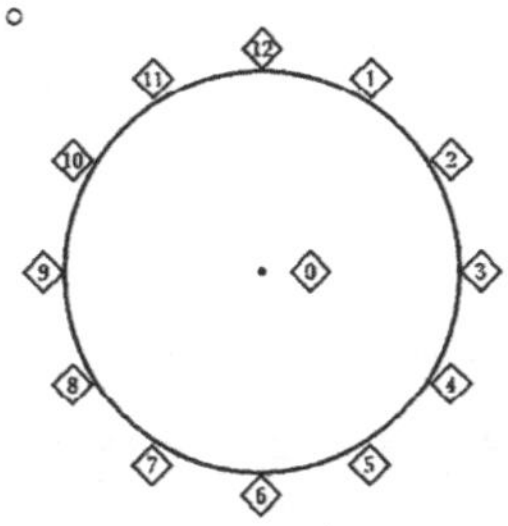

＜2＞ 点◇2と点◇10を直線で結び、点◇0と点◇12も直線で結ぶ。

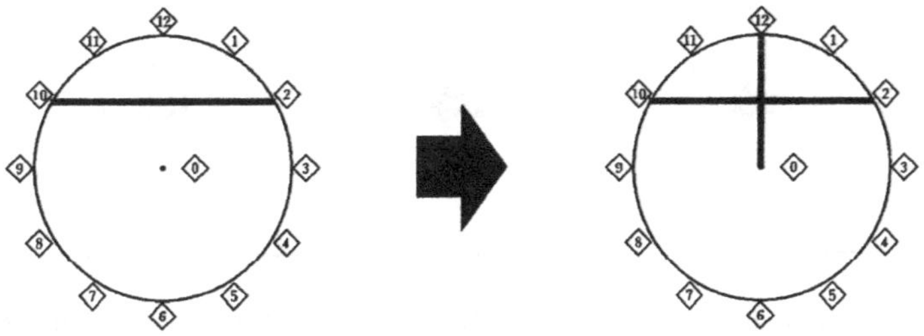

＜3＞ このとき、2つの直線はそれぞれの真ん中の点で垂直《すいちょく》に交わっているから、**[資料7]** が成り立つ。

問2

りょうさんは、**[資料8]** について、次のように話しています。

[資料7] の「上面の円の半径のちょうど半分の長さの半径をもつ円が見えてくる」ということを説明するには、**[資料8]** ＜3＞下線部「2つの直線はそれぞれの真ん中の点で垂直に交わっている」ということがいえればよいです。つまり、（　　　あ　　　）が（　　い　　）になることがいえればよいです。

次の **【条件】** にしたがって（　　あ　　）（　　い　　）にあてはまる言葉や文を答えなさい。

【条件】
・（　あ　）について、点◇0〜点◇12を用いて答えること。
・（　い　）について、小学校で学習した図形の名前を使って答えること。

〔りょう〕 鼓型の模型を見ていておもしろいことを思いつきました。平面図を参考に、次のようなルールで円と直線をかいていくとどうなるでしょうか。([資料9])

[資料9] りょうさんが考えたルール

［1］ 円周に12個の点が等間かくに並んだ円を考え、スタートの点●を1つ決める。

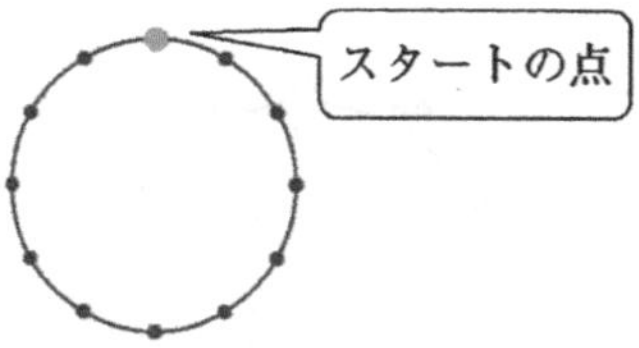

［2］ 何個とばしにするか決めてから、スタートの点から時計回りに点を直線で結んでいく。スタートの点にもどるまで続ける。

【参考】 2個とばしの場合

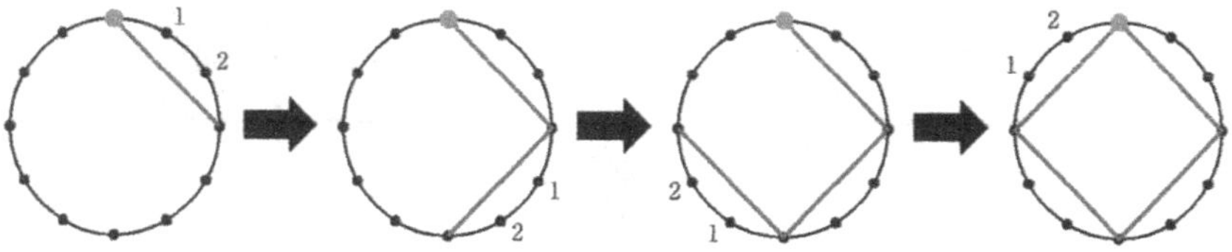

〔ゆうか〕 とてもおもしろいですね。このルールで直線をかくと、点を何個とばすかによって直線が通らない点がある場合とすべての点を通る場合とがあるようですね。

問3

りょうさんが考えたルールにしたがって、12個の点を直線で結んでいったときに、すべての点を通るのは何個とばしの場合かを答え、次の【条件】にしたがって解答らんの図にかきなさい。

【条件】

- ・「スタートの点」からかき始めること。
- ・点をひとつもとばさない場合以外について考えること。
- ・答えは一通《ひととお》りではないので、そのうち1つを選んで答えること。

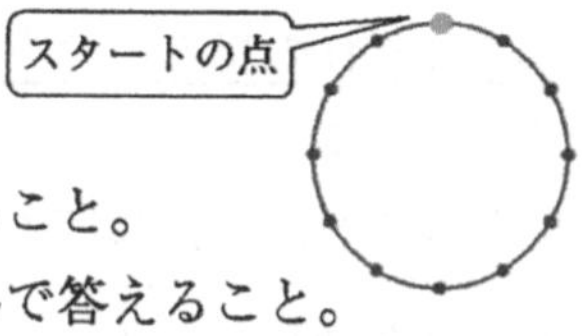

〔りょう〕 点を直線で結んだ図形をいくつかかいてみて気づいたことがあります。点を何個とばすかがちがっても、できる図形が同じになる場合があるようです。たとえば、1個とばしの場合と9個とばしの場合は同じ図形になります。（**[資料１０]**）

[資料１０] １個とばしの場合と９個とばしの場合

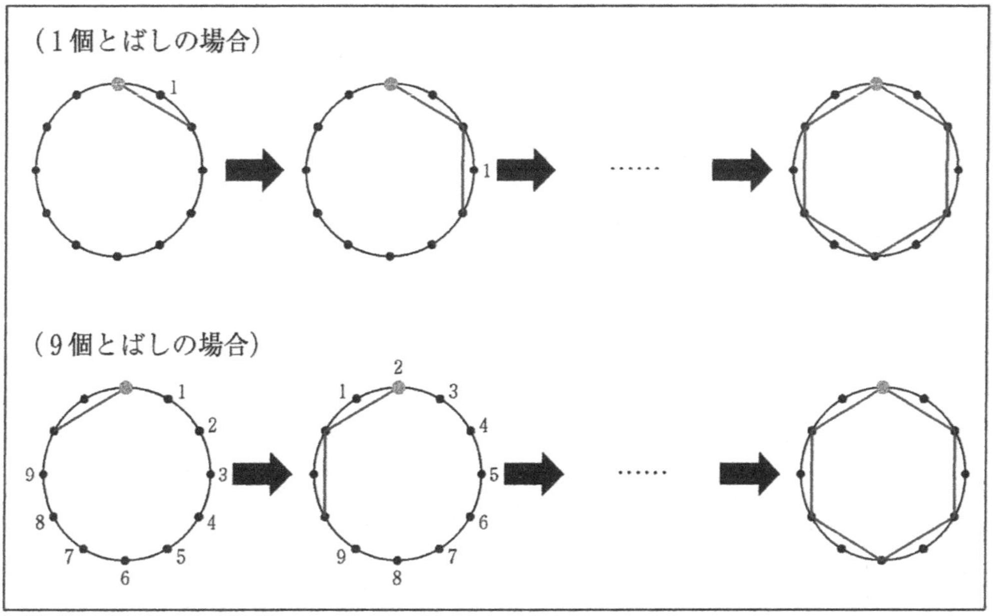

問４

次の文は、りょうさんが考えたルールにしたがって、12個の点を直線で結んでいったときにわかることについて述べたものです。

3個とばしの場合と（　う　）個とばしの場合は結んでいく順番はちがいますが、スタートの点にもどってくると同じ形になります。

（1）（　う　）にあてはまる数字を答えなさい。

（2）**[資料１０]** のように点を何個とばすかがちがっても、できる図形が同じになるのはどのような場合でしょうか。きまりを見つけ、文で説明しなさい。

適性検査3

注　　意

1　検査開始の指示があるまで問題用紙を開いてはいけません。

2　検査時間は45分間で、終わりは午後0時35分です。

3　問題は　1　問1　から　問3

2　問1　から　問5

3　問1　から　問4　まであります。

4　問題用紙は1ページから21ページまであります。検査開始の指示後、すぐにページがそろっているかを確認《かくにん》しなさい。

5　解答用紙は2枚《まい》あります。

6　受検番号をそれぞれの解答用紙の決められた場所に記入しなさい。

7　解答はすべて解答用紙に記入し、解答用紙のみ2枚とも提出しなさい。

このページには問題が印刷されていません。

問題は次のページからです。

1　高校生のなつみさん、小学生のはるきさんが会話をしています。

〔なつみ〕　先日、*銭湯《せんとう》に行きました。大きなお風呂《ふろ》につかりながら、中学生のときに修学旅行で訪《おとず》れたオーストラリアのことを思い出していました。

*銭湯：ここでは普通公衆《ふつうこうしゅう》浴場に分類される風呂屋のこと。

〔はるき〕　どんなことですか。

〔なつみ〕　オーストラリアではお風呂ではなく、シャワーを使ったのですが、使用する時間を決められて急いで体を洗《あら》ったことです。

〔はるき〕　どうして、ゆっくり使えなかったのですか。

〔なつみ〕　私《わたし》も疑問《ぎもん》に思ったので、いくつか資料を集めて調べてみました。

（[資料1]、[資料2]）

[資料1]　オーストラリアの人口の推移《すいい》

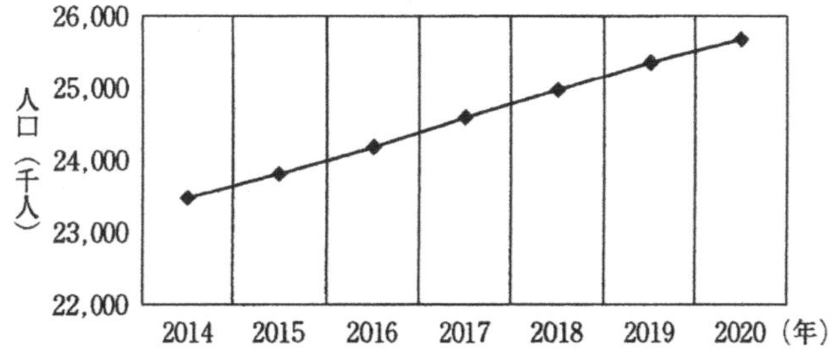

（世界銀行ホームページより作成）

[資料2]　オーストラリアの水消費量の推移

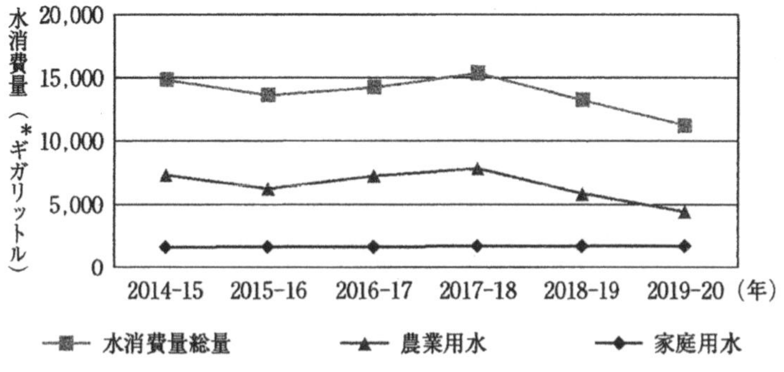

*ギガリットル：量を表す単位。

（オーストラリア統計局ホームページより作成）

問1

オーストラリアの水の使用状況《じょうきょう》について［資料1］、［資料2］をふまえて、次の空らんにあてはまる言葉を答えなさい。

オーストラリア全体で、人口は（　ア　）にもかかわらず家庭用水の消費総量は（　イ　）。このことからオーストラリアでは水を大切にする意識が高いだけでなく、各家庭の水の使用量が（　ウ　）と考えられる。

〔はるき〕　そのような状況だったのですね。

〔なつみ〕　修学旅行のときにできたオーストラリアの友だちに、インターネットで調べた銭湯の写真を見せたらおどろいていました。（［資料3］）

［資料3］銭湯の様子

〔はるき〕　私の住む地域《ちいき》にも銭湯がありますが、東京都内にはどれくらいの銭湯があるのでしょうか。

〔なつみ〕　この資料があります。（［資料4］）

［資料4］東京都内の銭湯の数の推移

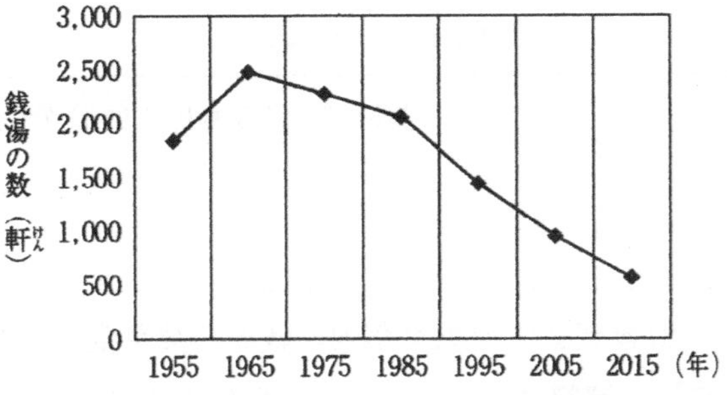

（東京都浴場組合ホームページより作成）

〔はるき〕　銭湯の数には変化がありますね。

〔なつみ〕　銭湯の数が変化した理由を次の資料から考えてみてください。

（**[資料5]**、**[資料6]**）

[資料５]　*公営住宅《じゅうたく》の間取《まど》り図（公営住宅*51Ｃ型プラン）

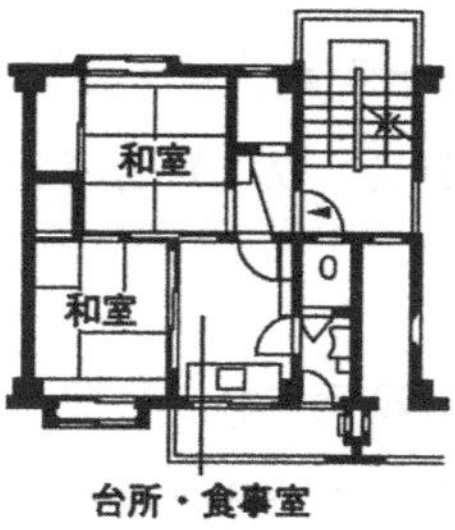

＊公営住宅：都道府県や市区町村が国の補助《ほじょ》を得て建設し、貸し出す住宅のこと。

＊51Ｃ型プラン：1951年に設計された、公営住宅の標準的な間取りの１つ。

（鈴木成文《すずきしげふみ》『「51Ｃ」家族を容《い》れるハコの戦後と現在』より作成）

[資料６]　2010年に建てられた公営住宅の間取り図

（JKK東京（東京都住宅供給《きょうきゅう》公社）ホームページより作成）

問２

1950年代から2010年代までの東京都内の銭湯の数が変化した理由について、**[資料４]**、**[資料５]**、**[資料６]** をふまえて、解答らんに合わせて答えなさい。

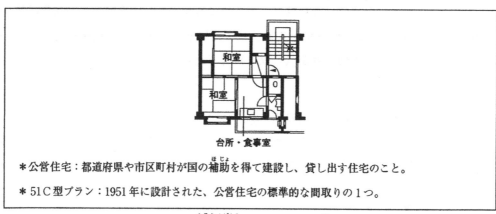

このページには問題が印刷されていません。

〔はるき〕 最近、いろいろな取り組みをしている銭湯があるようなので調べてみました。（[**資料7**]、[**資料8**]、[**資料9**]、[**資料１０**]）

[資料7]

資料は著作権の都合により掲載できません。

[資料8] 銭湯の取り組み②

（新聞記事）

お詫び：著作権上の都合により，掲載しておりません。ご不便をおかけし，誠に申し訳ございません。
教英出版

（朝日新聞　2021 年 10 月 5 日より作成）

[資料9] 銭湯の取り組み③

（新聞記事）

お詫び：著作権上の都合により，掲載しておりません。ご不便をおかけし，誠に申し訳ございません。
教英出版

（朝日新聞デジタル　2021 年 3 月 13 日より作成）

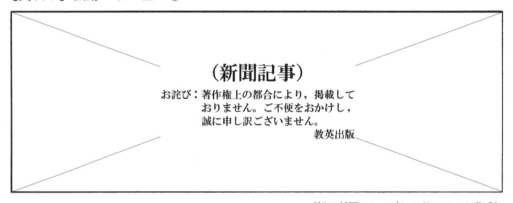

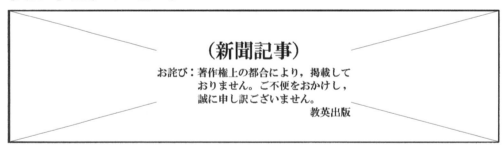

[資料１０] 銭湯の取り組み④

（新聞記事）

お詫び：著作権上の都合により，掲載して
おりません。ご不便をおかけし，
誠に申し訳ございません。
教英出版

（日本経済《けいざい》新聞2020年12月24日（個性に磨き若者魅了）より作成）

問3

次の文章は、なつみさん、はるきさんが、銭湯の役割についてまとめたものです。[資料7]、[資料8]、[資料9]、[資料１０] をふまえて、次の空らんにあてはまる言葉を答えなさい。

銭湯には、体を清潔に保つことの他にもさまざまな役割があります。大きな浴槽《よくそう》で湯につかるという特性を生かし、ゆず湯を始めとした季節を感じる行事を通して古くからの文化を多くの人に伝えるという役割があります。万一災害が起きたときには、浴室や脱衣所《だついじょ》などの広いスペースがあるという特性を生かし、（　エ　）場所になるという役割があります。さらに、地域に根ざして人が集まる場であるという特性を生かして、高齢者と地域をつなげるという役割があります。また、時代に受け入れられるために、銭湯を利用してもらうだけでなく、（　オ　）という新たな役割を目指した取り組みも行われています。

お風呂に入る場所として考えている銭湯には多くの特性があり、さまざまな角度から考えることでたくさんの役割があることが分かりました。

〔なつみ〕 銭湯のほかにも同じようにたくさんの役割を担《にな》える可能性のある施設があるかもしれないですね。家に帰って調べてみます。

2 小学生のなおやさん、中学生のひなのさん、お父さんの３人でスマートフォンの画面をテレビに映《うつ》しながら冬の北海道《ほっかいどう》旅行をふり返っていました。

〔なおや〕 テレビはコンセントにつながないと使えませんが、なぜスマートフォンはコンセントにつながなくても使えるのですか。

〔ひなの〕 コンデンサーが使われているからです。コンデンサーは電気をためることができて、ためた電気を使うことができます。

〔 父 〕 家にはコンデンサーもかん電池もあります。本当に電気をためておけるか、かん電池とコンデンサーを導線でつないで確かめてみましょう。(**[資料１]**)

[資料１] かん電池を使ってコンデンサーに電気をためている図

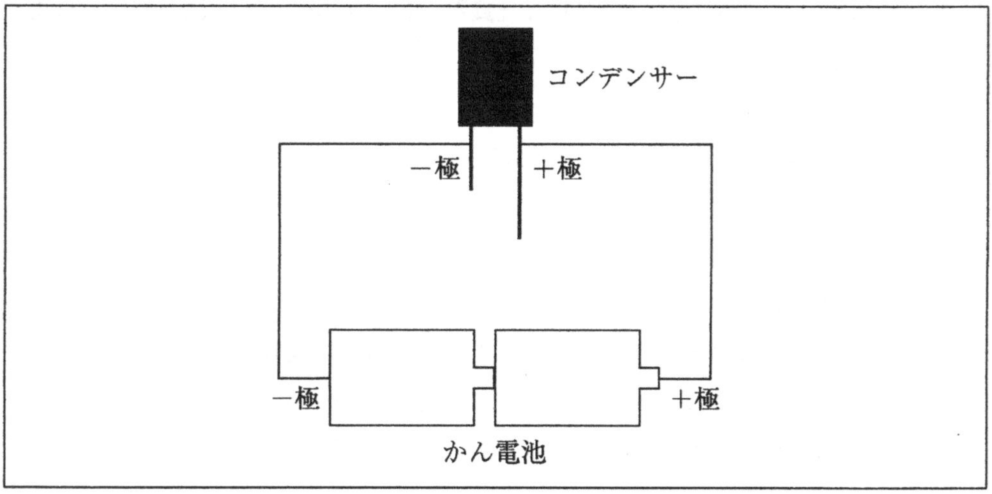

〔なおや〕 これでコンデンサーに電気がたまったと思います。

〔ひなの〕 以前使っていた発光ダイオードがあるので、発光ダイオードとコンデンサーを使って本当に電気がたまっているのか確かめてみましょう。

〔なおや〕 つないでみますね。あれ、明かりがつきませんね。コンデンサーはこわれていないので、コンデンサーと発光ダイオードのつなぎ方をまちがえたのかもしれません。

〔 父 〕 発光ダイオードがこわれている可能性もあります。発光ダイオードがこわれていないことを、かん電池と発光ダイオードをつないで確かめてみましょう。(**[資料２]**)

［資料２］かん電池を使って発光ダイオードの明かりをつけている図

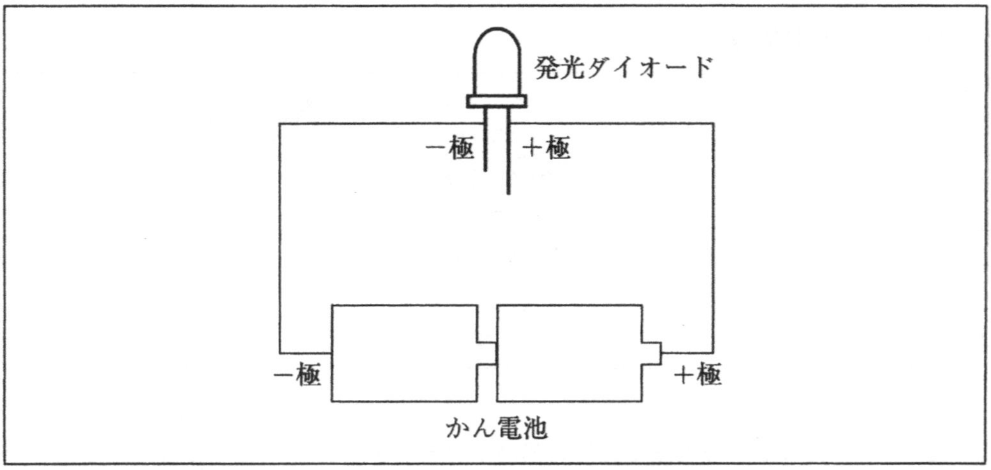

〔なおや〕 発光ダイオードの明かりがつきました。こわれているわけではありませんね。

〔ひなの〕 では、発光ダイオードの明かりをつけるにはコンデンサーをどのようにつなげばよかったのかを考えてみましょう。

問１

コンデンサーと発光ダイオードをつなげて、発光ダイオードの明かりをつけることができるように解答らんの図に導線をかきこみ、図を完成させなさい。ただし、導線が重ならないようにかきなさい。

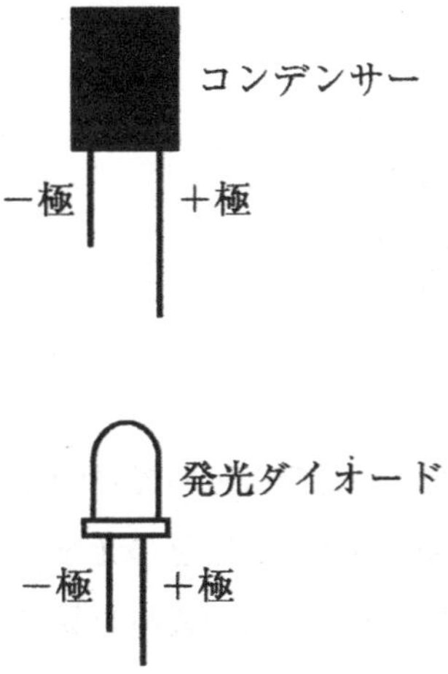

〔　父　〕 発光ダイオードを利用した電球のことをＬＥＤ電球といいます。([**資料3**])

[資料3]　ＬＥＤ電球

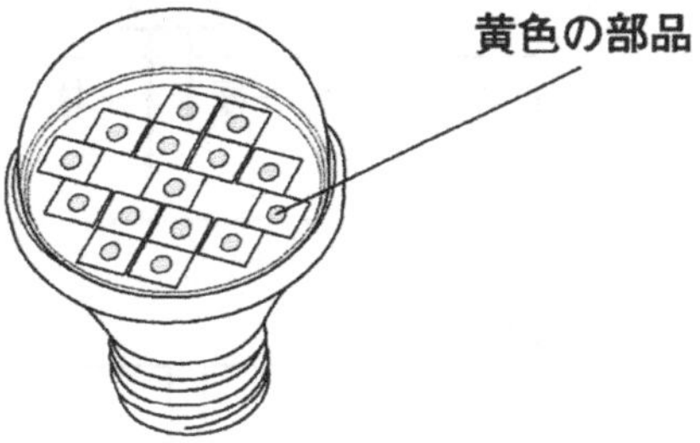

〔ひなの〕 ＬＥＤ電球の内部に黄色の部品が見えますが、どのようなしくみで光をつくっているのですか。

〔　父　〕 黄色の部品は*けい光体といいます。発光ダイオードの青色の光を黄色のけい光体の下から当てることで、黄色の光に変かんされます。つくられた黄色の光と発光ダイオードの青色の光でＬＥＤ電球の白色の光がつくられます。([**資料4**])

*けい光体：光の色を変かんするはたらきをもつ材料。

[資料4]　白色の光がつくられるしくみ

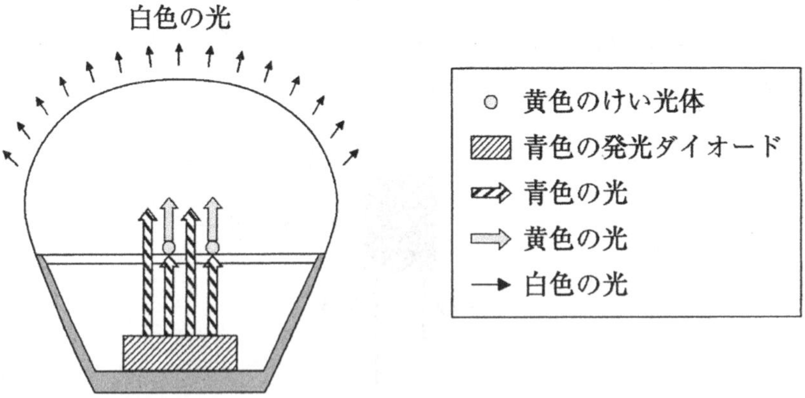

〔なおや〕 青色の光と黄色の光で白色の光がつくられるって不思議ですね。

〔ひなの〕 他の色の組み合わせでも白色の光をつくることができますか。

〔　父　〕 他の色でもできます。次の資料を見て考えてみましょう。([**資料5**])

令和四年 適性検査1 解答用紙（1枚《まい》め／2枚中）

一

問1

を見出したから。

問2

問3

接すること。

問4

※100点満点
（配点非公表）

受検番号

340

280

【解答

問 3

問 4

答　　　　　　　　(cm)

受検番号

【解答

問4

(1)	(う)	
(2)		

受検番号

問3

問4

①計画：

②用意するもの：氷、

③記録：白熱電球とLED電球のちがい以外を同じ条件にして、

問5

一番上の色 ＿＿＿＿＿＿

理由：

受検番号

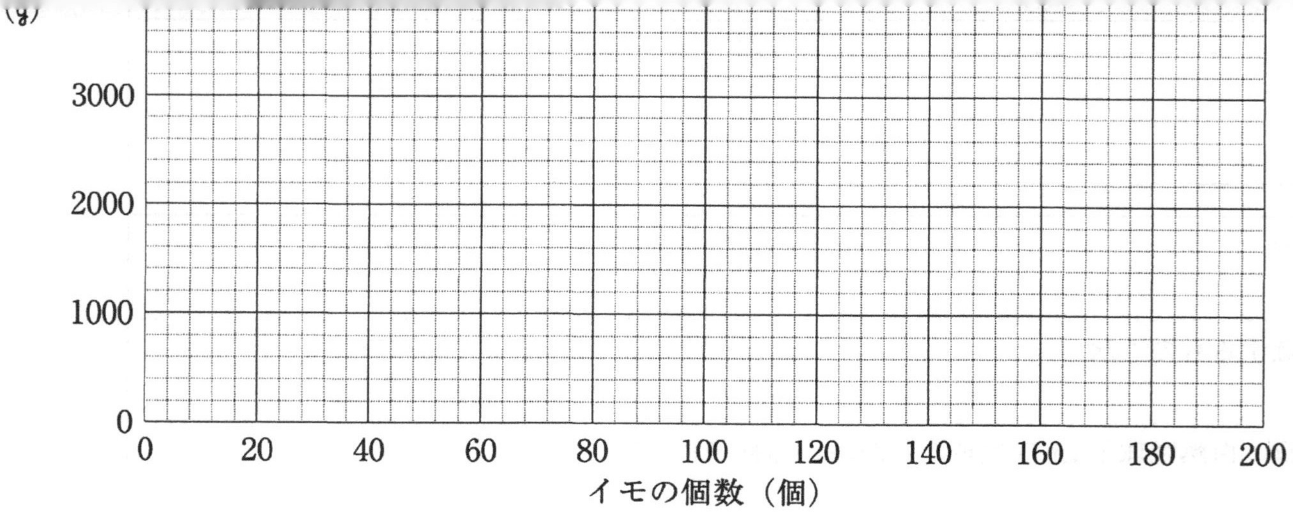

問 4

受検番号

令和４年

適性検査３　解答用紙（２枚《まい》め／２枚中）

3

問１

（ア）		（イ）		（ウ）	

問２

問３　（１）、（２）の両方の図を以下の解答らんにかくこと。

※この図は実際の解答用紙の大きさに拡大しております。

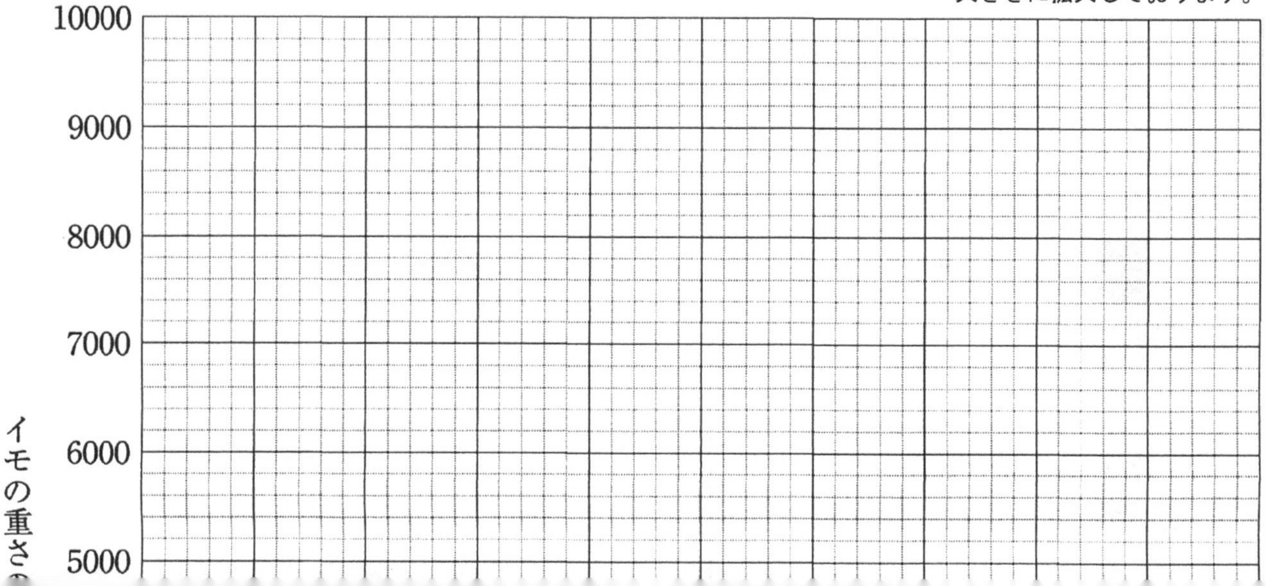

令和４年

適性検査３　解答用紙（１枚《まい》め／２枚中）

※100点満点
（配点非公表）

1

問１

（ア）		（イ）	
（ウ）			

問２

1950 年代と 2010 年代の間取り図を比べると、

問３

（エ）		（オ）	

2

問１

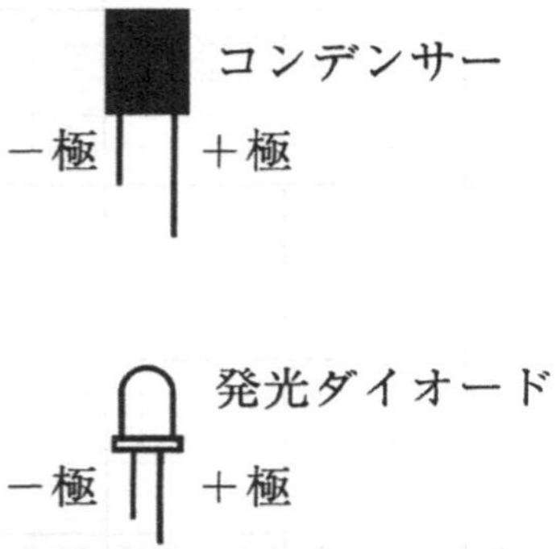

【解答

令和4年

適性検査2　解答用紙（2枚《まい》め／2枚中）

3

問1

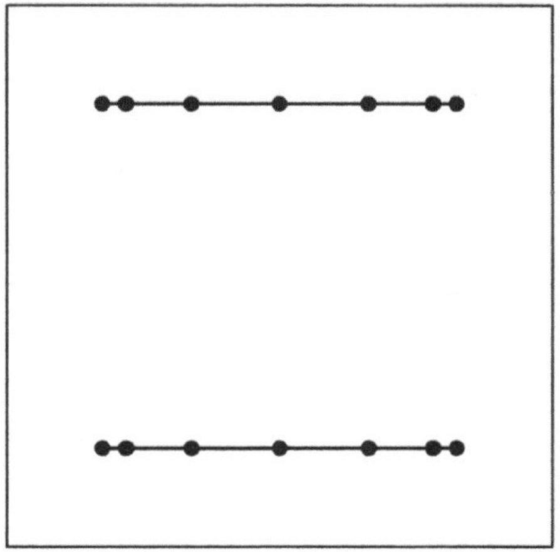

問2

（あ）	
（い）	

問3

何個とばし	個とばし
図	

令和４年

適性検査２　解答用紙（１枚《まい》め／２枚中）

※100点満点
（配点非公表）

1

問１

（ア）		（イ）		（ウ）	

問２

問３

2

問１

点

問２

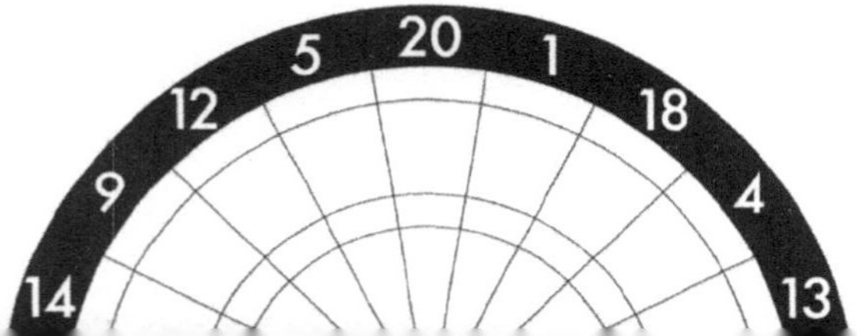

令和四年

適性検査1　解答用紙（2枚《まい》め／2枚中）

問3

100

受検番号

二

問1

おじいさんが生きている間に木が切られることはないけれど、

おじいさんが　　　　　　　　　　ため。

問2

人間が　　　　　　　　を知ること。

[資料５]　同じ明るさの赤色、緑色、青色の光を同時に当てたときの光の見え方

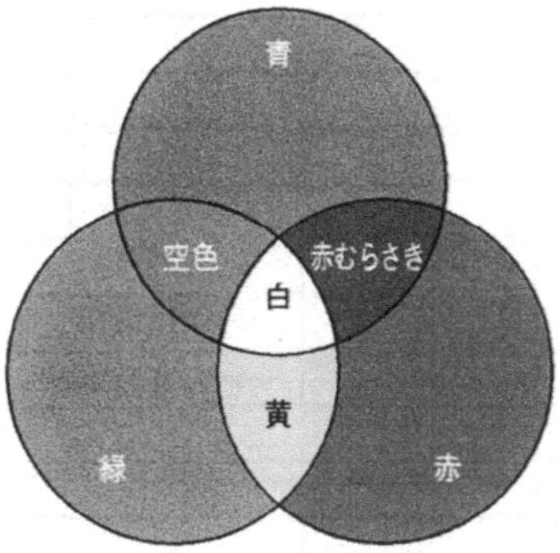

・赤色の光と緑色の光を同時に当てると黄色の光がつくられる
・赤色の光と青色の光を同時に当てると赤むらさき色の光がつくられる
・緑色の光と青色の光を同時に当てると空色の光がつくられる
・青色の光と黄色の光を同時に当てると白色の光がつくられる

問２

赤色、緑色、黄色、赤むらさき色、空色のそれぞれの色の光が出るかい中電灯を１本ずつ準備しました。白色の光をつくるためには、５本のかい中電灯のうち、どの色のかい中電灯を組み合わせればよいですか。**[資料５]** をふまえて白色の光をつくることができる組み合わせをすべて答えなさい。ただし、５本のかい中電灯はすべて同じ明るさとします。

〔なおや〕　光って不思議ですね。ところでＬＥＤ電球と同じように、他の電球についても考えてみたいです。
〔　父　〕　以前使っていた白熱電球があります。白熱電球は、明かりをつける時間が長くなるとガラスの部分の温度が高くなるので実験するときには気をつけてください。
〔なおや〕　電球の種類によってガラスの部分の温度が変わるのですか。それなら比べてみたいです。
〔ひなの〕　それでは、ガラスの部分の温度の関係を調べる実験をしてみましょう。白熱電球とＬＥＤ電球を同じ明るさにして、ガラスの部分の温度と明かりがついている時間を記録します。その記録をもとに折れ線グラフをかいて、温度のちがいを比べます。（**[資料６]**、**[資料７]**）

[資料６]　非《ひ》接《せっ》触《しょく》型《がた》温《おん》度《ど》計《けい》で白熱電球とＬＥＤ電球のガラスの部分の温度を測る実験の様子

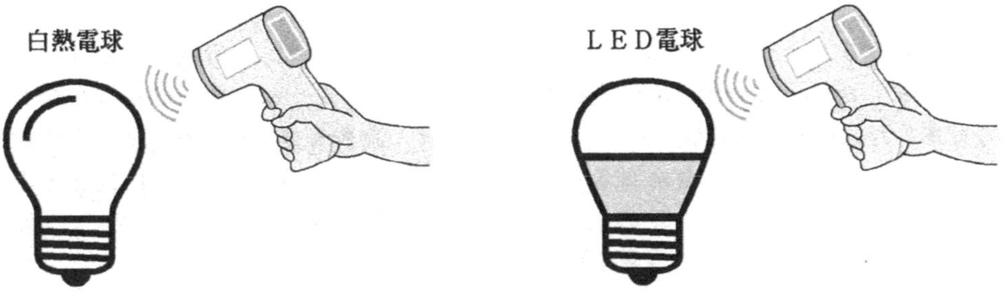

［資料７］白熱電球とＬＥＤ電球のガラスの部分の温度と明かりがついている時間の記録

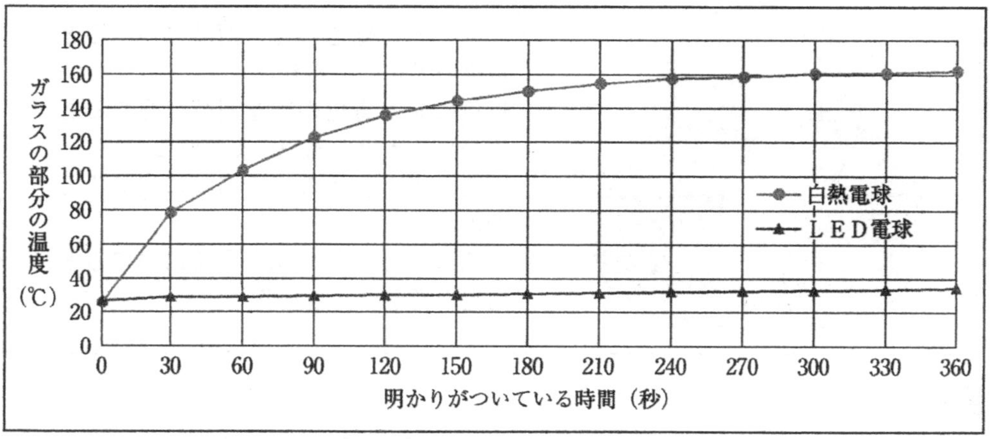

〔なおや〕［資料７］をみると、白熱電球とＬＥＤ電球では、ガラスの部分の温度に大きな差があります。

〔ひなの〕ガラスの部分の温度に差があるということは、電気が光や熱のはたらきに変わる効率にも差があると思います。

〔　父　〕家には停電したときに備えてバッテリーを置いています。電気が光や熱のはたらきに変わる効率を比べるために、バッテリーを使ってそれぞれの電球の明かりがつく時間を考えてみましょう。

［資料８］バッテリー

問３

白熱電球をバッテリーにつないだとき、白熱電球はしばらくの間、明かりがついていましたが、バッテリーにためた電気がなくなったため、明かりがつかなくなりました。同じ量の電気をバッテリーにためて、白熱電球と同じ明るさのＬＥＤ電球につないだとき、白熱電球と比べて、ＬＥＤ電球の明かりがつく時間はどのようになりますか。また、そのように考えた理由を、［資料７］をふまえて、「変わる」、「熱」という２つの言葉を使って説明しなさい。

〔なおや〕 実験をすることで、白熱電球とＬＥＤ電球の性質のちがいがよく分かりますね。

〔 父 〕 それぞれの電球の性質のちがいを明らかにするためには、正しい手順で実験をすることが大切です。

〔なおや〕 ひなのさんは **[資料7]** の実験をどのような手順で行いましたか。

〔ひなの〕 私《わたし》は次のように実験を行いました。(**[資料9]**)

[資料9] ひなのさんの実験手順

①計画：明かりを同じ時間つけたときの白熱電球とＬＥＤ電球のガラスの部分の温度を記録する。
②用意するもの：非接触型温度計、ストップウォッチ
③記録：白熱電球とＬＥＤ電球のちがい以外を同じ条件にして、ストップウォッチを使って30秒ごとの時間を計り、そのときのそれぞれの電球のガラスの部分の温度を非接触型温度計で測り、その結果を記録する。

〔なおや〕 なるほど。それぞれの電球のガラスの部分の温度を測るために、あらかじめ実験の手順を計画したり、実験道具を用意したりすることが大切なのですね。

〔 父 〕 今度は、白熱電球とＬＥＤ電球から発生する熱の大きさのちがいを比べるために、見ための変化が分かりやすい氷を使って実験してみてはどうでしょうか。

〔ひなの〕 それはいいですね。どのような手順で実験をすればよいか、考えてみます。

問4

実験をするには **[資料9]** の「①計画→②用意するもの→③記録」のように、順を追って考える必要があります。
氷を用いて白熱電球とＬＥＤ電球から発生する熱の大きさを比べるためには、どのように実験をすればよいですか。**[資料9]** をふまえて、あなたの考えた実験手順を、解答らんに合わせてかきなさい。

〔なおや〕 雪国では、信号機の明かりがつく部分を白熱電球からＬＥＤ電球に変えることで雪がとけにくくなり、信号機がこわれたり、見えにくくなったりすると授業で学習しましたが、[**資料７**] の実験で納得《なっとく》できました。

〔　父　〕 そのため雪国では、ＬＥＤ電球を使った信号機のフードの部分にヒーターをつけて、積もる雪をとかしたり、フードの部分につくられるつららをとかしたりしています。([**資料１０**])

[資料１０] 信号機のフード

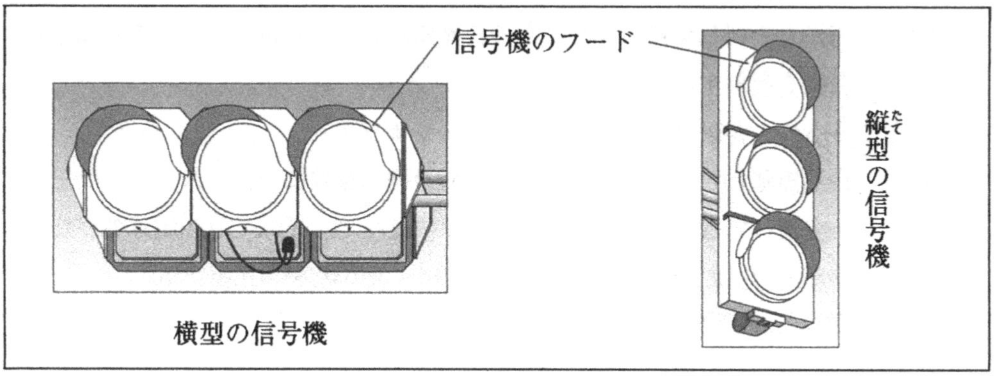

〔なおや〕 北海道では縦型の信号機を多く見ましたが、これにも理由はありますか。

〔　父　〕 横型の信号機は、雪が積もる面積が大きいので、信号機の上に積もる雪が落下して、走っている自動車が危険《きけん》にさらされたり、雪の重みで信号機がこわれたりすることがあります。

〔ひなの〕 縦型の信号機だと雪が積もる面積が小さいので、自動車が安全に走行できるのですね。

〔　父　〕 東京の信号機は横型の信号機が多くなっていますが、大雪がふっても安心して走行できるように、板のようにうすくしたり、かたむけたりして雪が積もらないように工夫《くふう》しています。

〔なおや〕 さまざまな工夫がされていますね。信号機の色の順番にも意味はあるのですか。

〔ひなの〕 横型の信号機は左から青色、黄色、赤色です。日本の自動車は左側通行だから木の枝などで赤色が見えなくなることをさけるために、一番右が赤色になっています。

〔　父　〕 では、縦型の信号機の一番上の色は、何色だと思いますか。北海道旅行をふり返って考えてみましょう。([**資料１１**])

［資料１１］ **北海道旅行の様子**

問5

雪国では、縦型の信号機の一番上の色は青色、黄色、赤色の何色が採用されているでしょうか。解答らんの決められた位置に答えなさい。また、このように考えた理由を［**資料１１**］をふまえて、解答らんにかきなさい。

3 たろうさんの家では毎年近くの畑で野菜や果物を育てています。たろうさんは今年はジャガイモを植えたいとお父さんに相談しています。

〔たろう〕 お父さん、去年はサツマイモを植えたから今年はジャガイモを植えたいです。

〔 父 〕 いいですよ。それでは土づくりから始めましょう。(**[資料1]**、**[資料2]**)

[資料1] ジャガイモの生育に適した畑の条件

・日当たりがよい場所であること。
・土の水はけや通気性がよく、肥料分が豊富であること。
・土の性質が弱い酸性であること。

[資料2] ジャガイモの生育に用いる肥料

・石かい:アルカリ性の性質をもち、畑の土の性質を調整する。
・たい肥:ジャガイモの生育に必要な成分を豊富に含む。

〔たろう〕 ジャガイモを育てるために気をつけることがたくさんありますね。土の性質はどうすれば調べられますか。

〔 父 〕 土の性質はムラサキキャベツのゆでじるを利用した、ムラサキキャベツ液の色の変化で簡単《かんたん》に調べることができます。(**[資料3]**)

[資料3] ムラサキキャベツ液の色の変化

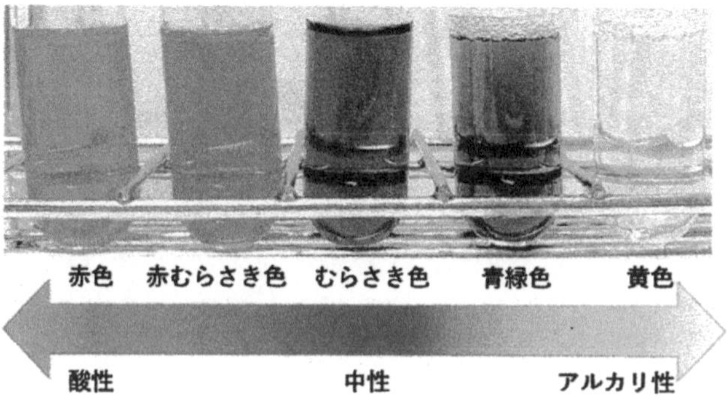

※色の変化が赤に近づくと酸性の性質が強くなり、黄色に近づくとアルカリ性の性質が強くなる。

問 1

たろうさんたちは、ジャガイモの生育に必要な土づくりに関して以下のように行いました。**[資料1]**、**[資料2]**、**[資料3]** を参考に（　ア　）～（　ウ　）にあてはまる言葉や数字を答えなさい。

たろうさんたちは、土の中の水や（　ア　）の通りをよくするために、スコップとクワで広さ25 m^2 の畑の土をしっかりと耕しました。また、あらかじめ作成したムラサキキャベツ液で畑の土の性質を調べたところ、液の色が赤色に変わったため、土の性質が強い（　イ　）になっていると考え、土の性質を調整するために肥料として石かいを1 m^2 当たり100g まきよく混ぜました。その後、畑に1 m^2 当たり800g のたい肥を過不足なくまくために、ホームセンターで1ふくろ4kg 単位で売られているたい肥を（　ウ　）ふくろ買い、種イモの植え付け前の土によく混ぜました。

〔たろう〕　ジャガイモは種子を植えるのではないのですね。

〔　父　〕　そのとおりです。ジャガイモは種イモを土に植えます。十分に成長すると、種イモから新たな茎《くき》が伸び、茎の側面からストロンと呼《よ》ばれるわき芽が伸びて、その先たんにデンプンをたくわえ食用のイモとなります。（**[資料4]**）

[資料4] 十分に成長したジャガイモの様子

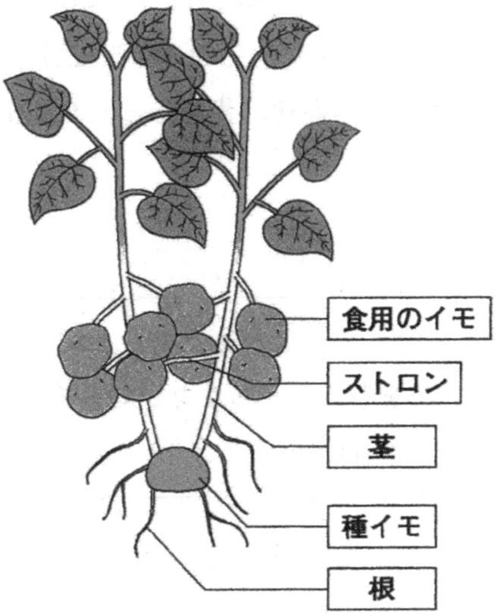

たろうさんたちは、品種A、品種B、品種Cの３品種の種イモを植え、その上に土をかぶせ、３月の初めに植え付けを終えました。

種イモの植え付けから３週間後、たろうさんたちは、再び畑で作業を始めました。

〔　父　〕 それでは今から「芽かき」を行います。芽かきをすることで、食用に適した大きなイモを収《しゅう》かくできるようになります。（**[資料５]**）

[資料５] ジャガイモの芽かき前の状態と芽かき後の状態

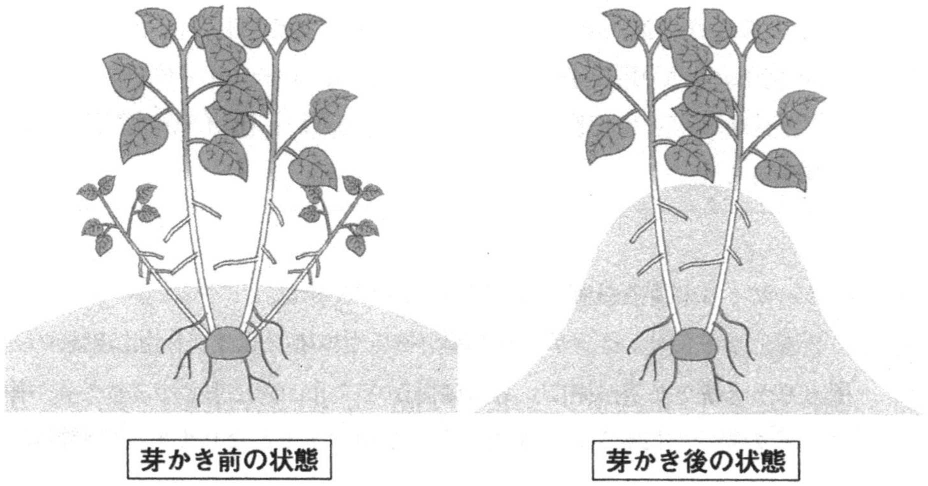

芽かき：種イモから出てきた茎や葉の部分のうち、成長のよいもの２～３本を残してぬくこと。食用に適した大きなイモを生育させる効果がある。なお、芽かき後は土を茎の方へ寄せ、茎をしっかり支える必要がある。

問２

芽かきをすることで、芽かきをしなかった場合と比べて、デンプンをたくさんたくわえた大きなジャガイモを収かくすることができます。その理由を**[資料４]**、**[資料５]**をふまえて説明しなさい。

2022(R4) 九段中等教育学校
教英出版

〔たろう〕 もうすぐ収かくですね。どれくらいジャガイモがとれるか楽しみです。友だちのはなこさんとけいたさんにも来てもらって、みんなで収かくしたいです。

〔 父 〕 いいですよ。それは楽しみですね。

6月の終わりにたろうさんたちはジャガイモの収かくを、友だちのはなこさんとけいたさんと行うことにしました。

〔はなこ〕 たくさんジャガイモがとれてうれしいです。

〔けいた〕 収かくできた品種A、品種B、品種Cの個数や重さを量ってまとめてみましょう。(**[資料6]**)

[資料6] 収かくしたジャガイモ3つの品種のイモの個数、イモの重さの合計、イモ1個当たりの平均の重さの関係

品種	A	B	C
イモの個数(個)	120	80	60
イモの重さの合計(g)	7200	6400	1800
イモ1個当たりの平均の重さ(g)	60	80	30

〔たろう〕 3つの品種の大きさや重さにはちがいがありますね。

〔 父 〕 数字だけでは分かりにくいので、3つの品種にどんな特ちょうがあるか、図に表してみましょう。(**[資料7]**)

［資料7］収かくしたイモの個数、イモの重さの合計、イモ１個当たりの平均の重さの関係の図の表し方

図の表し方

①　図の横じくに収かくしたイモの個数を表し、縦《たて》じくに収かくしたイモの重さの合計を表す。

②　イモの個数とイモの重さの合計の関係を表す位置に点を１つ打つ。

③　②の点の下に品種の種類をアルファベットで書く。

④　②の点を中心とした円をかく。円の直径は、イモ１個当たりの平均の重さ10gを１cmとして表す。

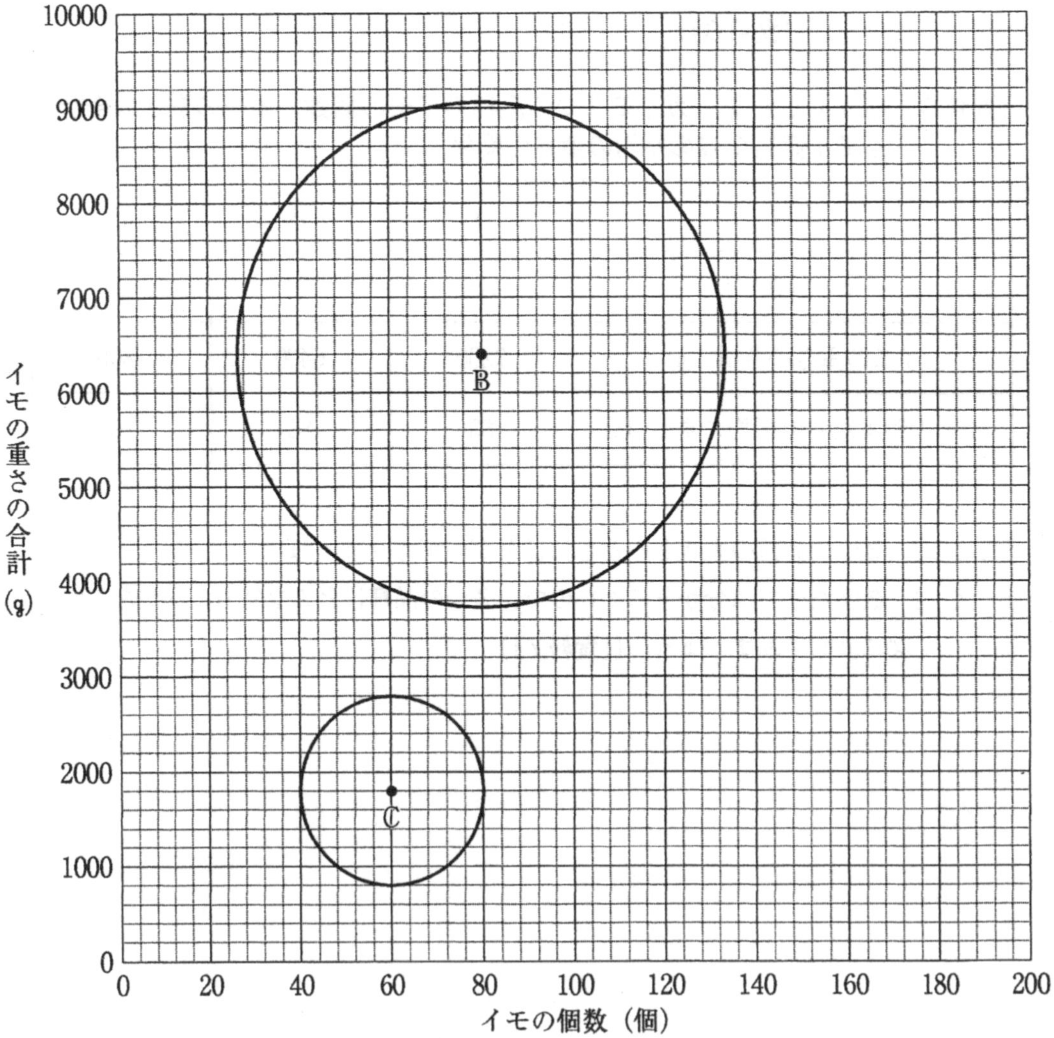

※例として品種Ｂと品種Ｃの図を表してある。

〔 父 〕 図に表すとジャガイモ3つの品種の特ちょうが分かりやすくなりますね。点の位置をみればイモの個数とイモの重さの合計の関係がひと目で分かります。円の大きさはイモ1個当たりの大きさを表していると考えることができます。

〔たろう〕 私《わたし》はイモがたくさんとれるのがうれしいから、来年も品種Aを植えたいです。

〔けいた〕 私は大きなイモがほしいから、品種Bがいいです。

〔はなこ〕 私は丸ごと調理しやすい小さなイモがいいから、品種Cがいいです。けれど、品種Cは収かくできるイモの個数が少ないので、来年はたくさん植えて2倍の個数を収かくできるようにしたいです。

問3

（1） **[資料6]** をふまえ、**[資料7]** の 図の表し方 にしたがい、品種Aのイモの個数、イモの重さの合計、イモ1個当たりの平均の重さの関係を表した図を、解答らんに定規とコンパスを用いてかきなさい。

（2） はなこさんの会話中に、「品種Cは収かくできるイモの個数が少ないので、来年はたくさん植えて2倍の個数を収かくできるようにしたいです。」とありますが、イモ1個当たりの平均の重さはそのままで、品種Cのイモの個数が2倍になったとすると、どのような図がかけますか。**[資料6]** をふまえ、**[資料7]** の 図の表し方 にしたがい、品種Cのイモの個数、イモの重さの合計、イモ1個当たりの平均の重さの関係を表した図を、解答らんに定規とコンパスを用いてかきなさい。

〔たろう〕 今回ジャガイモを育てて感じたのですが、ジャガイモづくりが盛《さか》んな北海《ほっかい》道《どう》では秋に収かくするのに、私たちが収かくしたのは6月です。どうして時期がちがうのでしょうか。

〔 父 〕 それは、ジャガイモを育てている地域《ちいき》の気温や降水量《こうすいりょう》と関係があります。次の資料を見てください。(**[資料8]**、**[資料9]**)

［資料８］北海道の帯広《おびひろ》の平均気温と降水量の関係（1991 年～2020 年の平均値《へいきんち》）

月	1	2	3	4	5	6	7	8	9	10	11	12
平均気温（℃）	−6.9	−5.7	−0.4	6.0	11.6	15.2	18.9	20.3	16.9	10.3	3.5	−3.8
降水量（mm）	40.5	28.8	43.8	60.1	84.7	81.1	107.1	141.3	140.2	85.7	54.2	52.3

（気象庁《きしょうちょう》ホームページより作成）

［資料９］東京の平均気温と降水量の関係（1991 年～2020 年の平均値）

月	1	2	3	4	5	6	7	8	9	10	11	12
平均気温（℃）	5.4	6.1	9.4	14.3	18.8	21.9	25.7	26.9	23.3	18.0	12.5	7.7
降水量（mm）	59.7	56.5	116.0	133.7	139.7	167.8	156.2	154.7	224.9	234.8	96.3	57.9

（気象庁ホームページより作成）

〔たろう〕　帯広と私たちが住んでいる東京では平均気温や降水量が大きくちがいますね。

〔　父　〕　今回の東京でのジャガイモの植え付け時期と、収かく時期は、ジャガイモづくりが盛んな帯広の平均気温と降水量の関係を参考にして決めました。帯広では、５月頃に植え付けを行い、９月頃に収かくを行います。今回私たちが東京でジャガイモを育てるためには、３月に植え付けを行い、６月に収かくを行うことが最適であると考えました。

〔たろう〕　おいしいジャガイモを育てるためには、植え付け時期と収かく時期も重要なのですね。

問４

たろうさんたちは、東京でジャガイモを育てるために、帯広の５月から９月までの平均気温と降水量の関係を参考にして、３月に植え付けを行い、６月に収かくを行うことが最適であると考えました。**［資料８］**、**［資料９］**をふまえて、たろうさんたちの東京での植え付け時期と収かく時期が、最適であるといえる理由を説明しなさい。

ただし、帯広、東京ともに植え付けは月の初めに行い、収かくは月の終わりに行ったものとします。

令和3年度

適性検査1

千代田区立九段中等教育学校

注意

1 検査開始の指示があるまで問題用紙を開いてはいけません。

2 検査時間は四十五分間で、終わりは午前九時四十五分です。

3 問題は 一 問1 から 問4 、二 問1 から 問3 まであります。

4 問題用紙は1ページから10ページまであります。
検査開始の指示後、すぐにページがそろっているかを確認《かくにん》しなさい。

5 解答用紙は二枚《まい》あります。

6 受検番号をそれぞれの解答用紙の決められた場所に記入しなさい。

7 解答はすべて解答用紙に記入し、解答用紙のみ二枚とも提出しなさい。

一　次の文章を読んで、後の問いに答えなさい。
（＊印のついている言葉には、本文の後に［注］があります。）

水墨画《すいぼくが》の巨匠《きょしょう》、篠田湖山《しのだこざん》に才能を見出された「僕《ぼく》」青《あお》山霜介《やまそうすけ》は、湖山先生の家に水墨画の練習に通うことになった。次の文章は、湖山先生との二回目の練習を書いた場面である。

「では、まずは墨《すみ》をするところから。これがなければ始まらないからね。おっと、水滴《すいてき》がなかったね」
湖山先生は立ち上がって、後ろの道具箱から、小さな急須《きゅうす》のような容器を取り出してきた。そこに水が入っているらしい。湖山先生の皺皺《しわしわ》の手が、硯《すずり》に水を注いで、硯の面を濡《ぬ》らした。
「さあどうぞ」
と、湖山先生は墨をするように促《うなが》した。僕は恐《おそ》る恐《おそ》る墨を持って、硯の上でゴシゴシとすり始めた。おもしろいくらいに墨はすれて、透明《とうめい》な水は真っ黒になっていった。
しばらくすっていると粘《ねば》りが出てきて、あとどれくらいすればいいのだろう、と視線《しせん》を上げると湖山先生は居眠《いねむ》りをしていた。
確かに退屈《たいくつ》だろうけれど、居眠りしなくても、とも思ったが、とりあえず湖山先生を起こすと、
「もうできたかね？」
と、私《わたし》はまるで居眠りなんかしてなかったぞというような顔で、起き上がった。それから、僕の座《すわ》っている席のほうへやってきた。①僕は背筋《せすじ》がぐっと伸《の》びた。
着ている＊作務衣《さむえ》から漂《ただよ》う清潔そうなにおいは何なのだろう、と思っていると、湖山先生は無造作に筆を取って、目の前の紙に何かをバシャバシャと描《えが》き始めた。
この前と同じ、湖畔《こはん》の風景が出来上がり、次に紙を置くと渓《けい》谷《こく》が出来上がり、最後には、竹が出来上がった。どれもまさしく神業《かみわざ》で、一瞬《いっしゅん》の出来事だった。どうしてこんな速度で、こんなに高齢《こうれい》な老人が筆を操《あやつ》れるのだろう？　年齢を感じさせない若々《わかわか》しい動きだった。そして何より速い。動きの細部についてはあまりに速すぎて分からない。手に持った筆が、先日と同じく、硯と＊梅皿《うめざら》と布巾《ふきん》と＊筆洗《ひっせん》の間を回転しているということしか分からなかった。
気づくと墨はなくなり、硯の中身は空っぽになっていた。描かれた絵は床《ゆか》に広がっていた。そして湖山先生は衝撃《しょうげき》的な一言を、僕に告げた。

「もう一回。もう一回、墨をすって」

僕は啞然《あぜん》としながらも、また一から墨をすり、湖山先生はうたた寝《ね》を始めた。

何が起こったのだろう？　何か、気に障《さわ》ることをしてしまったのだろうか？

いろいろと思案しながら、惑《まど》いつつ墨をゴシゴシすり、これでいいだろうというところでまた湖山先生を起こした。

特別に機嫌《きげん》が悪そうでもなく、かといって良さそうでもなく、また筆を取ると＊一気呵成《いっきかせい》にバサバサと描き上げて、硯の中身を空っぽにした。それからまた、さっきと同じせりふがかえってきた。

「もう一回」

僕は眉《まゆ》をひそめて、いったい何が起こっているのだろう？と墨をすりながら考え続けた。

僕はとにかく墨をすり、湖山先生を呼《よ》んだ。湖山先生は居眠りから目覚めて、描いて、僕はまた同じ言葉をもらい、また墨をすり……と、そんなことを何度か繰《く》り返《かえ》した。もういい加減疲《つか》れてきたので、いろいろ考えるのをやめて、ただなんとなく手を動かし、＊有《あ》り体《てい》に言えば適当に墨をすって湖山先生を呼んだ。すると湖山先生は最初のときとまったく同じく、特に不機嫌でもなく不愉快《ふゆかい》でもなさそうな顔で、筆を取ると、

「筆洗の水を換《か》えてきて」

と、言った。僕は言われたとおり廊下《ろうか》に出てすぐの場所にある流し場で、筆洗の水を新しいものに換えた。湖山先生の前に真新しい水を置いて席に着くと、湖山先生は待ち構えていたように筆を取って、墨を付けて筆洗に浸《ひた》した。その瞬間、湖山先生は口を開いた。

「これでいい。描き始めよう」

僕は湖山先生が何を言っているのか、分からなかった。どうしてまじめにすった墨が悪くて、適当にすった墨がいいんだ？

僕はなんとも腑《ふ》に落ちないという表情をしていたのだろう。湖山先生はにこやかに笑って答えた。

「粒子《りゅうし》だよ。墨の粒子が違《ちが》うんだ。君の心や気分が墨に反映《はんえい》しているんだ。見ていなさい」

湖山先生は、筆をもう一度取り上げて、いちばん最初に描いた風景とまったく同じものを描いた。木立《こだち》が前面にあり、背後《はいご》に湖面が広がり、さらにその背後に山が広がっているという絵で、レイアウトはまったく同じだ。

だが湖山先生が筆を置いた瞬間の墨の広がりや、きらめきが何もかも違った。

＊画素数の低い絵と高い絵の違いと言ったらいいのだろうか。実際に粒子が違うというのなら、そういうことなのだろう。小さなきらめきや広がりが積み重なり、一枚《いちまい》の風景が出来上がったとき、最初に見たときは漠然《ばくぜん》と美しいとしか感じられなかった絵が、二枚目になると懐《なつ》かしさや静けさやその場所の温度や季節までも感じさせるような気がした。細かい粒子によって出来上がった湖面の反射《はんしゃ》は、夏の光を思わせた。薄墨《うすずみ》で描かれた線のかすれが、ごく繊細《せんさい》な場所まで見て取れるので、眩《まぶ》しさや、色合いまでも思わせ、波打つ様子は静けさまでも感じさせた。その決定的な一線は、たった一筆によって引かれたものだった。同じ人物が同じ道具で、同じように絵を描いても、墨のすり方一つでこれほどまでに違うものなのかと、僕は＊愕然《がくぜん》とした。とたんに僕は恥ずかしくなった。

　僕はとんでもない失敗をさっきまで繰り返していたのだ。湖山先生は相変わらず、にこやかに笑っている。

　私が何も言わなかったのが悪いが、と前置きした後に湖山先生は言った。

「青山君、力を抜《ぬ》きなさい」

　静かな口調だった。

「力を入れるのは誰《だれ》にだってできる、それこそ初めて筆を持った初心者にだってできる。それはどういうことかというと、凄《すご》くまじめだということだ。本当は力を抜くことこそ技術なんだ」

　力を抜くことが技術？　そんな言葉は聞いたことがなかった。

　僕は分からなくなって、

「まじめというのは、よくないことですか？」

と訊《たず》ねた。湖山先生はおもしろい冗談《じょうだん》を聞いたときのように笑った。

「いや、まじめというのはね、悪くないけれど、少なくとも自然じゃない」

「自然じゃない」

「そう。自然じゃない。我々《われわれ》はいやしくも水墨をこれから描こうとするものだ。水墨は、＊墨の濃淡《のうたん》、潤渇《じゅんかつ》、肥痩《ひそう》、階調でもって森羅万象《しんらばんしょう》を描き出そうとする試みのことだ。その我々が自然というものを理解しようとしなくて、どうやって絵を描けるだろう？　心はまず指先に表れるんだよ」

　僕は自分の指先を見た。心が指先に表れるなんて考えたこともなかった。それが墨に伝わって粒子が変化したというのだろうか。だが、たしかにその心の変化を【　い　】だけで見せつけられた身としては、うなずくしかない。

「君はとてもまじめな青年なのだろう。君は気づいていないかもしれないが真っすぐな人間でもある。困難《こんなん》なことに立ち向かい、それを解決しようと努力を重ねる人間だろう。その分、自分自身の過《あやま》ちにもたくさん傷《きず》つくのだろう。私はそんな気がするよ。そしていつの間にか、自分独りで何かを行おうとして心を深く閉《と》ざしている。その強張《こわば》りや硬《かた》さが、所作に現れている。そうなるとその真っすぐさは、君らしくなくなる。真っすぐさや強さが、それ以外を受け付けなくなってしまう。でもね、いいかい、青山君。②水墨画は孤独《こどく》な絵画ではない。水墨画は自然に心を重ねていく絵画だ」

　僕は視線を上げた。

　言葉の意味を理解するには、湖山先生の声があまりにも優《やさ》しすぎて、何を言ったのか、うまく聞き取れなかった。不思議そうな顔で、僕は湖山先生を見ていたのだろう。湖山先生は言葉を繰り返した。

「いいかい。水墨を描くということは、独りであるということとは無縁《むえん》の場所にいるということなんだ。水墨を描くということは、自然との繋《つな》がりを見つめ、学び、その中に分かちがたく結びついている自分を感じていくことだ。その繋がりが与《あた》えてくれるものを感じることだ。その繋がりといっしょになって絵を描くことだ」

「繋がりといっしょに描く」

　僕は言葉を繰り返した。僕にはその繋がりを隔《へだ》てているガラスの部屋の壁《かべ》が見えていた。その壁の向こう側の景色を、僕は眺《なが》めようとしていた。

　その向こう側にいま、湖山先生が立っていた。

「そのためには、まず、心を自然にしないと」

　そう言って、また湖山先生は微笑《ほほえ》んだ。湖山先生が優しく筆を置く音が、耳に残った。その日の講義は、ただそれだけで終わった。

（砥上裕將《とがみひろまさ》『線《せん》は、僕《ぼく》を描《えが》く』問題のため一部改編）

［注］
＊作務衣《さむえ》・・・もともとは、僧《そう》が日常の雑務を行う時に着る衣のこと。現在でも、園芸や陶芸《とうげい》などの作業の際にも用いられることがある。
＊梅皿《うめざら》・・・梅の花の形をした陶器でできたパレットのようなもの。
＊筆洗《ひっせん》・・・筆を洗うための入れ物。
＊一気呵成《いっきかせい》・・・一気に作品を完成させること。
＊有《あ》り体《てい》に・・・ありのまま。
＊画素・・・デジタルカメラなどで画像を扱《あつか》うときの単位のこと。一般的に、画素数が高いとはっきり見え、低いとぼやけて見える。
＊愕然《がくぜん》・・・驚《おどろ》くこと。
＊墨の濃淡《のうたん》、潤渇《じゅんかつ》、肥痩《ひそう》、階調・・・墨による様々な表現の工夫のこと。

問1 ①僕は背筋《せすじ》がぐっと伸《の》びた　とありますが、僕はなぜそのような行動をしたのですか。その理由を説明する代わりに、次の「　あ　」に、この時の「僕」の気持ちが分かるようなせりふを、あなたが「僕」になったつもりで考え、六字以上十字以内で解答らんに合うように書きなさい。

「　あ　」**と思うと僕は背筋がぐっと伸びた。**

問2 【　い　】にあてはまる最も適切な言葉を本文から五字で抜き出し書きなさい。

問3 次のページの会話文は、小学生のなおこさんとおるさんが、この文章を読んだ後に話したものの一部です。会話文を読み、（1）、（2）の問いにそれぞれ答えなさい。

（1）会話文中の空らん［う］にあてはまる言葉を十五字以上二十字以内で解答らんに合うように書きなさい。

（2）会話文中の空らん［え］にあてはまる最も適切な言葉を本文から抜き出し解答らんに合うように書きなさい。

〔なおこ〕　「僕」は、何度も墨をすりなおしさせられて大変そうだったね。

〔とおる〕　もし自分だったら、「どうしてすりなおさせられるのか」を聞いてしまうと思うな。

〔なおこ〕　その理由を聞かずに、何度もすりなおすところが、「僕」の「まじめ」な部分が表れているのかもしれないね。

〔とおる〕　湖山先生も最初から「力を抜きなさい」って言ってくれればよかったのに。

〔なおこ〕　言われたら言われたで、「僕」は墨をするときに力が入ってしまったと思うよ。

〔とおる〕　どうして？

〔なおこ〕　なぜなら、［　う　］からね。

〔とおる〕　そうだね。そうしたらまた力が入ってしまうね。

〔なおこ〕　湖山先生は「繋がり」についても話をしているね。

〔とおる〕　「繋がりが与えてくれるものを感じる」ことが大切みたいだね。「僕」は、どうしてそれができないんだろう。

〔なおこ〕　湖山先生は、「僕」が［　え　］からだって指摘しているね。

〔とおる〕　「僕」がどうやって「繋がりといっしょになって絵を描くこと」ができるようになるか楽しみです。

〔なおこ〕　早くこの物語を読み進めたくなるね。

問4　②水墨画は孤独《こどく》な絵画ではない　とありますが、これまでにあなたが、一見孤独と感じるけれども、よく考えると何かとの繋がりを覚えたことは何ですか。あなた自身の体験を次の条件にしたがって書きなさい。

条件1　書き出しは一ますめから書き始めなさい。

条件2　文章は、六十字以上七十字以内で書きなさい。
、や。や「　なども一字と数えます。

二　次の文章を読んで、後の問いに答えなさい。
（＊印のついている言葉には、本文の後に［注］があります。）

著作権に関係する弊社の都合により
本文は省略いたします。

教英出版編集部

著作権に関係する弊社の都合により
本文は省略いたします。

教英出版編集部

著作権に関係する弊社の都合により
本文は省略いたします。

教英出版編集部

（スタンレー・コレン著、三木直子訳『犬と人の生物学』問題
のため一部改編）

［注］
＊リード…犬をつなぐひものこと。
＊示唆…それとなく示すこと。
＊同腹の子犬たち…ここではきょうだいを指す。

問1 ①　どちらも同じ匂いがするようにしておかなくてはいけ
ない　とありますが、なぜこの手順が必要なのですか。
本文で書かれているこの実験をふまえて、その理由を解
答らんに合わせて書きなさい。

問2 ②　その能力を発達させるために人間との多大な接触が
必要なわけでもないのである　について（1）、（2）の
問いにそれぞれ答えなさい。

（1）「その能力」が指すものを、②その能力を発達させるた
めに人間との多大な接触が必要なわけでもないのである
より前の本文から十字で抜き出し解答らんに合うように
書きなさい。

（2）②その能力を発達させるために人間との多大な接触が
必要なわけでもないのである　のように筆者が考えたの
はなぜですか。　本文をふまえて書きなさい。

— 9 —

問3 「社会的認知《にんち》」とありますが、筆者は人間である私たちも同じことをしていると述べています。このことについて次の条件にしたがって書きなさい。

条件1 段落《だんらく》構成については、次の①から④にしたがうこと。

① 三段落構成で、内容のまとまりやつながりを考えて作文を書きなさい。

② 第一段落では、筆者が「社会的認知」をどのようなものだと考えているか要約して書きなさい。

③ 第二段落では、筆者が考える社会的認知のうち、あなたが体験した具体的な事例を書きなさい。ただし、筆者が用いた具体例と同じものは避《さ》けること。

④ 第三段落では、第二段落で体験した事例に対し、あなたがどのような行動をとったのかを具体的に書きなさい。

条件2 解答は原稿《げんこう》用紙の正しい使い方で書き、書き出しは一ます空けて書き始めなさい。

また、ことばを正しく使い、文章は百八十字以上二百四十字以内で書きなさい。

、や。や「なども一字と数え、改行などで空いたますも字数に数えます。

適性検査2

注　　意

1　検査開始の指示があるまで問題用紙を開いてはいけません。

2　検査時間は45分間で、終わりは午前11時10分です。

3　問題は　1　問1　から　問4
　　　　　2　問1　から　問4
　　　　　3　問1　から　問4　まであります。

4　問題用紙は1ページから22ページまであります。検査開始の指示後、すぐにページがそろっているかを確認《かくにん》しなさい。

5　解答用紙は2枚《まい》あります。

6　受検番号をそれぞれの解答用紙の決められた場所に記入しなさい。

7　解答はすべて解答用紙に記入し、解答用紙のみ2枚とも提出しなさい。

1 まさみさん、とうまさん、先生が日本の国際協力について会話をしています。

〔まさみ〕 国際協力につくす日本人がいることをニュースで知りました。

〔とうま〕 日本はどのような国際協力を行っているのでしょうか。

〔先　生〕 政府による国際協力として、開発途上《とじょう》国の発展《はってん》に役立てるために、ＯＤＡ（政府開発援助《えんじょ》）が行われています。

〔まさみ〕 日本のＯＤＡについて、レポートにまとめました。（**[資料１]**）

[資料１] まさみさんがまとめたレポート

日本のＯＤＡについて

・日本のＯＤＡは大きく分けて二つあります。一つは多国間協力です。政府が国際連合などの国際機関を通じて、世界の国ぐにといっしょに開発途上国の援助を行います。もう一つは二国間協力です。政府が開発途上国へ直接支援します。

・二国間協力は二つに分けられます。一つは有償《ゆうしょう》資金協力です。政府が開発途上国へお金を貸し、開発途上国の電気・ガス・運輸などの社会や経済《けいざい》の土台となる設備を建設することなどに役立てられています。もう一つは贈与《ぞうよ》です。

・贈与は二つに分けられます。一つは無償資金協力です。特に貧しい国を対象に、人びとの生活水準の向上に役立つ病院や水道などを整備することや、学校を建設することなどに役立てられます。もう一つは技術協力です。日本の技術や技能、知識を開発途上国に伝えます。

・日本は、開発途上国の発展状況《じょうきょう》などに合わせ、このようなＯＤＡを行っています。

（外務省、ＪＩＣＡ（独立行政法人国際協力機構）ホームページより作成）

〔先　生〕 よく調べましたね。**[資料１]** を図にしてみましょう。

問1

まさみさんは、**[資料1]** をもとに、下の図を作成しました。図の①から⑥には、下の＜語群＞の用語が一つずつ入ります。このうち、②④⑤⑥にあてはまるものをそれぞれ選び、記号で答えなさい。

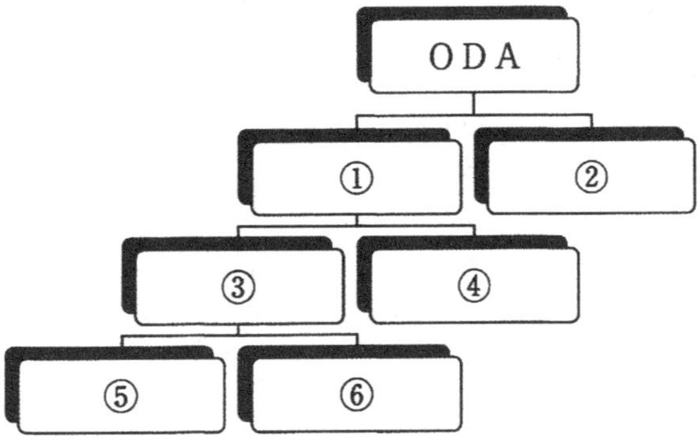

＜語群＞
（ア）　贈与
（イ）　多国間協力
（ウ）　技術協力
（エ）　有償資金協力
（オ）　二国間協力
（カ）　無償資金協力

〔とうま〕　私《わたし》は **[資料1]** をもとに、日本のＯＤＡの具体例をカードＡからカードＤにまとめました。（**[資料2]**）

[資料2] とうまさんがまとめたカード

カードＡ

Ｗ国では、教育を受けたくても受けることができない人が多数いたため、よりよい教育制度をつくろうとした。そこで日本政府は専門《せんもん》家を送り、Ｗ国の担当《たんとう》職員に知識や技術を伝えた。

カードＢ

Ｘ国では、人口の増加によって交通渋《じゅう》滞《たい》が問題となっていた。そこで交通渋滞を減らすことで、人や物の移動を活発にし、経済発展をうながすため、日本政府は、資金を出し、Ｘ国に道路を建設した。

カードＣ

Ｙ国では、子どもの貧困《ひんこん》が問題となっていた。そこでこのような国の子どもの命と健康を守るために、日本政府は国際機関であるＵＮＩＣＥＦ（国連児童基金）へ資金を出した。

カードＤ（無償資金協力）

Ｚ国では、人口増加に学校建設が追いつかず、小学校の数が不足していた。そこで日本政府は、Ｚ国の学習環境《かんきょう》をよりよくするために、資金を出し、学校の建設や備品の整備を支援した。

（ＪＩＣＡホームページより作成）

問2

[資料2] のカードＡからカードＣは、**[資料1]** の内容をふまえた、有償資金協力、技術協力、多国間協力のいずれかの具体例です。具体例としてあてはまるカードをそれぞれ選び、記号で答えなさい。

〔とうま〕　ＯＤＡの中で、日本政府が特に力を入れているのはどれでしょうか。

〔先　生〕　次の資料を見て、考えてみましょう。([資料３]、[資料４]、[資料５])

[資料３] 日本のＯＤＡ予算の変化

項目《こうもく》	1998年		2020年	
	金額（億円）	割合《わりあい》（%）	金額（億円）	割合（%）
（キ）贈与	6163	33	4877	□
（ク）有償資金協力	8458	45	14000	□
その他	4243	22	3823	17
合計	18864	100	22700	100

項目	1998年		2020年	
	金額（億円）	割合（%）	金額（億円）	割合（%）
（ケ）無償資金協力	2403	39	1631	□
（コ）技術協力	3760	61	3246	□
合計	6163	100	4877	100

（外務省ホームページより作成）

[資料４] 2015年に決定された日本政府のＯＤＡ方針《ほうしん》

　開発途上国の自助努力を後おしし、将来《しょうらい》における自立的発展を目指すことが日本の開発協力の良き伝統である。この観点から、引き続き、開発途上国自身の自発性と自助努力を重視《じゅうし》していく。

（外務省『開発協力大綱《たいこう》』より作成）

[資料５] 有償資金協力、無償資金協力、技術協力の特ちょう

有償資金協力	無償資金協力	技術協力
・開発途上国は、大きな支援を受けやすい。 ・開発途上国は資金を返すために自らの努力が必要であり、開発途上国が自立していくことに役立つ。	・開発途上国は資金を返す必要がない。 ・特に開発のおくれが目立つ国や地域《ちいき》が対象となり、主に医療《いりょう》や教育、水などの分野を改善《かいぜん》するために、実施《じっし》される。	・技術をもっている人が開発途上国に送られる。 ・開発途上国の人が、学んだ技術を活かして、自分たちで国の問題を解決させたり、経済を発展させたりすることに役立つ。

（外務省ホームページより作成）

問3

（1）**［資料3］**の□に入る数値《すうち》のうち、1998年と比べて割合が増えている項目を**［資料3］**の（キ）～（コ）の中からすべて選び、記号で答えなさい。

（2）（1）の項目の割合が増えた理由として考えられることを、**［資料4］**、**［資料5］**をふまえ、解答らんに合わせて答えなさい。

〔まさみ〕 今後、日本のＯＤＡはどうしていくべきでしょうか。
〔先　生〕 他国と比べて考えてみましょう。
〔とうま〕 ＯＤＡの支出額について他国と比べた資料を見つけました。
（[資料６]、[資料７]）

[資料６] 2018年時点のＯＤＡ支出額上位４か国の推移《すいい》

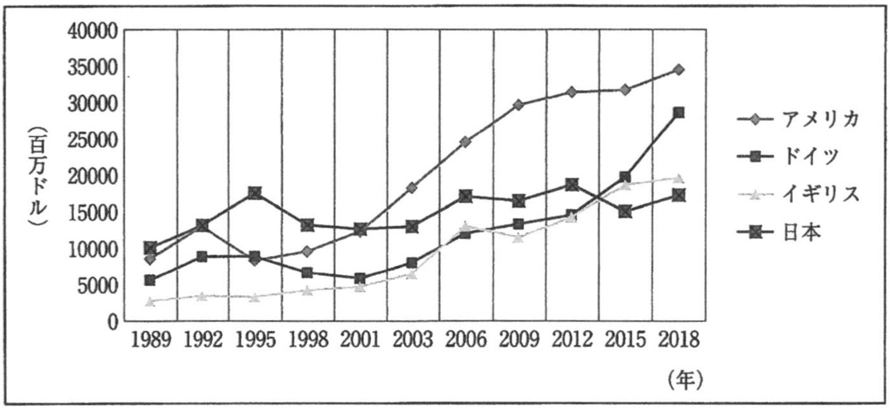

（外務省、日本経済新聞ホームページより作成）

[資料７] ＯＤＡに支出した金額を＊ＧＮＩ（国民総所得）で割《わ》った値《あたい》の国際比かく（2018年）

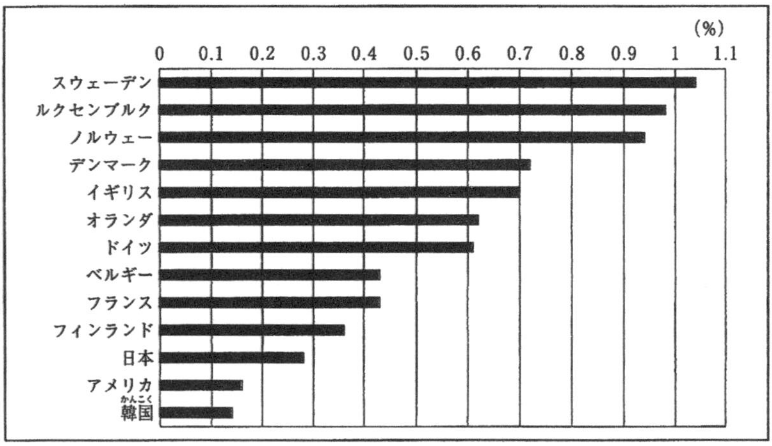

（外務省ホームページより作成）

＊ＧＮＩ（国民総所得）：１年間に国民が新たに受け取った所得の総額で、
一つの国の経済力の大きさを示す。

〔まさみ〕 **[資料７]** の日本の数値が大きいか、小さいかを判断するために、何らかの基準はありませんか。
〔先　生〕 国際連合が求めている数値があります。この数値は、持続可能でよりよい世界を目指すための目標、いわゆるＳＤＧｓ（持続可能な開発目標）に、ふくまれています。（[資料８]）

［資料８］ ＳＤＧｓ（持続可能な開発目標）の指標の一部

ＯＤＡに支出した金額をＧＮＩ（国民総所得）で割った値が0.7%になるように、先進国は、開発途上国に対してＯＤＡを実施すること。

（外務省ホームページより作成）

問４

日本のＯＤＡ支出額についてさまざまな意見があります。日本のＯＤＡを増やすべきという立場の意見を、**［資料６］**、**［資料７］**、**［資料８］**をふまえ、解答らんに合わせて答えなさい。

2 あおいさん、まことさん、このみさんが、人口についての調べ学習をしながら、会話をしています。

〔あおい〕 令和《れいわ》2（2020）年は、国勢調査が行われた年でした。

〔このみ〕 国勢調査とは何ですか。

〔まこと〕 5年に1度、日本にどれくらいの人が住んでいるのかなどを調査します。調査結果は、生活環境《かんきょう》の改善《かいぜん》やまちづくりなどに役立てられます。

〔このみ〕 第1回調査が行われた大正《たいしょう》9（1920）年から、昭和《しょうわ》15（1940）年までの東京の人口を調べてみましょう。（**[資料1]**）

[資料1] 大正9（1920）年から昭和15（1940）年までの東京の人口

年	人口（人）
大正9（1920）	3699839
大正14（1925）	4485556
昭和5（1930）	5408678
昭和10（1935）	6369919
昭和15（1940）	7354971

（国勢調査より作成）

〔あおい〕 東京の人口は、増加していることが分かります。

〔まこと〕 国勢調査では、市区町村ごとの人口も調べられています。現在の千代田《ちよだ》区《く》、世田谷区《せたがやく》、杉並区《すぎなみく》、大田区《おおたく》にあたる地域《ちいき》の人口の推移《すいい》について調べました。（**[資料2]**）

[資料2] 大正9（1920）年から昭和15（1940）年までの千代田区、世田谷区、杉並区、大田区にあたる地域の人口の推移

（人）

	大正9（1920）年	大正14（1925）年	昭和5（1930）年	昭和10（1935）年	昭和15（1940）年
千代田区	217702	184896	188674	197233	186699
世田谷区	31985	78270	133249	190486	281804
杉並区	18099	65981	134525	190217	245435
大田区	78522	152005	245457	348941	531784

（国勢調査より作成）

〔このみ〕 千代田区と、世田谷区、杉並区、大田区では、人口の変化にちがいが見られますね。

〔あおい〕 どうしてこのようなちがいがあるのでしょうか。

〔まこと〕 資料を用意したので考えてみましょう。（[資料３]、[資料４]、[資料５]）

[資料３] 大正３（1914）年と昭和９（1934）年の鉄道路線の変化

大正３（1914）年

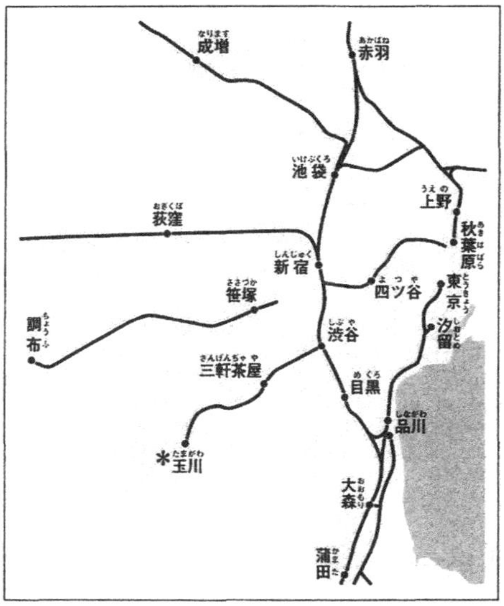

昭和９（1934）年

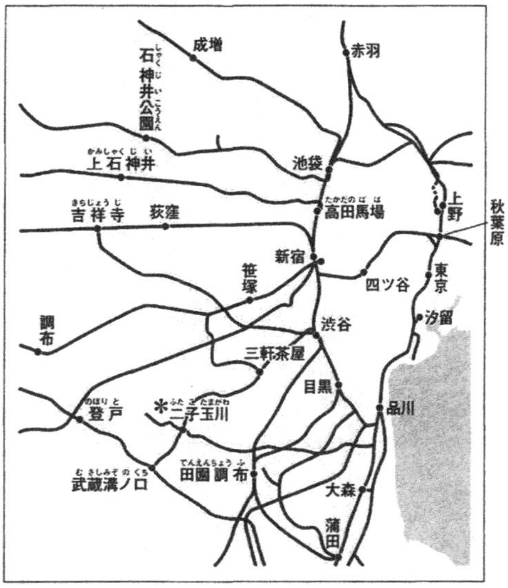

（今尾恵介《いまおけいすけ》『地図で解明！東京の鉄道発達史』より作成）

＊大正３（1914）年の玉川と、昭和９（1934）年の二子玉川は同じ駅である。

[資料４] 千代田区、世田谷区、杉並区、大田区の位置

[資料５] 大正時代のパンフレットの例

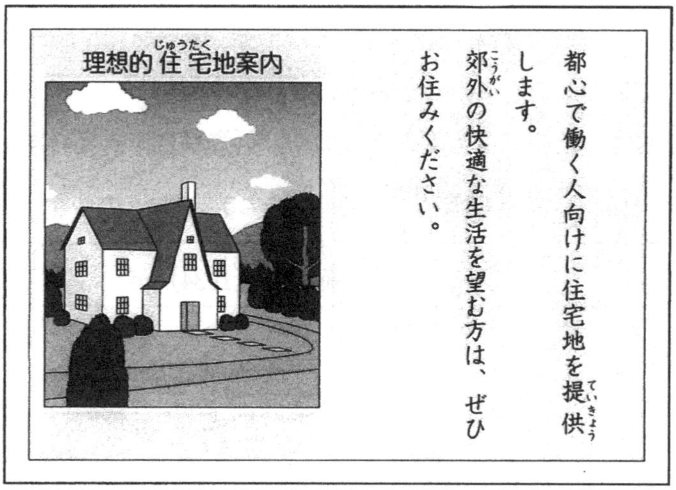

問１

> 世田谷区、杉並区、大田区の人口変化の理由として考えられることを、**[資料３]**、**[資料４]**、**[資料５]** をふまえ、答えなさい。

〔このみ〕 日本の人口は、国勢調査が行われる前はどれくらいだったのでしょうか。

〔あおい〕 次の資料を見てください。（**[資料６]**）

[資料６] 1500年ごろから1900年ごろまでの日本の人口の推移

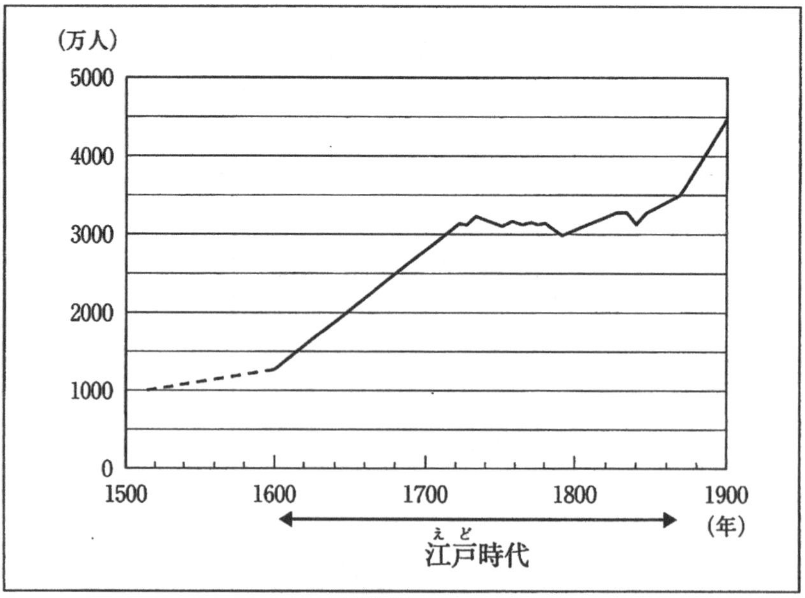

（鬼《き》頭《とう》 宏《ひろし》『人口から読む日本の歴史』より作成）

〔このみ〕 私《わたし》は［資料6］をふまえて、江戸時代に関する資料を見つけました。（［資料7］）

二つの資料をふまえて、文章にまとめてみましょう。

［資料7］ 江戸時代に関する資料

江戸時代には、サツマイモなどの新種作物の導入や生産力向上、流通の拡大《かくだい》、それに1日3食制の定着など食生活が充実《じゅうじつ》した。さらに、木綿栽培《もめんさいばい》の普及《ふきゅう》によって衣類・寝具《しんぐ》が改善されたり、たたみの普及などによって住生活が向上したりするなど、生活水準が向上した。

また、「寛政重修諸家譜《かんせいちょうしゅうしょかふ》」という史料から得られる武士の平均死亡年齢《しぼうねんれい》は、1561年から1590年の出生者では42.3歳《さい》だったのに対し、ほぼ一世紀をへだてた1681年から1710年の出生者では51.3歳と、9歳ものびている。

（鬼頭宏『人口から読む日本の歴史』より作成）

問2

次の文章は、このみさんとあおいさんが江戸時代の人口推移とその理由についてまとめたものです。

私たちは、［資料6］の中で（　ア　）の人口の変化に注目しました。この期間には、人口がおよそ（　イ　）増加しています。その理由は、［資料7］から（　ウ　）ため生活水準が向上し、長生きできるようになったからだと考えました。

（1）（　ア　）、（　イ　）にあてはまる言葉の組み合わせを、次の①～④のうちから一つ選び、数字で答えなさい。

①（　ア　）江戸時代の始めから江戸時代の中ごろまで　（　イ　）2000万人

②（　ア　）江戸時代の始めから江戸時代の中ごろまで　（　イ　）3000万人

③（　ア　）江戸時代の中ごろから江戸時代の終わりまで　（　イ　）2000万人

④（　ア　）江戸時代の中ごろから江戸時代の終わりまで　（　イ　）3000万人

（2）（　ウ　）にあてはまる言葉を考えて答えなさい。

〔このみ〕 人口の変化には、さまざまな要因があることが分かりました。

〔あおい〕 ところで、日本の人口はこれからどのように推移していくのですか。

〔まこと〕 次の資料を見てみましょう。（[資料８]）

[資料８] 日本の人口推移と将来《しょうらい》予測

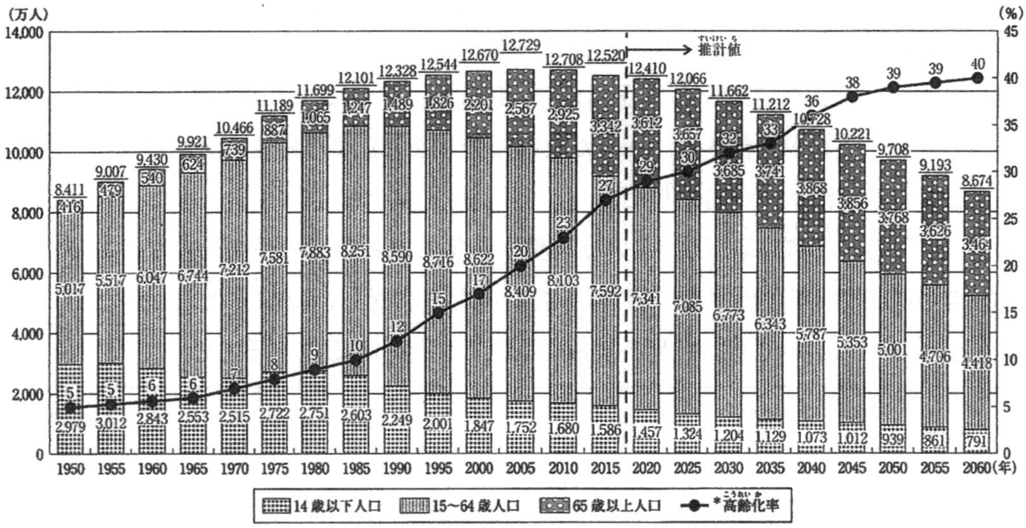

＊高齢化率：人口にしめる 65 歳以上人口の割合《わりあい》のこと。

（総務省ホームページより作成）

〔あおい〕 [資料８] のような人口の変化は、日本社会にどのような影響《えいきょう》をあたえるのでしょうか。

〔まこと〕 図にまとめてみました。この図を使って考えてみましょう。（[資料９]）

[資料９] 人口の変化による影響を示した図

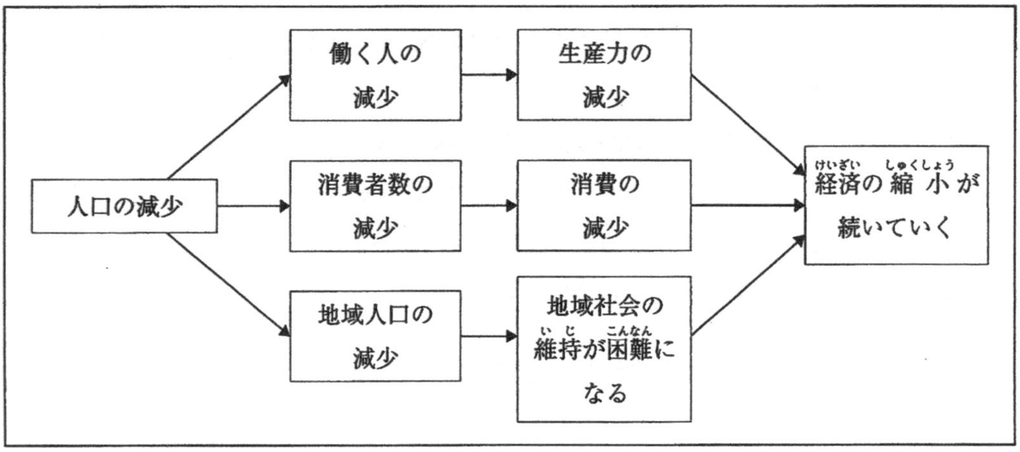

（みずほ総合研究所ホームページより作成）

問3

次の文章は、あおいさん、このみさん、まことさんの3人が、［**資料8**］、［**資料9**］をふまえて、日本の人口推移とその影響についてまとめたものです。まとめた文章として正しいものを、次の①～④のうちから一つ選び、数字で答えなさい。

① 2000年以降《いこう》、15～64歳人口が減少し続けていきます。また、働く人が減少するため、生産力が減少していきます。

② 2010年から2060年にかけて、65歳以上人口は増加し続けていきます。また、消費者数が増加していくため、消費が増加していきます。

③ 2010年から2060年にかけて、14歳以下人口は増加し続けていきます。また、地域人口が増加していくため、地域社会を維持できるようになります。

④ 2020年には、高齢化率が30％をこえます。また、地域人口が減少していくため、地域社会を維持していくことが困難になります。

〔まこと〕　日本の人口の変化には、少子化の進行も影響しています。次の資料を見てください。（[資料１０]、[資料１１]）

[資料１０]　フランスの子育て支援《しえん》の事例

フランスでは、人口減少は国の大きな危機《きき》と考え、対策《たいさく》を行った。

フランスでは、20歳になるまでの国からの支援総額は、子どもが1人だと600万円程度。2人では1900万円近く、3人だと3900万円程度になる。日本の場合、子どもが1人で400万円ほど。2人でも3人でもこの額はあまり変わらない。

フランスではそもそも出産費用は無料。乳幼児《にゅうようじ》の保育費用が補助《ほじょ》されるうえ、3歳以上になるとほとんどの子どもが公立の幼稚園《ようちえん》に入り、費用が無料になる。大学の学費も年間2万円程度ですむ。

このようにフランスでは、子どもが増えると国からの支援額もどんどん増えていく。また、一定以上の保障《ほしょう》やサービスが受けられるようになっている。

（ＮＨＫスペシャル「私たちのこれから」取材班《はん》編『超《ちょう》少子化　異次元《いじげん》の処方箋《しょほうせん》』より作成）

[資料１１]　岡山《おかやま》県奈義《なぎ》町の子育て支援の事例

長らく人口減少に苦しんできた奈義町。

町が力を入れたこと、それは子育て世代へのサポートだ。

奈義町には、町と住民が協力して運営している子育て支援施設《しせつ》「なぎチャイルドホーム」がある。奈義町のお母さんたちが「ひごろから子育てのことを話せる場所をつくろう」と自主的に集まったのが始まりだった。

施設には、子育てアドバイザーがいつもいて、子育ての不安やなやみを気軽に相談することができる。

「ここに来れば、必ずだれか同じ子育て世代の人に会えます。いろんななやみを相談したり、ただ話すだけで気持ちが休まったりする。人とつながる場なので助かっています」

いろんな親子に出会うことで、自分の子育て観も変わるという。

（ＮＨＫスペシャル「私たちのこれから」取材班編『超少子化　異次元の処方箋』より作成）

〔あおい〕　[資料１０]、[資料１１]を使って、少子化対策についてまとめ、発表しましょう。

問4

次の文章は、あおいさん、このみさん、まことさんが、日本の少子化対策についてまとめたものです。

私たちは、少子化対策には子育てをする人への支援が必要だと考えます。例えば、フランスでは**[資料１０]**から、子育てをする人の（　エ　）支援を増やしています。また、岡山県奈義町では、**[資料１１]**から、子育てする人の（　オ　）支援を増やしています。

もちろん、それぞれの国や地域によって社会的背景《はいけい》はさまざまです。しかし私たちは、子育てをする人への具体的な支援を増やすことが、今後の少子化対策の参考になるのではないかと考えました。

（1）（　エ　）にあてはまる言葉を考えて答えなさい。

（2）（　オ　）にあてはまる言葉を考えて答えなさい。

3 けんたさんとあみさんが先生と話をしています。

〔先　生〕 みなさんは、バリアフリーという言葉を聞いたことがありますか。
〔あ　み〕 はい。先日、テレビで特集しているのを見ました。どんな人でも利用することができることを目指した設計ですね。
〔先　生〕 現在、さまざまな場所でバリアフリーが進んでいます。２人は何か知っているものはありますか。
〔けんた〕 駅のスロープはバリアフリーの一つですね。(**[資料１]**)

[資料１] 駅のスロープ

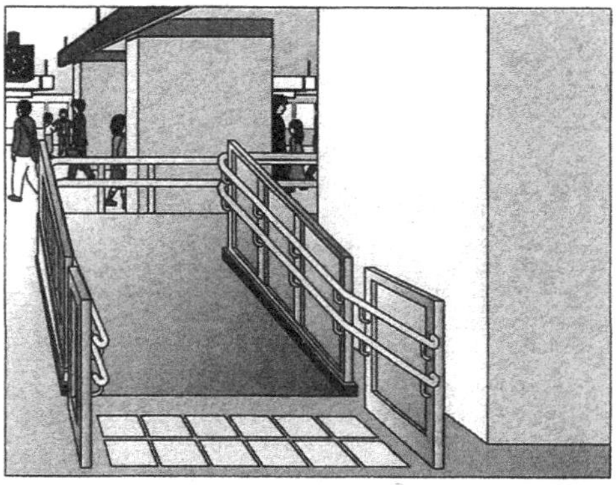

〔あ　み〕 私《わたし》も駅のスロープを見たことがありますが、手すりの部分に、でこぼこしたものが付いていました。(**[資料２]**)

[資料２] 駅の手すり

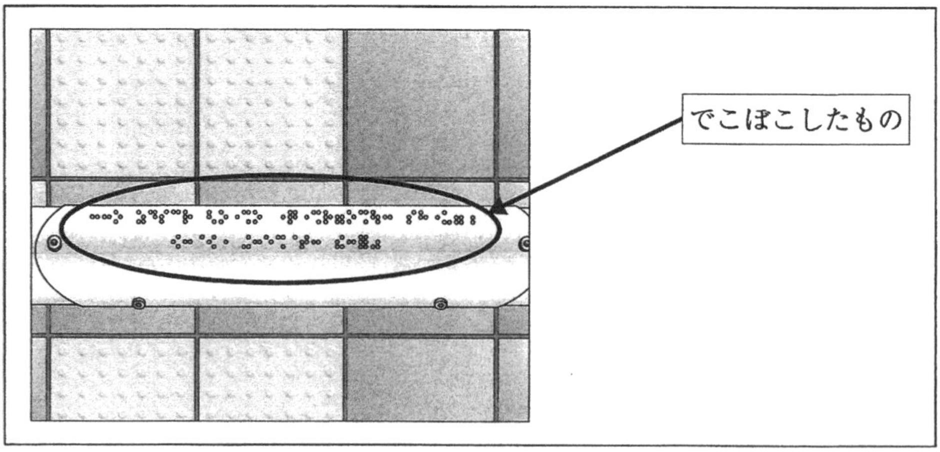

〔先　生〕　これは点字といって、指先で読み取る文字です。点字は6個の点を組み合わせて文字を作ります。（[資料3]）

[資料3]　点字のしくみ

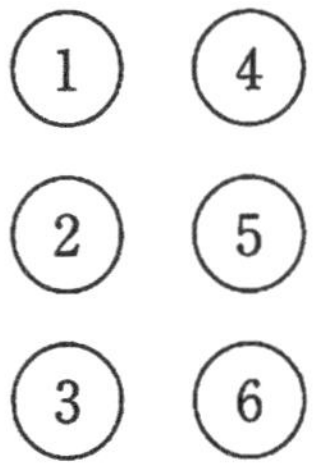

図1　点の並《なら》びかた

6個の点は、左上から順に
1～6の番号がふられている。

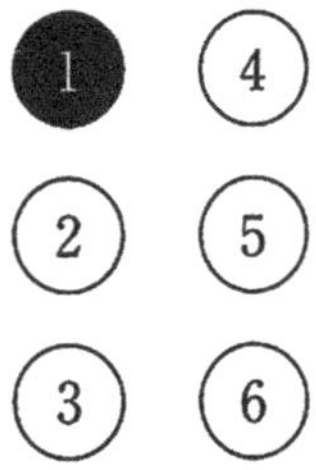

図2　「あ」の表記のしかた

「あ」の文字は1番の点のみが出っ張っていることで表現している。

〔あ　み〕　点の出っ張っている部分の組み合わせで、文字を判断するのですね。
〔けんた〕　この6個の点で、どれだけの文字を表すことができるのでしょうか。
〔先　生〕　まずは点が1個の場合から考えてみましょう。ここから先は、点の出っ張っている部分を黒丸、出っ張っていない平面の部分を白丸として示していきます。（[資料4]）

[資料4]　点が1個の場合

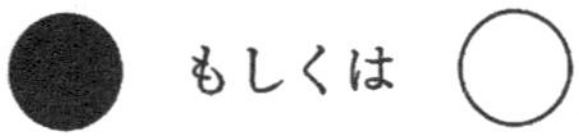

点が1個の場合は、点が出っ張っている（黒丸）か、
点が出っ張っていない（白丸）の2通り表すことができる。

〔あ　み〕　ここから1個ずつ点を増やしていけば、実際の点字が何文字表すことができるのか分かりますね。

問1

3個の点を使って、何通りの組み合わせを作ることができるか答えなさい。

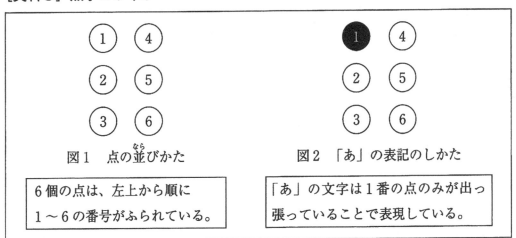

〔けんた〕　先生、点字で文字を表すためには、なぜ6個の点を使う必要があるのでしょうか。

〔先　生〕　それは、五十音というのが理由の一つです。ここでは、「だ」のようなだく音や「ぱ」のような半だく音を除《のぞ》いたものを五十音と呼《よ》ぶことにします。これらの文字をすべて表すためには、点が5個では足りないのです。

問2

> 五十音を表すためには、点が6個必要になります。その理由を点が5個の場合と比かくしたうえで説明しなさい。

〔けんた〕　点字の五十音表はあるのでしょうか。

〔先　生〕　次の表を見てください。これは五十音表を点字で表したものの一部です。（**[資料5]**）

[資料5]　点字の五十音表の一部

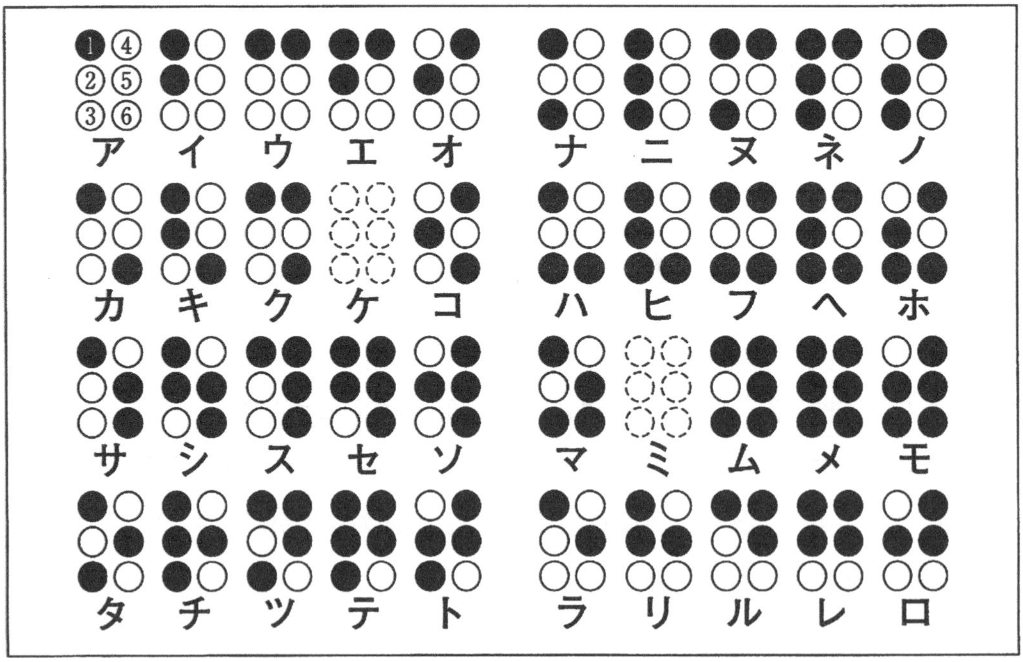

〔あ　み〕 表を見ると、「ケ」と「ミ」がぬけていますね。これらの文字を点字で表す方法を考えてみましょう。

〔けんた〕 黒丸の並びに何か規則性がありそうですね。

〔あ　み〕 私たちで、その規則性を見つけて、この表を完成させましょう。

問3

> **[資料5]** の五十音表は「ケ」と「ミ」の部分がぬけています。表から点字の規則性を見つけ、二つの文字を点字で表しなさい。また、**[資料5]** の点字の規則性について１～６の点の番号を用いて説明しなさい。

〔あ　み〕 日本語には、だく音や半だく音などがあります。これらの文字を表すためには、どのようにすればよいのでしょうか。

〔けんた〕 だく音や半だく音は、それぞれの文字に「゛」や「゜」を付けているので、それを表す点字を作って、横につなげたらよいのではないでしょうか。

〔先　生〕 そのとおりです。けんたさんが話したように、だく音や半だく音などは記号用の点字を別の６個の点で作り、それと組み合わせて作ります。（**[資料6]**）

[資料6] だく音や半だく音のしくみ

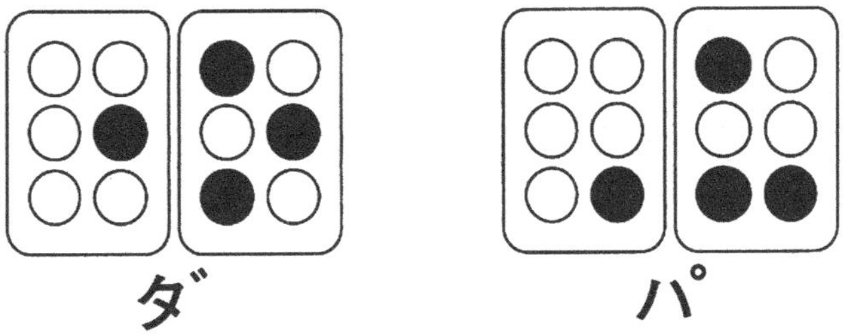

> だく音や半だく音になる文字の前にだく点や半だく点を表す点字を表記することで、次の文字がだく音や半だく音であることを表している。

〔あ　み〕 ２種類の点字を組み合わせることで、別の文字を表すなんて、知れば知るほど点字はおくが深いですね。

〔けんた〕 点字のしくみは、点が「出っ張っている」か「出っ張っていない」の２通りの表し方を組み合わせて作っているわけですが、点字と似たしくみを使っているものは、他にはないのでしょうか。

〔先　生〕 パソコンやスマートフォンなどは、１と０の２個の数の組み合わせで、さまざまな情報を処理《しょり》したり表示したりしています。例えば、先ほどの点字の黒丸を１、白丸を０として、１番の点から順に数を並べていくと、「ア」は「１００００００」と表すことができます。

〔あ　み〕 いくつか他の文字も、この考え方で表してみました。(**[資料７]**)

[資料７] 点字を数で表した例

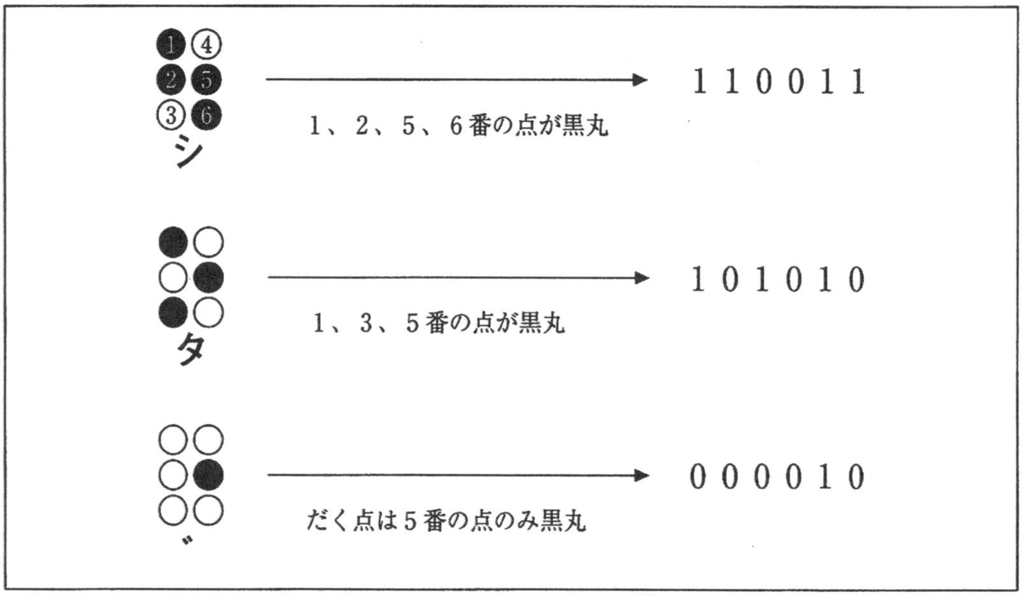

〔けんた〕 数で表すことができるということは、計算ができそうですね。次のような計算のルールを考えました。([資料8])

[資料8] けんたさんが考えた計算のルール

① 0に0を足すと0になるものとする。

$0+0=0$

② 1に0を足すと1になるものとする。

$1+0=1$

③ 0に1を足すと1になるものとする。

$0+1=1$

④ 1に1を足すと0になるものとする。

$1+1=0$

〔あ　み〕 このルールで、いくつか計算をしてみました。計算によっては、結果がどの文字にもあてはまらないこともあるようですね。([資料9])

[資料9] けんたさんが考えた計算の例

① 「エ」を表す「110100」に「ト」を表す「011110」を足す。
(結果は「タ」を表す「101010」になる。)

$110100+011110=101010$

$$\begin{array}{r} 110100 \\ +)\ 011110 \\ \hline 101010 \end{array}$$

② 「タ」を表す「101010」に「キ」を表す「110001」を足す。
(結果は「011011」となり、どの文字も表さない。)

$101010+110001=011011$

$$\begin{array}{r} 101010 \\ +)\ 110001 \\ \hline 011011 \end{array}$$

〔けんた〕 このルールを使って、いろいろな計算をしてみましょう。

〔あ　み〕 点字の並びと比かくしやすくするために、もう一度点字の五十音表を見てみましょう。ここでは［資料５］に無かったヤ行とワ行も加えてあります。（［資料１０］）

［資料１０］点字の五十音表とだく点、半だく点のきまり

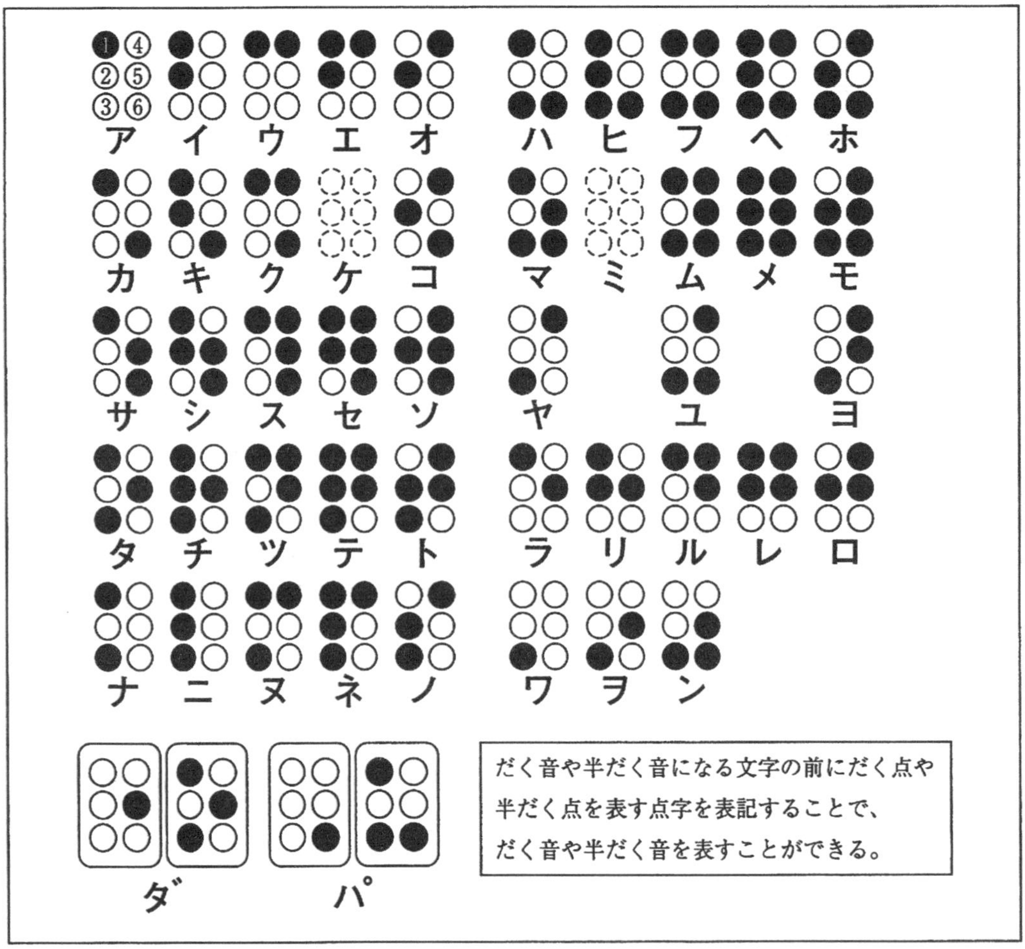

問4

けんたさんとあみさんは、**[資料8]** のルールにしたがって、ある言葉の文字を表す1と0の並びに直して計算をしました。その結果、最後は「マ」を表す「１０１０１１」になりました。下の図は、計算の過程を表したものです。**[資料7]**、**[資料8]**、**[資料9]**、**[資料１０]** を参考にして、下の図の（　あ　）、（　お　）に入る文字を、（　い　）、（　う　）、（　え　）、（　か　）に入る1と0の並びをそれぞれ答えなさい。

シ　＋　゛　＝　[1]

110011　＋　000010　＝　110001

[1]　＋　タ　＝　[2]

110001　＋　101010　＝　011011

[2]　＋　イ　＝　[3]

011011　＋　110000　＝　101011

[3]　＋（　あ　）＝　[4]

101011　＋（　い　）＝（　う　）

[4]　＋　゛　＝　[5]

（　う　）＋　000010　＝　011010

[5]　＋　コ　＝　[6]

011010　＋　010101　＝（　え　）

[6]　＋（　お　）＝　マ

（　え　）＋（　か　）＝　101011

適性検査3

注　　意

1　検査開始の指示があるまで問題用紙を開いてはいけません。

2　検査時間は45分間で、終わりは午後0時35分です。

3　問題は　1　問1　から　問4
　　　　　2　問1　から　問4
　　　　　3　問1　から　問4　まであります。

4　問題用紙は1ページから24ページまであります。検査開始の指示後、すぐにページがそろっているかを確認《かくにん》しなさい。

5　解答用紙は2枚《まい》あります。

6　受検番号をそれぞれの解答用紙の決められた場所に記入しなさい。

7　解答はすべて解答用紙に記入し、解答用紙のみ2枚とも提出しなさい。

このページには問題が印刷されていません。

問題は次のページからです。

1　折り紙の代表的な折り方に［資料1］で示すような「山折り」と「谷折り」というものがあります。

［資料1］山折りと谷折り

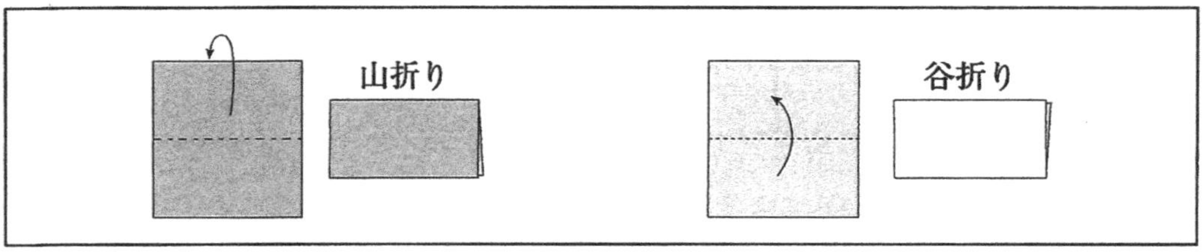

このような折り方を使いながら、紙や布などのうすいものを「ある線に沿《そ》って折る」ことは、かさばるものを小さくする際にとても有効です。例えば、シャツの折り方には、次の［資料2］や［資料3］で示すような折り方Aと折り方Bがあります。

ここから先は、折る場合はすべて谷折りとします。

［資料2］折り方Aの方法

① シャツを背面《はいめん》が見えるように置く

② 左側を中心線に向かって折る

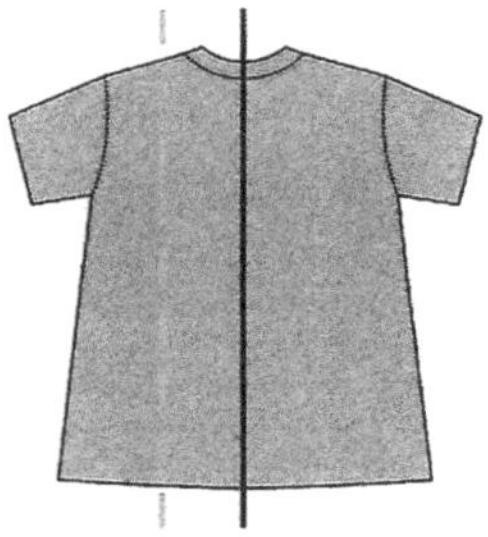

③ 右側を中心線に向かって折る

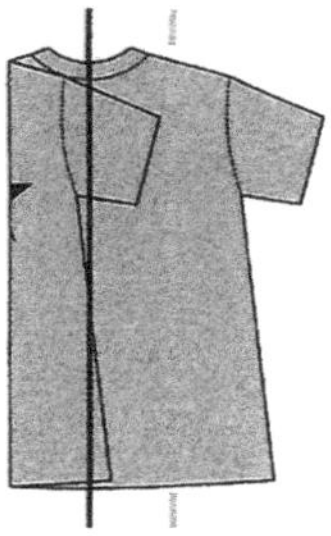

④ 半分に折る

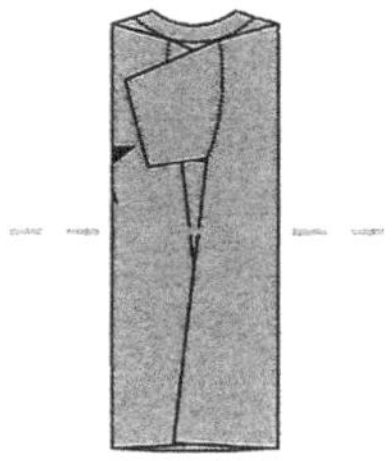

⑤ 半分に折る

⑥ 前面が見えるようにもどして完成

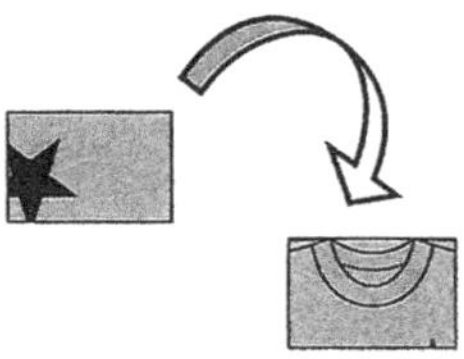

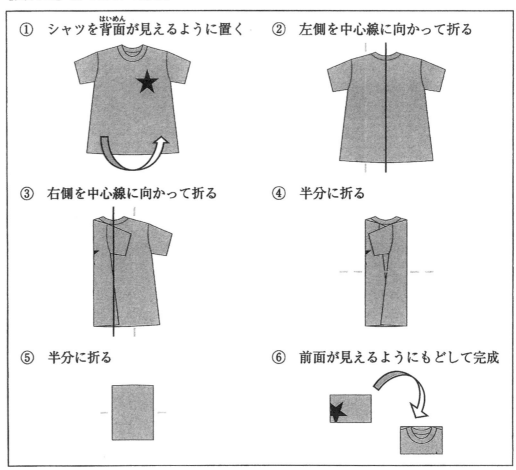

［資料３］ 折り方Bの方法

① 半分に折る

② そでを折る

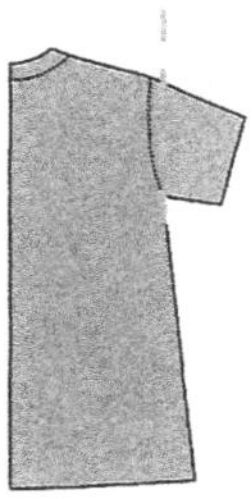

③ 半分に折る

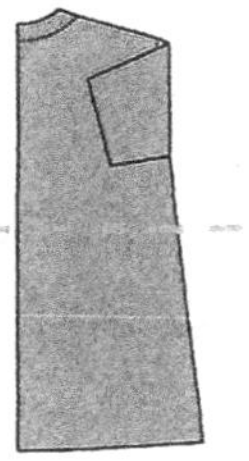

④ 半分に折って、完成

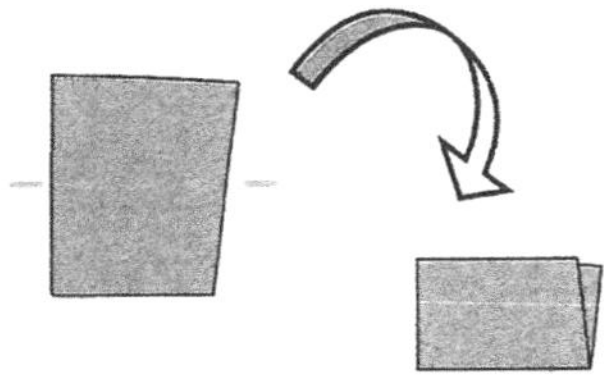

問１

［**資料２**］や［**資料３**］で示した折り方Aと折り方Bのいずれかについて、たろうさんは次のように述べています。

この折り方は、折る基準が見つけやすくて、簡単《かんたん》にシャツを折ることができるから、ぼくはこの折り方が好きです。でも、布の素材によっては、シャツの前面に縦《たて》の中心線が残ってしまいます。

たろうさんは折り方Aと折り方Bのどちらについて述べているか答えなさい。

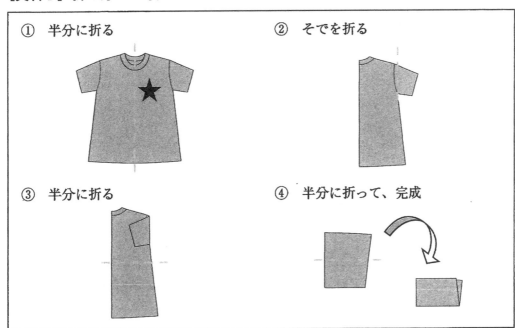

次に、図形を組み合わせて作った、架空《かくう》のシャツを考えます。（[**資料4**]）

[資料4] 架空のシャツ

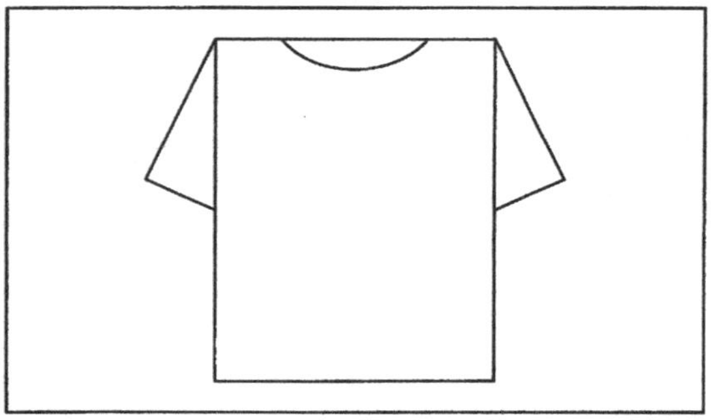

問2

[資料4] のシャツを **[資料2]** で示した折り方Aでたたむ場合を考えます。

（1） **[資料2]** ⑥のように、前面が見えるようにもどしたとき、見える部分はもとのシャツのどの部分ですか。解答らんの図のあてはまる部分に、次の条件にしたがってしゃ線を引きなさい。ただし、解答らんの図は、シャツの前面であるとし、シャツの布の厚みは考えないものとします。

【条件】

条件1　しゃ線を引きたい部分を線で囲う。

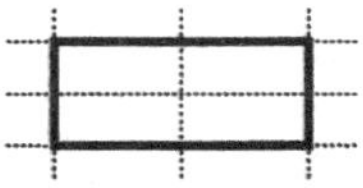

条件2　囲った部分の内部にしゃ線を引く。

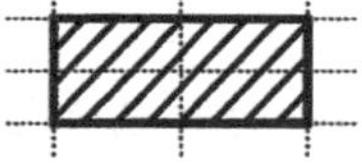

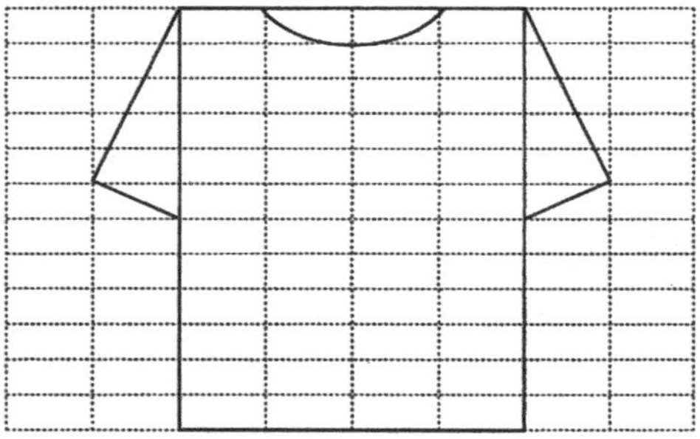

（2） たたみ終わった後に見えるシャツの面積と、たたみ始める前に見えるシャツの面積の比を整数で答えなさい。

このページには問題が印刷されていません。

このほかにも、ビニールぶくろを小さくするときに、三角形に折る工夫《くふう》もあります。（[資料５]）

[資料５] 帯状のビニールぶくろを三角形に折り始めた状態

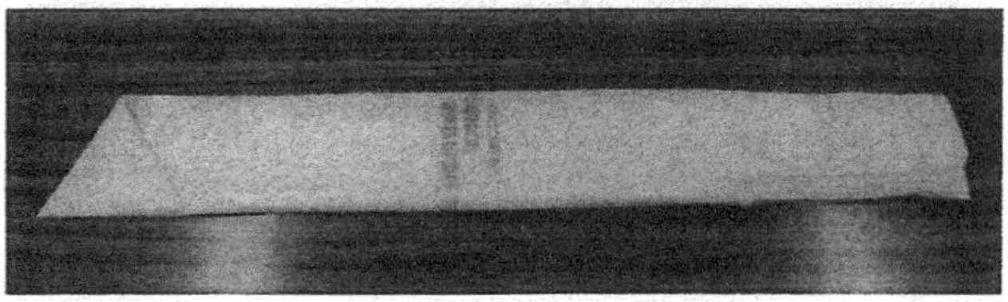

例えば、[資料６] のように、細く帯にしてから折りたたんでいくと、正三角形のかたちにすることができます。

[資料６] 帯状のビニールぶくろを正三角形に折る方法

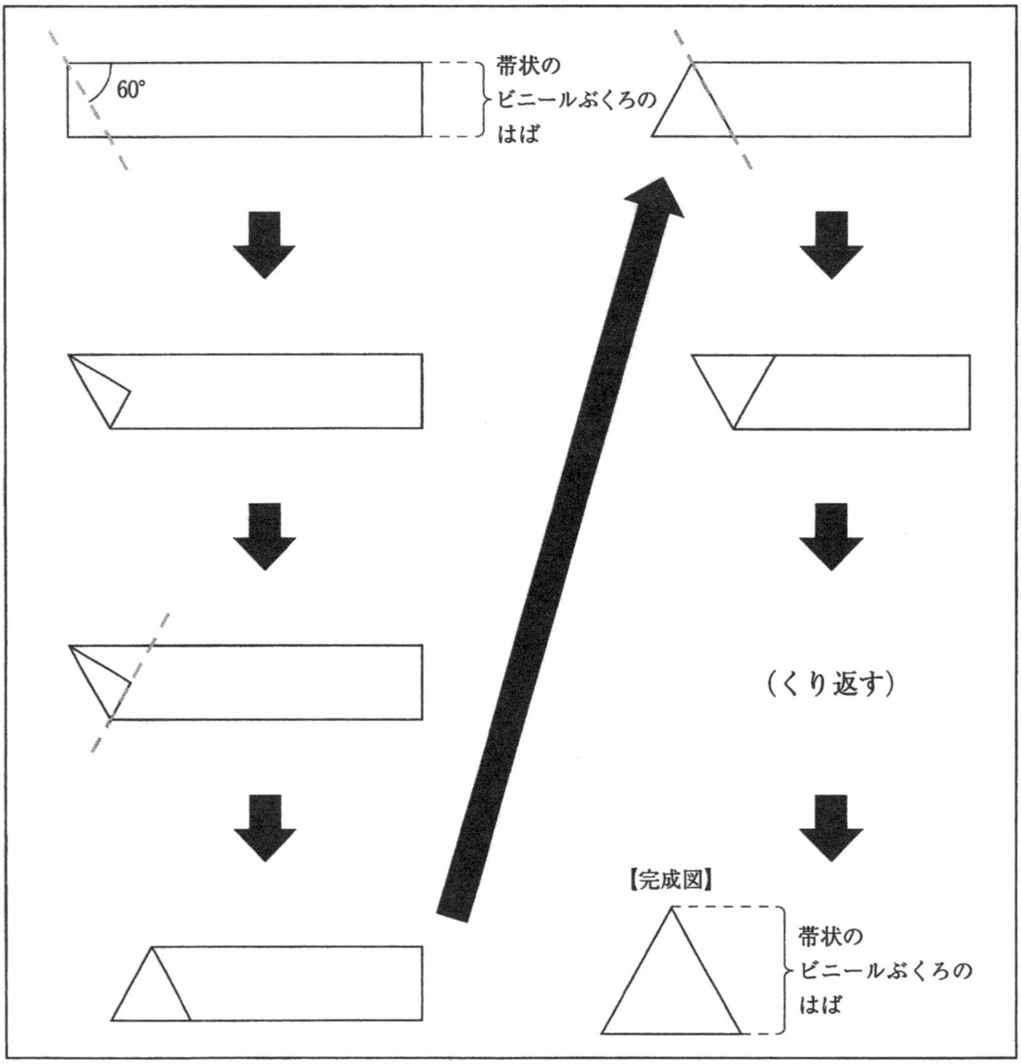

帯状のビニールぶくろを正三角形に折る場合の折れ線は［**資料7**］のようになります。

［資料7］帯状のビニールぶくろを正三角形に折る場合の折れ線

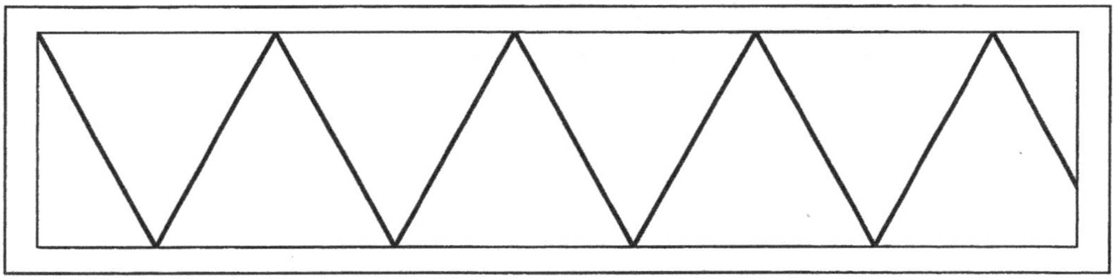

帯状のビニールぶくろを次のように折り始めると、直角二等辺三角形に折ることができます。（［**資料8**］）

［資料8］帯状のビニールぶくろを直角二等辺三角形に折る場合

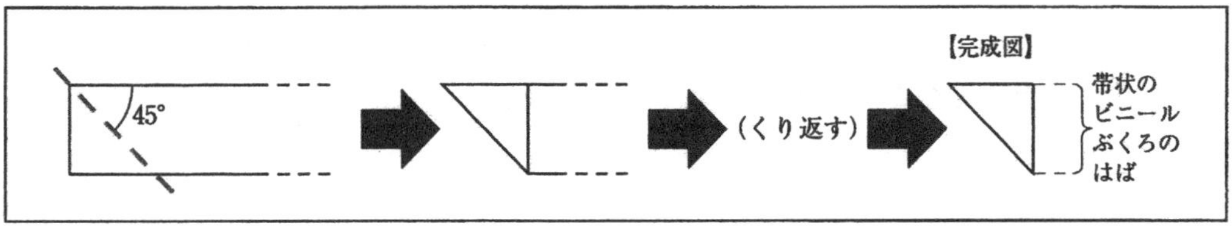

問3

［**資料7**］をふまえ、［**資料8**］のように直角二等辺三角形に折る場合の折れ線を、解答らんに定規を用いて記入しなさい。なお、解答らんの図には等間かくにめもりがふってあります。また、折り始めの線は記入してあります。

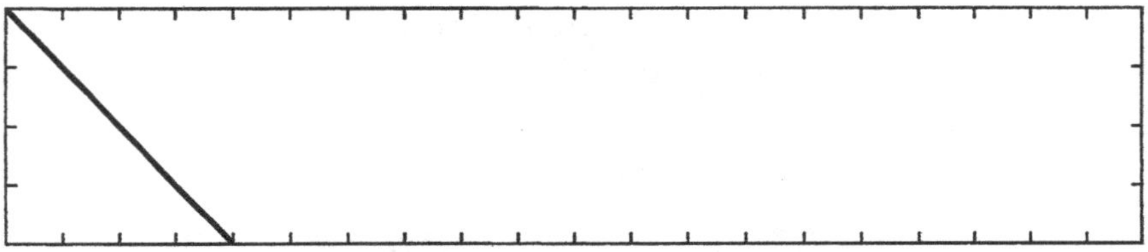

インクがしみこみやすい紙を折りたたみ、折りたたんだ紙の一部分をインクにひたします。それを広げると、きれいな模様《もよう》ができあがります。これを「折り染《ぞ》め」といいます。（**[資料９]**）

[資料９] 折り染め

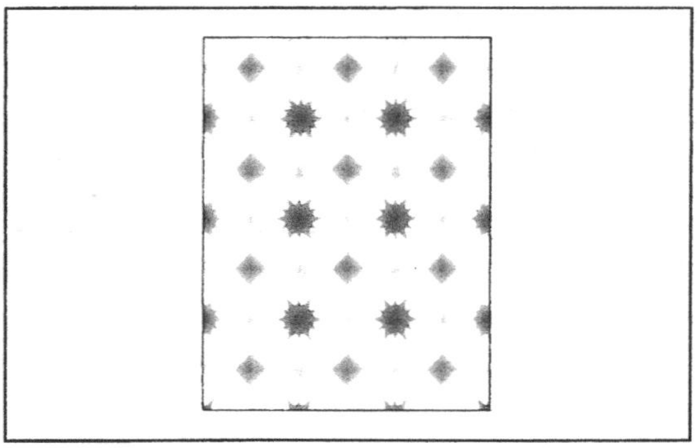

例えば、**[資料１０]** のように正方形の紙を２回半分に折りたたんで小さい正方形にしたものの一部分をインクにひたします。それを広げると、紙の中央に正方形の模様ができます。折りたたんだときに重なっている部分に、インクがしみることによって模様ができあがります。

[資料１０] 折り染めの方法の例

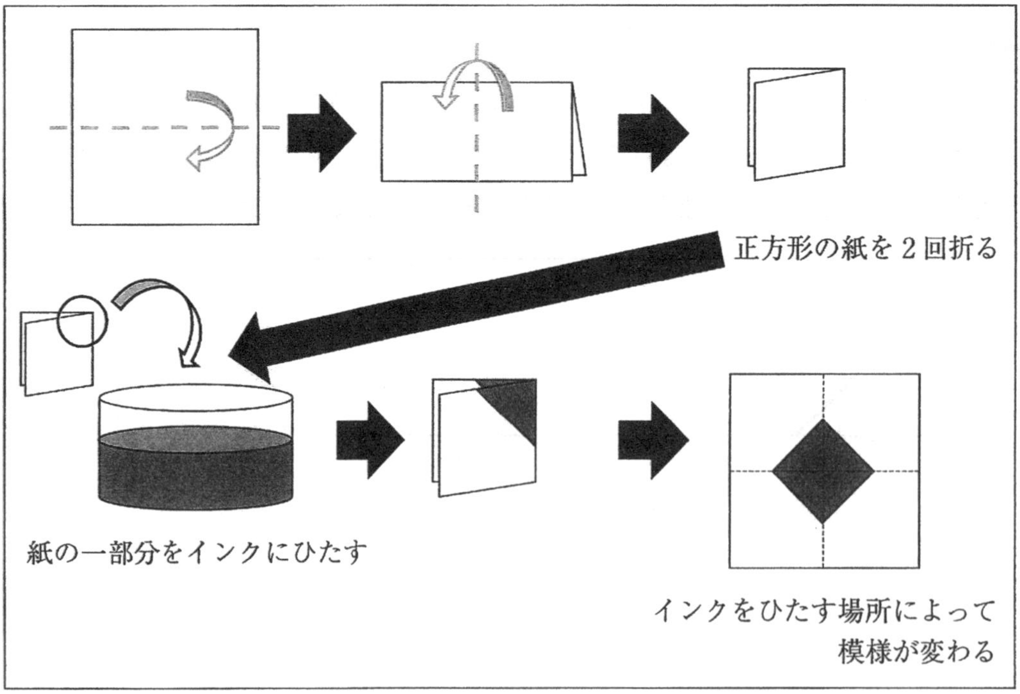
正方形の紙を２回折る
紙の一部分をインクにひたす
インクをひたす場所によって
模様が変わる

次に、正方形の紙を２回折りたたみ、さらに半分に折って直角二等辺三角形を作り、同じように紙の一部にインクをしみこませます。（**[資料１１]**）

[資料１１]　直角二等辺三角形の紙にインクをしみこませる場合

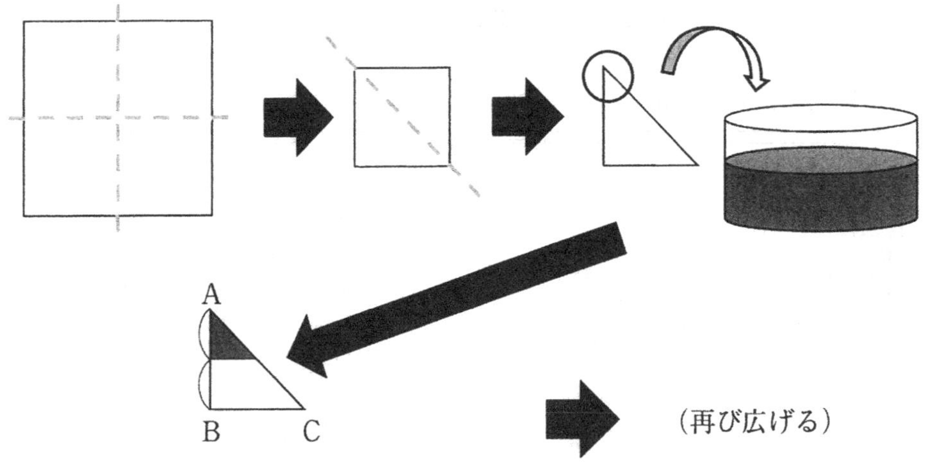

直角二等辺三角形の辺ＡＢの長さが半分に
なるところまでインクをしみこませる

問４

[資料１１] のように直角二等辺三角形の紙を、インクにひたしてから広げると、どのような模様ができあがりますか。解答らんの図のあてはまる部分に、次の条件にしたがってしゃ線を引きなさい。ただし、解答らんの図は、折った紙を正方形にもどしたものとします。

【条件】

条件１　しゃ線を引きたい部分を線で囲う。

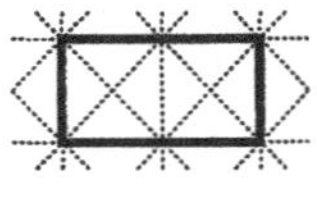

条件２　囲った部分の内部にしゃ線を引く。

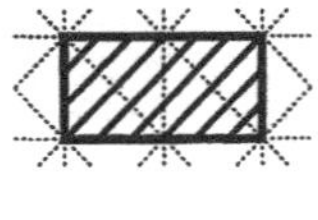

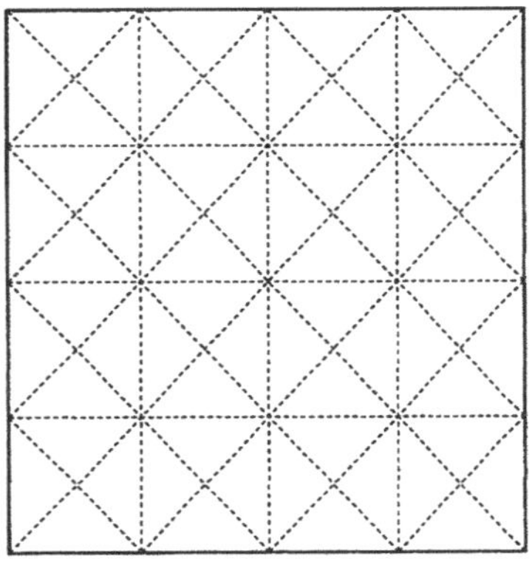

2 さとしさんとまきさんが、先生と会話をしています。

〔さとし〕 昨日サンゴ礁《しょう》が広がる海の映像《えいぞう》を見ました。

〔ま　き〕 サンゴとサンゴ礁は、ちがうのですか。

〔先　生〕 次の資料を見てください。(**[資料1]**)

[資料1] サンゴとサンゴ礁

サンゴ

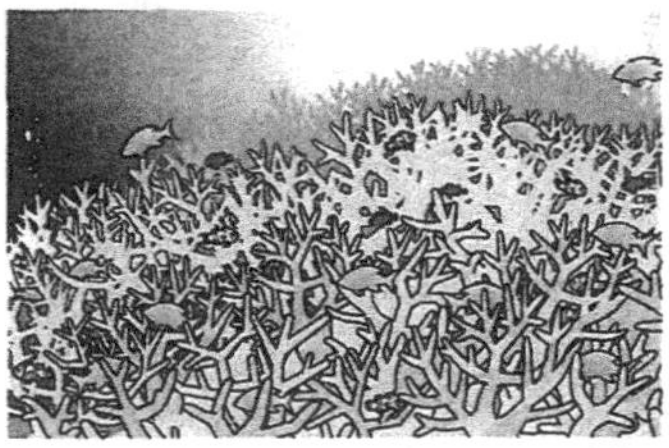

・イソギンチャクやクラゲの仲間で動物。
・水中のプランクトンをつかまえて食べる。
・サンゴ礁をつくる造礁《ぞうしょう》サンゴと宝飾《ほうしょく》品として利用される宝石《ほうせき》サンゴがある。

サンゴ礁

・サンゴの固い骨格《こっかく》によってつくられた地形。固い骨格はサンゴが死んでも残り、その骨格に新しいサンゴがくっついて成長していく。
・サンゴ礁によって形成された島もある。

〔さとし〕 先日、千葉県館山市《ちばけんたてやまし》に出かけ、サンゴの化石が広がる地層《ちそう》を見てきました。(**[資料2]**)

[資料2] 千葉県館山市の位置とサンゴの化石

館山市

サンゴの化石

〔まき〕今からどれくらい前にできた地層なのですか。

〔先生〕約6000年前の地層で、100種類以上のサンゴの化石が見つかっていて、サンゴ礁が広がっていたことも分かっています。

〔さとし〕現在の館山市の海でサンゴやサンゴ礁は観察できますか。

〔先生〕今は、サンゴ礁の観察はできません。

〔まき〕なぜでしょうか。

〔先生〕次の資料を見てください。（**[資料３]**、**[資料４]**）

[資料３] サンゴ礁が形成される条件

①　１年を通して水温が18℃～30℃であること。
②　水深40ｍ未満の浅い海であること。
③　水が透明《とうめい》であること。

（本川達雄《もとかわたつお》『サンゴとサンゴ礁のはなし』より作成）

[資料４] 館山市沿岸《えんがん》の海面水温（2014～2018年の平均値《へいきんち》）

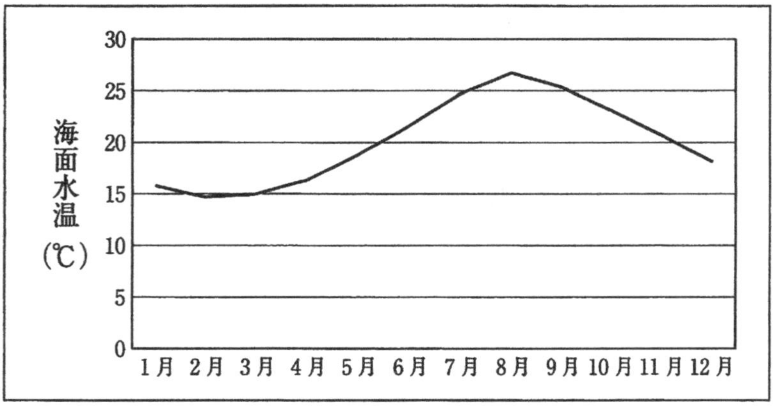

（気象庁《きしょうちょう》ホームページより作成）

問１

館山市沿岸で、サンゴ礁の観察ができない理由について、**[資料３]**、**[資料４]**をふまえ、（　ア　）にあてはまる言葉を答えなさい。

現在の館山市沿岸の水温は、（　ア　）ため、サンゴ礁が形成されないから。

〔さとし〕 世界的には、サンゴ礁はどのような場所で形成されているのですか。

〔先　生〕 次の資料を見てください。（**[資料５]**）

[資料５] 世界のサンゴ礁の分布

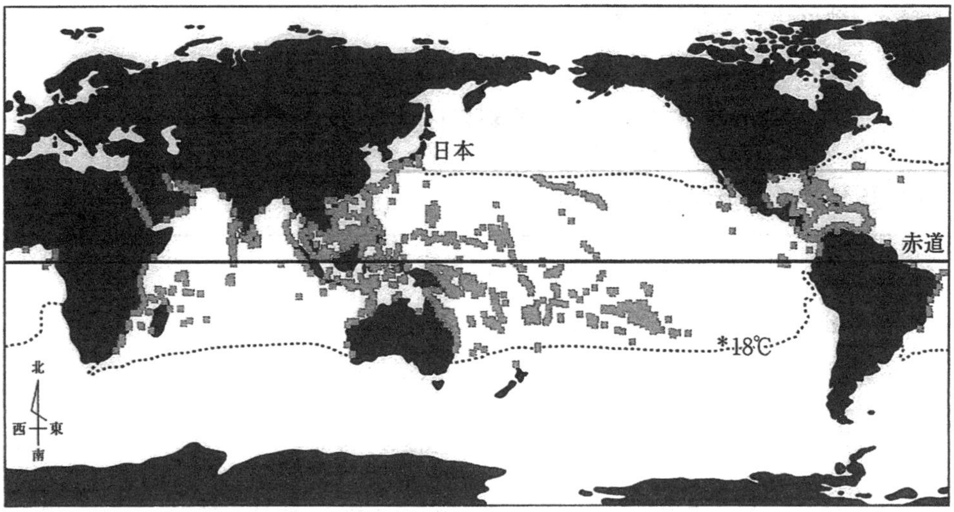

■ サンゴ礁

＊地図の点線から赤道側の海は、最も水温が低い月の平均水温が 18℃ 以上の地域《ちいき》

（環境省《かんきょうしょう》ホームページより作成）

〔ま　き〕 サンゴ礁は赤道付近の海に多く形成されていますね。

〔さとし〕 日本より赤道に近くても、サンゴ礁が形成されていない場所もありますね。また、日本より北にはサンゴ礁は形成されていないですね。

令和三年

適性検査1　解答用紙（1枚《まい》め／2枚中）

一

問1

と思うと僕は背筋がぐっと伸びた。

問2

問3

（1）なぜなら、

からね。

（2）

から

（配点非公表）

受検番号

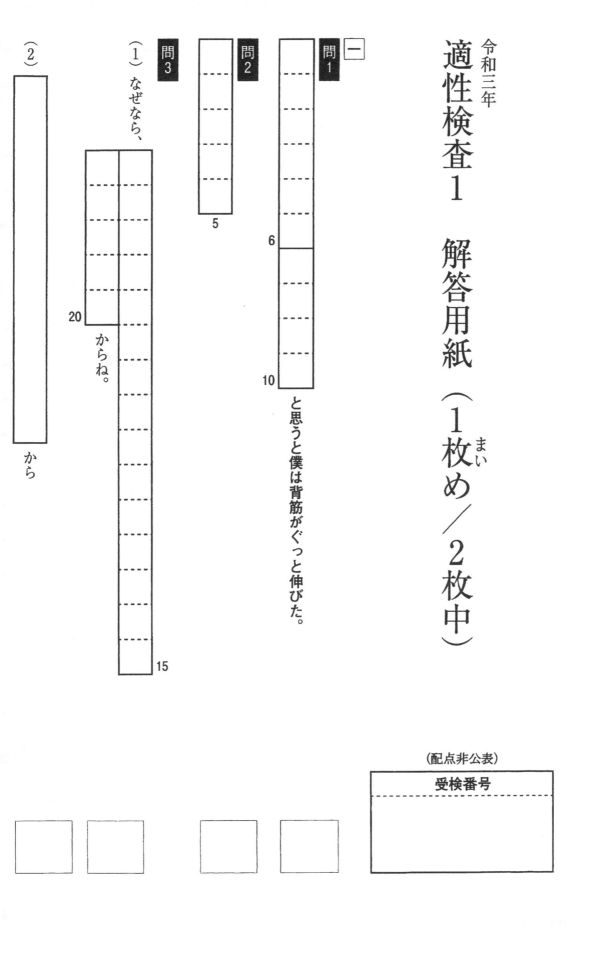

240

18

【解答用

よって、今後、日本のＯＤＡ支出額を増やすべきと考える。

2

問1

問2

(1)	
(2)	

問3

問4

(1)		(2)	

受検番号

(あ)	(い)	(う)
(え)	(お)	(か)

【解答用

受検番号

問4

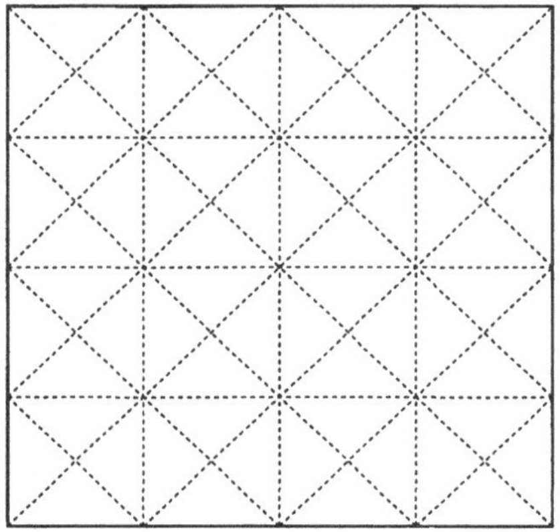

受検番号

問 2

ふき上がる水の高さ：
ペットボトル①の水の減る速さ：

問 3

計算

答え　1秒あたり 3 mL 出るふん水の口を　　　本、1秒あたり 8 mL 出るふん水の口を　　　本

問 4

(あ)	
(い)	
(う)	

受検番号

令和３年

適性検査３　解答用紙（２枚《まい》め／２枚中）

2

問１

（ア）	

問２

（イ）		（ウ）		（エ）	

問３

（１）	パーセント	（２）	（オ）	ジュール

問４

（１）	30℃をこす高い海水温が続くと、
（２）	

3

令和３年

適性検査３　解答用紙（１枚《まい》め／２枚中）

（配点非公表）

1

問１

折り方

問２

（１）

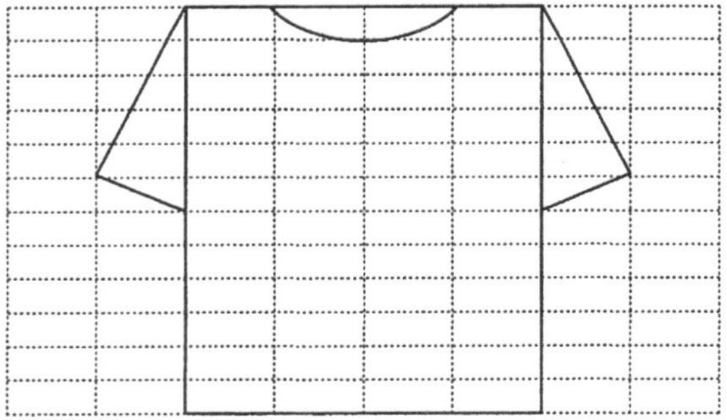

（２）

（たたみ終わった後に見えるシャツの面積）：（たたみ始める前に見えるシャツの面積）＝　　　：

問３

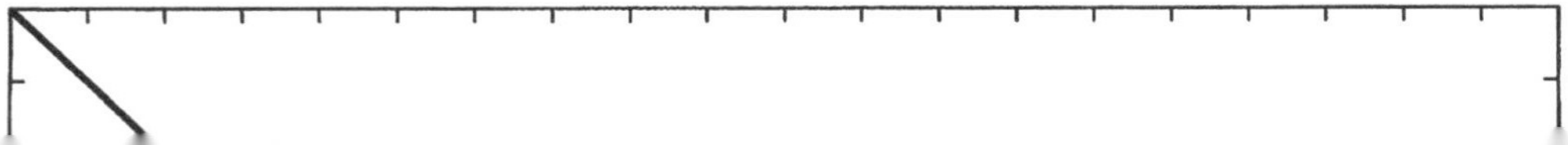

令和３年

適性検査２　解答用紙（２枚《まい》め／２枚中）

3

問１　　　　通り

問２

問３

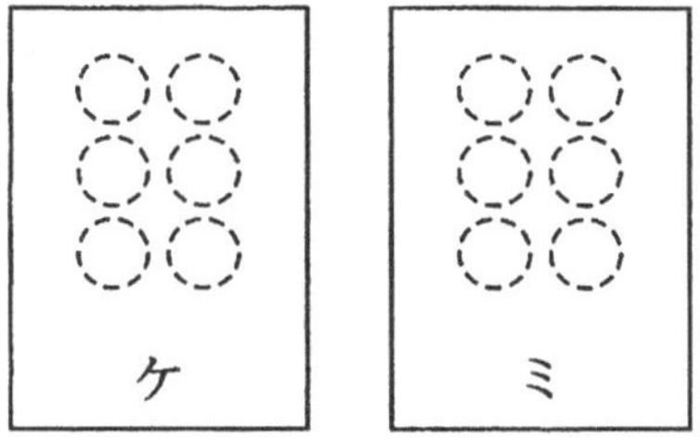

（説明）

令和３年

適性検査２　解答用紙（１枚《まい》め／２枚中）

（配点非公表）

1

問１

②		④		⑤		⑥	

問２

有償《ゆうしょう》資金協力	カード	技術協力	カード	多国間協力	カード

問３

（１）

（２）

日本のＯＤＡについて［**資料４**］から分かることは、

また［**資料５**］から分かることは、

よって、**問３**（１）の項目《こうもく》の割合《わりあい》が増えたと考える。

問４

［**資料６**］から、

【解答用

令和三年

適性検査1　解答用紙（2枚《まい》め／2枚中）

問3

100

受検番号

70

60

30

二

問1

認知力をテストする上で、

問2

(1) 犬の　　　　　10　能力

(2)

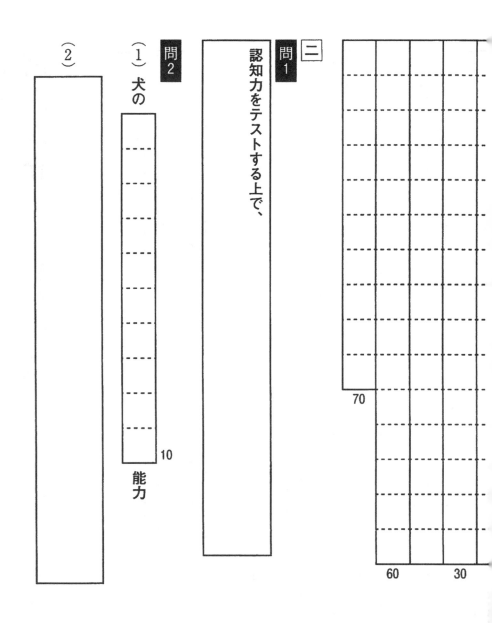

〔先　生〕 次の資料を見てください。（**[資料6]**）

[資料6] 世界のおもな海流

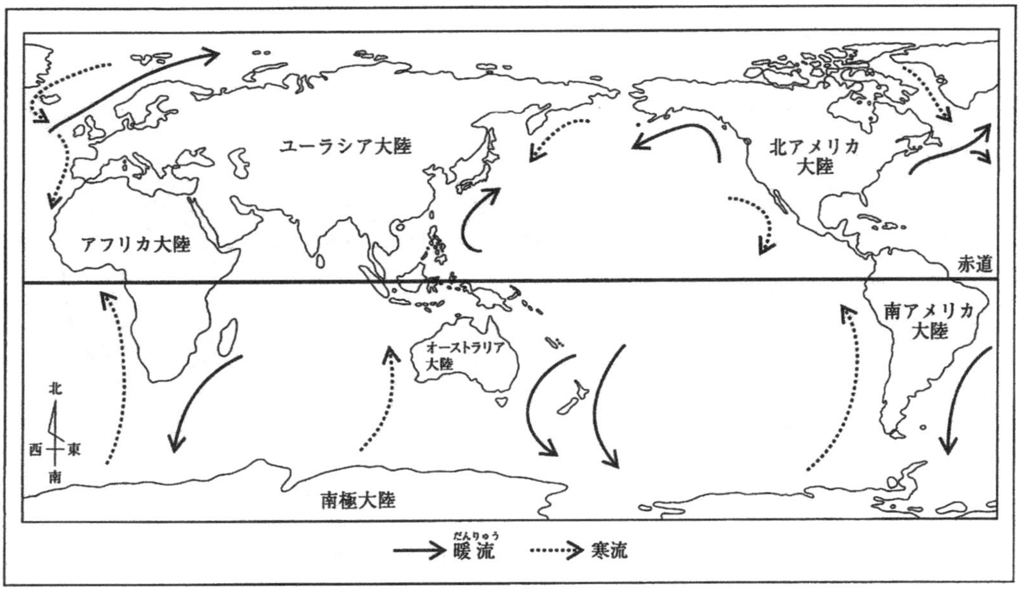

問2

まきさんとさとしさんは、サンゴ礁の形成について、次のようにまとめました。**[資料5]**、**[資料6]** をふまえ、（　イ　）～（　エ　）にあてはまる言葉を答えなさい。

ただし、（　イ　）には東または西の方位を書きなさい。

・南アメリカ大陸やアフリカ大陸の（　イ　）海岸では、（　ウ　）の影響《えいきょう》もあり、最も水温が低い月の平均水温が18℃未満のため、赤道に近い場所でもサンゴ礁はあまり形成されない。

・日本の南の海岸では（　エ　）の影響もあり、最も水温が低い月の平均水温が18℃以上のため、赤道から離《はな》れていてもサンゴ礁が形成されている。

〔ま　き〕 サンゴ礁のことについて分かりましたが、サンゴの生態について知りたいです。

〔先　生〕 次の資料を見てください。（[資料7]）

[資料7] サンゴの生態

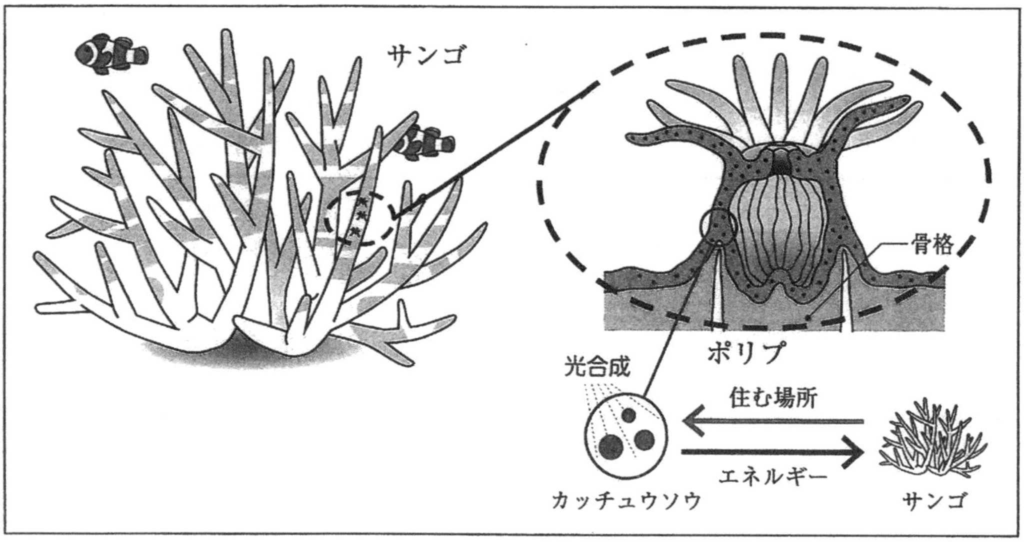

〔先　生〕 サンゴはポリプと呼《よ》ばれる小さな生き物がたくさん集まってできています。そして、ポリプはからだの中にカッチュウソウという植物プランクトンを取りこんでいます。

〔さとし〕 なぜ、ポリプの中にカッチュウソウがいるのですか。

〔先　生〕 次の資料を見てください。（[資料8]）

［資料8］ サンゴとカッチュウソウにおける１日のエネルギーの出入り

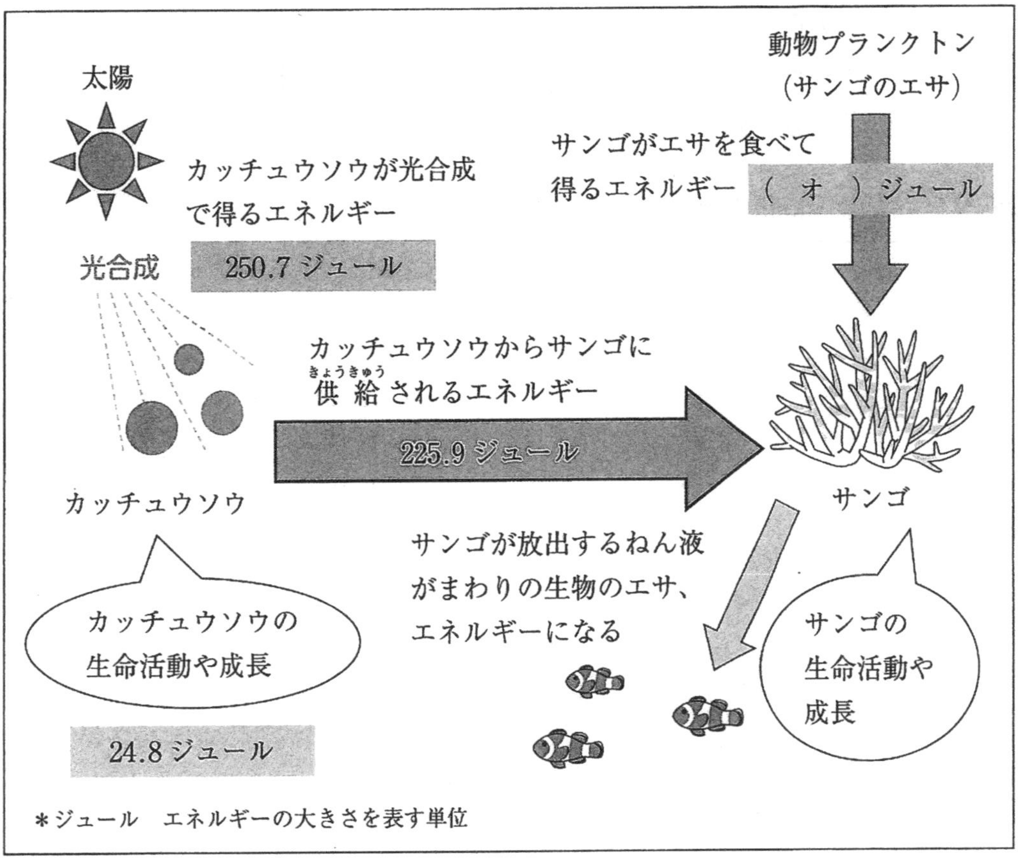

（本川達雄『サンゴとサンゴ礁のはなし』、日本サンゴ礁学会『サンゴ礁学』より作成）

〔さとし〕 サンゴはエサの他にカッチュウソウからもエネルギーを得ているのですね。

〔ま　き〕 カッチュウソウは、光合成で得たエネルギーを、どれくらいサンゴに供給しているのでしょうか。

問３

（１） カッチュウソウは光合成で得たエネルギーのうち何パーセントをサンゴに供給していますか。**［資料8］**をふまえ、計算して答えなさい。ただし、小数第２位を四捨五入《ししゃごにゅう》して、小数第１位まで求めなさい。

（２） サンゴは、エネルギーの８割《わり》をカッチュウソウから供給され、２割はエサを食べて得ているとします。**［資料8］**の（　オ　）にあてはまる数を計算して答えなさい。ただし、小数第２位を四捨五入して、小数第１位まで求めなさい。

〔ま　き〕　近年、サンゴの白化現象が起きていると聞きました。

〔さとし〕　サンゴの白化現象とは何ですか。

〔先　生〕　カッチュウソウがサンゴから抜け出て、白っぽく見える現象のことをいいます。次の資料を見てください。（[資料9]）

[資料9] サンゴの白化現象

著作権に関係する弊社の都合により
省略いたします。

教英出版編集部

※本文中の下線部
サンゴ礁生態系が深刻な打げきを受けている

（朝日新聞デジタル　平成30年12月23日より作成）

〔ま　き〕　サンゴの白化現象は日本だけで起きているのでしょうか。

〔先　生〕　いいえ、サンゴの白化現象は世界各地で起きています。

〔さとし〕　なぜ、世界各地で起きているのですか。

〔先　生〕 次の資料を見てください。（**[資料１０]**）

[資料１０] 世界の平均気温の変化と平均海面水温の変化

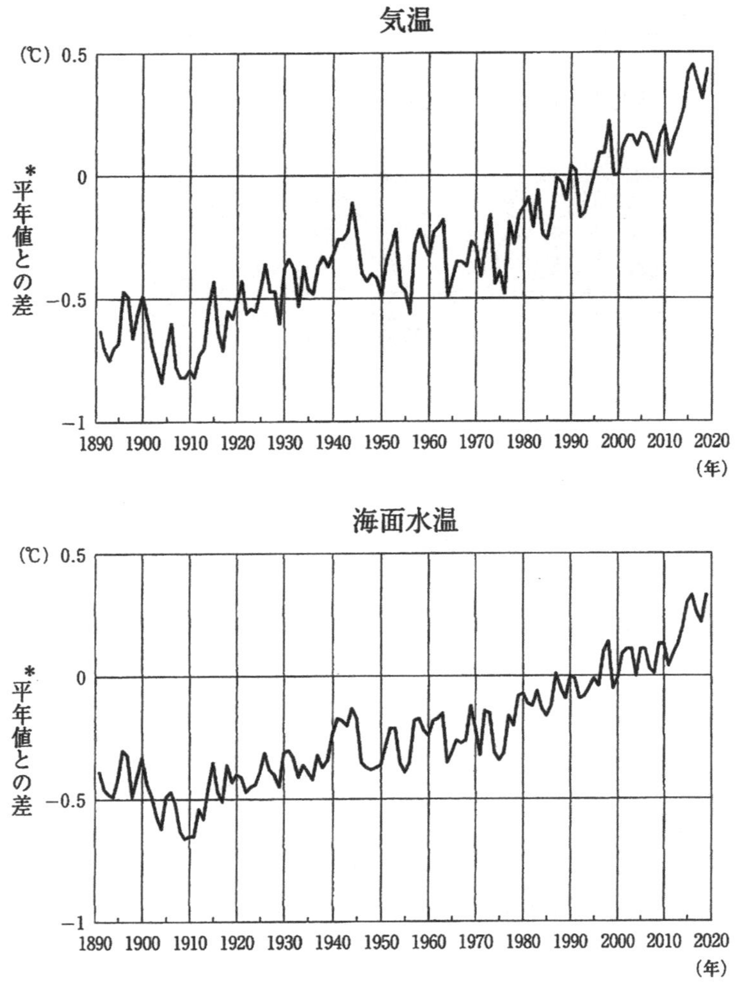

＊平年値　1981～2010年の30年間の平均値

（気象庁ホームページより作成）

問４

（１） **[資料９]** 下線部分サンゴ礁生態系が深刻な打げきを受けているについて、**[資料８]**、**[資料９]** をふまえ、解答らんに合わせて説明しなさい。ただし、「まわりに生息する生物」という語句を使用すること。

（２） サンゴの白化が、世界各地で共通して起きている理由として考えられることを、**[資料９]**、**[資料１０]** をふまえて答えなさい。

3　中学生のりなさんは弟のひなたさんとお父さんと会話をしています。

〔り　な〕　友達と遊びに行った公園に大きいふん水があったよ。どのようにして水をふき上がらせているのか気になっちゃった。（[**資料１**]）

[資料１] 公園のふん水

〔ひなた〕　電気の力でふき上がらせているのかな。

〔　父　〕　今は電気も使われているけど、電気がふきゅうする以前からふん水はあったよ。

〔り　な〕　どのようにしてふん水をふき上がらせていたのか、気になるわね。

〔　父　〕　石川県《いしかわけん》にある兼六園《けんろくえん》のふん水は、自然の力だけでふき上がっているふん水だよ。（[**資料２**]）

[資料２] 兼六園のふん水

（兼六園ホームページより転載《てんさい》）

〔り　な〕 兼六園のふん水には、**[資料３]** のようなしくみが使われているそうよ。

[資料３] 兼六園のふん水のしくみ

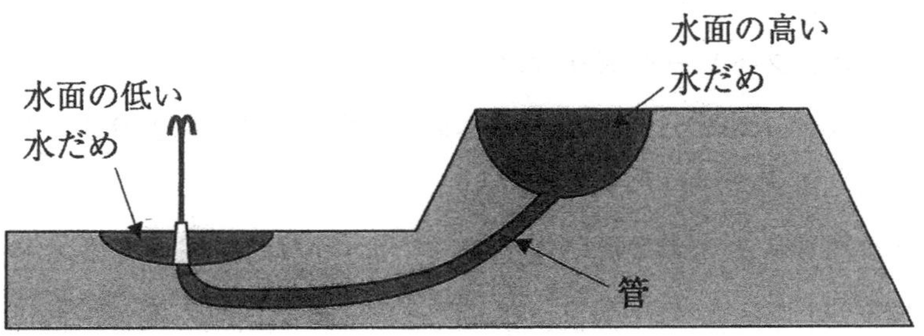

水面の高さがちがう水だめを、水を満たした管でつなぐと、水面の高い方から低い方へ水が流れていき、水面が同じ高さになるまで移動するという原理が使われている。管に水が満たされていれば、管の位置が上でも下でも同じ現象になる。

〔ひなた〕 ふき上がる水の高さはどうやって決まっているのかな。

〔り　な〕 このふん水についてモデルを使って実験をしてみよう。(**[資料４]**)

[資料４] ふん水の実験

ふき上がる水の高さは、どのように変化するのか調べる。

・ペットボトル①、ペットボトル②を用意する。

・ふたに穴《あな》を開け、ストローを取り付けて、ホースでつなぐ。

・ペットボトル①の水面をＡ（水だめの水面）、ペットボトル②のストローの口の位置をＢ（ふん水の口）とする。

・ペットボトル②をスタンドで固定して、ペットボトル①の高さを変える。

・ＡとＢの高さのちがいによって、ふき上がる水の高さはどのように変化するのか調べる。

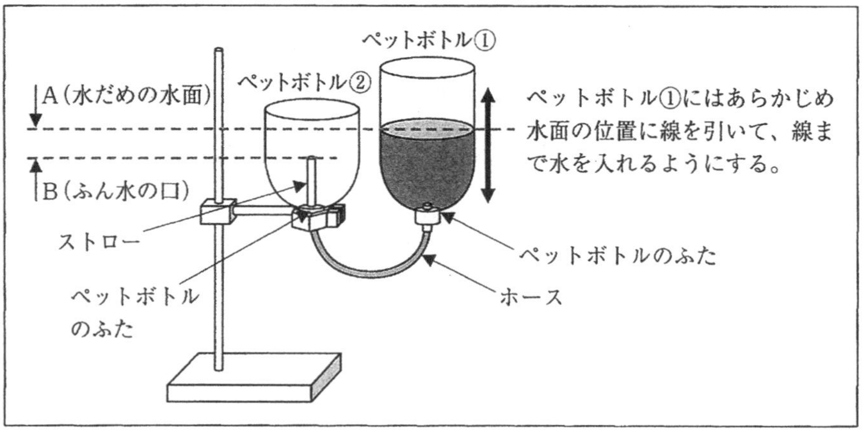

〔り　な〕 実験結果は次のようになりました。（**[資料５]**）

[資料５] [資料４] の実験結果

Ａ（水だめの水面）の高さを変えたときの実験結果

Ｂ（ふん水の口）の位置を0cmとする。

	Ａの高さ	結果
ア	Ｂより20cm上	水はイよりも高くふき上がった。
イ	Ｂより10cm上	水はふき上がった。
ウ	Ｂと同じ高さ	水はふき上がらない。
エ	Ｂより10cm下	水はふき上がらない。
オ	Ｂより20cm下	水はふき上がらない。

〔ひなた〕 水だめの水面の位置によっては水がふき上がらない場合もあるんだね。

問1

［資料4］のような装置《そうち》で、実験を行ったとき、**［資料5］**のような結果になりました。**［資料5］**をふまえ、Aの高さがBより25 cm上のとき、ふき上がる水の高さはどのようになると考えられるか。解答らんに合わせて答えなさい。

〔ひなた〕 ふん水の口を細くしたら、どうなるのかな。

〔り　な〕 では、ふん水の口の太さを変化させて調べてみましょう。（**[資料6]**）

[資料6] [資料4] の実験で、ふん水の口の太さを変化させる

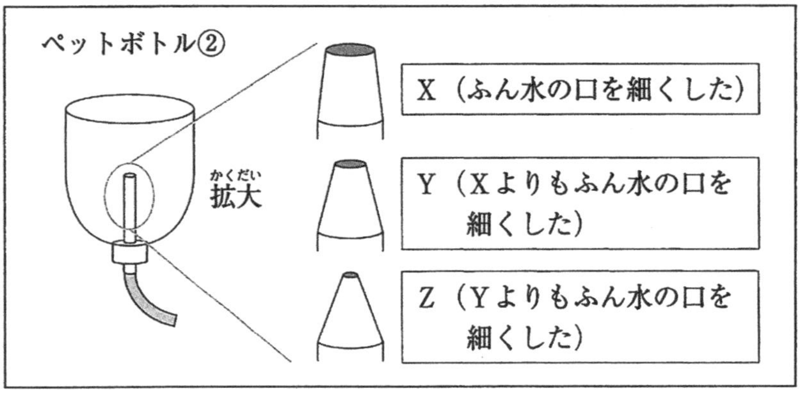

〔り　な〕 実験結果は次のようになったよ。（**[資料7]**）

[資料7] [資料6] の実験結果

・ペットボトル①の位置は変えないものとします。

	ふん水の口の太さ	結果	ようす
カ	X（ふん水の口を細くした）	水はふき上がった。	ふき上がる水の高さ：キ、クとほぼ同じ 水の減る速さ：キ、クより速い
キ	Y（Xよりもふん水の口を細くした）	水はふき上がった。	ふき上がる水の高さ：カ、クとほぼ同じ 水の減る速さ：カよりおそい
ク	Z（Yよりもふん水の口を細くした）	水はふき上がった。	ふき上がる水の高さ：カ、キとほぼ同じ 水の減る速さ：キよりおそい

問２

[資料7] の実験結果から分かることはどのようなことですか。ふき上がる水の高さとペットボトル①の水の減る速さについて、それぞれ答えなさい。

〔ひなた〕 さまざまな太さのふん水の口を組み合わせる実験もやってみたいな。
([資料8])

[資料8] [資料4] の実験で、ふん水の口を複数組み合わせる実験

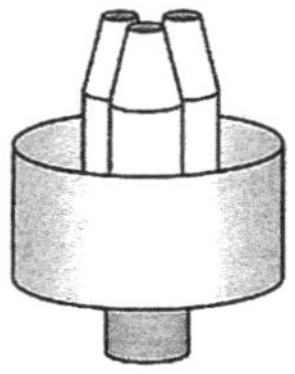

ペットボトル②のふたに
ふん水の口を複数取り付ける。

〔り な〕 太さのちがう、複数のふん水の口を、ペットボトルのふたに取り付けるよ。例えば、あるふん水の口から出る水が1秒あたり1mLだったとすると、1分間では60mLふき上がるよ。別のふん水の口から出る水が1秒あたり5mLだったら、1分間に300mLふき上がるよ。

問3

太さのちがう、複数のふん水の口を組み合わせて、25秒間で500mLの水がふき上がるためには、どのような組み合わせがよいか答えなさい。考え方や途中《とちゅう》の計算式はすべて書きなさい。

ただし、水の減り方は一定で、ホースなどでの水の消費量は考えないものとします。

◇使うふん水の口の太さは2種類

1秒あたり3mL出るふん水の口 

1秒あたり8mL出るふん水の口 

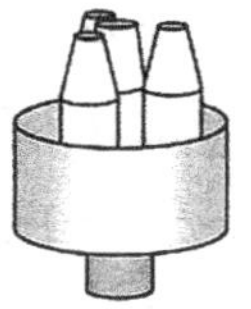

(例) 1秒あたり3mL出るふん水の口3本、8mL出るふん水の口1本で作った場合

〔ひなた〕 ふん水の口を水ための水面よりも高い位置にすることはできないのかな。
〔 父 〕 **[資料9]** のようなふん水を組み立てたよ。

[資料9] 父が組み立てたふん水

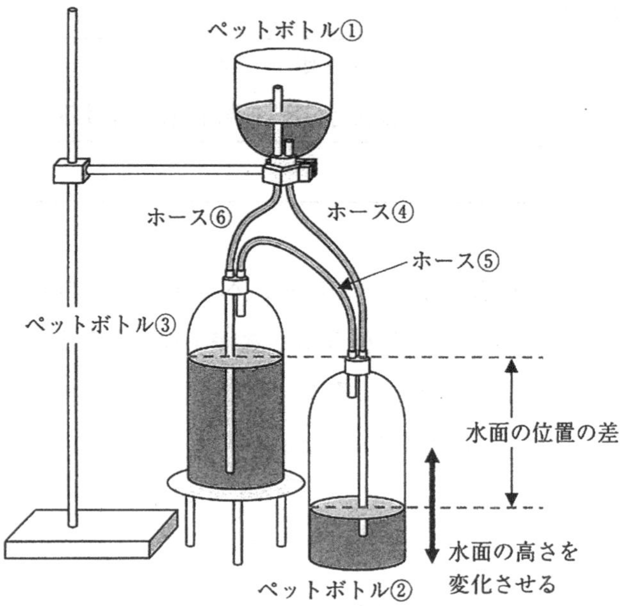

ペットボトル①に水を入れると、ホース④を通って、ペットボトル②に水が移動する。

ペットボトル②から、ホース⑤を通って、ペットボトル③へ空気が移動する。

ペットボトル③の空気が、ペットボトル③の水をおし下げる。

おされた水は、ホース⑥を通って、ペットボトル①へ向かう。

〔り な〕 **[資料9]** で、ペットボトル①のふん水の口からふき上がる水の高さを高くするためには、どうしたらよいのかしら。
〔 父 〕 ペットボトル②とペットボトル③の水ためめの水面の高さを変えて、実験してみよう。(**[資料10]**)

［資料１０］［資料９］の実験結果

・ペットボトル②とペットボトル③は同じ大きさとする。

	ペットボトル②の水だめの水面の位置	結果	ようす
ケ	ペットボトル③の水だめの水面より高い。	水はふき上がらない。	
コ	ペットボトル③の水だめの水面と同じ。	水はふき上がらない。	少しでもペットボトル③より低くなると水が出てくる。
サ	ペットボトル③の水だめの水面より少し低い。	水はふき上がった。	
シ	ペットボトル③の水だめの水面より低い。（サの状態より低い）	水はふき上がった。	ふん水はサの状態よりも高く上がった。

〔ひなた〕［資料９］で、水が長い時間ふき上がるにはどうしたらよいのかな。

〔　父　〕ふん水の口の太さが関係しているよ。

〔り　な〕これまでの実験結果をふまえて、表にまとめよう。

問４

次の表は、りなさんとひなたくんが、［資料９］のふき上がる水の高さを高くしたり、水が長い時間ふき上がるようにしたりするための工夫《くふう》についてまとめたものです。（　あ　）、（　い　）、（　う　）にあてはまる言葉や文を答えなさい。

ただし、ペットボトル②とペットボトル③は同じ大きさ、ペットボトルを結ぶホースの太さや長さ、ペットボトルに入れる水の量は、どの場合も同じ条件とします。

表　［資料９］のふき上がる水の高さを高くしたり、水が長くふき上がるようにしたりするための工夫

	工夫	実現させるには
ふき上がる高さを高くする	ペットボトル②とペットボトル③の水だめの水面の位置	ペットボトル②の水だめの水面の高さを（　あ　）させ、差を（　い　）する
水が長い時間ふき上がるようにする	ふん水の口の太さ	（　う　）

令和2年度

適性検査1

千代田区立九段中等教育学校

注　意

1　検査開始の指示があるまで問題用紙を開いてはいけません。

2　検査時間は四十五分間で、終わりは午前九時四十五分です。

3　問題は 一 問1 から 問4
　　　　 二 問1 から 問3 まであります。

4　問題用紙は1ページから9ページまであります。
　検査開始の指示後、すぐにページがそろっているかを確認《かくにん》しなさい。

5　解答用紙は二枚《まい》あります。

6　受検番号をそれぞれの解答用紙の決められた場所に記入しなさい。

7　解答はすべて解答用紙に記入し、解答用紙のみ二枚とも提出しなさい。

一　次の文章を読んで、後の問いに答えなさい。
（＊印のついている言葉には、本文の後に［注］があります。）

日々《ひび》をいろどる季節や風景、住まいや家並《いえな》み、人びとの姿《すがた》や道具。どちらをむいても、私《わたし》たちの日々をとりまく環境《かんきょう》は、どんどん変わってきました。これからも変わりつづけるにちがいありません。変化や新しさは、時代の表情を変える力をもっています。

けれども、そう言えるのは、目に見えるものについてです。モノの変化、かたちの変化、暮《く》らしの変化、暮らし方の変化といった目に見える変化が、わたしたちにもたらすもっとも大きな変化は、実は、目に見えないものの変化ではないか、と思います。

目に見えないものの変化というのは、すなわち言葉の変化です。言葉の変化というと、流行語や若者《わかもの》言葉の変化と考えられがちですが、そうではなく、言葉ほど、目に見えないものの変化を反映《はんえい》しているものはないのです。

ごく普通《ふつう》の何でもないような言葉に見える。しかし、その言葉によって、①自分が生かされていると感じている言葉というのがあります。

たとえば、「梢《こずえ》」という言葉です。

木の枝の先を言う言葉です。「梢の隙間《すきま》を洩《も》れて来る日光が、＊径《みち》のそこここや杉《すぎ》の幹へ、蝋燭《ろうそく》で照らしたやうな《（ような）》弱い日なたを作つ《（つくっ）》てゐ《（い）》た。歩いてゆく私の頭の影《かげ》や肩先《かたさき》の影がそんななかへ現は《（わ）》れては消えた。なかには「まさかこれまでが」と思ふ《（う）》ほど淡《あわ》いのが草の葉などに染まつ《（そまっ）》てゐ《（い）》た。②試《ため》しに杖《つえ》をあげて見ると、＊ささくれまでがはつきり《（はっきり）》と写つ《（うつっ）》た」。梶井基次郎《かじいもとじろう》の「筧《かけい》の話」という文章です。

こういうふうに梢という言葉が、私たちの見ている風景のなかに、今日なくてはならぬ言葉、心の風景をつくる言葉としてあるだろうかということを考えるのです。ふだんわたしたちはいまは木を見上げるということをしなくなっています。文章の題の「筧」も、水を引く樋《とい》をさす言葉ですが、いまは普段《ふだん》に見るものでなくなって、その言葉が表していた趣《おもむき》というものは、わたしたちの＊語彙《ごい》にはすでにありません。

あるいは、「しげしげと」という言葉。

「寝床《ねどこ》から抜《ぬ》け出し縁側《えんがわ》に出る。煙草《たばこ》に火をつけ、うらうらとした陽ざしの中へゆっくりと煙《けむり》を上げる。激《はげ》しい勢《いきおい》で若《わか》葉《ば》を吹《ふ》き出《だ》している庭前《にわさき》の木や草を、しげしげと眺《なが》める。「俺《おれ》は、今生きて、ここに、こうしている」こういう思いが、これ以上を求め得ぬ幸福感となって胸《むね》をしめつけるのだ。心につながるもの、目につながるものの一切《いっさい》が、しめやかな、しかし断《た》ちがたい*愛惜《あいせき》の対象となるのもこういう時だ」。これは、尾崎《おざき》一雄《かずお》「美しい墓地からの眺め」の一節。

「しげしげと眺める」といううしんとした動作から、「心につながるもの、目につながるもの」への愛惜が生まれてくる秘密《ひみつ》が、ここにはさりげなく語られています。こういうふうな「しげしげと」という動作を表す言葉が、今日なくてはならぬ言葉、心の風景をつくる言葉としてあるだろうかということを考えます。私たちは今日ますますスピードをあげて生きることに追われて、「しげしげと目の前の風景を眺める」習慣をなくしてはいないでしょうか。そして、そのために③「幸福感」をも。

もう一つ、「本」という言葉。

本という言葉は、いまでももちろん日々に親しい言葉です。

しかし、本という言葉が*喚起《かんき》する次のような感情は、いまはもう私たちに日々に親しいものではなくなってきています。「その頃《ころ》の本は読むものだった。古本屋にはいい本が置いてあってそれを漁《あさ》って歩くのが楽しみだった。一体に本にはその匂《にお》いというものがあって本が選《よ》りすぐられたものであるに従《したが》って本の匂いがそこに漂《ただよ》う。その中から一冊《いっさつ》を手に入れるのはその匂いを持って帰るようなものだった」。これは、吉田健一《よしだけんいち》『東京の昔』の一節。

活字という文字には匂いがあった。新聞には新聞の言葉の匂い、辞書には辞書の活字の匂いがありました。言葉は意味だけでできているのではなくて、文字には墨《すみ》の匂い、インクの匂い、紙の手触《てざわ》り、風合いがありました。本を手にする、本を読むことは、そういう感覚を覚えるということでもあったけれども、そういうふうに「本」という言葉も今日では、もうなくてはならぬ言葉、心の風景をつくる言葉として、ある親身な感覚を喚起する言葉というふうではなくなっています。

本来、そのまわりにさまざまなものを集めるのが、言葉の本質です。風景を集める。感情を集める。時間を集める。ヴィジョンを集める。人を集める。記憶《きおく》を集める。そういう言葉を自分のなかにどれだけもっているかが、胸《むね》のひろさ、心のゆたかさをつくる。

こんなふうに、語彙の行く末をたずねてゆくと、そこに見えてくるのは、わたしたちの日々の心の風景です。いまは言葉が使《つか》い捨《す》てになっていないか、どうか。④言葉を使い捨てることは心を使い捨てることです。いまは心が使い捨てになっていないか、どうか。

モノは豊富になったけれども、逆に語彙が乏《とぼ》しくなった。そのために、さまざまな言葉によってわたしたちがずっと得てきた心のひろがりや陰影《いんえい》やゆたかさ、奥行《おくゆ》きが削《けず》られて、わたしたちの日々のあり方が狭《せま》く窮屈《きゅうくつ》なものになってしまっているとすれば、問題です。

言葉むなしければ、人はむなしい。語彙というのは、心という財布に、自分が使える言葉をどれだけゆたかにもっているかということです。その言葉によって、いま、ここに在ることが生き生きと感じられてくる。そういう言葉を、どれだけもっているか。いまは、言葉のあり方というのが、あらためてそれぞれの日常に、切実に問われているときのように思われます。

(長田《おさだ》弘《ひろし》『なつかしい時間』岩波新書 問題のため一部改編)

［注］

＊径《みち》・・・道のこと。

＊ささくれ・・・物の先端《せんたん》が細かく割《わ》れていること。

＊語彙《ごい》・・・言葉の集まりのこと。

＊愛惜《あいせき》・・・大切にすること。名残惜《なごりお》しいと思うこと。

＊喚起《かんき》・・・呼《よ》び起こすこと。

問1 ①自分が生かされていると感じている言葉 とありますが、同じ内容を述べている部分を二十字以上二十五字以内で抜き出し解答らんに合うように書きなさい。

問2 ②試《ため》しに杖《つえ》をあげて見ると、ささくれまでがはつきり《（はっきり）》と写《（うつっ）》つた とありますが、このようなことを試して、どのようなことが確かめられたのですか。解答らんに合うように書きなさい。

問3 ③「幸福感」をも とありますが、この後にどんな言葉が続くと考えられますか。後に続く言葉を解答らんに合うように書きなさい。

問4 ④言葉を使い捨てることについて（1）、（2）の問いにそれぞれ答えなさい。

（1）「言葉を使い捨てること」とはどういうことですか。解答らんに合うように十字以上十五字以内で書きなさい。

（2）（1）で答えたようなことにならないためには、どのようなことに気を付けたらよいですか。本文の内容をふまえつつ、あなた自身の考えを次の条件にしたがって書きなさい。

条件　書き出しは一ますめから書き始めなさい。
また、文章は、五十字以上六十字以内で書きなさい。
、や。や「　なども一字と数えます。

二　次の文章を読んで、後の問いに答えなさい。
（＊印のついている言葉には、本文の後に［注］があります。）

＊極夜探検《きょくやたんけん》のために①天測の準備を始めたのは、すでに出発が一カ月半後に迫《せま》った二〇一二年九月下旬《げじゅん》のことだった。まだ夏の暑さを引きずっていたその日、私《わたし》は西武池袋線沿線《せいぶいけぶくろせんえんせん》の自宅《じたく》を出発し、自転車で家から十分ほどのところにある池袋の大型書店に向かっていた。

天測というのは簡単《かんたん》に説明すると、天体を利用しておこなうナビゲーション技術である。もう少し具体的に、天体の高度を測ることと言いかえることもできるだろう。＊六分儀《ろくぶんぎ》などで太陽や星の高度を観測し、その観測値《かんそくち》をもとに所定の計算をおこない、自分のいる地球上の緯度《いど》や経度を求める一連の作業のことだ。天測で探検すると決めたのはいいが、準備を始めた時点で私はこの技術について何も知らなかった。今説明したような内容はもちろん後から調べて分かったことで、最初は天測が天体の高度を測ることだという基本的知識さえなかった。そこで、出発が近づいたその日、まずは本屋に行って手ごろな教科書がないか物色することにしたわけだ。

地下駐輪場《ちゅうりんじょう》に自転車を止め、エスカレーターで七階の理工書コーナーに上がると、〈海事〉という書棚《しょだな》に様々な船舶《せんぱく》関係の本がならんでいた。一冊《いっさつ》一冊背表紙《せびょうし》のタイトルを確認《かくにん》し、関係のありそうな本をパラパラとめくるうち、『天文航法』という、紙の箱に入った赤い布張りの、古本屋で見かけるような立派《りっぱ》な装丁《そうてい》の本を見つけた。天測で海を航海する方法を天文航法と呼《よ》ぶのでタイトル的にはぴったりだ。

頁《ページ》をめくって内容を確認してみると、天球の説明といった基本事項《じこう》から始まり、時間と経度の関係や、緯度と経度を求めるための理論《りろん》と計算方法で中身は埋《う》め尽《つ》くされている。よし、これだ、これを読みさえすれば天測をマスターできると、私はひそかに心で②拳《こぶし》を握《にぎ》りしめた。だが現実に横文字の記号や複雑そうな計算式、しばしば登場する＊三角関数の記号を見ていると、正直、赤く燃えあがっていたやる気の炎《ほのお》も急激《きゅうげき》に鎮静化《ちんせいか》するのを感じる。何しろ数学は高校二年生の途中《とちゅう》で断念して以来、テストで二十点以上とった記憶《きおく》はなかったし、今では六桁《けた》以上の数字を扱《あつか》うこともめったにない。眩暈《めまい》をおぼえた私は本を閉《と》じ、もっと別の、『小学生でも分かる天測入門』的なフレンドリーな本を探《さが》した。しかし結局そういう本は見つからず、最後は覚悟《かくご》を決めて『天文航法』という本を携《たずさ》えてレジに向かった。

案の定、読み始めてからわずか三日で私は音を上げそうになった。そもそも机《つくえ》の前で居住まいを正して勉強したのが何年ぶりのことだったのか、もはや思い出すことさえできない。『天文航法』を読み始めて最初に分かったのは、天測の方法ではなく、自分の学習能力の憂慮《ゆうりょ》すべき現状だった。系統《けいとう》立てて知識を頭に刻《きざ》み込《こ》むという作業をこの二十年ばかり怠《おこた》っていたせいで、私の脳内《のうない》の神経細胞《さいぼう》の結合は相当弱まり、読んで理解したと思っても、次の日にはその内容を全部忘《わす》れているのだ。それにこの本には数式だけではなく、〈出没《しゅつぼつ》方位角算法〉〈子午線高度緯度法〉〈北極星緯度法〉等々といった、甲冑《かっちゅう》をきた鎧《よろい》武者《むしゃ》のようないかめしい字面の専門《せんもん》用語がつぎつぎとあらわれる。頁をめくって次に何が書かれているのか確認するたび、私は登山で巨大《きょだい》な岩壁《がんぺき》があらわれたときのような威圧《いあつ》感をおぼえた。だが、出発まで時間がない。毎日めげずに勉強するうち、基本原理と計算方法は何とか習得することができた。

（中略）

今回、ＧＰＳではなく、その天測を位置決定の手段《しゅだん》として選んだのにはちょっとした経緯《けいい》があった。じつは私は前年の二〇一一年に初めてカナダで極地の長い旅を経験したのだが、その旅での違和感《いわかん》が、今度の天測で旅をするという発想につながっている。

この二〇一一年の旅は色々な意味で大変意義のある旅だった。初めて極地に向かうことにした私は、いきなり条件の厳《きび》しい冬の極夜ではなく、まずは比較《ひかく》的行動しやすい季節に、かつ現在オーソドックスとされる通常のやり方で旅をすることに決め、友人である北極冒険《ぼうけん》家の荻田泰永《おぎたやすなが》君を誘《さそ》ってカナダ北極圏《ほっきょくけん》に向かうことにした。〈極地の旅に都合のいい季節〉というのは具体的にいえば太陽が昇《のぼ》ってもう十分に明るくなり、かつ海の結氷も申し分ない三月下旬から五月であり、〈現在オーソドックスとされる普通《ふつう》の方法〉というのはＧＰＳとか衛星携帯《けいたい》電話を使い、軽量で頑丈《がんじょう》なプラスチックの橇《そり》を引いて歩くということだ。もちろんオーソドックスな手法でも三月〜五月の北極は十分に厳しい世界で、氷点下四十度にまで冷え込む寒さのなか、われわれは北極熊《ほっきょくぐま》がうろうろする＊乱氷帯《らんぴょうたい》を越《こ》え、百キロ近い重さの橇を引いて連日のように三十キロ近く歩きつづけた。六十日後に出発地から千五十キロ南にあるジョアヘブンという集落に到着《とうちゃく》したが、旅がそこで終わったわけではなかった。五月半ばにこの集落を再出発し、今度は雪解け期でずぶずぶとなった＊ツンドラの大湿地《しっち》帯の縦断《じゅうだん》に取りかかった。氷の割《わ》れた大河をボートでわたり、泥《どろ》まみれになった湿地を練り歩き、ようやく最終目的地であるベイカーレイクにたどり着いたときには、季節はすでに初夏を迎《むか》え、無数の蚊《か》にぶんぶんとたかられて身体中をぼりぼりとかきむしっていた。このように旅は期間にして百三日間、総延長《えんちょう》で千六百キロもの長きにおよんだ。空間的な距離《きょり》の移動という観点からみると、たしかにひとつの達成ではあったし、肉体的な疲労《ひろう》という点でも苛酷《かこく》な旅だったのだが、しかし率直《そっちょく》にいうと、私は旅をしているときからずっと、なにか届《とど》くことができていない……という虚《むな》しさを*払拭《ふっしょく》できずにいた。北極熊の出現におののき、寒さに痛《いた》めつけられ、傷《きず》つき、疲労し、飢《う》えたことは間違《まちが》いない。そのことを一冊の本にもまとめたが、北極が持つ*茫漠《ぼうばく》さや泥沼《どろぬま》のような深みを体感できたかというと、そこまでは至《いた》らなかった気がしたのだ。

（中略）

届くことができていない……と感じた一番の原因は、明らかにGPSと衛星携帯電話という二つの現代機器を使用したことにあった。GPSや衛星携帯電話を持っていくと、私と北極との間に見えない壁《かべ》ができてしまう。GPSというのは人工衛星からデータを受信する機械であり、また衛星電話は最終的には他人による救助要請《ようせい》を前提にしている。いずれも自分以外の力をあてにした装備《そうび》だという点で共通している。自分と自然の間に、第三者たる機械が*介在《かいざい》することで自然への没入《ぼつにゅう》感がどうしても弱まってしまうのだ。

とりわけGPSを使用すると北極という旅の対象への関わり方が薄《うす》くなる。GPSではなく、たとえば地図とコンパスで位置を決める場合、まわりの山や谷に目をやり、次に地図のほうに目を落とし、その山や谷が地図上のどこにあるか確認する。このとき周囲の山や谷といった*ランドマークは、私という身体的な実体を空間のなかに位置付けるためのリアルな支点としての機能を果たしている。風景を見わたし、何か目印になる山の頂上《ちょうじょう》や尾根筋《おねすじ》、谷の向きなどを見つけ、それを地図のなかに見出して自分の位置を求めるというプロセスを経ることで、周囲の風景への志向性が高まり、私と周囲の地形との間にある種の抜《ぬ》き差《さ》しならない関係性が生じるのである。読図でこうした作業を常時繰《く》り返《かえ》していると、私という実体は周囲のあらゆる地形と目に見えない糸で結ばれ、風景と調和し、空間のなかでがっちりと安定して存在《そんざい》しているという感覚を得ることができる。ひと言でいえば風景を自分の世界に取り込むことができるわけだ。ところがGPSを使うとこうしたプロセスが全部、抜け落ちる。別に自分で何か作業しなくても、テントのなかでぼちっとボタンを押《お》すだけで地図上の位置が分かるので、周囲の地形を確認する必要もない。風景に対する志向性はなくなり、何らかの関係性も生じない。風景はただ私と関わりのないものとして素通《すどお》りし、無意味なものとして私の世界から抜け落ちるのだ。その結果、私は風景とのつながりを失い、北極にいるのに北極を感じることができていない、北極の北極たる本質に届くことができていないという*遊離感《ゆうりかん》を感じていたのだ。

（角幡唯介《かくはたゆうすけ》『極夜行前』文藝春秋刊 問題のため一部改編）

［注］

*極夜《きょくや》…北極や南極で一日中太陽の昇らない状態が続く現象。
*六分儀《ろくぶんぎ》…太陽や星の高度を観測する道具。
*三角関数…数学の分野の一つ。
*乱氷帯《らんぴょうたい》…海が凍《こお》り、高低差が激《はげ》しくなった場所。ここでは特に歩きにくい場所を意味する。
*ツンドラ…北極周辺の、凍結《とうけつ》した大平原。
*払拭《ふっしょく》…ぬぐいさること。
*茫漠《ぼうばく》…広々としてとりとめのないさま。
*介在《かいざい》…二つのものの間に存在すること。
*ランドマーク…特徴《とくちょう》的で、目印になるもののこと。
*遊離感《ゆうりかん》…他と離《はな》れて存在するかのように感じること。

問1 ①天測　とは何ですか。本文の言葉を用いて、三十字以上四十字以内で解答らんに合うように説明しなさい。

問2 ②拳《こぶし》を握《にぎ》りしめた。　とありますが、なぜ筆者は拳を握りしめたのですか。その理由を次の条件にしたがって書きなさい。

条件　書き出しは一ますめから書き始めなさい。
また、文章は、三十字以上四十字以内で書きなさい。
、や。や「なども一字と数えます。

問3 筆者はGPSや衛星携帯電話などの現代機器を使用する方法と、地図とコンパスを用いて旅をする方法の両方について述べています。もし、あなたがどこか見知らぬ土地を旅するなら、現代機器を使用する方法で旅をしたいと考えますか。それとも地図とコンパスを用いる方法で旅をしたいと考えますか。どちらか一つの方法を選び、その理由とともに次の条件にしたがって書きなさい。

条件1　段落《だんらく》構成については、次の①から③にしたがうこと。

①　二段落構成で、内容のまとまりやつながりを考えて書きなさい。

②　第一段落では、現代機器を使用した旅のよさと、地図とコンパスを用いた旅のよさ、両方のよさの要約を書きなさい。

③　第二段落では、あなたが見知らぬ土地を旅するときに、現代機器を使用して旅をしたいと考えるか、それとも地図とコンパスを用いて旅をしたいと考えるか。その理由とともに書きなさい。

条件2　解答は原稿《げんこう》用紙の正しい使い方で書き、書き出しは一ます空けて書き始めなさい。
また、文章は、二百字以上二百四十字以内で書きなさい。
、や。や「なども一字と数え、改行などで空いたますも字数に数えます。

適性検査2

注　　意

1　検査開始の指示があるまで問題用紙を開いてはいけません。

2　検査時間は45分間で、終わりは午前11時00分です。

3　問題は　1　問1 から 問4
　　　　　2　問1 から 問4
　　　　　3　問1 から 問3 まであります。

4　問題用紙は1ページから19ページまであります。検査開始の指示後、すぐにページがそろっているかを確認《かくにん》しなさい。

5　解答用紙は2枚《まい》あります。

6　受検番号をそれぞれの解答用紙の決められた場所に記入しなさい。

7　解答はすべて解答用紙に記入し、解答用紙のみ2枚とも提出しなさい。

＃教英出版 編集部　注
編集の都合上、白紙ページは省略しています。

1 ゆたかさんとももこさんは、先生とスマートフォンについて会話をしています。

〔先　生〕 近年、スマートフォンを利用する人が多くなりました。

〔ゆたか〕 私《わたし》の周りの家族や友達の多くがスマートフォンを利用しています。

〔ももこ〕 先生、スマートフォンを利用する人は、どの年齢《ねんれい》でもいると思いますが、どの年齢が一番多いのでしょうか。

〔先　生〕 ［資料1］を見てください。これは、年齢別のスマートフォンの利用者の割合《わりあい》を示したものです。

［資料1］年齢別のスマートフォンの利用者の割合

年齢	割合（%）
（ア）6～19	11.9
（イ）20～39	31.4
（ウ）40～59	38.1
（エ）60～	18.6

（『平成30年通信利用動向調査』総務省ホームページより作成）

問 1

［資料1］を次の①～④の条件にしたがって、円グラフに表しなさい。

① 解答らんの円グラフには、目もりが書いてありません。配られた分度器を用いなさい。

② 中心角の角度を計算した結果は、小数第1位を四《し》捨《しゃ》五《ご》入《にゅう》しなさい。

③ 割合の大きい年齢順に、「時計回り」に並《なら》べなさい。

④ グラフの各部分がどの年齢を示しているのか、それが分かるように、(ア)、(イ)、(ウ)、(エ) を書き入れなさい。

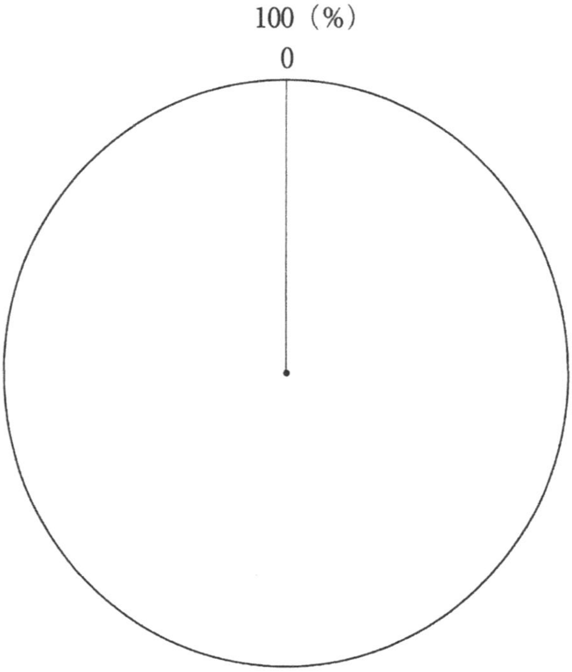

〔先　生〕 2人は、どのような目的でスマートフォンを利用していますか。

〔ももこ〕 私は最近［資料2］のようなスマートフォンの地図を利用しました。

［資料2］スマートフォンの地図

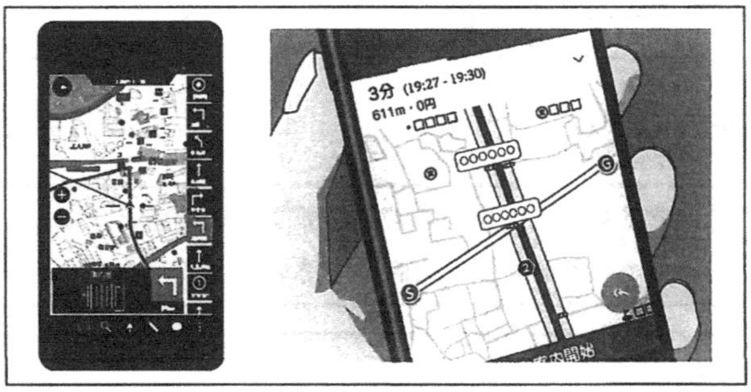

〔ゆたか〕 スマートフォンの地図は、移動してもすぐに現在地を教えてくれます。どのようにして、私たちの現在地を見つけているのでしょうか。

〔先　生〕 それはＧＰＳと呼《よ》ばれる機能を使って現在地を測定しています。**[資料３]**を見てください。

[資料３] ＧＰＳで現在地が分かるしくみ

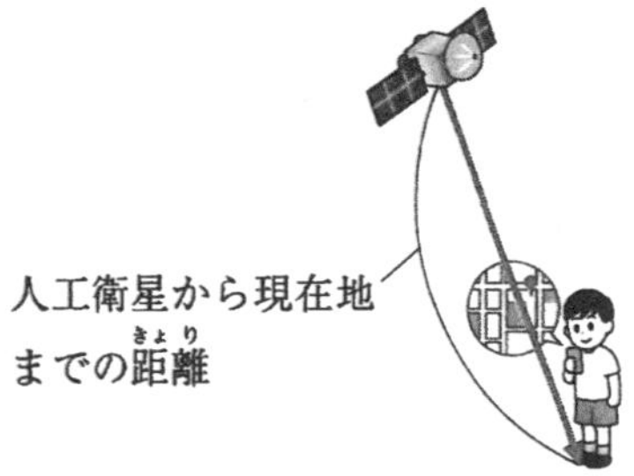

人工衛星から情報を取得し、現在地と人工衛星との距離をもとに、現在地となる位置を見つける。

〔先　生〕 **[資料３]** のようにＧＰＳは、人工衛星から現在地までの距離を測ります。

〔ももこ〕 現在地と人工衛星までの距離が分かるだけで、場所を１か所に決めることができるわけですね。

〔先　生〕 実はそうではないのです。人工衛星と実際の現在地までの距離と同じになる場所は、いくつも存在《そんざい》します。これらの候補《こうほ》となる位置をつないでいくと円になり、距離を測るだけでは現在地を１か所に決めることができないのです。（**[資料４]**）

[資料４] 人工衛星からの距離が等しい場所

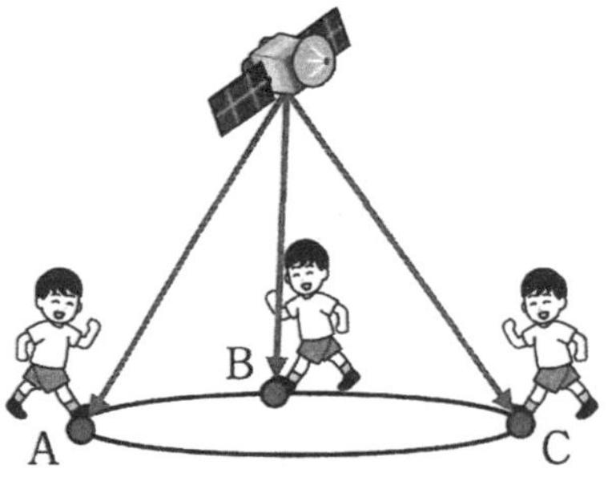

正面から見た図

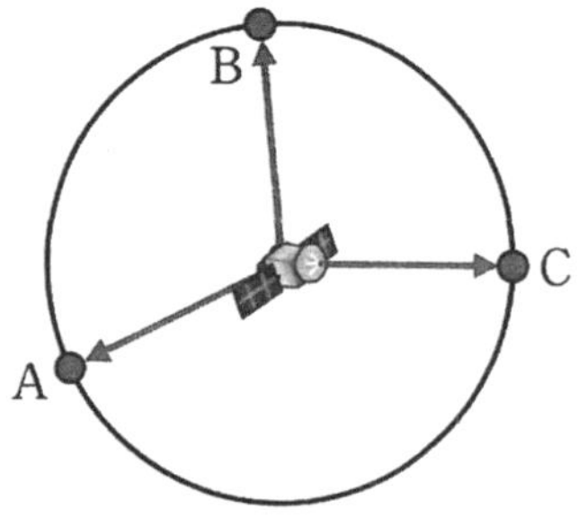

上から見た図

左の図のＡ、Ｂ、Ｃはどこも人工衛星からの距離が等しい場所となる。このような場所はいくつも存在し、それらをつないでいくと円ができる。

問2

［資料4］の図をもとに、ゆたかさんは、人工衛星から現在地までの距離と、作られる円の関係について次のようにまとめました。（　オ　）、（　カ　）にあてはまる言葉を答えなさい。

［資料4］の円よりも内側に移動すると、人工衛星から現在地までの距離は（　オ　）なり、円の大きさは（　カ　）なる。

〔ももこ〕　この円を紙の地図上に表すとどうなるのでしょうか。

〔ゆたか〕　［資料5］のように、人工衛星の真下を中心とした円を作ることができます。

［資料5］円を紙の地図上に表した図

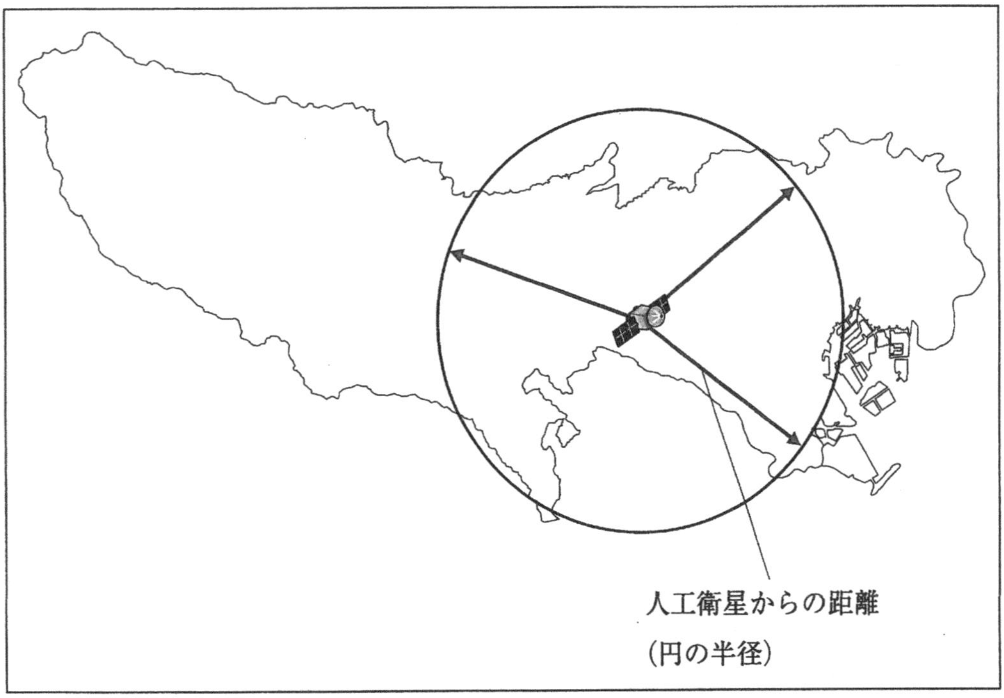

〔先　生〕　ここからは、［資料5］のように平面で考え、人工衛星からの距離を、円の半径とします。

〔ももこ〕 円が1つだけでは、円周のどこかにいるのは分かりますが、現在地を見つけることはできません。

〔ゆたか〕 1つだけで無理ならば、複数の円が必要になるのではないでしょうか。

〔先　生〕 ＧＰＳは3つの人工衛星から情報を取得し、現在地を見つけています。

〔ももこ〕 円が2つでは現在地を見つけることはできないのですか。

〔先　生〕 円が2つでも現在地を見つけることはできますが、どんな位置にいても正確に現在地を見つけるためには、円が3つ必要になります。実際に紙の地図上にかいてみるとより分かります。

問3

次の地図上でD、E、Fの3つの人工衛星からの距離がそれぞれ100 km、150 km、175 kmの位置のとき、ＧＰＳが示した現在地Xを解答らんの地図上にコンパスを用いて求め、その場所を示す点Xをかきなさい。ただし、地図上では50 kmを1 cmとします。

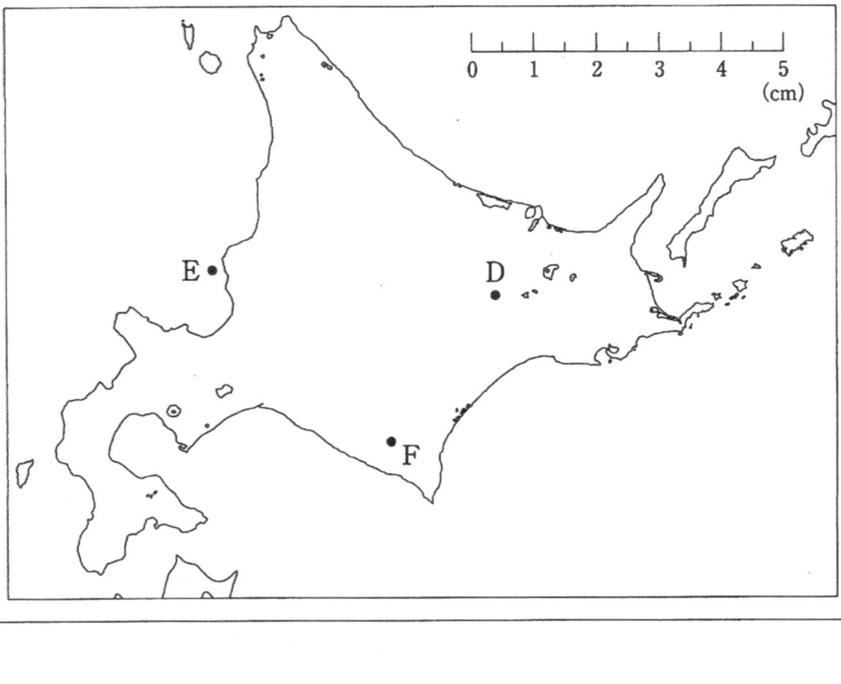

問4

人工衛星が2つでは、基本的には見つけることができません。その理由を、解答らんの「円が2つのときは、」に続いて説明しなさい。

2 小学生のけいこさんとなおやさんが会話をしています。

〔けいこ〕 私《わたし》は自分の住んでいる地域《ちいき》のごみ出しについて、調べることにしました。そのための資料を持ってきました。（**[資料１]**）

[資料１] けいこさんの住んでいる地域のごみ出しカレンダー

2020年**2月**

ごみは朝8時までに出してください。

日	月	火	水	木	金	土
						1
2	3 可燃ごみ	4	5	6 可燃ごみ	7	8
9	10 可燃ごみ	11 ペットボトル	12	13 可燃ごみ	14 紙類・布類	15
16	17 可燃ごみ	18	19	20 可燃ごみ	21	22
23	24 可燃ごみ	25 ペットボトル	26	27 可燃ごみ	28 紙類・布類	29

〔なおや〕 このカレンダーを見るだけでも、ごみ出しには様々なルールがあることが分かりますね。

〔けいこ〕 どんなルールがあるか、いくつか挙げてみたいと思います。

問１

けいこさんは、**[資料１]** から分かる、ごみ出しのルールについて次のようにまとめました。（　ア　）、（　イ　）にあてはまる言葉を答えなさい。

（１） ごみは決められた（　ア　）に出さなければならない。

（２） ごみは（　イ　）して出さなければならない。

翌日《よくじつ》、なおやさんは別の資料を持ってきました。

〔なおや〕　私は歴史が好きなので、江戸《えど》時代の江戸のごみ出しのルールについて調べてみました。次の資料を見てください。（[**資料２**]）

[資料２] 江戸のごみ出しに関する資料

> 明暦《めいれき》元（1655）年11月の*町触《まちぶれ》
>
> 町中の者は川の中、あるいはその周辺に*掃《は》き溜《だ》めのごみを捨《す》ててはいけない。今後は船を使って*永代島《えいたいじま》へ捨てに行きなさい。ただし、夜間のごみの持ち出しは禁止し、昼間だけにすること。
>
> 寛文《かんぶん》11（1671）年6月19日の町触
>
> 町中に*塵《ちり》や芥《あくた》が多く見え、橋の上などにもあるので、その町の近くの者がそうじをしなさい。小路などにも溜《たま》り土や塵や芥がないように心がけなさい。

（『正宝事録《しょうほうじろく》』より作成）

＊町触：江戸の町人に対して出された通知。

＊掃き溜め：ごみ捨て場。

＊永代島：現在の江東区《こうとう》深川《ふかがわ》周辺。当時は島だった。

＊塵や芥：いずれもごみのこと。

〔けいこ〕 どうしてこのような通知が出されたのでしょうか。

〔なおや〕 これにはいくつかの理由が考えられますが、一番の理由は江戸の人口が増えたことによって、ごみが大量に出るようになったからだと言われています。

〔けいこ〕 どうして江戸の人口が増えたのでしょうか。

〔なおや〕 私がまとめたレポートと資料を使って考えてみましょう。

（**[資料３]**、**[資料４]**）

[資料３] 江戸城《じょう》開発工事の史せきについてなおやさんがまとめたレポート

この石垣《いしがき》は、「牛込見附《うしごめみつけ》」と言って、江戸城から外堀《そとぼり》への出口にあたる場所でした。牛込見附は、外堀が完成した1636年に四国《しこく》の大名の蜂須賀忠英《はちすかただふさ》によって建設された石垣です。これを示すように石垣の一部に、「阿波守《あわのかみ》」と刻《きざ》まれた石が発見されました。このように徳川《とくがわ》家は支配下の大名に対して、江戸城の築城工事を命じました。この石垣も、３代将軍《しょうぐん》である徳川家光《いえみつ》が、四国の大名であった蜂須賀忠英に命じて造らせたものである、ということが分かりました。

［資料４］ 江戸城開発工事に関する資料

> 江戸城の開発には、全国各地から工事で働く労働者だけでなく、専門《せんもん》業者も集められた。
>
> 例えば、石垣に必要な石材を産地から切り出して輸送するには、専門的なノウハウが必要だった。
>
> そこで石材業者が相模国《さがみのくに》から江戸に集められ、伊豆国《いずのくに》や相模国から集められる伊豆石を陸あげして、現場に供給《きょうきゅう》したのである。かれらの中には工事が終わった後も江戸に残って石問屋《いしどんや》になった者がいる。
>
> 材木業者も集められた。こちらも、城《しろ》の完成後も江戸に残り、材木問屋《ざいもくどんや》として商売を行う者がいた。

（鈴木浩三《すずきこうぞう》『地図で読みとく　江戸・東京の「地形と経済《けいざい》」のしくみ』より作成）

問２

> 江戸の人口が増えた理由として考えられることを、**［資料３］**、**［資料４］** をふまえ、答えなさい。

〔なおや〕　こうして、江戸の人口は増加し、1720年ごろになると、100万人をこえていたと言われています。しかし、ごみ問題については、その後解決していくことになります。

〔けいこ〕　なぜでしょうか。

〔なおや〕　江戸時代は、リサイクルがとても進んでいた時代だと、聞いたことがありますか。

〔けいこ〕　聞いたことがあります。呉服《ごふく》店で買った着物は、古着屋で売られただけでなく、使える部分は子供《こども》用の着物に作り直したり、ぞうきんとして使ったりしたそうです。江戸の人たちはごみを減らすためにリサイクルをしていたということですね。

〔なおや〕　ところが、調べてみるとそれだけではなさそうです。次の資料を見てください。（**［資料５］**）

[資料５] 江戸時代のリサイクルについて述べた資料

> 江戸の人たちは、なぜリサイクルしていたのであろうか。それは、こわれたものでも直して使えるものであるならば、あるいは不要なものでも売れるものであるならば、捨てるのは「もったいない」という*損得勘定《そんとくかんじょう》が働き、リサイクルを促進《そくしん》させていたのではないかということである。その根底には、使えるものは徹底《てってい》的に使うという「もったいない」精神の存在《そんざい》を考えざるをえない。なぜなら、江戸時代の「物直し文化」が環境《かんきょう》に配慮《はいりょ》したものではないからである。単純《たんじゅん》に新品を買うよりはこわれたものを安い値段《ねだん》で直して元通りにしたほうが得である。あるいは古いものに少しの金銭を足して新品と取りかえたほうが得である。さらには不要なものを捨てればタダだが、売れば金になるという、経済的な合理精神が働いていたのである。

(根崎光男《ねざきみつお》『「環境」都市の真実』より作成)

*損得勘定：損か得かを考えること。

〔なおや〕 **[資料５]** に書かれている江戸でのリサイクルに対する考え方をもとに、さらに資料を集めました。(**[資料６]**)

この資料から江戸でリサイクルがすすんでいた理由を考えてみたいと思います。

［資料6］江戸でリサイクルにたずさわる人とその特ちょう

肥《こえ》くみ

肥くみとは、人間の糞尿《ふんにょう》にあたる下肥《しもごえ》を集めている人のことである。下肥は農家に買い取ってもらうことができた。*店子《たなこ》が30人いる*長屋《ながや》なら、年末には1～2*両の収入《しゅうにゅう》になった。一人前の大工の月収が2両程度の時代だから、ちょっとした金額である。

かさの古骨《ほね》買い

紙と竹でできた古かさを再生するため専門に買い取る業者がいた。買値《ね》は、かさの状態によって、4*文《もん》、8文、12文の三段階《だんかい》があった。

集めたかさは、油紙をはがして洗《あら》い、糸をつくろってから、かさはりの仕事をしている人に出した。そして、かさとして再利用された。

（石川英輔《いしかわえいすけ》『大江戸リサイクル事情』より作成）

＊店子：家主から家を借りている人のこと。

＊長屋：集合住宅《じゅうたく》の一形態。

＊両、文：いずれも江戸時代のお金の単位。

問3

江戸でリサイクルが進んでいた理由を、次の①・②の条件にしたがって答えなさい。

① 江戸の人々がリサイクルを行う際の考え方を［資料5］から1つ挙げること。

② ［資料6］の「肥くみ」と「かさの古骨買い」に共通した特ちょうを答えること。

〔なおや〕 現在でもこのような活動があるのでしょうか。

〔けいこ〕 私は、シェアリングエコノミーのしくみが近いと考えました。

〔なおや〕 シェアリングエコノミーとは何ですか。

〔けいこ〕 それに関する資料を持ってきました。次の資料を見てください。(**[資料7]**)

[資料7] シェアリングエコノミーに関する記事

※記事省略

(毎日小学生新聞 平成 29 (2017) 年 11 月 11 日より作成)

〔なおや〕 なるほど。分かりやすいように図に示してみました。(**[資料8]**)

[資料8] シェアリングエコノミーに関する記事を図に示したもの

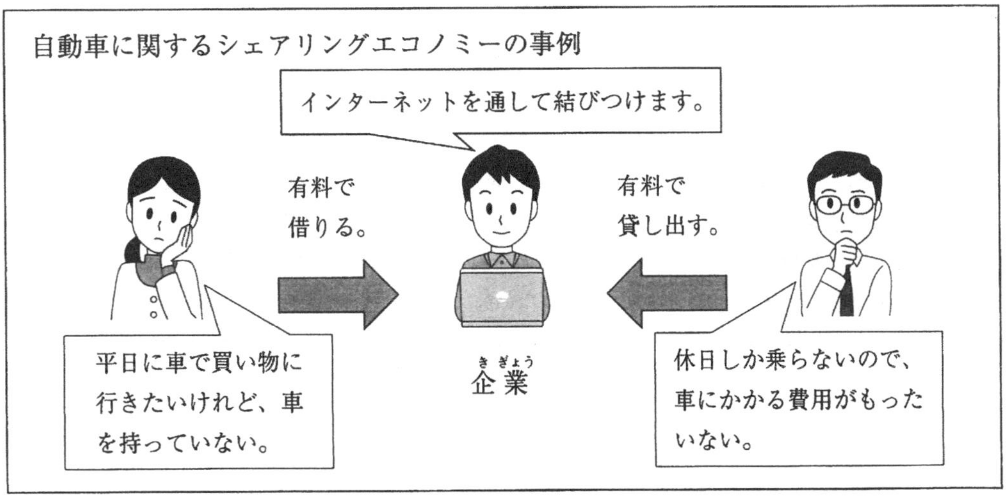

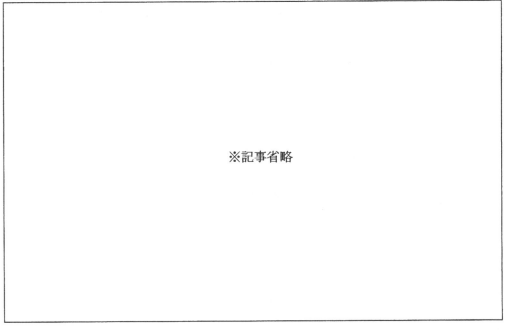

自動車に関するシェアリングエコノミーの事例
インターネットを通して結びつけます。
有料で
借りる。
有料で
貸し出す。
平日に車で買い物に行きたいけれど、車を持っていない。
企業《きぎょう》
休日しか乗らないので、車にかかる費用がもったいない。

問4

［資料7］、［資料8］をふまえ、次の（1）、（2）の問題に答えなさい。

（1） たつやさんは、図1のような希望をかなえようとしています。シェアリングエコノミーのしくみをふまえ、たつやさんの希望をかなえられる（　X　）さんは、みさきさん、ひさしさん、ちかこさんの3人のうちだれか答えなさい。

（2）（1）で選んだ人物には、どのような利点があるのか、シェアリングエコノミーのしくみをふまえ、説明しなさい。

図1

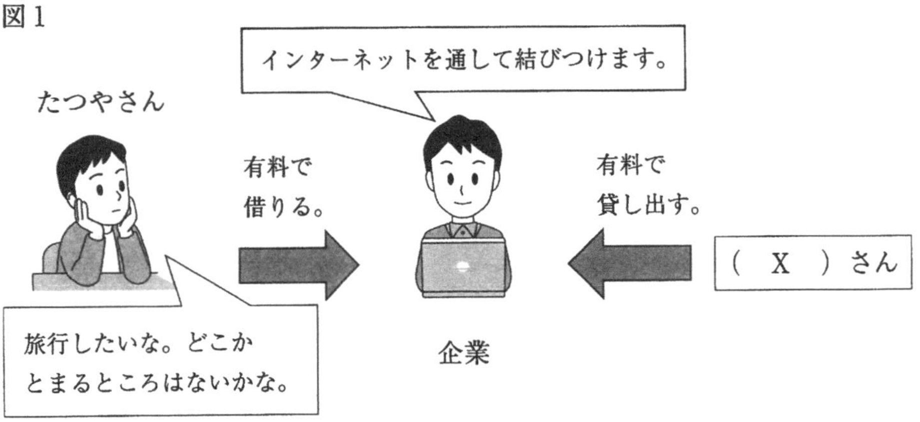

3 たろうさんが街の移り変わりについての学習をしています。

〔先　生〕 今日は街の移り変わりについて、学習していきます。例として、次の［資料1］を見てみましょう。

［資料1］ゆり市とばら市が1つになり、あやめ市になったことによる街の変化

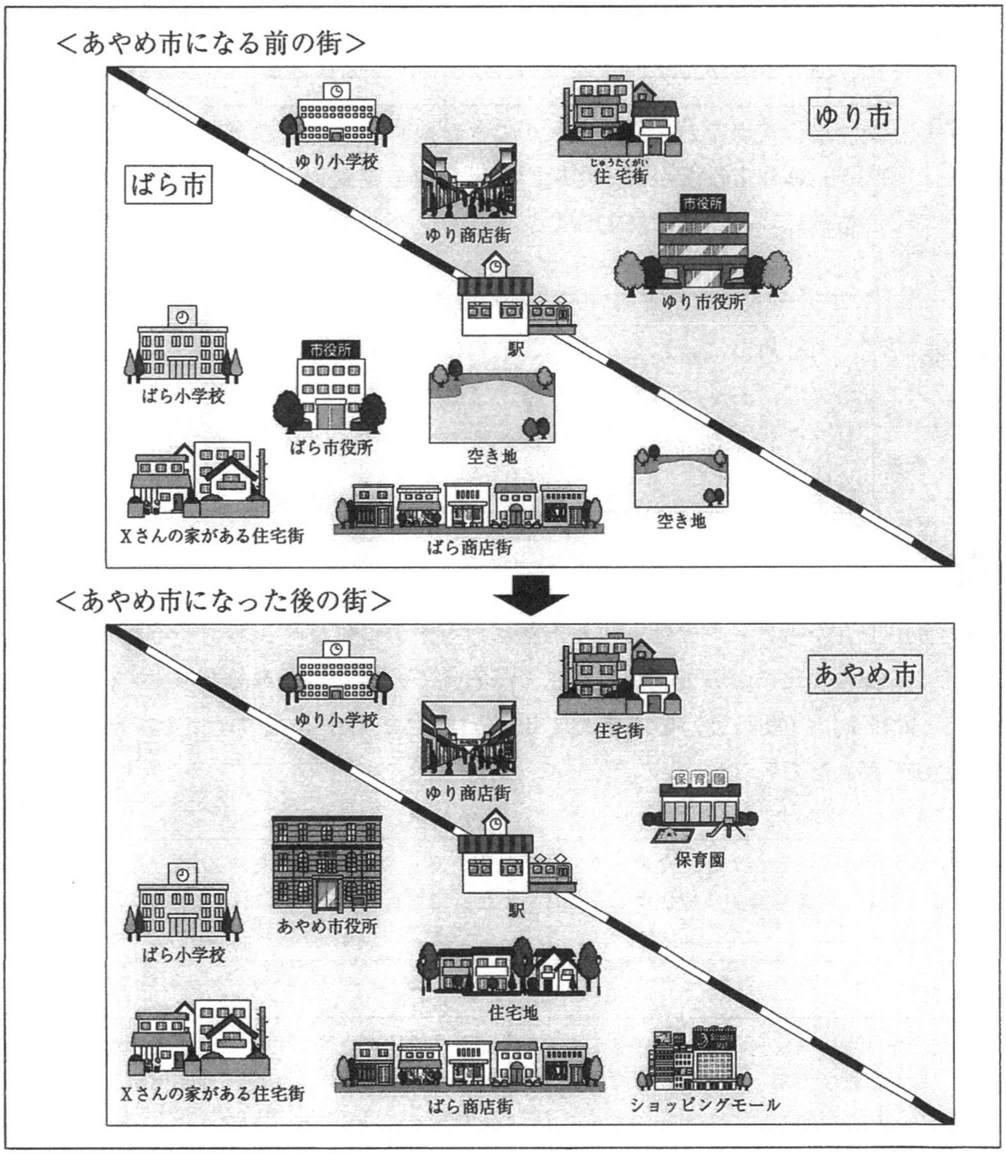

〔先　生〕 **［資料1］**は、線路をはさんでゆり市とばら市だった地域《ちいき》が、あやめ市になったことによる街の変化を簡単《かんたん》に表した地図です。

〔たろう〕 地図を見ると、街が変化したことが分かります。

〔先　生〕 街の変化について、市長や市役所の職員の声をききました。[**資料2**] を見てみましょう。

[資料2] あやめ市の市長や市役所の職員の声

市長

ゆり市の子供支援《こどもしえん》課とばら市の子供保育課を1つにするなど、2つの市で重なる仕事を1つにまとめました。その結果、市役所の職員が効率的に仕事をできるようになり、市の支出もおさえることができました。

市役所の職員
Yさん

市の支出をおさえることができたため、希望者が全員入園できるよう、ゆり市役所があった場所に保育園を設置しました。また空き地を整備し、そこには住宅地やショッピングモールができ、街がにぎやかになりました。

市役所の職員
Zさん

あやめ市に新しくできた住宅地に、あやめ市外の人が引っこしてきたので、あやめ市の人口が増えました。また、ショッピングモールをおとずれる人が、ばら商店街へも立ち寄り、ばら商店街は活気があふれています。

問1

下のカードAからカードFは、ゆり市とばら市が1つになり、あやめ市となったことによる街の変化について、たろうさんが考えて、まとめてみたものです。このうち、[**資料1**]、[**資料2**] をふまえ、正しい内容が書かれたカードをすべて選び、記号で答えなさい。

カードA

市の費用を減らすことができたため、ゆり小学校のとなりにあやめ中学校が新しく建設された。

カードB

2つあった市役所はあやめ市役所1つになったが、市役所の職員は効率的に仕事ができるようになった。

カードC

保育士になりたい人が全員就職《しゅうしょく》できるように、ゆり市役所があった場所に保育園が設置された。

カードD

ばら市役所のとなりの空き地にできた住宅地には、Xさんの家がある住宅街から引っこしてきた人が住んでいる。

カードE

あやめ市の人口が増えたことによって、電車を利用する人が増え、新しい駅ができた。

カードF

ばら商店街のとなりの空き地に、ショッピングモールができたので、ばら商店街へ来るお客さんが増えた。

〔たろう〕　2つの地域が1つになると、様々な変化があることが分かりました。

〔先　生〕　今度は実際に存在《そんざい》する街である、島根県《しまねけん》海士町《あまちょう》を例に考えてみましょう。（**[資料3]**、**[資料4]**）

[資料3]　島根県海士町の取り組み1

海士町から別の街へ出て行く人が多く、人口減少が進んでいた。そのため、海士町では、働く人を増やし、地域を活性化するために、以下のような取り組みを行っている。

① 離島《りとう》ならではの地域の資源《しげん》をいかして、*岩ガキなどのブランド化を進め、厳《きび》しい品質が求められる首都圏《しゅとけん》や、海外への販売《はんばい》をすすめている。

② 水産物を、素材を生かしたまま、すぐに凍結《とうけつ》し、長期保存を可能とするシステムを導入した。

その結果、岩ガキや②のシステムによる商品の売り上げは増加している。また海士町へ移住し、産業に関わる人も増加している。

（総務省、内閣《ないかく》府、独立行政法人国際協力機構の資料より作成）

*岩ガキ：海産物の一種。

[資料4]　島根県海士町の取り組み2

※記事省略

（「隠岐島前高校の魅力化と永遠の発展の会」の発足と「島留学」の創設、公立塾の開設などについての記事）

（朝日新聞デジタル　平成31（2019）年3月28日より作成）

問2

たろうさんは、海士町の変化について発表するために、グラフGからグラフJを作成しました。[資料3]、[資料4]の取り組みにあてはまるグラフをすべて選び記号で答えなさい。また、選んだ理由をそれぞれ具体的に答えなさい。

グラフG　海士町の水産物の長期保存を可能としたシステムによる商品の売り上げ

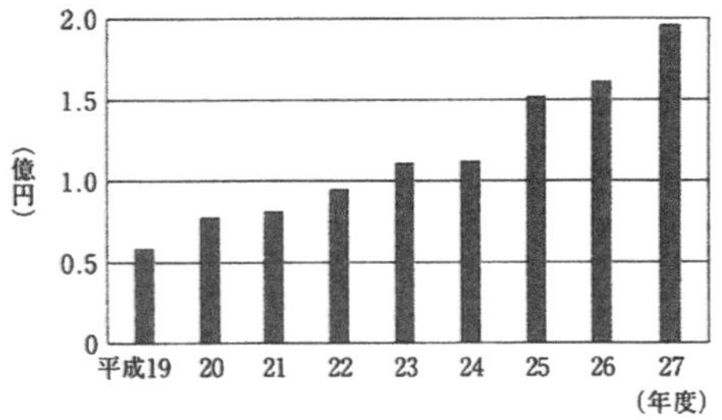

グラフH　農家が田畑として利用している土地の面積

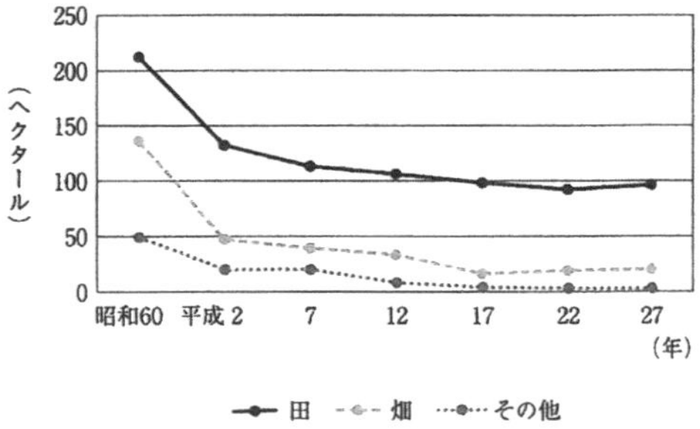

グラフI　海士町にある隠岐島前高校の生徒数

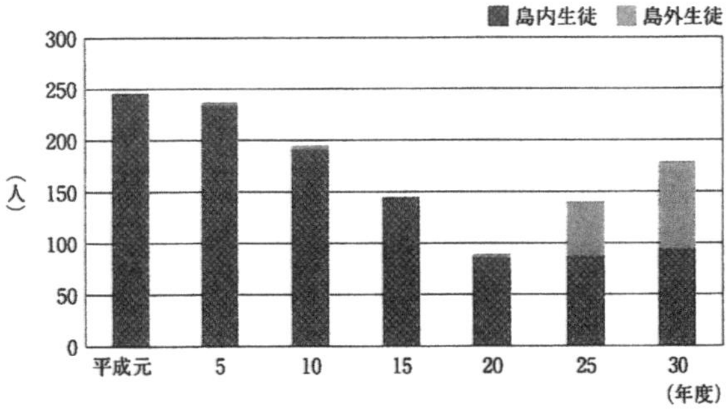

グラフJ　海士町の人口の割合《わりあい》

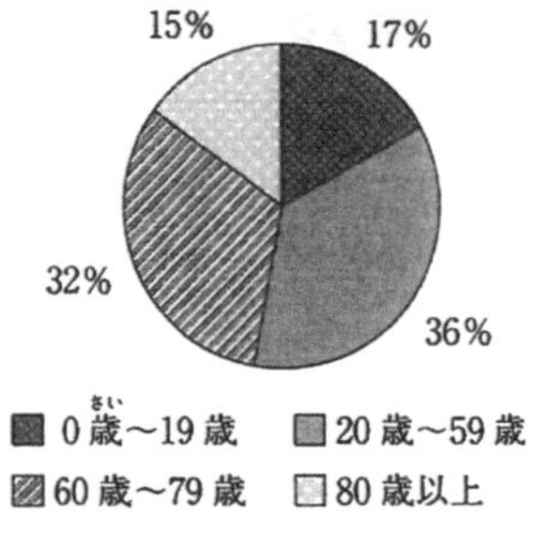

(「2018 海士町勢要覧《ようらん》資料編」などより作成)

〔先　生〕 街の移り変わりをいくつか見てきましたが、実際に自分たちで街づくりをするとしたらどうなるのでしょうか。

〔たろう〕 おもしろそうですね。

〔先　生〕 くだん市という実在しない街の観光客を増やすという設定で考えてみましょう。観光客の客層《そう》と観光客数の変化が下の資料のようであったとします。（**[資料5]**）

ここでの客層とは、客がだれと来たかによって区分したものです。

[資料5] くだん市の観光客の客層と観光客数の変化

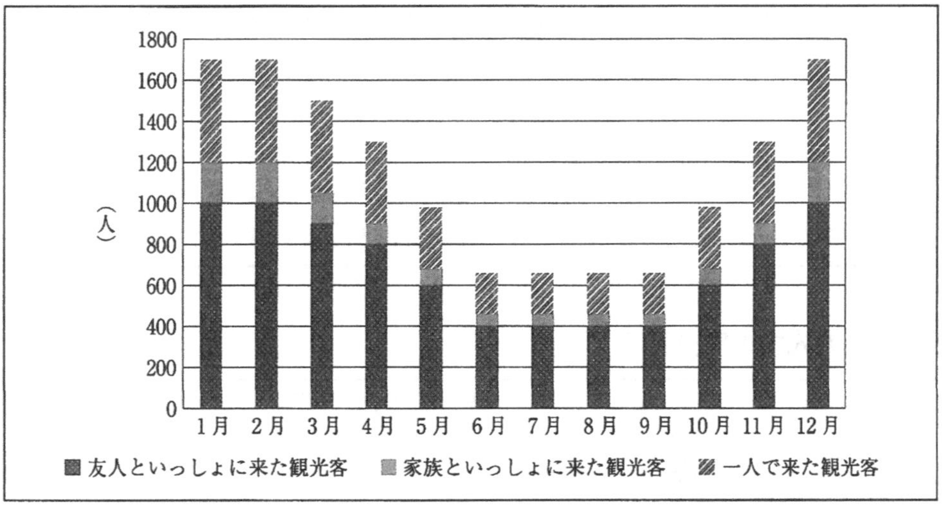

〔たろう〕 どのような目的で、くだん市へ観光におとずれるのですか。

〔先　生〕 **[資料6]** を見てみましょう。

[資料6] くだん市におとずれる観光客の観光目的の割合

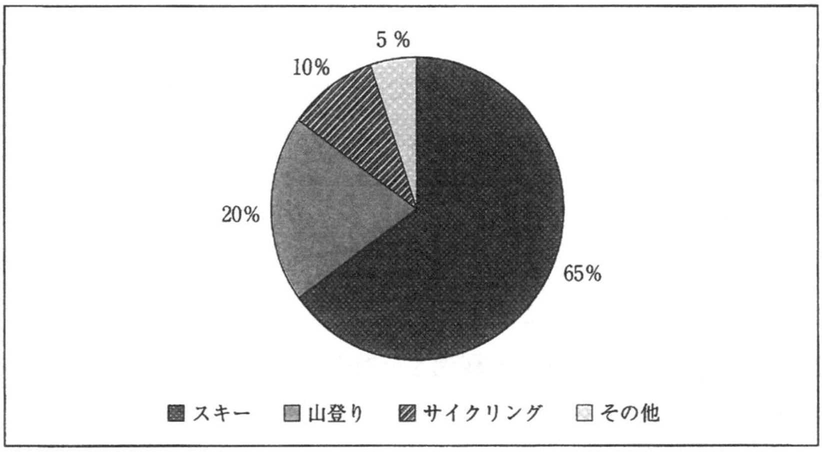

〔先　生〕 夏はすずしいため登山やサイクリングなどを目的として、くだん市へ観光客がおとずれます。一方で、冬は良質な雪がたくさんふるため、スキーを目的として観光客がおとずれます。夏よりも冬の観光客が多いです。

〔たろう〕 観光客を増やすための方法を考える際に、**[資料5]**、**[資料6]** 以外に、参考となるものはありますか。

〔先　生〕 くだん市の観光課の2人の職員の意見（**[資料7]**）と、くだん市の観光資源（**[資料8]**）があります。

[資料7] くだん市の観光課の職員の意見

はじめ

　1年間の中で観光客が少ない季節に、最も多い客層の数を増やすことによって、1年間の観光客数の合計を増やしていきたいです。

かな

　1年間の中で観光客が多い季節に、最も少ない客層の数を増やすことによって、1年間の観光客数の合計を増やしていきたいです。

[資料8] くだん市の観光資源

［さくら公園］

［くわがた、かぶと虫］

［いちょう並木《なみき》］

［スキー場］

問3

[資料5] から **[資料8]** をふまえた上で、くだん市の観光課の職員のかなさんの立場にたって、くだん市の観光客を増やすためのアイディアを次の①～③の条件にしたがって答えなさい。

① 友人といっしょに来る観光客、家族といっしょに来る観光客、一人で来る観光客から対象を1つ選ぶこと。

② 春、夏、秋、冬のどの季節の観光客を増やすか、1つ選ぶこと。

③ **[資料8]** の観光資源を1つ選んだ上で、具体的なアイディアを答えること。

適性検査3

注　　意

1　検査開始の指示があるまで問題用紙を開いてはいけません。

2　検査時間は 45 分間で、終わりは午後 0 時 15 分です。

3　問題は　1　問1　から　問3

　　　　　2　問1　から　問3

　　　　　3　問1　から　問4　まであります。

4　問題用紙は 1 ページから 15 ページまであります。検査開始の指示後、すぐにページがそろっているかを確認しなさい。

5　解答用紙は 2 枚あります。

6　受検番号をそれぞれの解答用紙の決められた場所に記入しなさい。

7　解答はすべて解答用紙に記入し、解答用紙のみ 2 枚とも提出しなさい。

♯教英出版 編集部　注
　　編集の都合上、白紙ページは省略しています。

1 そのこさんとはるとさんは、お父さんと旅行した後に、次のような会話をしました。

〔そのこ〕 楽しい旅行だったけど、高速道路で渋滞《じゅうたい》になってしまったわね。（[資料1]）

[資料1] 渋滞の様子

〔 父 〕 有名な観光地に行ったからね。混雑しなければいいと思っていたのだけれど。

〔はると〕 なぜ、渋滞になってしまうのだろう。

〔そのこ〕 道路工事などがあるからかしら。

〔 父 〕 工事などがなくても、渋滞は起こるよ。運転者は安全を確認《かくにん》しようとするとき、無意識に減速する。これが渋滞につながることもあるんだ。

〔はると〕 とまるのではなく、減速するだけで渋滞につながってしまうのかな。

〔 父 〕 そうだよ。自分が運転しているとして、前の車が減速したらどうするかな。

〔そのこ〕 ぶつからないように、わたしも減速するわ。

問1

ある車Aが時速79 kmの速度を保って、平らな直線道路を走っています。車Aが少しブレーキをかけたことで、すぐ後ろの車Bは時速3 kmぶん減速し、時速76 kmになりました。さらに後ろの車Cは、車Bより時速3 kmぶん減速し、時速73 kmになりました。以後、同じように減速していくと考えると、車Aから何台後ろの車が停車してしまうのか、説明しなさい。ただし、考え方や途中《とちゅう》の計算式はすべて書きなさい。

〔はると〕 計算をしてもなんだかなっとくできないな。少しの減速をしても、すぐ元の速度にもどせば渋滞にならない気がするけど。

〔そのこ〕 確かに、減速の影響《えいきょう》を受けるのは、近くの数台だけのように感じるわ。

〔　父　〕 車と道路を、図で表して考えてみよう。(**[資料2]**)

[資料2] 一定の区間を走る車のイメージ

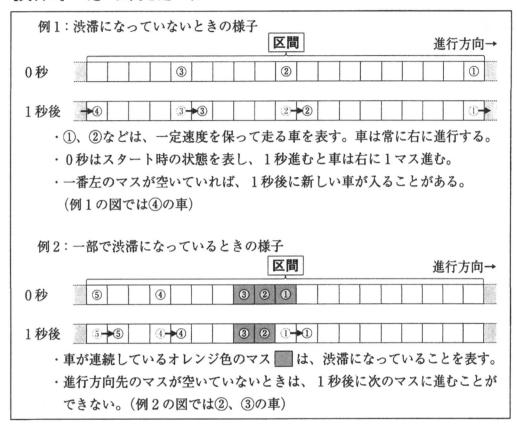

例1：渋滞になっていないときの様子

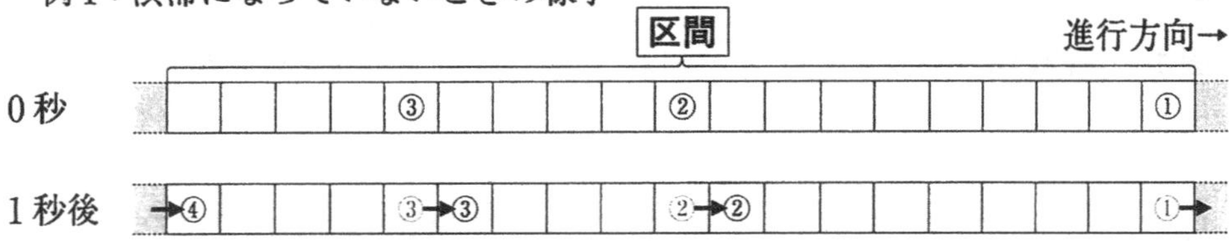

・①、②などは、一定速度を保って走る車を表す。車は常に右に進行する。
・0秒はスタート時の状態を表し、1秒進むと車は右に1マス進む。
・一番左のマスが空いていれば、1秒後に新しい車が入ることがある。
(例1の図では④の車)

例2：一部で渋滞になっているときの様子

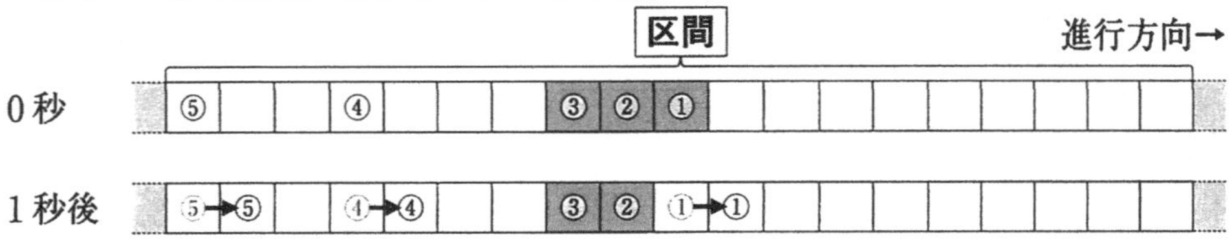

・車が連続しているオレンジ色のマス ▨ は、渋滞になっていることを表す。
・進行方向先のマスが空いていないときは、1秒後に次のマスに進むことができない。(例2の図では②、③の車)

〔はると〕 イメージは理解できた。でもこれだけ車が少なければ、渋滞にはならないと思う。

〔そのこ〕 もっと車の数を増やして考えてみよう。(**[資料3]**)

[資料3] 混雑しているとき、一定の区間を走る車のイメージ

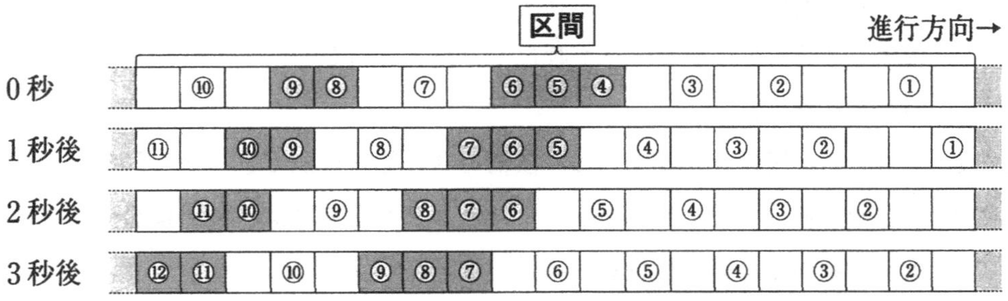

〔そのこ〕 車が多いと、車が進みにくくなっているのが分かるわ。

〔はると〕 確かに、減速は近くの車に影響をおよぼしているね。さらに後ろの車にも、影響をおよぼしてしまうようだ。

〔　父　〕 そのとおり。しかし考え方によっては、車が多くても、急に減速しないような走行をすれば、渋滞はなくなるとも考えられるね。

問2

図1の区間のオレンジ色のマス ■ は、渋滞になっていることを表します。

図1

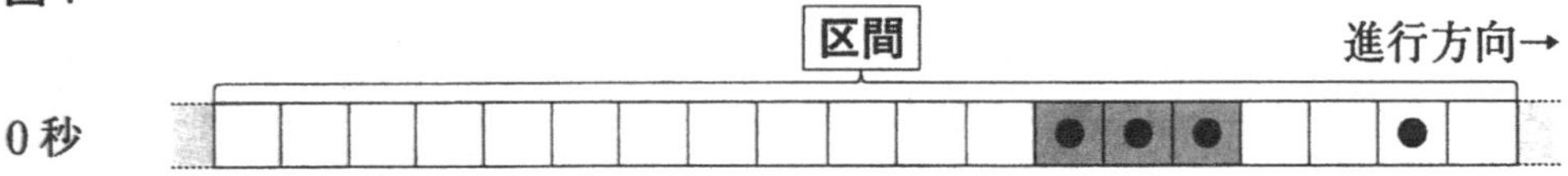

（1） **図1の区間**に、一定速度を保って走る車●が合計10台走っていました。しかし2秒後までにすべての渋滞がなくなった（●が連続する部分がない状態）ようです。0秒の時点で、この10台の車はどのような位置にいましたか。●が**区間**内の白いマスにおさまるように、残りの6台を解答用紙に記入しなさい。なお、下の**図2**を作業のために使ってもかまいません。

図2

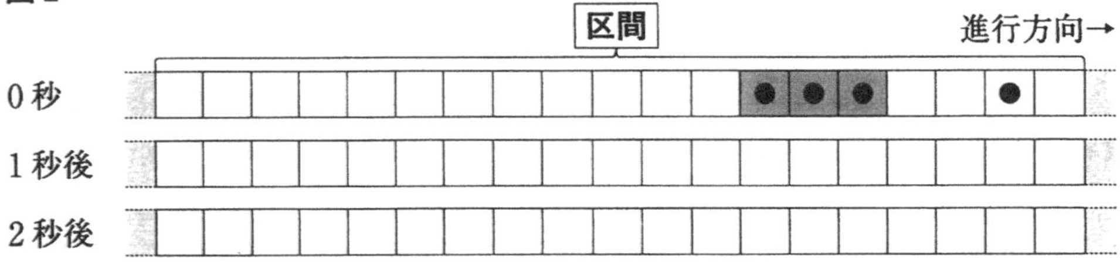

（2） 渋滞がなくなるようにするには、運転者はどのように走行すればよいと思いますか。（1）の解答をふまえ、あなたの考えを書きなさい。

〔そのこ〕 車の運転の仕方で、渋滞がなくなるようにすることもできるのね。

〔　父　〕 個人の運転だけでなく、道路そのものを広くする工事をしたり、道路を管理する会社がチラシを配って呼《よ》びかけたりするなど、様々な対策《たいさく》が行われているようだよ。

〔はると〕 きちんと情報を確認すれば、渋滞をさけて旅行ができるかもしれないね。

〔そのこ〕 今回の旅行でもチラシをもらったわ。これを見れば、渋滞になりやすい場所や時刻《じこく》が分かるわ。（**[資料4]**）

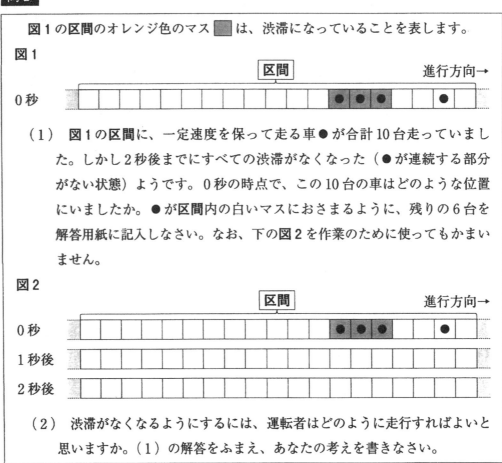

［資料4］チラシにかかれていた、ある高速道路の主な渋滞時刻

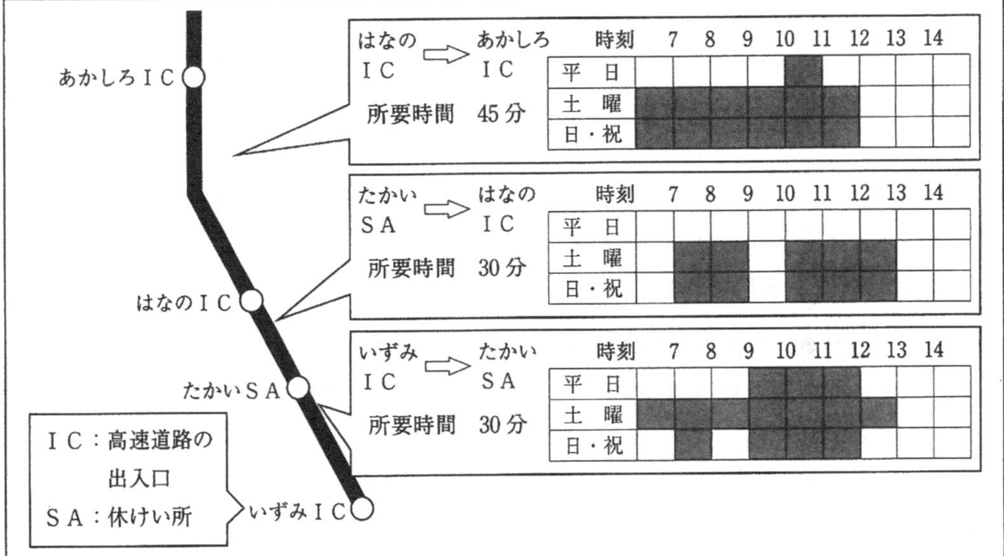

赤色のマス ■ は、渋滞になりやすい時間帯を表す。

所要時間は、いっさい渋滞にならなかったときにかかる時間を表す。

〔　父　〕　チラシにある、あかしろＩＣという場所の近くには、桜の名所があるよ。みんなで満開の桜を見に行こう。

〔はると〕　いいね。さっそく計画を立てようよ。

〔そのこ〕　満開の桜を見に行くには、見ごろ予想を調べるのが良さそうね。（**［資料5］**）

［資料5］お花見会場付近の桜の見ごろ予想

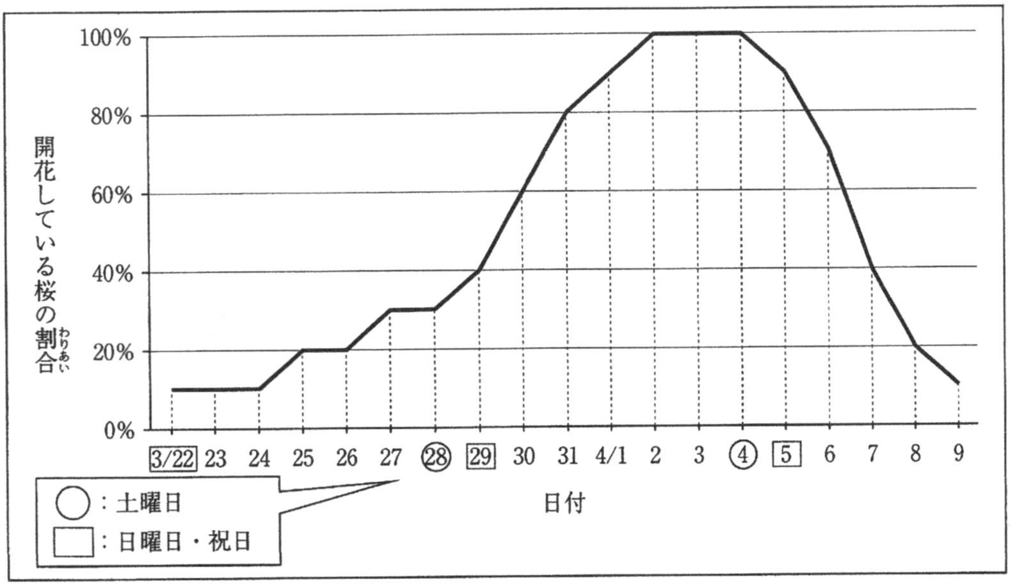

〔　父　〕 帰りの渋滞も心配だから、4時間くらいお花見をして、おそくとも15時までには現地を出発しよう。**［資料4］**のチラシでは分からない所要時間は、お父さんが調べておくね。

〔そのこ〕 旅行の次の日はお父さんがお休みできるようにしたいわね。

〔はると〕 それがいいな。お父さん、いつもありがとう。

問3

下の表は、はるとさんたちのお花見旅行計画の一部です。

［資料4］、**［資料5］**をふまえ、次の条件にしたがって旅行計画を作成しなさい。

条件① 桜が満開になると予想される日を、旅行日に設定すること。
条件② 旅行日の次の日は、土曜、日曜、祝日のどれかになるようにすること。
条件③ 高速道路では、いっさい渋滞にならないような時刻で計画すること。
条件④ 15時までにお花見を終え、お花見会場を出発すること。
条件⑤ 他の条件を満たした上で、たかいＳＡでは最大限の休けい時間をとること。
条件⑥ 解答らんにあらかじめ記入された時刻や所要時間を守ること。

□の中に数字を解答すること。ただし、時刻や所要時間は5分単位で解答し、「午前」などは使わずに24時間表記で解答すること。

旅行日（□月□日）	行程表
時刻（所要時間）	行　動　計　画
7：15	家を出発　一般《いっぱん》の道路を使って、いずみICに向かう
↓　（　0時間　30分）	
□：□	いずみＩＣに到着《とうちゃく》　高速道路に入る
↓　（□時間□分）	
□：□	たかいＳＡに到着
↓　（□時間□分）	たかいＳＡで休けい
□：□	たかいＳＡを出発
↓　（□時間□分）	
□：□	あかしろＩＣに到着　一般の道路に入る
↓　（　0時間　40分）	
□：□	お花見会場に到着
↓　（　4時間　00分）	お花見
□：□	お花見会場を出発

2　ひでみさんとごろうさんが、先生と琵琶湖《びわこ》について会話をしています。

〔ひでみ〕 日本で一番大きい湖は琵琶湖ですね。

〔ごろう〕 滋賀県《しがけん》の面積の約6分の1もあると聞いておどろきました。

〔ひでみ〕 新聞で「琵琶湖の深呼吸《しんこきゅう》」という記事を見たのですが、どのような現象ですか。

〔先　生〕 琵琶湖では例年1月から2月ごろに、強風などによって表層《ひょうそう》の水温が低下し、湖の水全体が大きくかき混ぜられる現象が起こります。この現象を全層循環《ぜんそうじゅんかん》といい、「琵琶湖の深呼吸」とも呼《よ》ばれています。（**[資料1]**）

[資料1]　全層循環（「琵琶湖の深呼吸」）のイメージ

※省略

（『朝日新聞デジタル（平成31（2019）年3月19日）』より作成）

〔ごろう〕 琵琶湖の全層循環はなぜ起こるのですか。

〔先　生〕 理由を考えてみましょう。水は同じ容積でも、温度によって重さが異《こと》なります。そして、4℃の水が最も重いことが分かっています。同じ容積のペットボトルに、空気が入らないように冷たい水（8℃）と温かい水（30℃）を入れてふたをし、てんびんで比べると次のようになります。（**[資料2]**）

[資料2]　同じ容積の水における温度と重さの関係

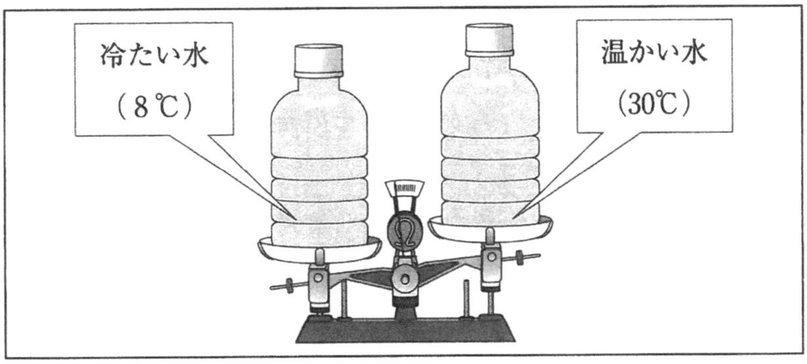

〔先　生〕 琵琶湖の表層の水温は、夏は30℃ぐらいになるのに対して、水深の深い場所の水温は、1年を通して8℃ぐらいです。また、次の資料は、滋賀県彦《ひこ》根市《ねし》における1981年から2010年の30年間の月別平均気温です。（**[資料3]**）

[資料３] 滋賀県彦根市の月別平均気温（1981～2010年）

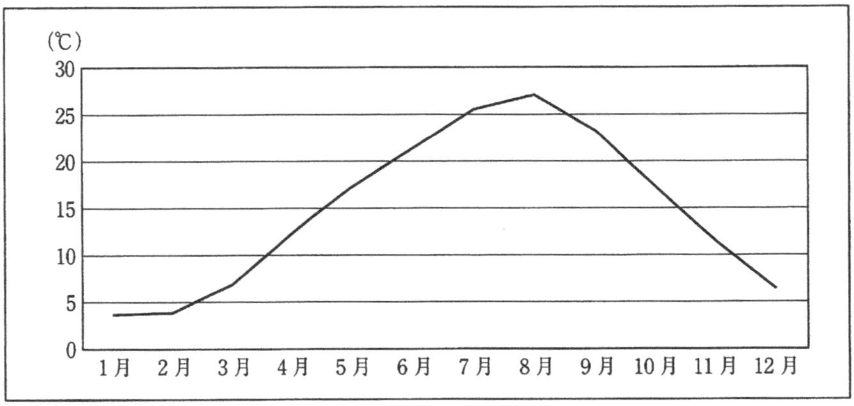

（気象庁《きしょうちょう》ホームページより作成）

問１

ひでみさんとごろうさんは、琵琶湖の全層循環が起こるしくみを次のようにまとめました。[**資料１**]、[**資料２**]、[**資料３**] をふまえ、（　ア　）～（　エ　）にあてはまる言葉を答えなさい。

琵琶湖の全層循環が起こるしくみ（まとめ）

① 4℃よりも高い温度で同じ容積の水を比べると、（　ア　）水は（　イ　）水よりも軽いので、春から初冬の琵琶湖では、（　ア　）水は表層に、（　イ　）水は下層に分かれている。

② 1～2月ごろの琵琶湖では、（　ウ　）、（　エ　）などによって、表層の水温が最も下がる。

③ 表層の水が下降《かこう》し、下層の水が上昇《じょうしょう》して表層の水と混ざり合うことで琵琶湖の全層循環が起こる。

令和二年 適性検査1 解答用紙（1枚《まい》め／2枚中）

一

問1

言葉。

問2

こと。

問3

「幸福感」をも

問4

（　）言葉を

と考えること。

※200点満点
(配点非公表)

受検番号

240

200

【解答用

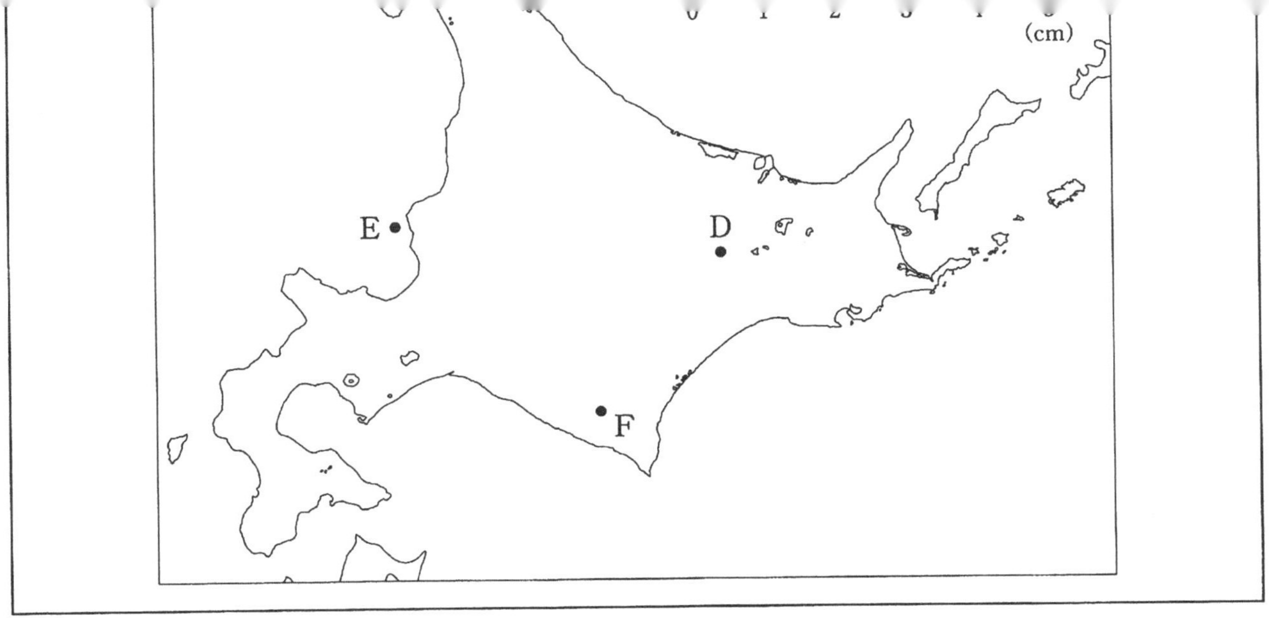

問4

円が2つのときは、

受検番号

問2 グラフ

＜理由＞

問3

受検番号

□ ： □	[illegible]に到着　[illegible]
↓　（□時間□分）	
□ ： □	たかいＳＡに到着
↓　（□時間□分）	たかいＳＡで休けい
□ ： □	たかいＳＡを出発
↓　（□時間□分）	
□ ： □	あかしろＩＣに到着　一般の道路に入る
↓　（　0時間　40分）	
□ ： □	お花見会場に到着
↓　（　4時間　00分）	お花見
□ ： □	お花見会場を出発

受検番号

問 2

答え＿＿＿＿＿＿＿＿＿＿L

問 3

(ア)

問 4

受検番号

令和２年

適性検査３　解答用紙（２枚《まい》め／２枚中）

2

問１

（ア）		（イ）	
（ウ）		（エ）	

問２

問３

令和２年

適性検査３　解答用紙（１枚《まい》め／２枚中）

※300点満点
(配点非公表)

1

問１

答え　　　　　　　台目

問２

（１）　０秒 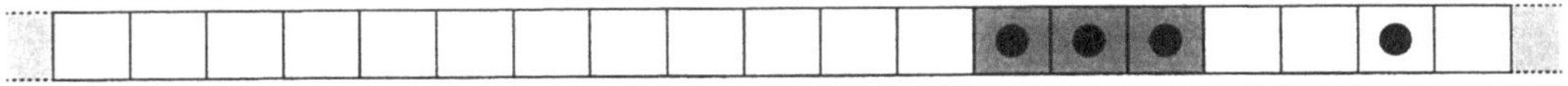

（２）

問３

旅行日（　　月　　日）	行程表
時刻（所要時間）	行　動　計　画
7：15	家を出発　一般《いっぱん》の道路を使って、いずみＩＣに向かう

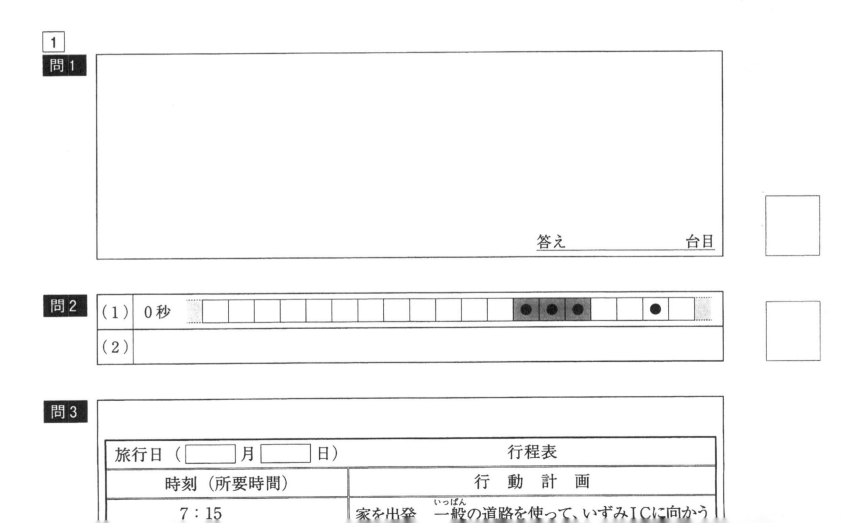

令和２年

適性検査２　解答用紙（２枚《まい》め／２枚中）

2

問１

(ア)		(イ)	

問２

問３

問４

(1)	さん
(2)	

3

問１

令和２年

適性検査２　解答用紙（１枚《まい》め／２枚中）

※300点満点
（配点非公表）

1

問１

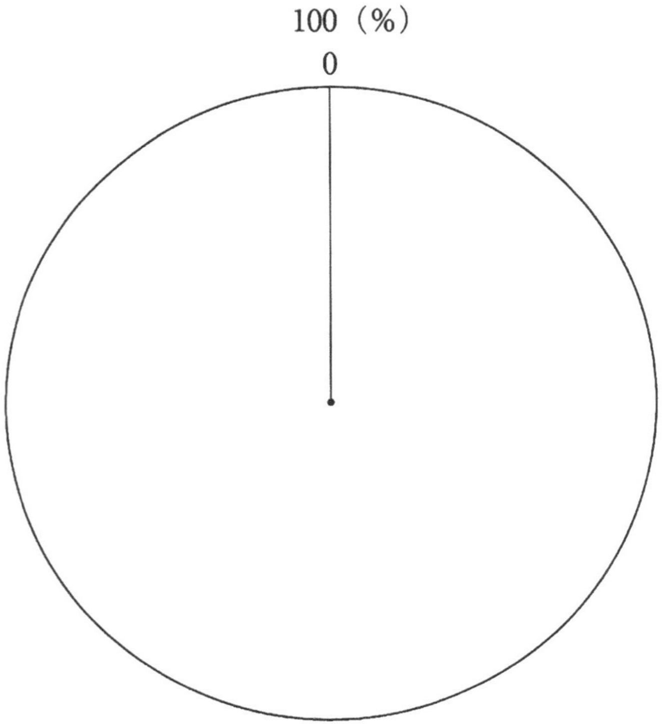

問２

（オ）		（カ）	

令和二年

適性検査1　解答用紙（2枚《まい》め／2枚中）

問3

100

受検番号

(2)

二

問1

天測とは

方法。

問2

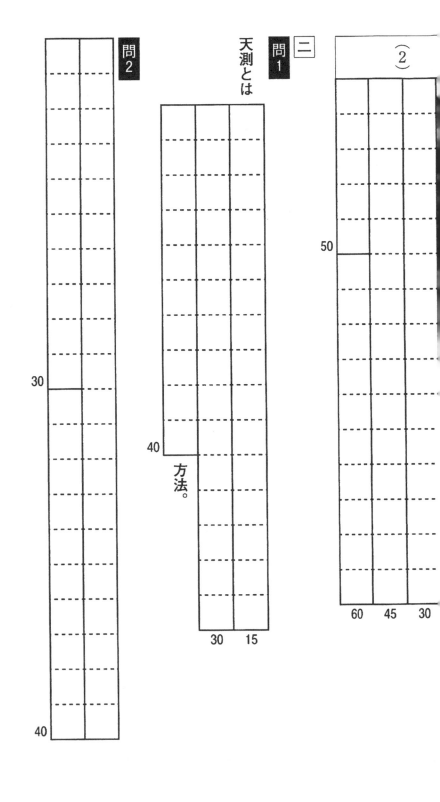

〔ひでみ〕 琵琶湖の全層循環は毎年観測されている現象ですか。

〔先　生〕 例年1月から2月ごろに観測されています。しかし、2019年は1979年の調査開始以来、全層循環が初めて観測されなかったと滋賀県が発表しました。

〔ごろう〕 琵琶湖に何があったのですか。

〔先　生〕 次の資料を見てみましょう。（**[資料4]**）

[資料4] 平均気温と*平年値《へいねんち》との差（℃）の比較《ひかく》

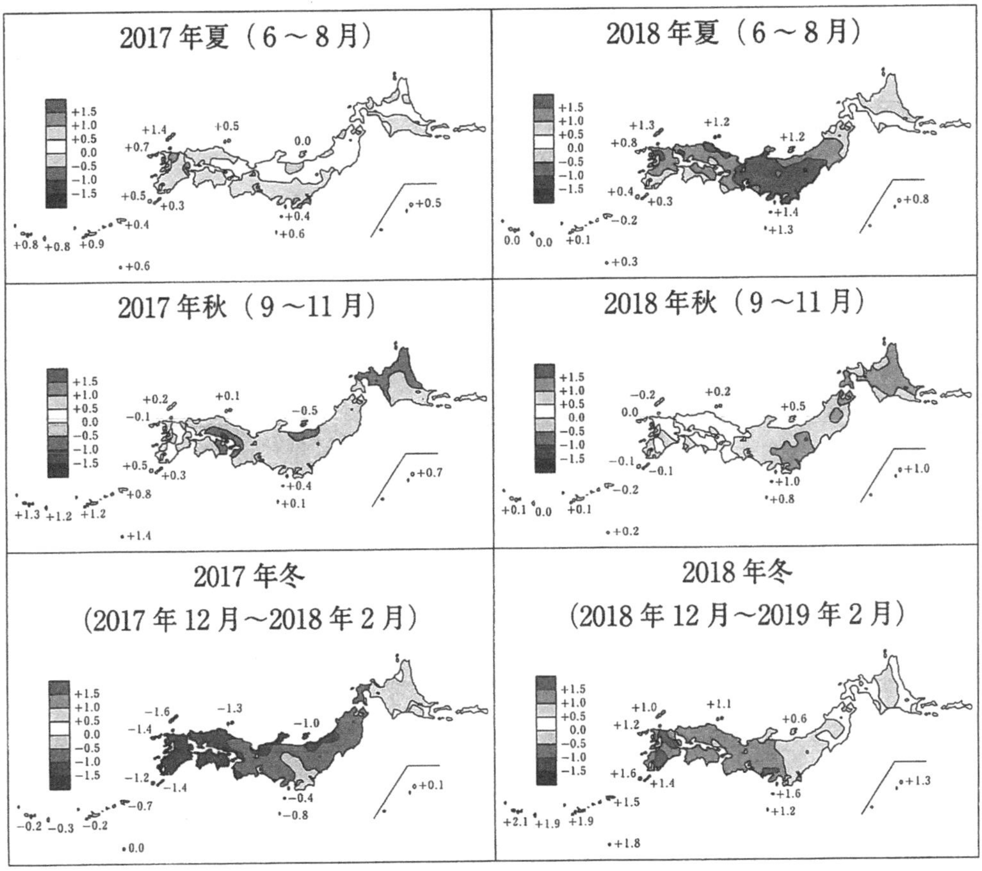

＊平年値：1981～2010年の30年間の夏（6～8月）、秋（9～11月）、冬（12～2月）の平均気温

（気象庁ホームページより作成）

問2

2019年に琵琶湖の全層循環が観測されなかった理由として考えられることを、**[資料4]** をふまえ、説明しなさい。

〔ごろう〕 琵琶湖の全層循環が起こらないと、どのようなことが問題になりますか。

〔先　生〕 琵琶湖にすむ生物の呼吸に影響《えいきょう》が出るのではないかと考えられています。表層近くの水には酸素がとけています。その理由は、空気と直接ふれ、また水草が育ち、酸素が発生するからです。しかし、琵琶湖の深い場所では水深が104ｍもあり、水は空気とふれません。また、深い場所では光が届《とど》きにくくなり、水深が10ｍ以上になると水草が育つことが難《むずか》しくなるため、水草から直接酸素がとけることもありません。

〔ひでみ〕 琵琶湖の深い場所には生物はいるのですか。

〔先　生〕 琵琶湖の水深90ｍの湖底近くでも、イサザやスジエビなどがいることが確認《かくにん》されており、呼吸もしています。（**[資料5]**、**[資料6]**）

[資料5] イサザ

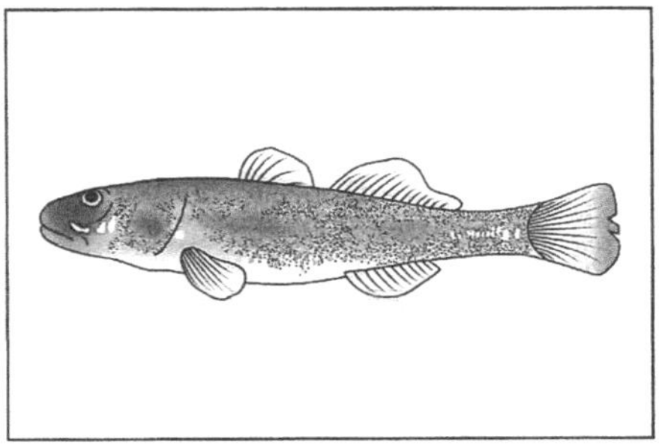

[資料6] スジエビ

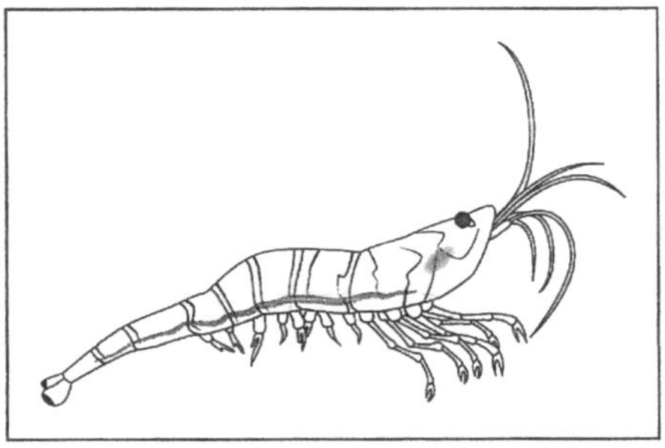

問3

全層循環が、湖底にすむ生物にとって重要な現象である理由を、全層循環が「琵琶湖の深呼吸」と呼ばれることをふまえ、説明しなさい。

3　たろうさんとはなこさんが天気予報について先生と会話をしています。

〔たろう〕　昨日、天気予報を見ていたのですが、今日の雨は1時間あたりの雨量が15 mm と言っていました。

〔はなこ〕　降《ふ》った水の量であれば体積を表す「cm^3」や「mL」を単位に使うはずですよね。なぜ雨量は長さを表す mm を使って表すのですか。

〔先　生〕「mm」が表しているものは、降った雨がどこにも流れずにそのままたまった場合の水の深さのことです。そのままためることは難《むずか》しいので、実際には［**資料1**］のような雨量計を使って計測することができます。

［資料1］雨量計の内部の構造

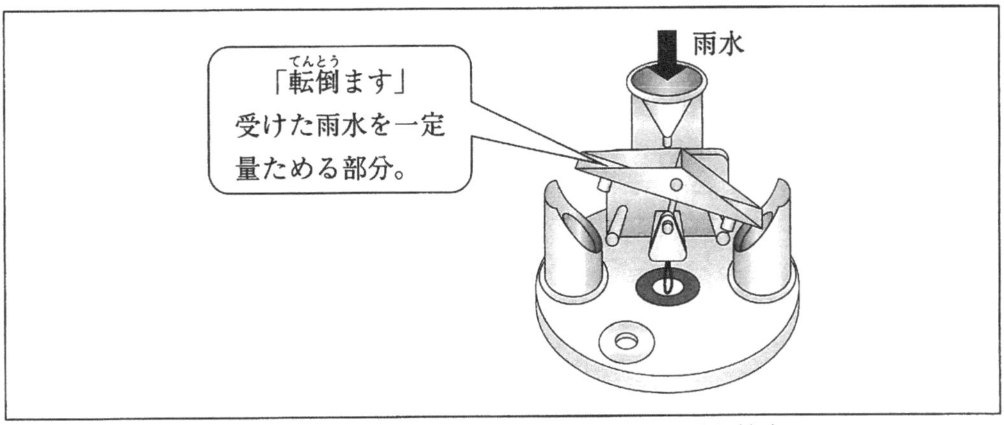

（気象庁《きしょうちょう》ホームページより作成）

〔たろう〕　これを使ってどのように雨量を計測しているのですか。

〔先　生〕　**［資料2］**のように転倒ますの動きから雨量を計測しています。

[資料２] 雨量を計測するしくみ

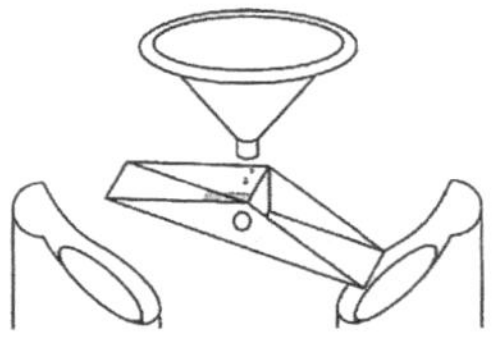	①　左側の「ます」に雨水が入る。
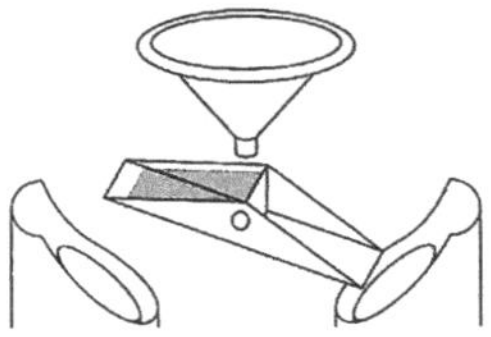	②　左側の「ます」に雨水が一定量たまると、左に転倒する。
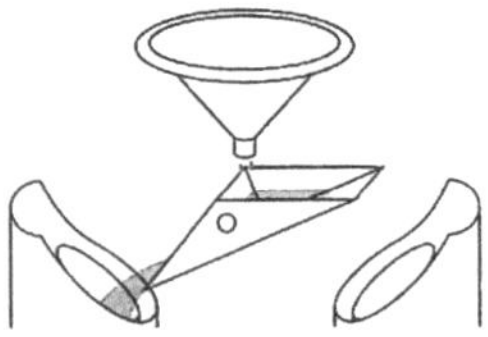	③　左側の「ます」が転倒すると、右側の「ます」に雨水が入る。
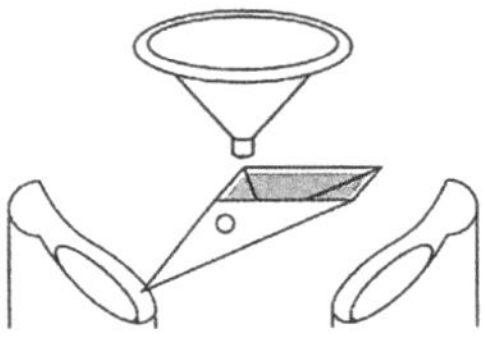	④　右側の「ます」に雨水が一定量たまると、右に転倒する。
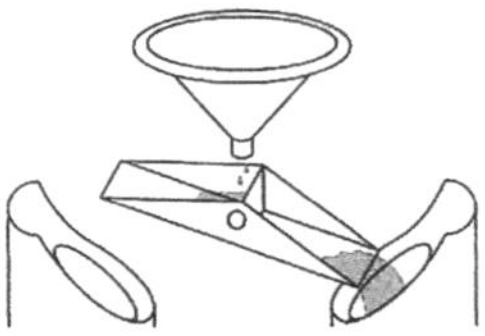	⑤　①～④をくり返す。

気象庁で使用している雨量計は、転倒ます１回の転倒で 0.5 mm の雨量を計測したことになる。

（気象庁ホームページより作成）

問１

［資料２］の気象庁で使用している雨量計が１時間あたり 15 mm の雨量を計測したとき、転倒ますは１時間に何回転倒したか答えなさい。

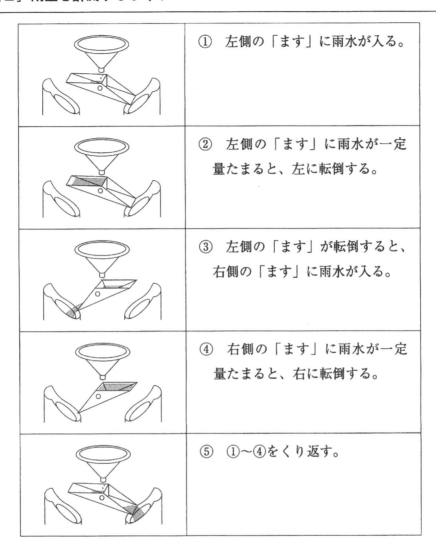

〔たろう〕 なんとなく分かったのですが、実際に1時間あたりの雨量がどれくらいの水の量なのかイメージできません。

〔先　生〕 では、**[資料3]** のような長方形の花だんを使って考えてみましょう。

[資料3] 花だんとその大きさ

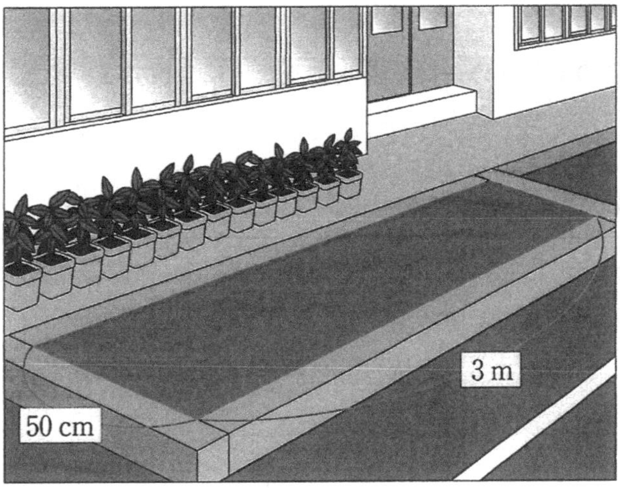

〔先　生〕 もし、1時間あたり15 mmの雨が降って、花だんにその水がそのままたまったとき、たまった水の量はどうなりますか。

問2

1時間あたりの雨量が15 mmちょうどだったときの **[資料3]** の花だんにたまった水の量は何Lになるか求めなさい。ただし、考え方や途《と》中《ちゅう》の計算式はすべて書きなさい。

〔はなこ〕 気象庁のホームページを調べたところ、１時間あたりの雨量が15 mmというと、地面からのはね返りで足元がぬれたり、雨の音で話し声がよく聞き取れなかったりするほどの雨だそうです。

〔たろう〕 ところで、雨は雨雲から降ってきますが、雲と水は関係しているのですか。

〔先　生〕 では、雲のでき方の一例を説明するために、次の資料を見てみましょう。（**[資料４]**）

[資料４] 水の状態を調べる実験

方法：　①　図のようにビーカーに水を入れ、ビーカーの上の部分に冷たい水が入ったフラスコを置く。

②　ビーカーを下から加熱し、ビーカーの水がふっとうし始めたら、様子を確かめる。

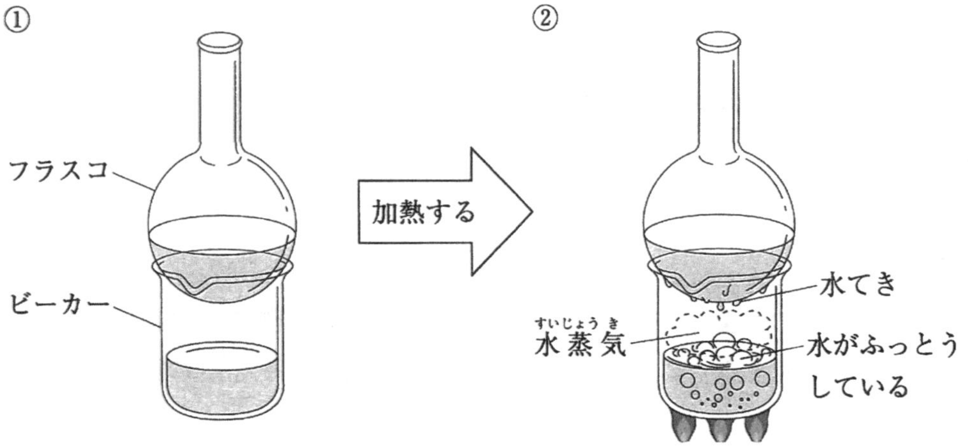

結果：　フラスコの下部に水てきがついた。

〔はなこ〕 **[資料４]** の実験では加熱された水が水蒸気になることでフラスコの下部に水てきがついたのですね。

〔先　生〕 雲も同じようなしくみでできています。山の上に行くと気温が下がることは知っていますか。気温は高度によって変化します。（**[資料５]**）

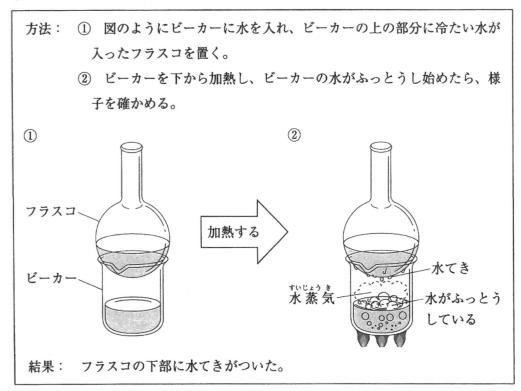

[資料5] 高度と気温の関係

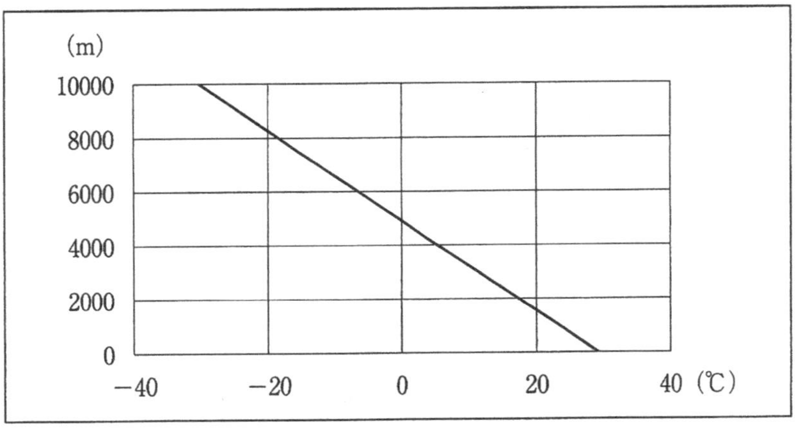

(気象庁ホームページより作成)

〔先　生〕 多くの場合、地面近くにあった空気が上空に運ばれることで雲ができます。

問 3

雲ができるまでの流れについて、**[資料4]**、**[資料5]** をふまえ、(　ア　) にあてはまる言葉を答えなさい。

多くの場合、地面近くにあった空気が上空に運ばれると、空気中の (　ア　)、雲ができる。

〔たろう〕 雲のでき方が分かりました。雲のでき方が予測できるなら、雨が降ることも予測できそうですね。天気予報の技術がない昔は、どうやって天気を予測したのでしょうか。

〔先　生〕 昔の人は、身の周りの様子から天気を予測していました。その一例として「トンボが低く飛んだら雨」というものがありますが、知っていますか。

〔はなこ〕 トンボではありませんが、「ツバメが低く飛んだら雨」なら聞いたことがあります。（**[資料6]**）

[資料6] ツバメについて

分類	スズメ目ツバメ科

　肉食であり、空中で虫をとらえて食べる。ツバメは長距離《きょり》を移動するわたり鳥であり、春から夏を日本で過ごし、気温が下がると、えさとなる虫が少なくなる日本を後にして台湾《たいわん》やフィリピン、オーストラリアなど南の国へ移動する。

〔たろう〕 トンボやツバメと雨がどのように結びついているのですか。

〔先　生〕 雨が降りやすい状況《じょうきょう》というのはどのようなときでしょうか。

〔はなこ〕 空が雲におおわれていると雨が降りやすいと思います。そのようなときはジメジメしていて、空気中にふくまれている水蒸気の量が多いと感じます。

〔先　生〕 そうですね。空気中にふくまれている水蒸気の量が多いと、虫の羽に水分が多くついてしまい、重くなってしまいます。

〔たろう〕 だから、「トンボが低く飛んだら雨」と言われるのですね。

〔はなこ〕 「ツバメが低く飛んだら雨」というのも同じですか。

〔先　生〕 いいえ、ツバメが低く飛ぶ理由はトンボと同じではありません。

問4

「ツバメが低く飛んだら雨」と言われるのはなぜか。**[資料6]** と会話をふまえ、説明しなさい。ただし、ツバメの行動と雨が降りやすい状況の両方にふれること。

〔たろう〕 なるほど。トンボやツバメの行動が天気と結びつくわけですね。

平成三十一年度

適性検査1

千代田区立九段中等教育学校

注意

1 検査開始の指示があるまで問題用紙を開いてはいけません。

2 検査時間は四十五分間で、終わりは午前九時四十五分です。

3 問題は 一 問1 から 問4
　　　　二 問1 から 問4 まであります。

4 問題用紙は1ページから11ページまであります。
　検査開始の指示後、すぐにページがそろっているかを確認《かくにん》しなさい。

5 解答用紙は二枚《まい》あります。

6 受検番号をそれぞれの解答用紙の決められた場所に記入しなさい。

7 解答はすべて解答用紙に記入し、解答用紙のみ二枚とも提出しなさい。

#教英出版 編集部　注
編集の都合上、一部白紙ページは省略しています。

一 次の文章を読んで、後の問いに答えなさい。
（＊印のついている言葉には、本文の後に［注］があります。）

ある晴れた静かな春の日の午後でした。一人の小《こ》むすめが山でかれえだを拾っていました。

やがて、夕日が新緑のうすい木の葉をすかして赤あかと見られるころになると、小むすめは集めた小えだを小さい草原に持ち出して、そこで自分の背負《せお》って来たあらい＊目かごにつめ始めました。

ふと、小むすめはだれかに自分がよばれたような気がしました。

「ええ?」

小むすめは思わずそういって、起《た》ってその辺を見まわしましたが、そこにはだれのすがたも見えませんでした。

「わたしをよぶのはだれ?」

小むすめはもう一度大きい声でこういって見ましたが、やはり答える者はありませんでした。

小むすめは二三度そんな気がして、初めて気がつくと、それは雑草の中からただ＊一《ひ》ト《と》本《もと》、わずかに首を差し出している小さい菜の花でした。

小むすめは頭にかぶっていた手ぬぐいで、顔のあせをふきながら、

「お前、こんな所で、よくさびしくないのね」

といいました。

「さびしいわ」

と菜の花は親しげに答えました。

「そんならなぜ来たのさ」

小むすめはしかりでもするような調子でいいました。菜の花は、

「ひばりのむな毛に着いて来た種がここでこぼれたのよ。こまるわ」

と悲しげに答えました。そして、どうかわたしをお仲間の多いふもとの村へ連れて行って下さいとたのみました。

小むすめはかわいそうに思いました。小むすめは菜の花の願いをかなえてやろうと考えました。そして静かにそれを根からぬいてやりました。そしてそれを手に持って、山路《やまじ》を村の方へと下って行きました。

路《みち》にそう清い小さな流れが、水音をたてて流れていました。しばらくすると、

「あなたの手はずいぶんほてるのね」

と菜の花はいいました。

「あつい手で持たれると、首がだるくなって仕方がないわ、真《まっ》直《す》ぐにしていられなくなるわ」

といって、うなだれた首を小むすめの歩調に合《あわ》せ、力なくふっていました。

　小むすめはちょっと*当わくしました。

しかし小むすめには*図《はか》らず、いい考《かんがえ》がうかびました。小むすめは身軽く路ばたにしゃがんで、だまって菜の花の根を流れへひたしてやりました。

「まあ!」

菜の花は生き返ったような元気な声を出して小むすめを見上げました。

すると、小むすめは宣告《せんこく》するように、

「このまま流れて行くのよ」

といいました。

　菜の花は不安そうに首をふりました。そして、

「先に流れてしまうとこわいわ」

といいました。

「心配しなくてもいいのよ」

そういいながら、早くも小むすめは流れの表面で、持っていた菜の花をはなしてしまいました。菜の花は、

「こわいわ、こわいわ」

と流れの水にさらわれながら、見る見る小むすめから遠くなるのをおそろしそうにさけびました。が、小むすめはだまって両手を後《うしろ》へまわし、せではねる目かごをおさえながら、かけて来ます。

　菜の花は安心しました。そして、①さもうれしそうに水面から小むすめを見上げて、何かと話しかけるのでした。

　どこからともなく気軽な黄ちょうが飛んで来ました。そして、うるさく菜の花の上をついて飛んで来ました。菜の花はそれをも②大変うれしがりました。しかし黄ちょうはせっかちで、*うつり気でしたから、何時《いつ》かまたどこかへ飛んで行ってしまいました。

　菜の花は小むすめの鼻の頭にポツポツと玉のようなあせがうかび出しているのに気がつきました。

「今度はあなたが苦しいわ」

と菜の花は心配そうにいいました。が、③小むすめはかえって不愛想に、

「心配しなくてもいいのよ」

と答えました。

菜の花は、しかられたのかと思って、だまってしまいました。

間もなく小むすめは菜の花の悲鳴におどろかされました。菜の花は流れに波打っているかみの毛のような水草に根をからまれて、さも苦し気に首をふっていました。

「まあ、少しそうしてお休み」

小むすめは息をはずませながら、そういってかたわらの石にこしを下《おろ》しました。

「こんなものに足をからまれて休むのは、気持《きもち》が悪いわ」

菜の花はなおしきりにイヤイヤをしていました。

「それで、いいのよ」

小むすめはいいました。

「いやなの。休むのはいいけど、こうしているのは気持が悪いの。どうかちょっとあげて下さい。どうか」

と菜の花はたのみましたが、小むすめは、

「いいのよ」

と笑って取り合いません。

が、そのうち水のいきおいで菜の花の根は自然に水草から、すりぬけて行きました。そして不意に、

「流れるう！」

と大きな声をして菜の花はまた流されて行きました。

小むすめも急いで立《た》ち上《あが》ると、それを追ってかけ出しました。

少し来た所で、

「やはりあなたが苦しいわ」

と菜の花はコワゴワいいました。

「何でもないのよ」

と小むすめもやさしく答えて、そうして、④菜の花に気をもませまいと、わざと菜の花より*二三《にさん》間《げん》先をかけて行く事にしました。

ふもとの村が見えて来ました。小むすめは、

「もうすぐよ」

と声をかけました。

「そう」

と、後で菜の花が答えました。

しばらく話はたえました。ただ流れの音にまじって、パタパタ、パタパタ、と小むすめのぞうりで走る足音がきこえていました。

チャポーンという水音が小むすめの足元でしました。菜の花は死にそうな悲鳴をあげました。小むすめはおどろいて立《た》ち止《どま》りました。見ると菜の花は、花も葉も色がさめたようになって、

「早く早く」

とのび上っています。小むすめは急いで引き上げてやりました。

「どうしたのよ」
小むすめは⑤そのむねに菜の花をいだくようにして、後の流れを見回しました。
「あなたの足元から何か飛びこんだの」
と菜の花はどうきがするので、言葉を切りました。
「いぼがえるなのよ。一度もぐって不意に私《わたし》の顔の前にうかび上ったのよ。口のとがった意地の悪そうな、あの河童《かっぱ》のような顔に、もう少しで、わたしはほっぺたをぶつける所でしたわ」
といいました。
　小むすめは大きな声をして笑いました。
「笑い事じゃあ、ないわ」
と菜の花はうらめしそうにいいました。
「でも、わたしが思わず大きな声をしたら、今度はかえるの方でびっくりして、あわててもぐってしまいましたわ」
こういって菜の花も笑いました。
　間もなく村へ着きました。
　小むすめは早速《さっそく》自分の家《うち》の菜畑にいっしょにそれを植えてやりました。
　そこは山の雑草の中とはちがって土がよくこえておりました。
菜の花はどんどんのびました。そうして、今は多勢《おおぜい》の仲間と＊仕《し》合《あわ》せにくらす身となりました。

（志賀《しが》直哉《なおや》「菜の花と小むすめ」問題のため一部改編）

［注］
＊目かご…竹などで編んだ目のあらいかご。
＊一《ひと》ト本《もと》…一本《いっぽん》のこと。
＊当わく…どうしてよいか分からなくて、とまどうこと。
＊図《はか》らず…思いがけず。
＊うつり気…興味の先が変わりやすいこと。
＊二三間《にさんげん》…「間《けん》」は長さの単位、一間は約1・8メートル。
＊仕合《しあわ》せ…めぐりあわせ、幸せのこと。

問1　①さもうれしそう　②大変うれしがりました　とありますが、この場面で「菜の花」にとってどんなことがうれしいのですか。「小むすめ」と「黄ちょう」という二つの言葉を用いて「～がうれしい」に続くように答えなさい。

問2　③小むすめはかえって不愛想に、「心配しなくてもいいのよ」と答えました　とありますが、なぜ不愛想に答えたのですか。「かえって」という言葉に着目して、その理由を「～から」に続くように答えなさい。

問3　④菜の花に気をもませまいと、わざと菜の花より二三間《にさんげん》先をかけて行く事にしました　とありますが、「二三間先をかけて行く」ことが、なぜ「気をもませ」ないことになるのですか。その理由を解答らんの言葉に続くように答えなさい。

問4　⑤そのむねに菜の花をいだくように　について（1）、（2）の問いにそれぞれ答えなさい。

（1）　この表現から、小むすめから菜の花に対するどのような思いが読み取れますか。漢字二字で答えなさい。

（2）　（1）の解答をふまえて、あなた自身が「むねにいだくように」している物事について、自らの体験を交えた具体例を挙げ、その理由とともに次の条件にしたがって書きなさい。

条件　書き出しは一ますめから書き始めなさい。
また、文章は、六十字以上七十字以内で書きなさい。
、や。や「　なども一字と数えます。

このページには問題は印刷されていません。

［二］ 次の**文章A**と**対談B**を読んで、後の問いに答えなさい。なお、**文章A**は、将棋棋士《しょうぎきし》の羽生善治《はぶよしはる》さんの講演です。また、**対談B**は、羽生善治さんと科学者の永田和宏《ながたかずひろ》さんによる対談です。問題文中では羽生善治さんの発言を「**羽生**」、永田和宏さんの発言を「**永田**」、と表記しています。

（＊印のついている言葉には、本文の後に［注］があります。）

文章A

「＊棋《き》は［ア］なり」という言葉があります。将棋では、相手と＊対局中に言葉を交《か》わすことはほとんどありませんが、駒《こま》を動かしながら「ここまで取らせてください」「わかりました。そこまではいいでしょう」「じゃ、これもいいですか」「いや、それはちょっと欲張《よくば》りでしょう。こちらも戦いますよ」というふうに盤上《ばんじょう》で話をしているようなものだ、ということです。

対局中は、もちろん自分の作戦や方針《ほうしん》をいろいろ練っているわけですけれど、実はそれよりも大事なのは、相手が何を考えているのかを読むことです。

私《わたし》がたいへんお世話になった原田泰夫九段《はらだやすおくだん》という大先輩《だいせんぱい》は、色紙を頼《たの》まれると「＊三手の読み」と書いておられました。「三手の読み」とは、自分が指す、次に相手がこう来て、それに対して自分はこう指すという三手で、最短のシミュレーションということになります。三手先を読めばいいだけですから、簡単《かんたん》そうに思われるかもしれません。

ところが、この「三手の読み」が実は難《むずか》しい。最初の手は自分の好きなようにやればいいだけですが、問題は二手目に相手が何をやってくるかです。みなさんは子どもの頃《ころ》、「相手の立場に立って考えましょう」と言われた経験があると思いますが、相手の立場に立って相手の価値観《かちかん》で考えるということは、大人でもかなり難しい。

将棋でも、相手の立場に立って、自分の価値観で考えてしまうことがよくあります。一応、盤面《ばんめん》をひっくり返して、相手だったらどう指すかと考えてみるんですが、つい、相手のほうから見たときに自分だったらどう指すかというふうに考えてしまう。そうすると、当然ながら相手と自分とでは発想の違《ちが》いがあるので、現実の場面では、予想外の手が入ってくることがあるわけです。

その二手目の読みを間違ってしまうと、それから先、何百と読もうが何千と読もうが、結果として自分が考えている通りにはならない。非常に難しいところです。ですから、とにかく一《いっ》生懸命《しょうけんめい》想像する、推測《すいそく》する、推察《すいさつ》する。それが、様々な物事に挑戦《ちょうせん》するとき、何が来ても動じないために大切な要素になるのではないかと思っています。

ある程度、*リスクがとれるようになってきた、経験もそれなりに積んできたという段階《だんかい》になっても、新しい挑戦は必要でしょう。私もいろいろなデータを見て分析《ぶんせき》しながら、新しいアイデアや発想が湧《わ》いてこないかといつも考えています。

ところが最近、それがなかなかうまくいかなくなってきました。自分で「これはすごくいい手を思いついた、実戦の場で試《ため》してみよう」と思っても、調べてみると、すでに誰《だれ》かがそのアイデアを思いついている可能性が非常に高い。

将棋の世界も、私たちの社会と同様に情報化の波にさらされています。ですから今、新しいアイデアといっても、すでに今までにあったアイデアとアイデアを、過去に例がない組み合わせで用いている場合が多い。そういうものが、新しいアイデアということになっているようです。もちろん、既存《きそん》の考えを根本から覆《くつがえ》すような発想をしようと心がけていますが、見たこともない斬新《ざんしん》な発想は、全体の一割《いちわり》にも満たないのではないかと思っています。

そしてもう一つ、最近、将棋の世界で変わってきたと思うのは、以前は一人で考えて、一人で分析して、一人で研究をしている世界だったのが、ここ二十年くらいの間に、何人かで一緒《いっしょ》に研究することが多くなってきている点です。

将棋は個人競技ですから、チームメイトがいるわけではない。ただし、ひとりでやっていると、限界があるのも事実です。三人寄れば文殊《もんじゅ》の知恵《ちえ》ということわざ通り、一足す一が二になるのではなくて、掛《か》け算《ざん》になって、様々なアイデアや発想が生まれる。そこで、いかにして目標や価値観を共有できるチームやグループをつくるかということも大切になってきています。これは、将棋の世界だけではなく、どの分野にも共通している傾《けい》向《こう》ではないでしょうか。

情報化社会の恩恵《おんけい》を受ける一方で、逆に難しくなっているのが、スタートラインに立つために必要な情報や知識がものすごく多くなっているということです。それらを記憶《きおく》し、習得するのに、かなりの時間を費《つい》やさなくてはいけません。

もちろん、それはそれで大切なことですが、なんとかそれを習得したうえで、いざ新しいことをやろうと思うと、身に着けたものが先入観や思《おも》い込《こ》みになって、なかなか新しいものが生まれてこないという壁《かべ》にぶつかります。

クリエイティブなことをしようと思ったら、先入観を完全に頭の中から消し去るのが理想です。それが難しくても思い込みはとりあえず脇《わき》に置いて、様々な可能性を排除《はいじょ》することなく、まっさらな状態になってどう見えるかを考える。それが、①新たなものを生み出す第一歩になるのではないでしょうか。

（羽生善治「僕たちが何者でもなかった頃の話をしよう」所収
『挑戦する勇気』文春新書刊）

対談Ｂ

永田　講演の中で、原田泰夫さんが色紙に書かれる「三手の読み」という、すごく*含蓄《がんちく》がある言葉を紹介《しょうかい》してくださいました。三手先とは、そのうちの二手は自分が指しているんですよね。で、二手目だけが相手。でも、考えてみると、棋士はその二手目に全部賭《か》けているということになりますね。自分の立場を離《はな》れて相手の気持ちになっていかないと、相手の手を読めないということなんでしょうか？

羽生　そうですね。一つの場面で八十通りぐらいの可能性があるので、その中から相手がこう考えているんじゃないかとか、こういう手は指さないんじゃないかとか、今まで類似《るいじ》した場面だとこういうことをやってきたから、今回はこの手じゃないかというふうに考えていきます。

ただし、意外とお互《たが》い相手の手が予想できないときのほうが、熱戦とか名局といわれるものになりやすい。自分が相手の読《よ》み筋《すじ》をちゃんと予測できたときより、何を考えているかまったくわからなくて、意外な手が続いたときのほうが、内容的にはいいものになるんです。しかも、自分の手も、感覚的に確信が持てないほうがいい手であることが多い。つまり、これはいいと思って指す手は、②相手から見ても狙《ねら》いがはっきりしているわけです。いいかどうか自信がないけれど、深みを持たせるために打った一手が、のちのちいい展開《てんかい》になるというケースはけっこう多いんです。

永田　おもしろいなあ。でも、あまりにも考えすぎて悪い手になるということもあるんでしょうか。

羽生　ありますね。例えば二択《にたく》で散々迷ってしばらくすると、そうじゃなくてこっちのほうがいいんじゃないかと三番目の手を思いつくときがあるんです。でも、それはだいたい悪い手のことが多い。

永田　えっ、悪い手なんですか（笑）。

羽生　そうなんです。その状態が苦しいから、そこから逃《のが》れるために他の手がよさそうに思えてしまうんですね。

永田　われわれ人間は誰でも、ほんとうに迷ったときは視界《しかい》が狭《せま》くなってしまう。ちょっと別の視点から見ると、全然違う出口があるのに、その出口が見つからないということがよくありますよね。そう考えると、二択のときに、別の視点から見て第三の手を見つけるというのも、大事なことだと思うんですが。

羽生　そうですね。科学の偉大《いだい》な発見なんかも、そういうモヤモヤとした状態の中から、*ブレークスルーが生まれてくるっていうこともありますね。

永田　科学の世界でも一番怖《こわ》いのは常識にとらわれることです。これまでわかっている知識の中だけでものを考えていると、そこからはみ出したものは、絶対その思考の中に入ってこない。可能性としてはあるのに、その可能性を検証する前に、なんとなく消去してしまう。これが怖いところですね。それからどんなふうに別の考え方へ飛躍《ひやく》できるかは、大事な点だと思います。

（山中伸弥《やまなかしんや》　羽生善治　是枝裕和《これえだひろかず》　山極壽一《やまぎわじゅいち》　永田和宏

「僕《ぼく》たちが何者でもなかった頃の話をしよう」

文春新書刊　問題のため一部改編）

［注］

*棋《き》…将棋のこと。

*対局…将棋の対戦を行うこと。

*三手…将棋では、駒を一回動かすことを「一手指す」という。つまり「三手」とは、自分が駒を動かし、次に相手が駒を動かし、再び自分が駒を動かすというように自分と相手とで合計三回駒を動かすこと。

*リスク…危険《きけん》。結果を予測できる度合い。

*含蓄《がんちく》…表面に現れない深い意味、内容。

*ブレークスルー…進歩、前進。ここでは、手がかりやきっかけのこと。

問1　本文中の空らん ア にあてはまる適切な言葉を次の語群から一つ選びなさい。また、その言葉を選んだ理由を解答らんに合わせて答えなさい。

語群〔言葉　挑戦　対話　思いやり　勝負〕

問2　①新たなものを生み出す第一歩　とありますが、それを難しくしてしまうことは何ですか。**対談B**から十字でぬき出して答えなさい。

問3　②相手から見ても狙《ねら》いがはっきりしている　とありますが、どうしてそのようなことになってしまうのですか。その理由として考えられることを解答らんに合わせて答えなさい。

問4　**文章A**の中に　三人寄れば文殊《もんじゅ》の知恵《ちえ》　とありますが、本文中で羽生さんは「三人寄れば文殊の知恵」をどのようなことと考えていますか。また、それをふまえてあなたの「三人寄れば文殊の知恵」にあてはまるできごとを、次の条件にしたがって書きなさい。

条件1　段落《だんらく》構成については、次の①から③にしたがうこと。

①　二段落構成で、内容のまとまりやつながりを考えて書きなさい。

②　第一段落では、本文で用いられている「三人寄れば文殊の知恵」ということわざについて、どのようなものだと述べていますか。その部分を要約しなさい。

③　第二段落では、羽生さんの考えをふまえて、自らの体験を書きなさい。

条件2　解答は原稿《げんこう》用紙の正しい使い方で書き、書き出しは一ます空けて書き始めなさい。

また、文章は、二百字以上二百四十字以内で書きなさい。

、や。や「なども一字と数え、改行などで空いたますも字数に数えます。

適性検査2

注　意

1　検査開始の指示があるまで問題用紙を開いてはいけません。

2　検査時間は45分間で、終わりは午前11時00分です。

3　問題は　`1`　`問1`　から　`問2`

　　　　　`2`　`問1`　から　`問3`

　　　　　`3`　`問1`　から　`問3`　まであります。

4　問題用紙は1ページから17ページまであります。検査開始の指示後、
　すぐにページがそろっているかを確認しなさい。

5　解答用紙は2枚あります。

6　受検番号をそれぞれの解答用紙の決められた場所に記入しなさい。

7　解答はすべて解答用紙に記入し、解答用紙のみ2枚とも提出しなさい。

♯教英出版 編集部　注
　編集の都合上、一部白紙ページは省略しています。

1　さくらさんたちは、給食のメニューについて話し合おうとしています。

〔さくら〕　今日は、みんなで選ぶ給食のメニューについて考えます。クラス全員の17人で話し合いをして、メニューを決めましょう。主食を決めるために、ご飯、パン、めん類の中から1人一つ選んでください。

〔そうた〕　では、17人のうち、教室にいる10人に意見を聞いてみます。([資料1])

[資料1] そうたさんが10人に意見を聞いた結果

(1)　ご飯を希望した人数が一番少なく、めん類を希望した人数が一番多くなった。

(2)　ご飯、パン、めん類を希望した人数は、すべて異《こと》なっていた。

(3)　ご飯、パン、めん類を希望した人数は、それぞれ1人以上いた。

問1

[資料1] からは、ご飯、パン、めん類を希望した人数として、4通りの組み合わせが考えられます。下の表の中に数字を入れて、表を完成させなさい。

	ご飯	パン	めん類
①	1	2	7
②			
③			
④			

〔さくら〕 全員そろったので、残りの７人にも意見を聞いて、主食をご飯、パン、めん類の中から一つに決めるために話し合いたいと思います。

〔そうた〕 三つの意見があるので、机《つくえ》を三角形に並《なら》べて話し合ってみましょう。（[資料２]、[資料３]）

〔さくら〕 この三つの意見をＡ、Ｂ、Ｃとして、机の並べ方を考えましょう。

[資料２] すわっている状態の図と机《つくえ》を上から見た図

すわっている状態の図

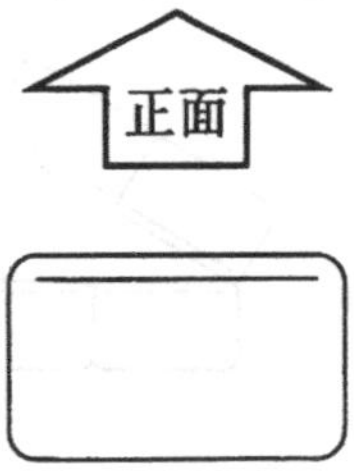

机を上から見た図

[資料３] 机の並《なら》べ方

（１） 机は、すべて同じ大きさで、形も同じものを使用する。

（２） 同じ意見の人がいる場合は、机がとなりどうしになるように、右の図のように机をつけて並べる。

（３） 下の図のように、内側が三角形になるように机を並べる。

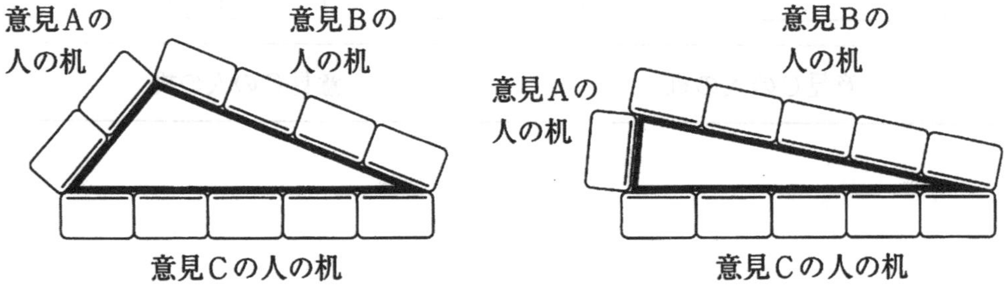

〔さくら〕 17人の意見がどのように分かれても、机を三角形に並べることができるのでしょうか。

〔そうた〕 例えば、意見が4人、5人、8人に分かれた場合、4個、5個、8個の机は三角形に並べることができますね。（［資料4］）

［資料4］ 17個の机を4個、5個、8個に分けて並べたとき

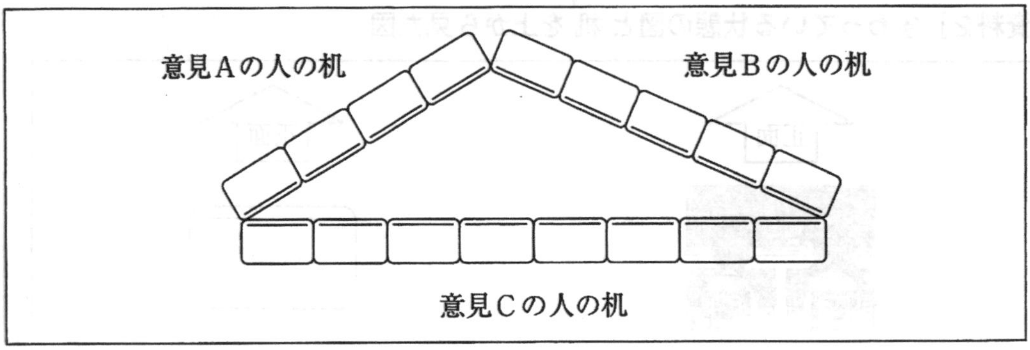

〔さくら〕 意見が2人、6人、9人に分かれた場合、2個、6個、9個の机では、［資料5］の㋐のように、机を三角形に並べることができません。

〔そうた〕 三角形になるように机を近づけてみても、［資料5］の㋑のようになってしまいます。

［資料5］ 17個の机を2個、6個、9個に分けて並べたとき

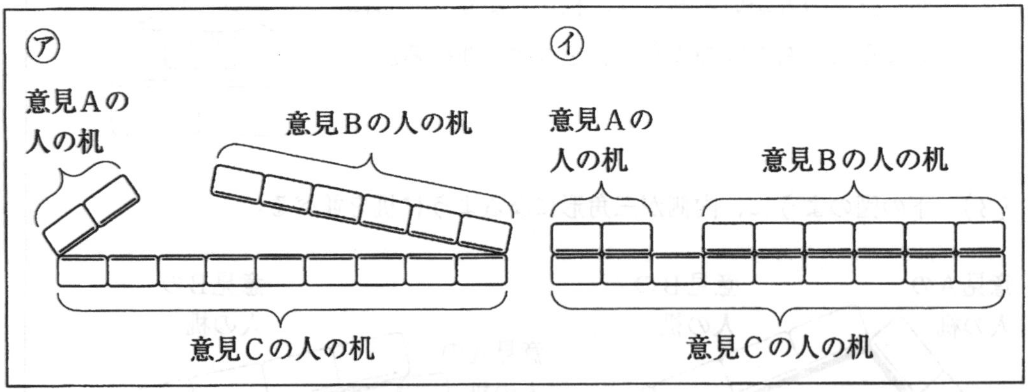

〔さくら〕 17個の机を三角形に並べて話し合いをする場合、机の個数の組み合わせによっては、三角形に並べられるときと、並べられないときがあるのですね。

〔そうた〕 では、どのようなときに、机を三角形に並べることができるのか、考えてみましょう。

問2

17個の机を **［資料3］** のように三角形に並べます。

（1） 机を三角形に並べることができる個数の組み合わせのうち、次の①～③の条件を満たすものを3通り書きなさい。

① **［資料4］** と同じ机の個数の組み合わせである、4個、5個、8個は除《のぞ》く

② 意見A、B、Cの人の机の個数は、すべて異なる

③ 意見Aの人の机の個数が一番少なく、意見Cの人の机の個数が一番多い

（2） **［資料3］** のように机を三角形に並べることができるのは、机の個数の組み合わせに、どのような特ちょうがあるときですか。その特ちょうを書きなさい。

2 小学校の総合的な学習の時間で日本の農業についての学習を行っています。

〔先　生〕 今日は日本の農業について考えてみましょう。調べたことを発表してください。

〔ゆうき〕 私《わたし》は、レタスについて調べました。次のグラフを見てください。

（[資料１]）

[資料１] 平成29（2017）年に茨《いばら》城《き》県《けん》産と長《なが》野《の》県《けん》産のレタスが東京都の市《し》場《じょう》で月ごとに取り引きされた量

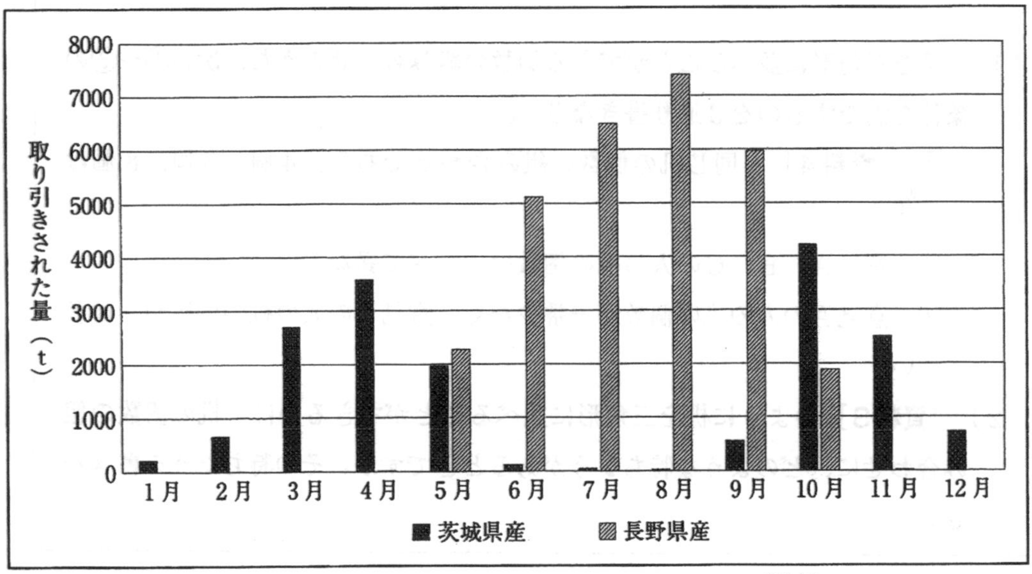

（『東京都中央卸売《おろしうり》市場年報』より作成）

〔ゆうき〕 このグラフから、長《なが》野《の》県《けん》産のレタスは５月から10月にかけて、東京都の市《し》場《じょう》で多く取り引きされていることが分かります。

〔かずお〕 茨《いばら》城《き》県《けん》産のレタスとは取り引きされている時期が異《こと》なりますね。

〔あつし〕 どうして長野県産のレタスが５月から10月にかけて多く取り引きされているのでしょうか。

〔ゆうき〕 レタスは暑さに弱い作物であると習いました。そこで、レタス作りがさかんな地《ち》域《いき》の月ごとの平均気温との関係から考えてみたいと思います。

（[資料２]）

[資料２] 茨城県坂東《ばんどう》市《し》と長野県南《みなみ》牧村《まきむら》の平成 29（2017）年の月ごとの平均気温

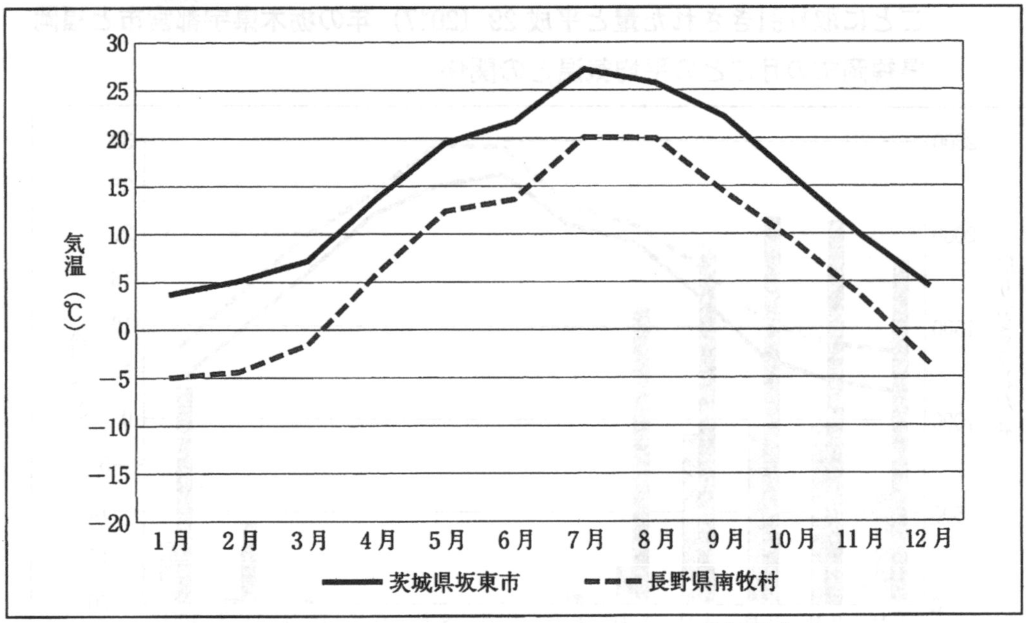

（気《き》象庁《しょうちょう》ホームページより作成）

問１

次の文章は、長野県産のレタスが５月から 10 月に東京都の市場で多く取り引きされている理由について説明したものです。**[資料１]** と **[資料２]** をふまえ、（　ア　）、（　イ　）にあてはまる言葉を答えなさい。

長野県産のレタスが５月から 10 月に多く取り引きされているのは、茨城県産のレタスの取り引きされる量が（　ア　）ため、この時期にレタスを作り、東京都の市場に提供《ていきょう》できるからだと考えられる。

長野県がこの時期にレタスを東京都の市場に提供できるのは、茨城県に比べて月ごとの平均気温が（　イ　）ため、暑さに弱いレタスでも作りやすいからだと考えられる。

〔先　生〕 では、次のグラフはどうでしょうか。（**[資料３]**）

［資料３］平成29（2017）年に栃木県《とちぎけん》産と福岡県《ふくおかけん》産のいちごが東京都の市場で月ごとに取り引きされた量と平成29（2017）年の栃木県宇都宮《うつのみや》市《し》と福岡県福岡市の月ごとの平均気温との関係

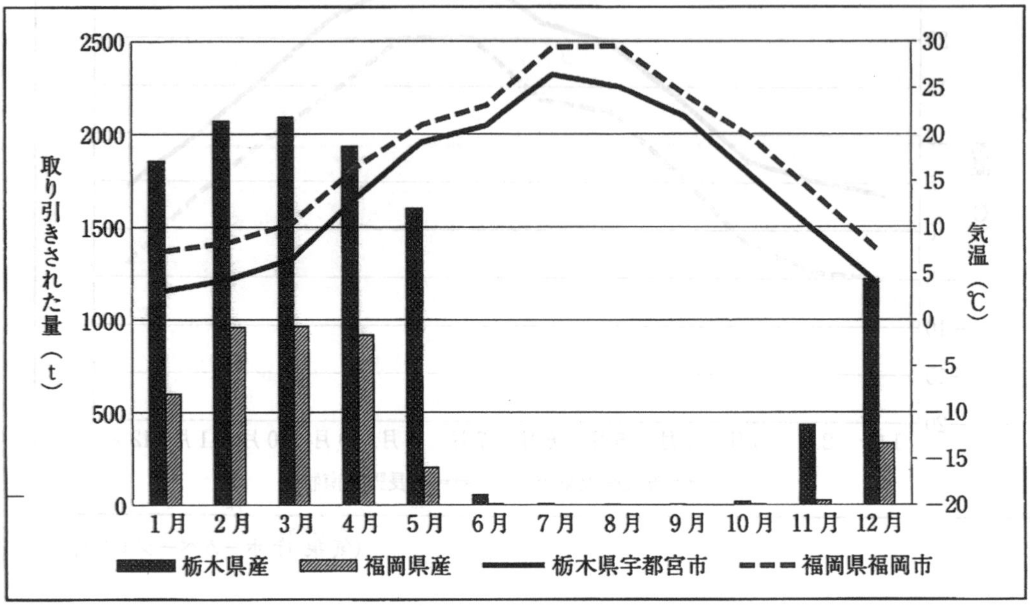

（『東京都中央卸売市場年報』、気象庁ホームページより作成）

〔先　生〕［資料３］を［資料１］と比べてみましょう。

〔あつし〕［資料１］では、茨城県と長野県でレタスが取り引きされている時期が異なっています。しかし、［資料３］では栃木県《とちぎけん》と福岡県《ふくおかけん》でいちごが同じ時期に取り引きされています。

〔かずお〕時期を変えることはできないのですか。

〔先　生〕いちごは気温の高いところで育てることが難《むずか》しい作物です。だから日本の気候では、6月から10月にかけていちごが取り引きされている量が少なくなっています。

〔ゆうき〕では、いちごは主に、11月から5月にかけての気候をいかして作られているということですか。

〔先　生〕ところがそういうわけでもありません。次の資料を使って考えてみましょう。（［資料４］、［資料５］）

[資料４] 昭和35（1960）年、昭和45（1970）年、昭和55（1980）年、平成2（1990）年に東京都の市場で月ごとに取り引きされたいちごの量の割合《わりあい》

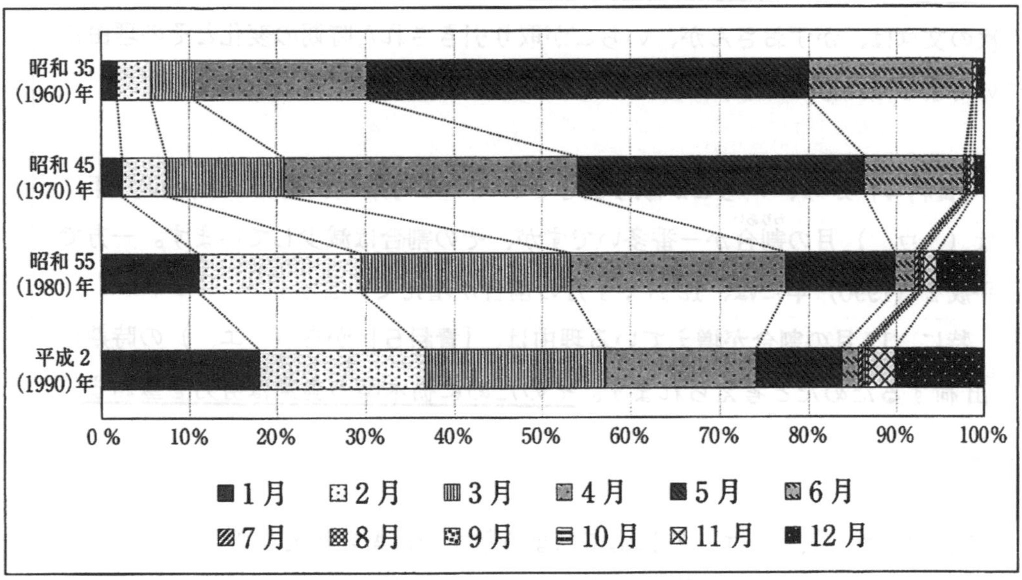

（『東京都中央卸売市場年報』より作成）

[資料５] 栃木県のいちご栽培《さいばい》の歴史に関する記事

出荷《しゅっか》量、販売《はんばい》額ともに日本一をほこる栃木県産のいちごにも、努力の積み重ねの歴史があります。

栃木県農業試験場いちご研究室によると、「昭和30年代（1955年から1964年まで）から、収穫《しゅうかく》時期を少しずつ早める技術が組み立てられた。ハウス栽培など、さまざまな方法が生まれました」といちご研究室のＡさん。

4月、3月、2月…と前だおしされましたが、当時主力だった品種の「ダナー」は早期出荷に限界がありました。技術的な転換《てんかん》点をむかえたのは昭和60（1985）年。早く成熟《せいじゅく》する性質をもち、12月中旬《ちゅうじゅん》から収穫できる品種の「女《にょ》峰《ほう》」の登場です。

「当時の目標はクリスマス出荷だったので、外観もきれいな女峰は一気に広まりました」（Ａさん）。福岡県産の「とよのか」と全国を二分し、「東の女峰、西のとよのか」と言われるほどの高い人気でした。

（下野新聞《しもつけしんぶん》 平成19（2007）年12月25日より作成）

問2

次の文章は、かずおさんが、いちごが取り引きされた時期の変化とその理由についてまとめたものです。

［資料4］から、いちごが取り引きされている時期は、昭和35（1960）年には（　ウ　）月の割合《わりあい》が一番多いですが、その割合は減少しています。一方で平成2（1990）年には、12月や1月の割合が増えています。

特に、12月の割合が増えている理由は、**［資料5］**から（　エ　）の時期に出荷《しゅっか》するためだと考えられます。そのために栃木県の農家は努力を重ねました。

（1）（　ウ　）、（　エ　）にあてはまる数字や言葉を答えなさい。

（2）下線部について、**［資料5］**をふまえ、栃木県の農家はどのような努力を行ったのか答えなさい。

〔あつし〕いちごはレタスと異なり、市場で取り引きされる時期が重なっています。そのため、いちごを売るためにはさらなる努力が必要です。いちご農家はどのような努力をしていちごを販売《はんばい》しているのでしょうか。

〔先　生〕次の資料を用意しました。（**［資料6］**、**［資料7］**）
この資料から分かることを考えてみましょう。

［資料6］平成22（2010）年から平成30（2018）年までの
栃木県産いちごの出荷量と販売額の推移《すいい》

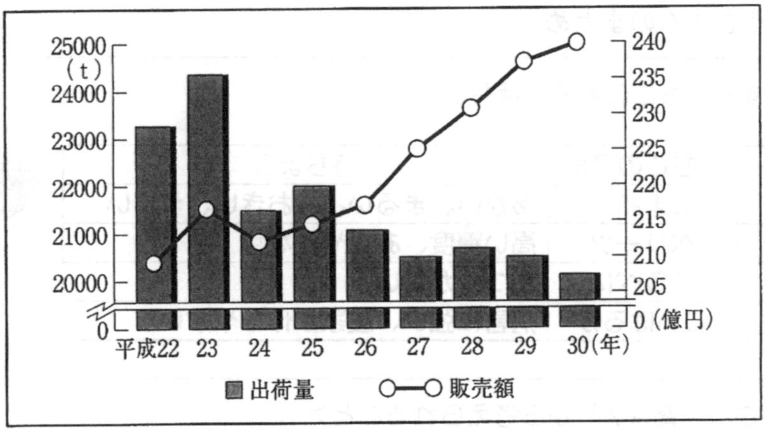

（下野新聞　平成30（2018）年6月6日より作成）

［資料7］九州《きゅうしゅう》地方のいちごに関する記事

九州各県がいちごのブランド品種開発や流通拡大《かくだい》に力を入れている。ブランドいちごの先がけとなった福岡県の「あかい、まるい、おおきい、うまい」の頭《かしら》文字《もじ》をとって名づけられた「あまおう」に追いつけ追いこせと奮闘《ふんとう》している。

都道府県別のいちごの栽培面積や販売量は栃木県が最多だが、1キログラムあたりの販売価格は、福岡県が日本一である。

九州各県も独自品種の開発と販売先の拡大をすすめている。大分県《おおいたけん》は、8年がかりで育成した念願のオリジナル品種「ベリーツ」を披露《ひろう》。高い糖度《とうど》とあざやかな色が特ちょうで、県の担当者《たんとうしゃ》は「色、形、味とも良く、いちごの競争がはげしい時代に勝ち残れる品種」と胸《むね》を張る。今年は1ヘクタールで生産して農家向けの研修を重ね、来年以降《いこう》、関西《かんさい》を中心に販売エリア拡大を目指す。

熊本県《くまもとけん》は、色つやの良さを名前にこめた「ゆうべに」を生産し、今年の栽培面積は昨年に比べて約1.6倍と順調にのびている。宮崎県《みやざきけん》は、病害に強く農家の作りやすさを意識した「こいはるか」を今年から観光農園で栽培。宮崎県の担当者は、農家や消費者の反応も見ながら「あまおうなど他のいちごにない特ちょうを持たせたい」と意気ごむ。

食品流通学者は「農家の高齢化《こうれいか》や後継者《こうけいしゃ》不足に直面する中で一つあたりの価格の高いいちごは魅力《みりょく》」と話す。

（毎日新聞《まいにちしんぶん》　平成30（2018）年2月14日より作成）

〔ゆうき〕［資料6］と［資料7］をまとめてみました。（［資料8］）
まとめた内容を発表しようと思います。

［資料8］ゆうきさんのまとめ

各県が開発するいちごの名前と特ちょう

県名	いちごの名前	特ちょう
福岡県	あまおう	あかい、まるい、おおきい、うまい
大分県	ベリーツ	高い糖度、あざやかな色
熊本県	ゆうべに	色つやが良い
宮崎県	こいはるか	病害に強い、農家が作りやすい

<［資料6］、［資料7］から考えられること>

［資料6］からは、栃木県産いちごの出荷量と販売額の推移から、（　オ　）ということが分かる。このことから現在、いちごは（　カ　）農作物であることが考えられる。

いちごが（　カ　）農作物だということは［資料7］からも考えられる。

九州地方ではいちごの生産競争がはげしくなっている。大分県はオリジナルの品種を育成したり、宮崎県は農家が作りやすい品種を栽培したりしてくふうしている。また、福岡県の「あまおう」や熊本県の「ゆうべに」のように、いちごの（　キ　）を名前にこめるくふうをしている県もある。このような各県のくふうによって、いちごが（　カ　）農作物となっていると考えられる。

問3

［資料8］について、次の（1）～（3）の問題に答えなさい。

（1）（　オ　）にあてはまる文を次の①～④のうちから一つ選び、番号で答えなさい。

① 出荷量は増加し、販売額は増加している
② 出荷量は増加し、販売額は減少している
③ 出荷量は減少し、販売額は増加している
④ 出荷量は減少し、販売額は減少している

（2）（　カ　）にあてはまる言葉を考えて答えなさい。

（3）（　キ　）にあてはまる言葉を考えて答えなさい。

〔先　生〕　現在では、東京都の市場で取り引きされていない７月から９月の時期に取り引きできるいちごの開発を行ったり、１年間いちごを栽培《さいばい》する取り組みを行ったりしている農家などもあります。もしかしたら、現在東京都の市場で取り引きされていない７月から９月に、たくさんのいちごが取り引きされるようになるかもしれませんね。

3 けいたさんとゆきえさんが通っている小学校の課外活動で、価格の決まり方について勉強することになりました。

〔先　生〕 今日は価格の決まり方について学びます。価格には様々な決まり方がありますが、ここでは、買い手（買いたい人の集まり）と売り手（売りたい人の集まり）の関係による決まり方を考えます。

　ふつう買い手は、商品を少しでも安く買いたいと考え、安ければ安いほど多く買っても良いと考えます。一方売り手は、商品を少しでも高く売りたいと考えます。高ければ高いほど利益が多くなるので、たくさん売りたいと考えます。

　それでは、ハンバーガーを例にして、ハンバーガー１個の価格と、買い手と売り手の関係を［資料１］、［資料２］のように設定した場合、この２つの資料からどのようなことが分かるか、考えてみましょう。

［資料１］買い手が買いたい数の合計と価格の関係

１個の価格（円）	400	350	300	250	200	150	100
買い手が買いたい数の合計（個）	10	20	30	40	50	60	70

［資料２］売り手が売りたい数の合計と価格の関係

１個の価格（円）	400	350	300	250	200	150	100
売り手が売りたい数の合計（個）	70	60	50	40	30	20	10

〔けいた〕 ［資料１］からは、100円の場合に買い手が買いたい数の合計が一番多く、［資料２］からは、400円の場合に売り手が売りたい数の合計が一番多いことが分かりますね。

〔ゆきえ〕 買い手と売り手、それぞれの数の合計が一番多い価格がちがいますね。

〔先　生〕 ある価格のときに買い手が買いたい数の合計が、売り手が売りたい数の合計よりも多い場合、商品が足りなくなります。一方で、別の価格のときに売り手が売りたい数の合計が、買い手が買いたい数よりも多い場合、商品が余ってしまいます。つまり、商品が足りなくなったり余ったりしないことが、バランスの良い価格ということになります。

〔けいた〕 買い手にとっても売り手にとってもバランスの良い価格は、いくらなのでしょうか。

〔先　生〕 [資料1]、[資料2] を一つのグラフにすると分かるかもしれません。まず [資料1] をグラフに表してみました。([資料3])

[資料3] 買い手が買いたい数の合計と価格の関係のグラフ

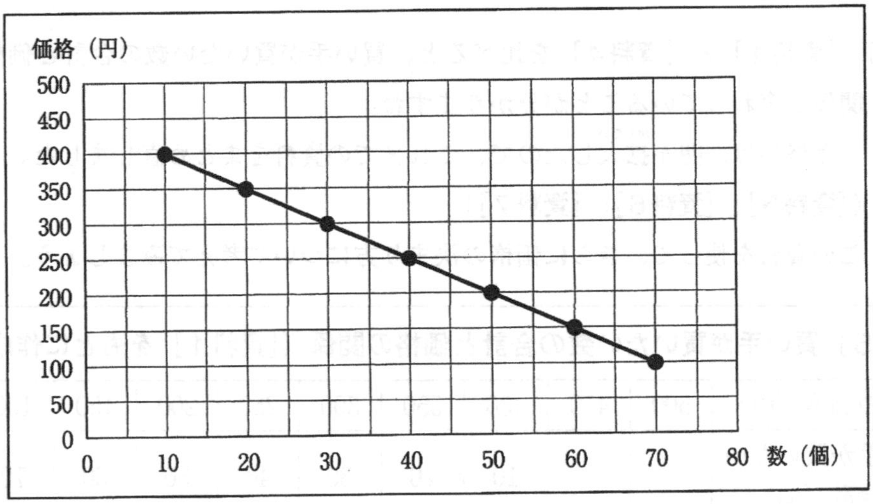

〔先　生〕 次に、[資料2] をグラフに表したものを [資料3] にかいてみましょう。

問１

（1） [資料2] をグラフに表したものを [資料3] にかき入れなさい。ただし、グラフは [資料1] のかき方にならってかき、[資料2] で示されているはん囲で表すこと。

（2） あなたが売り手だった場合、ハンバーガーの価格をいくらに設定すれば、買い手にとっても売り手にとってもバランスの良い価格になると考えますか。[資料3] をふまえ、あなたがそう考えた理由を説明しなさい。

〔先　生〕 このように商品は買い手と売り手の関係により価格が決まることがあるため、同じ商品でも様々な理由により価格が変わることがあります。例えば、ハンバーガーが人気となり、買い手が買いたい数の合計と価格の関係が［資料１］から［資料４］のように変化したと設定しましょう。ここでは、売り手が売りたい数の合計と価格の関係は変わらないこととします。

［資料４］ハンバーガーが人気となった後の買い手が買いたい数の合計と価格の関係

１個の価格（円）	500	450	400	350	300	250	200
買い手が買いたい数の合計（個）	10	20	30	40	50	60	70

〔ゆきえ〕 ［資料１］と［資料４］を比べると、買い手が買いたい数の合計と価格の関係が変わっていることが分かりますね。

〔先　生〕 価格のはん囲が拡大《かくだい》したので、これまでの資料をまとめ直しました。
（［資料５］、［資料６］、［資料７］）
この資料を使って、さらに価格の決まり方について考えてみましょう。

［資料５］買い手が買いたい数の合計と価格の関係（［資料１］をもとに作成）

１個の価格（円）	500	450	400	350	300	250	200	150	100
買い手が買いたい数の合計（個）			10	20	30	40	50	60	70

［資料６］ハンバーガーが人気となった後の買い手が買いたい数の合計と価格の関係（［資料４］をもとに作成）

１個の価格（円）	500	450	400	350	300	250	200	150	100
買い手が買いたい数の合計（個）	10	20	30	40	50	60	70		

［資料７］売り手が売りたい数の合計と価格の関係（［資料２］をもとに作成）

１個の価格（円）	500	450	400	350	300	250	200	150	100
売り手が売りたい数の合計（個）			70	60	50	40	30	20	10

問2

次の文章は、ハンバーガーが人気となった後の、価格の決まり方について説明したものです。

ハンバーガーが人気となった後の、買い手にとっても売り手にとってもバランスの良い価格は、**[資料6]** と **[資料7]** から分かるように、(　ア　) 円となります。**[資料5]** と **[資料7]** のバランスの良い価格と、**[資料6]** と **[資料7]** のバランスの良い価格を比べると、(　イ　) ことが分かります。

(1) (　ア　) にあてはまる数を答えなさい。

(2) (　イ　) にあてはまる文を次の①～④のうちから一つ選び、番号で答えなさい。

① 1個の価格が上がっても、買い手が買いたい数の合計が増えた

② 1個の価格が上がったので、買い手が買いたい数の合計が減った

③ 1個の価格が下がったので、買い手が買いたい数の合計が増えた

④ 1個の価格が下がっても、買い手が買いたい数の合計が減った

〔けいた〕 このように買い手や売り手の関係が変わることにより、買い手にとっても売り手にとってもバランスの良い価格は変化する可能性があるのですね。

〔先　生〕 価格の決まり方については他にもあります。例えば、同じ地域《ちいき》内に複数のハンバーガーショップがある場合、他のハンバーガーショップとの売り上げ競争に負けないように、売り手であるお店は様々な販売《はんばい》方法を考えなくてはなりません。それでは、様々な販売方法と考えられる影響《えいきょう》について、みんなでまとめてみましょう。（[資料8]）

[資料8] 販売《はんばい》方法と考えられる影響《えいきょう》についてのまとめ

販売方法	考えられる影響
価格を安くする。	買い手は、安く買うことができる。 売り手は、販売個数が増える。
チラシなどを作り、ハンバーガーの宣伝《せんでん》をする。	買い手は、売られているハンバーガーの良いところなどの情報を得ることができる。 売り手は、商品の情報を広く知ってもらえる。
今より質の良い食材を使ったハンバーガーを作る。	買い手は、品質の良い商品を買うことができる。 売り手は、品質の良い商品を作ることができる。
お店同士が相談をして、自分たちにとって都合の良い価格を決め、どこのお店でも同じ価格で売る。	買い手は、<u>損をする</u>。 売り手は、安売り競争をしなくてすむ。

問3

> **[資料8]** の下線部について、買い手が損をするのはなぜか。「価格」と「品質」という言葉を両方使って説明しなさい。

〔先　生〕 価格は、買い手や売り手の様々な関係によって決まります。みなさんも商品を選ぶときに、今回学んだ価格の決まり方について考えると、ちがった視《し》点《てん》から価格を見ることができるかもしれませんね。

適性検査3

注　意

1　検査開始の指示があるまで問題用紙を開いてはいけません。

2　検査時間は45分間で、終わりは午後0時15分です。

3　問題は　$\boxed{1}$　$\boxed{問1}$　から　$\boxed{問3}$

　　　　　　$\boxed{2}$　$\boxed{問1}$　から　$\boxed{問3}$

　　　　　　$\boxed{3}$　$\boxed{問1}$　から　$\boxed{問3}$　まであります。

4　問題用紙は1ページから19ページまであります。検査開始の指示後、
　すぐにページがそろっているかを確認しなさい。

5　解答用紙は2枚あります。

6　受検番号をそれぞれの解答用紙の決められた場所に記入しなさい。

7　解答はすべて解答用紙に記入し、解答用紙のみ2枚とも提出しなさい。

♯教英出版 編集部　注
　　編集の都合上、一部白紙ページは省略しています。

このページには問題が印刷されていません。

問題は次のページからです。

1　なおきさんとともこさんは、先生と会話をしています。

〔なおき〕　夏休みを利用して、南アフリカという国に旅行に行きました。

〔ともこ〕　私《わたし》はイギリス旅行に行きました。日本のこう貨は円形のものしかありませんが、イギリスのこう貨には、円形ではないものもあります。さらによく見ると、正七角形ではなくすべての辺の部分が少し丸くなっています。（**[資料1]**）

[資料1]　イギリスのこう貨の一例

ELIZABETH II D·G REG·F·D·1998
ELIZABETH II D·G REG·F·D·1998

〔先　生〕　このこう貨の形は、19世紀ごろにルーローという人が考えた図形で、「ルーローの七角形」と呼《よ》ばれています。ここでは、ルーローの七角形の各部分に**[資料2]**のように名前を付けておきます。

[資料2]　ルーローの七角形

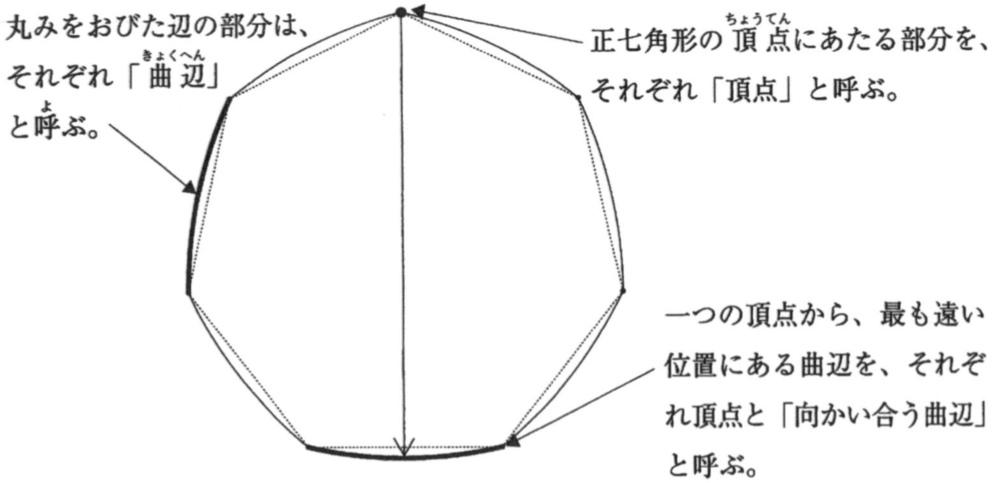
丸みをおびた辺の部分は、
それぞれ「曲辺《きょくへん》」
と呼《よ》ぶ。
正七角形の頂点《ちょうてん》にあたる部分を、
それぞれ「頂点」と呼ぶ。
一つの頂点から、最も遠い
位置にある曲辺を、それぞ
れ頂点と「向かい合う曲辺」
と呼ぶ。

すべての曲辺の長さの和を、「周の長さ」と呼ぶ。

〔先　生〕 ルーローの七角形に頂点《ちょうてん》Aを決め、向かい合う曲辺《きょくへん》に1から4の直線を引きます。また、頂点Bを決め、向かい合う曲辺に5から8の直線を引きます。(**[資料3]**)

1から8のすべての直線の長さを測ると、等しくなっています。これが、ルーローの七角形の性質です。

[資料3] ルーローの七角形の頂点から向かい合う曲辺に引いた直線

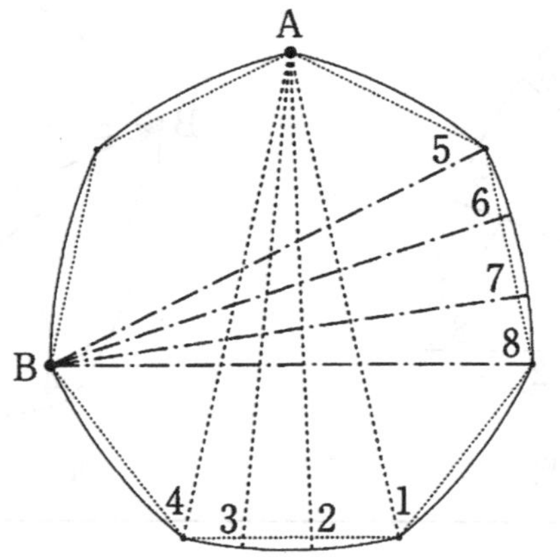

〔なおき〕 1から4だけでなく、すべての直線の長さが等しいのですね。

〔ともこ〕 そうです。この性質をもつ図形は他にもあります。例えば、正三角形をもとにした「ルーローの三角形」、正五角形をもとにした「ルーローの五角形」、正九角形をもとにした「ルーローの九角形」などです。

〔先　生〕［資料３］と同じように、頂点Ａを決め、向かい合う曲辺に１から４の直線を引きます。また、頂点Ｂを決め、向かい合う曲辺に５から８の直線を引きます。（［資料４］）

［資料４］ルーローの三角形とルーローの五角形の頂点から向かい合う曲辺に引いた直線

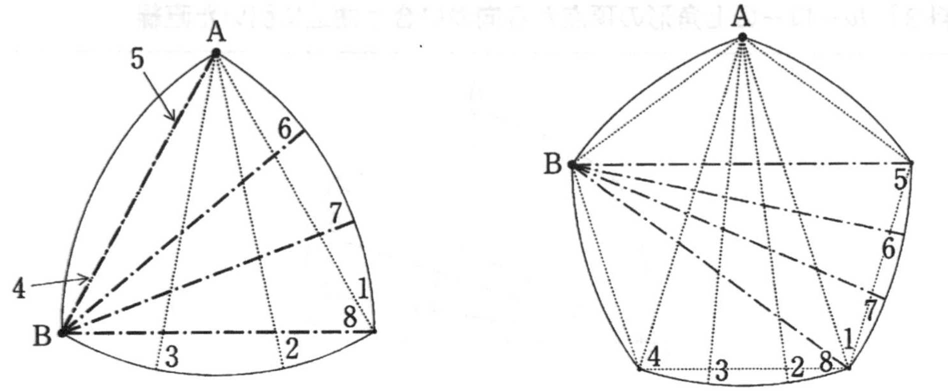

ルーローの三角形　　　　ルーローの五角形

〔ともこ〕これらの図形でも、それぞれ１から８の直線の長さはすべて等しくなっています。

〔先　生〕「頂点から向かい合う曲辺に引いた直線の長さはすべて等しい」という性質を使えば、２人にも簡単《かんたん》にルーローの五角形がかけますよ。

問１

下の図は、正五角形をもとにして、と中までかかれたルーローの五角形です。解答用紙に、コンパスを用いて足りない線をかき足し、ルーローの五角形を完成させなさい。

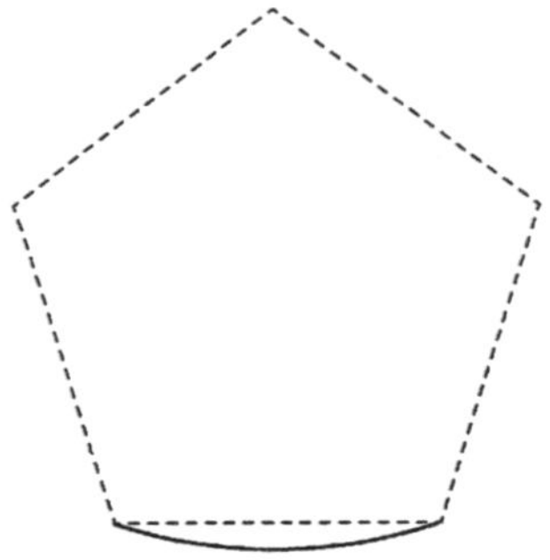

〔なおき〕 そういえば、南アフリカのこう貨にも、ルーローの三角形やルーローの五角形のような図形がかかれていました。（**[資料５]**）

[資料５] 南アフリカのこう貨

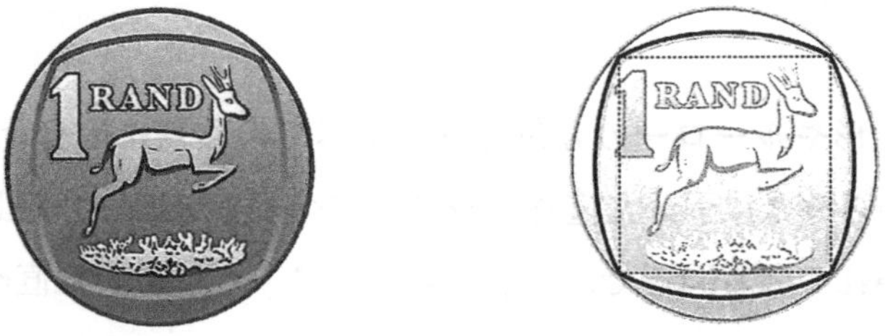

〔ともこ〕 こう貨にかいてある丸みをおびた四角形が、ルーローの三角形やルーローの五角形と同じ性質をもつかどうか、調べてみましょう。**[資料６]** のように頂点Ａを決め、１から３の直線を引きました。

[資料６] 南アフリカのこう貨にかかれた図形

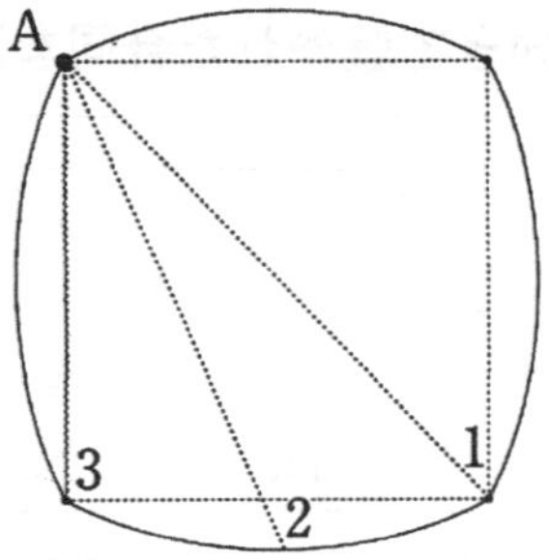

〔なおき〕 １から３の直線の長さは等しくなりません。ルーローの三角形やルーローの五角形と同じ性質はもたないようですね。

問2

　次の文章は、南アフリカのこう貨にかかれている図形と、ルーローの三角形やルーローの五角形とのちがいについて説明したものです。（　ア　）にあてはまる言葉を答えなさい。

　ルーローの三角形やルーローの五角形は、すべての頂点にそれぞれ（　ア　）が存在《そんざい》し、頂点からそこに引いた直線の長さはすべて等しい。しかし、南アフリカのこう貨にかかれている図形で、頂点から（　ア　）に引いた直線の長さは、すべて等しいわけではない。

〔先　生〕　もう少し、ルーローの三角形やルーローの五角形のような図形の性質を調べてみましょう。まず2本の平行線を引き、その間に、この平行線のはばと等しい直径をもつ円を、様々な向きで置いてみます。（**[資料7]**）
　なお、点線の長さはすべて等しくなっています。

[資料7]　平行線の間に様々な向きで置かれた合同な円

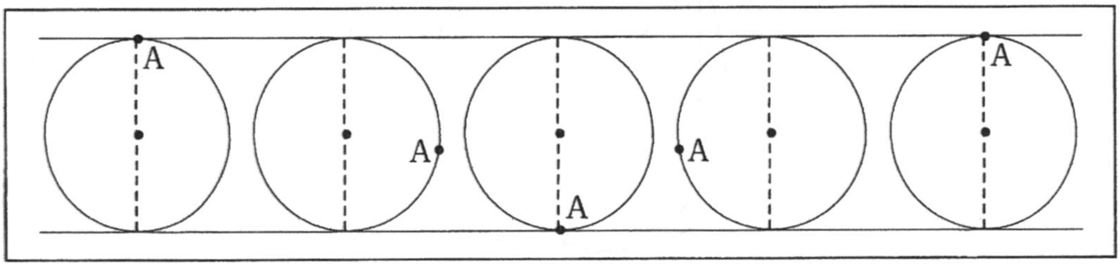

〔ともこ〕　円はどのような向きに置いても、ちがいがないように見えます。

〔先　生〕 そうですね。次に、**[資料7]** と同じはばの平行線に、様々な向きで正三角形を置いてみます。(**[資料8]**)

[資料8] 平行線の間に様々な向きで置かれた合同な正三角形

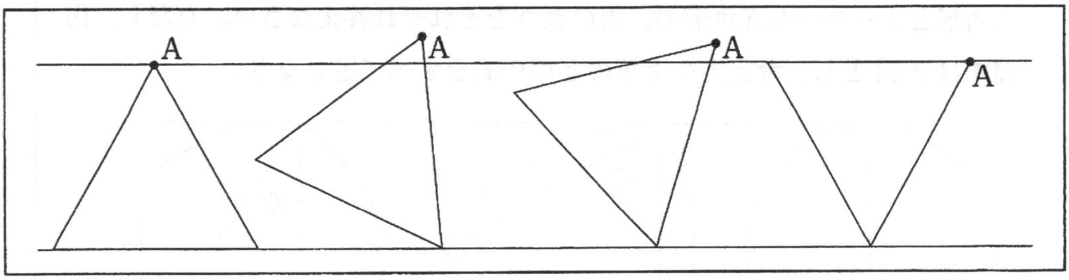

〔なおき〕 正三角形は、置く向きによって平行線のはばからはみ出しています。

〔先　生〕 それでは、**[資料7]** と同じはばの平行線に、ルーローの三角形を置いてみましょう。ここで置くルーローの三角形は、もとにした正三角形の一辺の長さが、平行線のはばと等しいものとします。(**[資料9]**)

[資料9] 平行線の間に様々な向きで置かれた合同なルーローの三角形

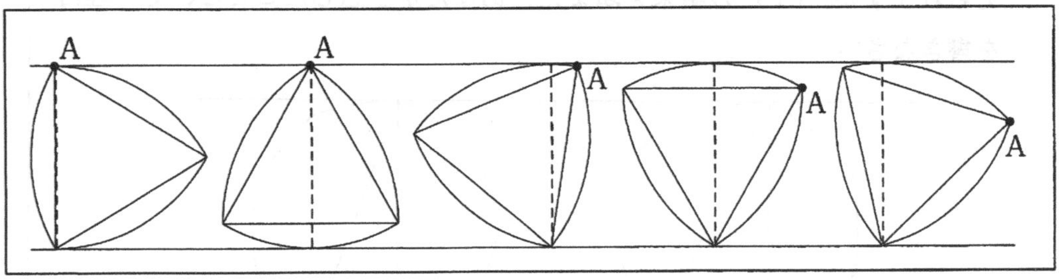

〔ともこ〕 ルーローの三角形は、どのような向きに置いても、平行線のはばからはみ出していません。円と同じような性質をもっているのでしょうか。

〔先　生〕 それでは、円とルーローの三角形を比べて、性質を調べてみましょう。

〔なおき〕 **[資料7]** と **[資料9]** を比べてみると、円の面積がルーローの三角形の面積より大きく見えます。

〔先　生〕 ルーローの三角形の面積は計算が難《むずか》しいため、先生が答えましょう。なおきさんの言う通り、面積は円の方が少し大きいのです。

〔ともこ〕 それでは、周の長さにちがいはあるのでしょうか。

問3

（１） 下の図で、円とルーローの三角形とルーローの五角形は、はばが63 cmの２本の平行線にはみ出すことなく置かれています。このとき、ルーローの三角形とルーローの五角形の、周の長さをそれぞれ答えなさい。ただし、円周率は3.14とし、考え方や計算のと中の式をすべて書きなさい。

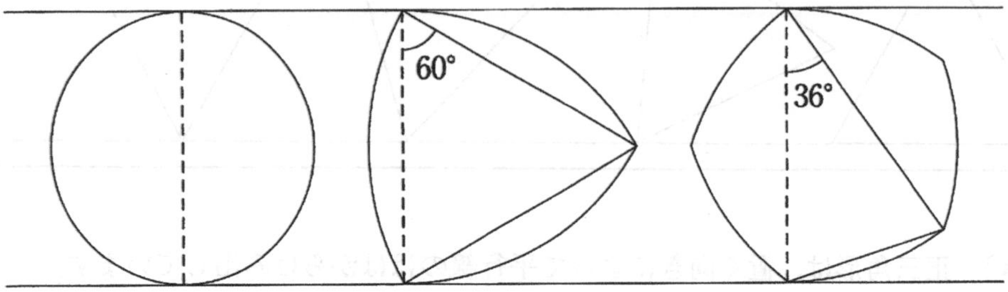

（２） 下の図で、ルーローの七角形とルーローの九角形は、（１）と同じはばの２本の平行線にはみ出すことなく置かれています。このとき、ルーローの七角形とルーローの九角形の周の長さは、それぞれどのようになっていると考えられますか。（１）の結果をふまえ、あなたが予想したことと、その理由を書きなさい。

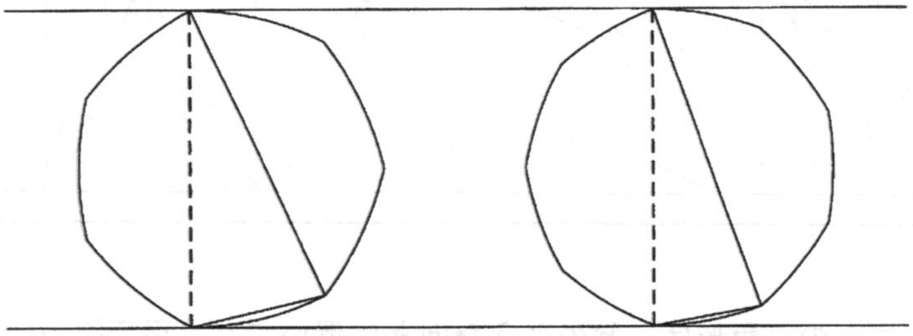

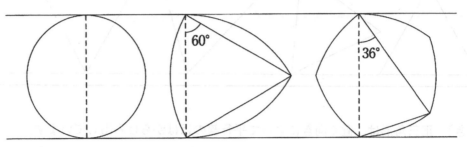

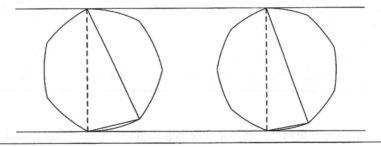

このページには問題が印刷されていません。

2 動物園で、あやこさんと先生が会話をしています。

〔先　生〕 この動物園では、コウモリを観察することができます。

〔あやこ〕 コウモリは夜にえものを探《さが》すと聞いたことがあります。暗い中で、どうやってえものの位置を知ることができるのですか。

〔先　生〕 コウモリは音でえものの位置を知ります。コウモリは、口や鼻から人間が聞き取れないほどの高い音を出しています。この高い音がえものに当たってはね返り、それを聞くことでえものの位置を知ります。このように障害物《しょうがいぶつ》に当たってはね返ってきた音を、「エコー」といいます。

〔あやこ〕 山登りをしたときに、山に向かって出した声がはね返って聞こえました。これもエコーですね。

〔先　生〕 そうです。コウモリはこのエコーを聞いて、障害物の大きさや位置を知ったり、えものを探したりします。コウモリはえものを発見すると、えものの正確な位置を知ろうとして何度も高い音を出します。

〔あやこ〕 コウモリが高い音を出してから、エコーが聞こえるまでにどのくらいの時間がかかるのですか。

〔先　生〕 例えば、17 m 先にかべがあった場合に、音が伝わるきょりを音の速さで割《わ》ると、エコーがコウモリにはね返ってくるまでの時間が分かります。
（**[資料１]**）

[資料１] コウモリが高い音を出してから、エコーがコウモリにはね返ってくるまでのようす

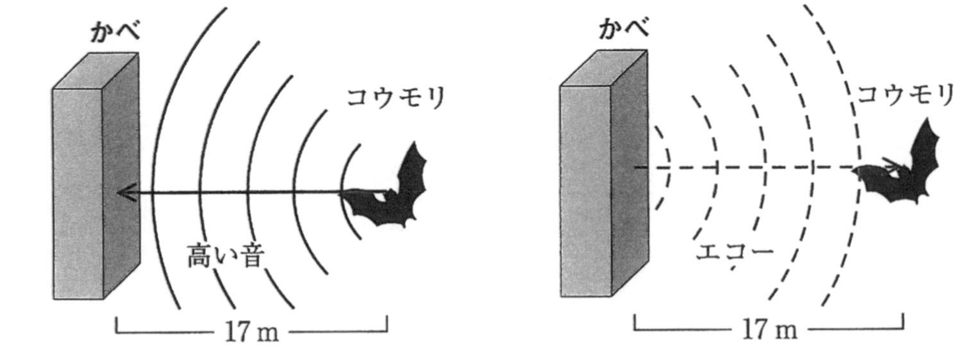

実線は、コウモリの出した高い音を示す。

点線は、エコーを示す。
音は往復で 34 m 伝わる。

コウモリが出す高い音とエコーは、どちらも音であるとする。
空気中では、音は秒速 340 m で伝わるとする。

2019(H31) 九段中等教育学校
K 教英出版

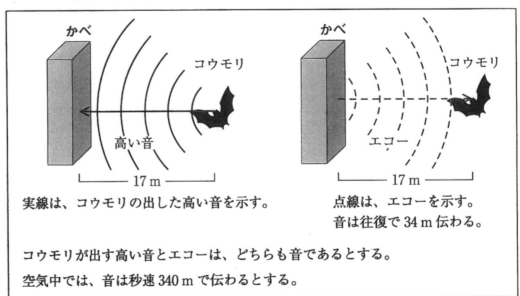

平成三十一年
適性検査1　解答用紙（1枚《まい》め／2枚中）

※200点満点
（配点非公表）

受検番号

一

問1

がうれしい。

問2

から。

問3

わたしが、菜の花よりも先を走ることで、

から。

問4

（1）

240

200

【解答

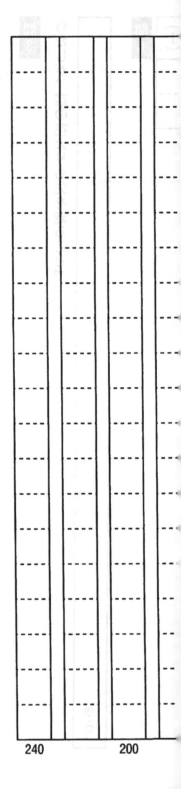

	個、　個、　個
(2)	

受検番号

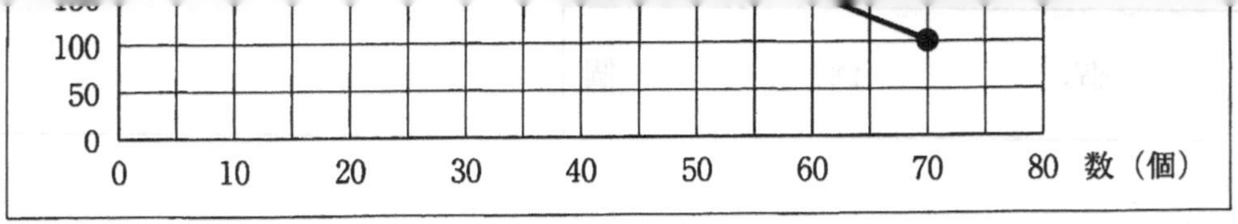

（2）	価格	円	
	理由		

問2

（1）		（2）	

問3

受検番号

【解答

答え　　　　　　　　　　cm

（１）

ルーローの五角形

答え　　　　　　　　　　cm

（２）

あなたが予想したこと

その理由

受検番号

【解答用

問2

問3

受検番号

2019(H31) 九段中等教育学校
K 教英出版

平成３１年

適性検査３　解答用紙（２枚《まい》め／２枚中）

2

問１ 　m

問２
（ア）
（イ）

問３
（ウ）

3

問１
（１）
（２）（ア）　（イ）

平成３１年

適性検査３　解答用紙（１枚《まい》め／２枚中）

※300点満点
(配点非公表)

1

問１

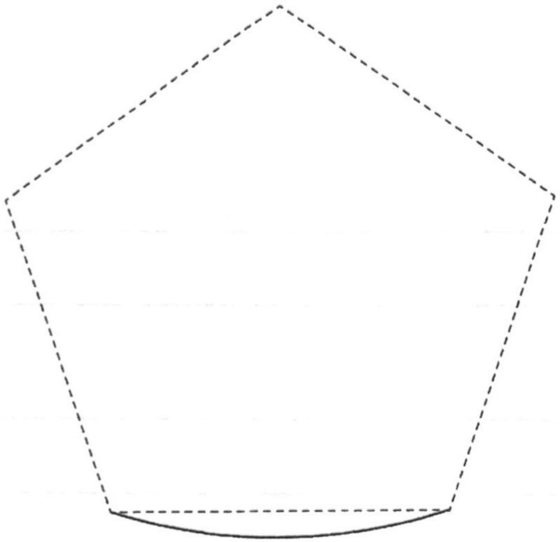

問２

（ア）

問３

ルーローの三角形

【解答用

平成３１年

適性検査２　解答用紙（２枚《まい》め／２枚中）

2

問１

(ア)		(イ)	

問２

(1)	(ウ)		(エ)	
(2)				

問３

(1)		(2)	
(3)			

3

問１

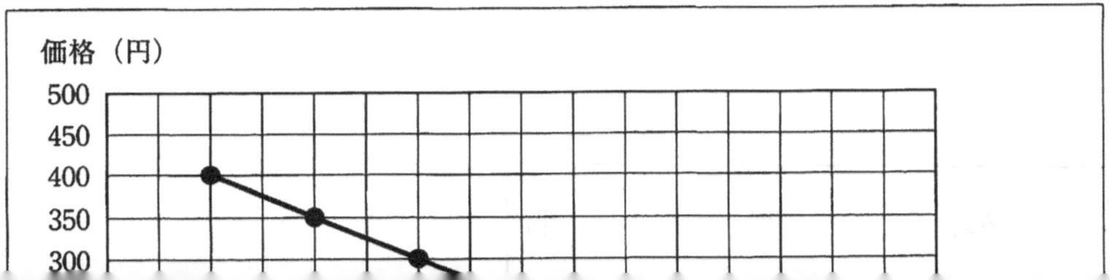

平成３１年

適性検査２　解答用紙（１枚《まい》め／２枚中）

※300点満点
(配点非公表)

1

問１

	ご飯	パン	めん類
①	1	2	7
②			
③			
④			

問２

	個、	個、	個

【解答用

平成三十一年

適性検査1　解答用紙（2枚《まい》め／2枚中）

問4

100

受検番号

②

40

60

70

二

問1

ア

から。

問2

10

問3

こちらが三手先を考えて相手の読みを予測して指すということは、

から。

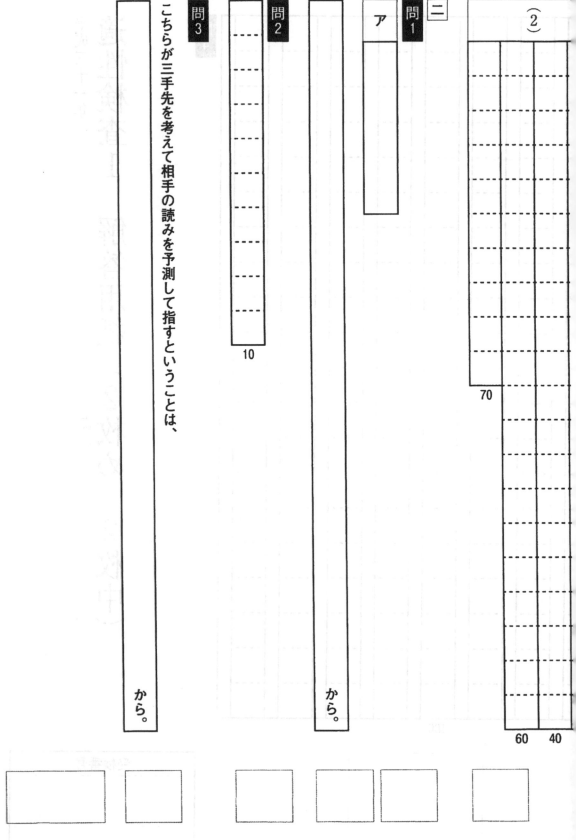

〔あやこ〕 この場合、コウモリが高い音を出してからエコーがはね返ってくるまでの時間は0.1秒ですね。

〔先　生〕 そうです。**[資料1]** では、17 m と書いてありますが、実際にコウモリはかべまでのきょりは分かっていません。高い音を出してからエコーがはね返ってくるまでの時間が0.1秒だったことを利用して、かべまでのきょりを知ります。

問1

コウモリが高い音を出してから、エコーがコウモリにはね返ってくるまでに0.05秒かかりました。このとき、コウモリとえもののきょりは何 m だと考えられますか。ただし、音の速さは秒速340 m とし、コウモリとえものは移動しないものとします。

〔先　生〕 他にも、エコーから分かることがあります。コウモリはえものを発見すると、連続して高い音を出して、えものの位置を正確に知ろうとします。コウモリが間かくをあけて、高い音を連続して3回出した場合に、エコーが聞こえた時刻《じこく》は **[資料2]** のようになります。

[資料2] コウモリが高い音を出した時刻《じこく》とエコーがコウモリに聞こえた時刻のイメージ図

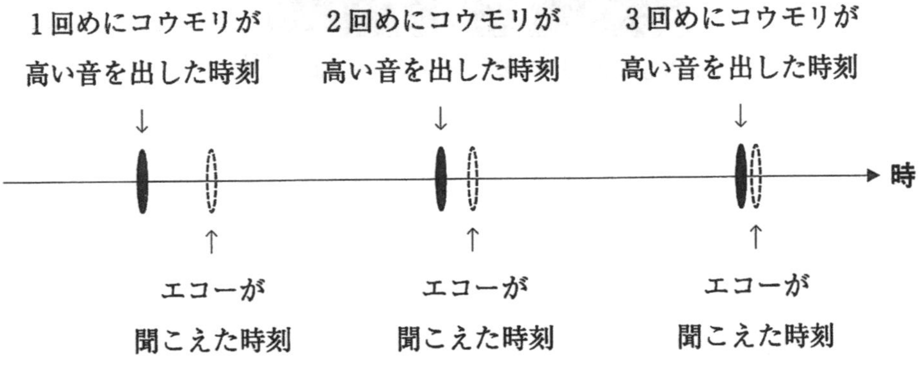

⬮は、コウモリが高い音を出した時刻を示す。

⬯は、えものに当たってはね返ってきたエコーが聞こえた時刻を示す。

問２

> **[資料２]** について、コウモリが高い音を出してからエコーが聞こえるまでの時間と、コウモリとえもののきょりは、それぞれどのように変化していますか。（　ア　）、（　イ　）にあてはまる言葉を答えなさい。
>
> コウモリが高い音を出してからエコーが聞こえるまでの時間が（　ア　）なっている。このことから（　イ　）ことが分かる。

〔あやこ〕　エコーだけでえものの位置が分かるなら、えものはにげられないですね。

〔先　生〕　ただ、ガの仲間であるヒトリガは、コウモリの出す高い音に気づくことができ、コウモリにつかまらないように似たような高い音を出しています。（**[資料３]**、**[資料４]**）

[資料３]　ガの仲間であるヒトリガ

（『いきものログ』環境省《かんきょうしょう》ホームページより転載《てんさい》）

［資料4］コウモリとヒトリガの出す高い音のイメージ図

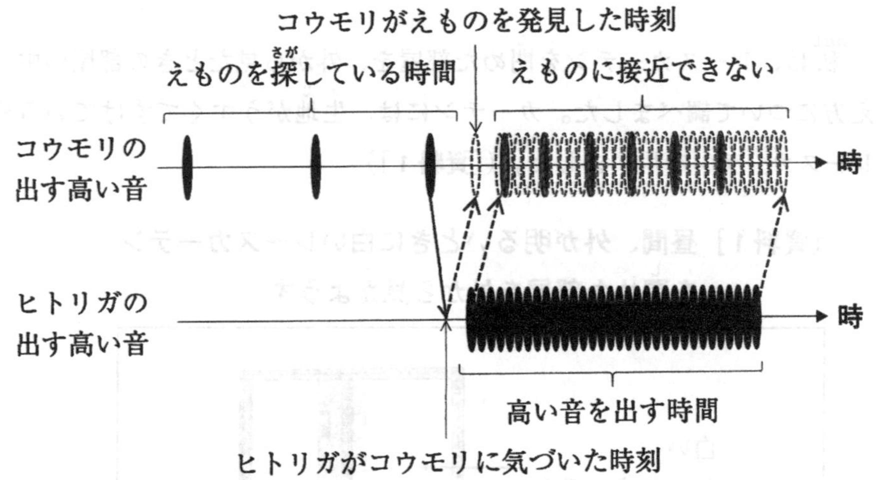

は、コウモリとヒトリガが高い音を出した時刻を示す。

は、ヒトリガに当たってはね返ってきたエコーと、ヒトリガの出した高い音が聞こえた時刻を示す。

コウモリは、エコーとヒトリガの出す高い音の両方を聞くことができるものとする。

（宮武頼夫《みやたけよりお》『昆虫《こんちゅう》の発音によるコミュニケーション』より作成）

問3

次の文章は、コウモリに、ヒトリガの位置が分かりにくくなるしくみについて説明したものです。（　ウ　）にあてはまる文を答えなさい。ただし、文には「ヒトリガ」という言葉を入れなさい。

ヒトリガは、コウモリの出した高い音に気づく。次に、ヒトリガも高い音を出し続ける。ヒトリガが高い音を出したことによって、（　ウ　）ため、コウモリはエコーが聞き取りにくくなる。これによって、ヒトリガの位置が分かりにくくなると考えられる。

〔あやこ〕　コウモリは音を利用して、物体の位置を知ることが分かりました。私《わたし》たちも生物が使う音を利用して、何かできるといいですね。

〔先　生〕　音の利用例はあります。例えば、コウモリの出す高い音を使って、農作物を食べるガを追いはらっています。他には、魚群探知機《ぎょぐんたんちき》という装置《そうち》で、船の底から海中に向けて高い音を出し、エコーから魚の群れを探しています。

3 りなさんが行った自由研究についての会話です。

〔り　な〕 私《わたし》は、レースカーテンを閉《し》めた部屋を、外から見たときの部屋の中の見え方について調べました。カーテンには、生地《きじ》がうすくてすけている白いレースカーテンを用いました。([資料1])

[資料1] 昼間、外が明るいときに白いレースカーテンを閉《し》めた部屋を外から見たようす

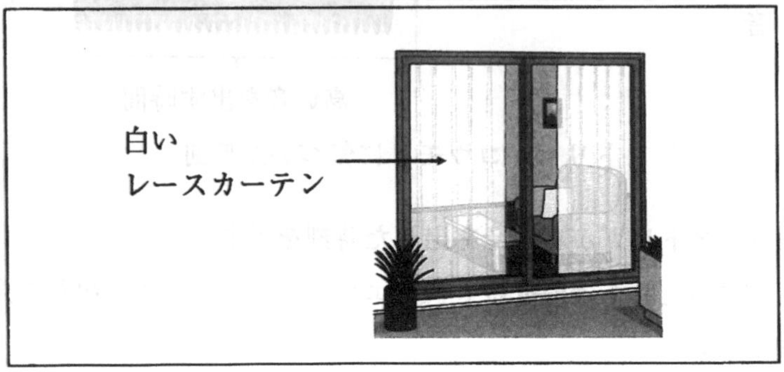

〔先　生〕 どのように調べたのですか。

〔り　な〕 白いレースカーテンを閉めた部屋では、よく晴れた日の昼間は、白いレースカーテンに光が当たって、部屋の外から部屋の中が見えにくくなります。このようすを調べるために、家の模型《もけい》を使って実験を行いました。([資料2]、[資料3])

[資料2] 白いレースカーテンを開けたときの部屋の中の見え方と、閉めたときの部屋の中の見え方を調べる実験

目　的：白いレースカーテンを開けたときと閉めたときの部屋の中の見え方を調べる。

用意する物：家の模《も》型《けい》、白いレースカーテン、小型のライト、大型のライト（小型のライトよりも明るい光を出すライト）、ぬいぐるみ

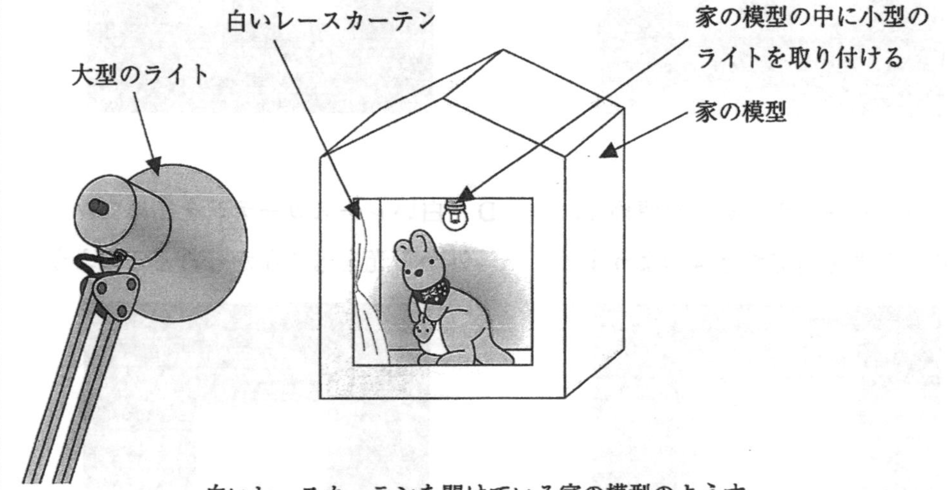

白いレースカーテンを開けている家の模型のようす

方　法

（1） 家の模型の窓《まど》に白いレースカーテンを取り付ける。

（2） 家の模型の中に、小型のライトを取り付け点灯させる。（小型のライトの明るさは、常に同じになるようにする）

（3） 家の模型の中にぬいぐるみを入れる。

（4） 白いレースカーテンを開けて、家の模型の外から大型のライトで窓に光を当てたときと、当てなかったときに、外から家の模型の中の見え方をそれぞれ調べる。

（5） 白いレースカーテンを閉めて、家の模型の外から大型のライトで窓に光を当てたときと、当てなかったときに、外から家の模型の中の見え方をそれぞれ調べる。

[資料3] 外から窓に光を当てたときと、当てなかったときのようす

A　白いレースカーテンを開けて、外から光を当てたときのようす

B　白いレースカーテンを開けて、外から光を当てなかったときのようす

C　白いレースカーテンを閉めて、外から光を当てたときのようす

D　白いレースカーテンを閉めて、外から光を当てなかったときのようす

〔り　な〕 実験の結果について **[資料4]** のようにまとめました。

[資料4] りなさんの実験レポート

実験結果

操作《そうさ》したこと	家の模型の中の見え方	気づいたこと
外から窓に光を当てた。	見えにくかった。	白いレースカーテンが明るく目立ち、ぬいぐるみは見えにくかった。
外から窓に光を当てなかった。	光を当てたときよりも見えやすかった。	白いレースカーテンがあっても、光を当てたときより、ぬいぐるみは見えやすかった。

考えたこと

光を当てたときは、当てなかったときより、白いレースカーテンが光を（　ア　）ので、家の模型の中が（　イ　）なる。

問 1

（1） **[資料3]** のCとDの白いレースカーテンを閉めた部屋の中の見え方を調べる実験では、りなさんが変化させた条件と変化させていない条件があります。変化させた条件を一つ選び、番号で答えなさい。

① 家の模型の中に取り付けた小型のライトの明るさ
② 家の模型の外から窓《まど》に光を当てるか、当てないか
③ 白いレースカーテンがあるか、ないか

（2） **[資料4]** の（　ア　）、（　イ　）にあてはまる言葉を次の語群より選びなさい。

語群　はね返す　はね返さない　見えやすく　見えにくく

〔先　生〕白いレースカーテンの他にも、白いレースカーテンのようなはたらきをするものがあります。白いレースカーテンをはずして、代わりに入浴剤《にゅうよくざい》をまぜた水が入った水そうを窓の外に置いて、[資料2] と同じように実験してみましょう。([資料5]、[資料6])

[資料5] 入浴剤《にゅうよくざい》をまぜた水が入った水そうを使った実験のようす

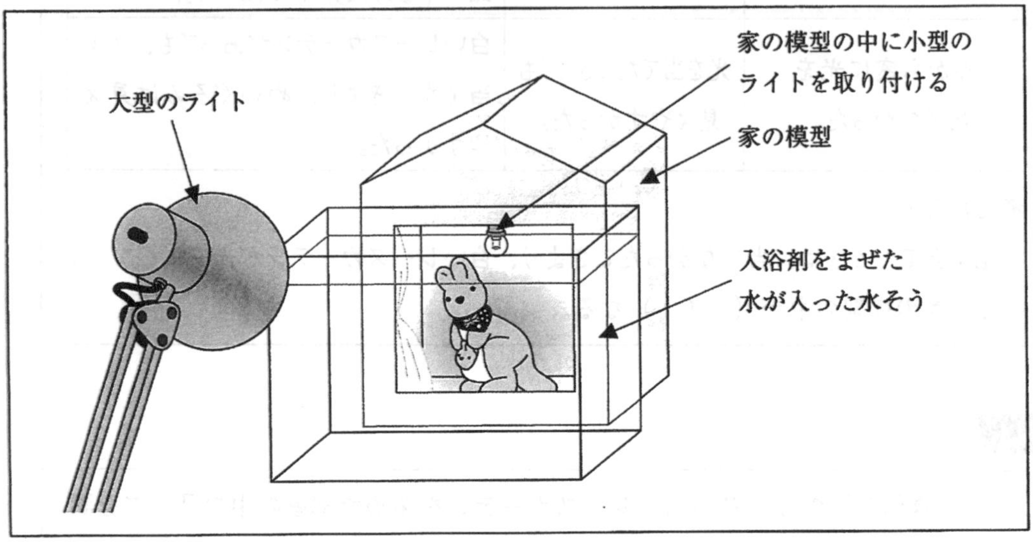

［資料6］ 外から光を当てたときと、当てなかったときのようす

外から光を当てたときのようす

外から光を当てなかったときのようす

〔こうた〕 外から光を当てたときは、家の模型の中のようすが見えにくくなりましたが、光を当てなかったときは、光を当てたときよりも中のようすが見えやすかったです。

問 2

［資料6］の結果から、入浴剤をまぜた水が入った水そうのはたらきは、［資料2］の実験における、何のはたらきと似ていますか。［資料2］の「用意する物」の中から選びなさい。

〔りな〕 白いレースカーテンや入浴剤をまぜた水が入った水そうに外から光を当てると、どちらも家の模型の中のようすが見えにくくなるのですね。

〔こうた〕 白いレースカーテンの代わりに、黒いレースカーテンを使ったら、どうなるのですか。

〔先生〕 それでは、同じように実験してみましょう。

［資料７］ 白いレースカーテンに外から光を当てたときと、黒いレースカーテンに外から光を当てたときのようす

白いレースカーテンを閉めて、外から光を当てたときのようす

黒いレースカーテンを閉めて、外から光を当てたときのようす

〔こうた〕 黒いレースカーテンにすると、外から光を当てても白いレースカーテンのときよりも、家の模型の中がよく見えますね。

問３

［資料７］の実験のように、レースカーテンの色が白色と黒色という色のちがいだけで、家の模型の中のようすの見え方がちがうことを明らかにするためには、黒いレースカーテンを用意するときに、どのようなことに気をつければよいですか。気をつけることを一つ書きなさい。

平成三十年度

適性検査1

千代田区立九段中等教育学校

注意

1　検査開始の指示があるまで問題用紙を開いてはいけません。

2　検査時間は四十五分間で、終わりは午前九時四十五分です。

3　問題は 一 問1 から 問5
　　　　 二 問1 から 問5

4　問題用紙は1ページから8ページまであります。
　検査開始の指示後、すぐにページがそろっているかを確認《かくにん》しなさい。

5　解答用紙は二枚《まい》あります。

6　受検番号をそれぞれの解答用紙の決められた場所に記入しなさい。

7　解答はすべて解答用紙に記入し、解答用紙のみ二枚とも提出しなさい。

一　次の詩とその解説文を読んで、後の問いに答えなさい。
（＊印のついている言葉には、本文の後に［注］があります。）

手紙に添《そ》えて

高村《たかむら》光《こう》太郎《たろう》

どうして蜜柑《みかん》は知らぬまに蜜柑なのでしょう
どうして蜜柑の実がひっそりとつつましく
中にかわいい①部屋を揃《そろ》えているのでしょう
どうして蜜柑は葡萄《ぶどう》でなく
葡萄は蜜柑でないのでしょう
②世界は不思議に満ちた精密《せいみつ》機械の仕事場
あなたの足は*未見の美を踏《ふ》まずには歩けません
何も生きる意味の無い時でさえ
この美はあなたを引きとめるでしょう
たった一度何かを新しく見てください
あなたの心に美がのりうつると
あなたの眼《め》は時間の裏空間《うらくうかん》の外をも見ます
どんなに切なく辛《つら》く悲しい日にも
この美はあなたの味方になります
③仮《か》りの身がしんじつの身に変《かわ》ります
*チルチルはダイヤモンドを廻《まわ》します
あなたの内部のボタンをちょっと押《お》して
④もう一度その蜜柑をよく見て下さい

人間だけが持つもの

自然の美というものは、季節やその折々にしたがって、最もふさわしいものをつくりだしてくれます。これは本当にふしぎなことです。でも、ふしぎだと思える心がなかったら、科学や芸術は、今日のように発展《はってん》することはなかったでしょう。

「世界は不思議に満ちた精密機械の仕事場」―このことばは、詩人、そして彫刻家《ちょうこくか》としての光太郎自身の発見です。しかし、大切なことは、このような感覚は光太郎だけのものではないということ。実は誰《だれ》しもが持っているのです。ただ、その感覚とまなざしを養うためには、少しばかり物事の見方を変えることが必要です。〈ものを見る〉ということは、ただ見るだけでは何も見えてきません。〈なぜ?〉という鍵《かぎ》、光太郎がいうところの「内部のボタン」が必要なのです。〈なぜ?〉をつきつめていく途中《とちゅう》で、必ず、はっと気がつくことがあります。考える力を持っているのは人間だけですから、いくらでも考えることができます。と同時に〈わかった!〉と思う瞬間《しゅんかん》もあります。その時のうれしさ、それこそが、私《わたし》たちが人として生まれたことを感謝する瞬間でもあるのです。

目の前にあるものが、たった一つの蜜柑でも、その中には、無限に広がる美が隠《かく》されています。そしてそのようなことを感じられる力があれば、きっと人生は、もっと深く、豊かなものになるのです。

（萩原昌好《はぎわらまさよし》　編「日本語を味わう名詩入門　高村光太郎」問題のため一部改編）

［注］

＊未見・・・まだ見ていないこと。

＊チルチル・・・ベルギーの詩人メーテルリンクの童話『青い鳥』に登場する兄妹《きょうだい》の兄の名前。チルチルがダイヤモンドをまわすと、日常が非日常の世界へと変わり、それまで見えなかったものが見えるようになる。

問1 ①部屋　とありますが、何を「部屋」にたとえているか六字以内で答えなさい。

問2 ②世界は不思議に満ちた精密機械の仕事場　とありますが、どのようなことをいっているのですか。それを説明した次の文の空らん ア に入る適切な五字以内の言葉を解説文の中から探《さが》して答えなさい。

> 世界は、小さく見落としがちな ア に囲まれているということ。

問3 ③仮りの身がしんじつの身に変ります　とありますが、（1）どのような状態が、（2）どのような状態に変わることをいっているのか答えなさい。（1）と（2）をそれぞれ「～状態」で終わるように答えなさい。

問4 ④もう一度その蜜柑をよく見て下さい　とありますが、この後に続く一文を、詩の内容をふまえて、自分で考えて四十字以内で書きなさい。

問5 詩とその解説文をふまえて、身近な「自然の美」から考えたことを、あなたの体験を交えて次の条件にしたがって書きなさい。

条件　書き出しは一ます目から書き始めなさい。
　　　また、文章は、五十字以上六十字以内で書きなさい。
　　　、や。や「　なども一字と数えます。

このページには問題は印刷されていません。

二　次の文章A・Bは光嶋裕介《こうしまゆうすけ》さんという建築家が書いた文章です。これを読んで、後の問いに答えなさい。
（*印がついている言葉には、本文の後に［注］があります。）

Aの文章

何かを生み出す時のスタンスは、なにも建築を設計する時だけのことではなく、*ドローイングを描《か》いている時も、同じように思います。僕《ぼく》が今までの人生で見てきたありとあらゆるビジュアル情報が自分の中にストックされていて、そこから無意識的に、*パッチワークのように選択《せんたく》しながら①描かされているように思うことがあるのです。

自分の中にある②大きな地下室に入って、壁《かべ》一面の膨大《ぼうだい》な棚《たな》にぎっしりと過去に経験したビジュアル情報の断片《だんぺん》の中から、手《て》探《さぐ》りしながらペンを走らせます。そのとき、やはり、深く集中して没頭《ぼっとう》していると、ペンと指が同化しているように感じるのです。自分の身体と握《にぎ》っているペンとの境界線が曖昧《あいまい》になると言ってもいいかもしれません。それこそが、自分のその日の調子を測るバロメーターになっています。

文章を書いている時も、そう。自分自身で書いているのに、僕が今まで読んできたいろいろな本の影響《えいきょう》が入ってきているように感じます。先人たちによって心を揺《ゆ》さぶられた言葉が、自分の中の記憶《きおく》の奥底《おくそこ》に染《し》み込《こ》んでいて、それらが変容しながら再度生み出されていくような感覚。逆に言ったら、まったくのゼロからの創造《そうぞう》などありえない、と言っても過言ではありません。

［ア］と［イ］という行為《こうい》は、コインの裏表《うらおもて》のように強く*相関しています。気持ち良く文章を書いている時は、そうした先人たちによってどこか書かされているという感覚が芽生えてくるのも、とても自然なことのように思えてきます。自分というフィルターをただ通っていく感じでしょうか。

設計の仕事は、集団的創造力によるため、*クライアントをはじめ、職人たちとの対話から生まれるのに対して、文章や絵は一人で行う孤独《こどく》な作業。ただ、一人でやる行為であったとしても、それは、自分と対話しているのです。つまり、*モノローグとして創作しています。

そこから多くの着想が立ち上がり、ドローイングとなって、あるいは文章となって、表れます。一人だからこそ生まれ得るのです。自分の中にあったものが、熟成《じゅくせい》し、*咀嚼《そしゃく》されて形を変えてゆっくり表れるのです。しかし、頭で考え過ぎると、やはり描く線も、書く文章も、どこか*作為《さくい》的になってしまうことがある。だから、なるべく創作時は、考えるというより、感じることを優位《ゆうい》につくるようにしています。

そして、自分の奥深くから湧《わ》き上《あ》がり、通過していったものの声に耳を澄《す》ませることができるようになると、はじめて自分の線、自分の言葉というものが少しずつ獲得《かくとく》されるのではないでしょうか。

Bの文章

さまざまな経験を通して、私《わたし》たちは「自分の地図」を描き続けていると思うのです。

知識として手に入れたものも、体験として感動したことも含《ふく》めて、自分という人間をつくりあげているありとあらゆるものが、この地図に描き込まれていく。若《わか》い時は、自分の自我《じが》や人格が不透明《ふとうめい》で、地図の情報量が少なかったこともあり、世界の見え方が曖昧だったり、ものごとの的確な判断ができなかったり、ことの本質を見抜《みぬ》くことが困難《こんなん》だったりします。

しかし、本を読んで*感銘《かんめい》を受けた思想や、美術館で心を鷲掴《わしづか》みにされた美しい絵画との出会い、時間を忘《わす》れるようにして聴《き》き込んだ音楽、あるいは友達とのちょっとした会話から得た着想や、日常の何気ない風景など、日々体験したものがぎっしりとこの地図に描かれていくのです。すると、いかに多くの他人によって今の自分があるか、ということに気付かされます。そうした自分を成り立たせてくれている多くの人とのご縁《えん》に対して*畏敬《いけい》の念を抱《いだ》くようになりました。

生きていることが、生かされていると感じると言ったらいささか大袈裟《おおげさ》かもしれませんが、要するに、自分の中に*緻密《ちみつ》な地図をつくるということは、多くの他人からバトンを受け取っていることの自覚が芽生えるということだと思うのです。自分の雪だるまは、今まで通ってきた雪の何がしかを身につけて、こうして大きくなった。必要な情報が必要な情報とリンク*して、総体としての自分が見えてくるようになります。

はじめて訪《おとず》れる街のことを想像してみてください。きっと知らないことばかりでしょう。しかし、地図を持って、その街を歩きながら建物の情報や街の雰囲気《ふんいき》を収集《しゅうしゅう》していくと、その地図を介《かい》して街への理解がグンと深まります。そのとき、地図に書いてあるどの情報が自分にとって大切な情報であるかを嗅《か》ぎ分《わ》ける必要があります。地図がその存在意義《そんざいいぎ》をもっとも発《はっ》揮《き》するのは、ある目的をもってその地図を利用するときなのです。

だから、自分の知らない世界に手を伸《の》ばし、新しい扉《とびら》を開いて、③新しい自分を発見し続けるためにも、自分の地図を ウ 必要があります。明確な意志をもって描いていくのです。

（光嶋裕介「建築という対話」ちくまプリマー新書
問題のため一部改編）

［注］

＊ドローイング・・・作者の着想を絵画にしたもの。

＊パッチワーク・・・色や大きさのさまざまな布をつぎ合わせて、変化に富む模様《もよう》を作り出す手芸。また、その作品。

＊相関・・・密接《みっせつ》にかかわりあっていること。

＊クライアント・・・客、依頼主《いらいぬし》。

＊モノローグ・・・独り言。

＊咀嚼《そしゃく》・・・よく考えること。

＊作為《さくい》的・・・不自然さが目立つこと。

＊感銘《かんめい》・・・深く感じること。

＊畏敬《いけい》の念・・・身が引《ひ》き締《し》まるように敬《うやま》うこと。

＊緻密《ちみつ》・・・細かく詳《くわ》しいこと。

＊リンク・・・つながり、つながること。

問1 ①描かされているように思う とありますが、「誰《だれ》に（何に）」描かされていると筆者は感じているのか。解答らんの書き出しに合わせて八字以上十二字以内で答えなさい。

問2 ②大きな地下室に入って とありますが、筆者はなぜ「地下室」に入るのですか。その理由を**Aの文章**から五字で探《さが》し、「するため」に続くように答えなさい。

問3 本文中の空らん ア と イ に当てはまる適切な言葉をそれぞれ答えなさい。

問4 ③新しい自分を発見し続けるためにも 筆者はどのようにするべきだと述べていると考えますか。後に続く空らん ウ に六字以上十字以内で適切な言葉を当てはめて、文を完成させなさい。

問5 **Bの文章**の中に 多くの他人からバトンを受け取っていること とありますが、本文中で筆者は「バトンを受け取る」についてどのように考えていますか。また、あなたはそれをふまえて「バトンを受け取る」ことについてどのように考えますか。次の条件にしたがって書きなさい。

条件1 段落《だんらく》構成については、次の①から③にしたがうこと。

① 二段落構成で、内容のまとまりやつながりを考えて書きなさい。

② 第一段落では、本文中で筆者が考える「バトンを受け取ること」について、説明しなさい。

③ 第二段落では、自らの体験や見聞きしたことをふまえながら書きなさい。

条件2 解答は原稿《げんこう》用紙の正しい使い方で書き、書き出しは一ます空けて書き始めなさい。また、文章は、二百字以上二百四十字以内で書きなさい。

、や。や「 なども一字と数え、改行などで空いたますも字数に数えます。

適性検査2

注　　意

1　検査開始の指示があるまで問題用紙を開いてはいけません。

2　検査時間は45分間で、終わりは午前11時00分です。

3　問題は　1　問1 から 問4

　　　　　2　問1 から 問3

　　　　　3　問1 から 問3 まであります。

4　問題用紙は1ページから15ページまであります。検査開始の指示後、すぐにページがそろっているかを確認《かくにん》しなさい。

5　解答用紙は2枚《まい》あります。

6　受検番号をそれぞれの解答用紙の決められた場所に記入しなさい。

7　解答はすべて解答用紙に記入し、解答用紙のみ2枚とも提出しなさい。

8　定規とコンパスは、机《つくえ》の上に置きなさい。

1 さぶろうくんと先生が沖縄県《おきなわけん》の野生動物について会話をしています。

〔さぶろう〕 絶滅《ぜつめつ》の危機《きき》にさらされているヤンバルクイナについて調べていると、鳴き声を使った興味深い調査方法を見つけました。

〔先　生〕 ヤンバルクイナの鳴き声をスピーカーで流し、それに応答してくる野生のヤンバルクイナがその区域《くいき》にいるかどうかを確認《かくにん》する調査方法ですね。これをプレイバック法といいます。（**[資料1]**）

[資料1] プレイバック法

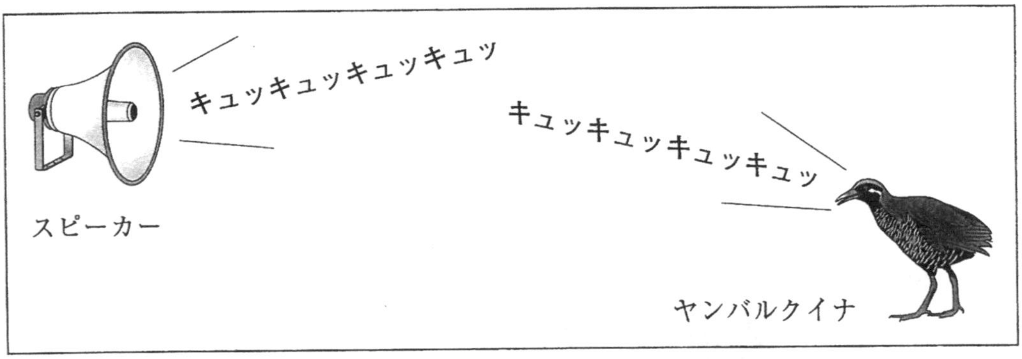

〔さぶろう〕 その結果が次のような沖縄県の地図で表されていました。昭和60（1985）年の結果（**[資料2]**）と、平成19（2007）年の結果（**[資料3]**）です。両方の地図にマス目がたくさんありますね。これは何ですか。

[資料2] 昭和60（1985）年の結果

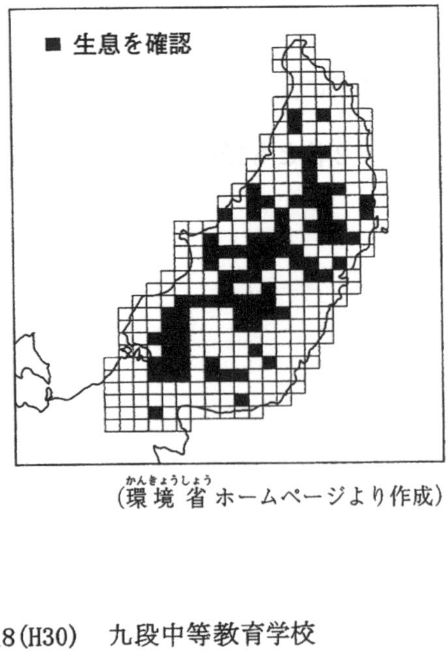

（環境省《かんきょうしょう》ホームページより作成）

[資料3] 平成19（2007）年の結果

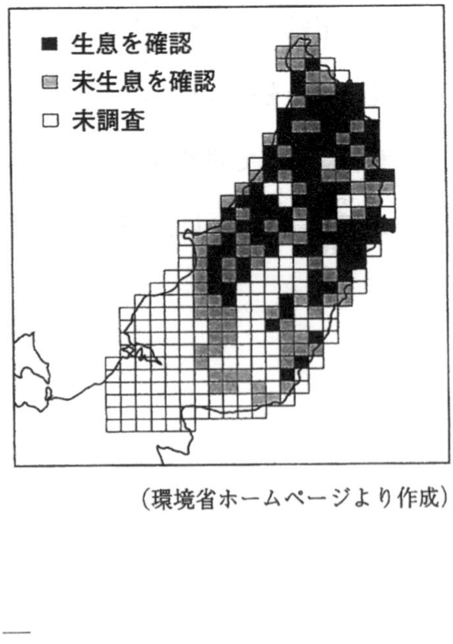

（環境省ホームページより作成）

〔先　生〕 調査する範囲《はんい》が広いため、一定の範囲で区切って調査しているのです。各範囲に調査する人を配置し、放送用スピーカーで鳴き声を一斉《いっせい》に流した結果です。

問1

［資料3］ の結果から、黒色（■）、灰色《はいいろ》（▨）、白色（□）の全てのマス目は340個、そのうち黒色のマス目は102個、灰色のマス目は88個、白色のマス目は150個ということが分かりました。調査したマス目のうち、ヤンバルクイナが生息していることが確認されたマス目の割合《わりあい》は調査した範囲の何％ですか。小数第4位を四捨五入《ししゃごにゅう》して求め、百分率で表しなさい。

〔さぶろう〕 1985年の結果と2007年の結果を比較《ひかく》すると、1985年の黒いマス目の数（90個）よりも2007年の黒いマス目の数の方が多くなっています。ヤンバルクイナの数は増えているのですか。

〔先　生〕 **［資料2］** の1985年の結果だけでは判断できませんね。情報が不足しています。**［資料2］** と **［資料3］** を比較することができません。

問2

先生はなぜ **［資料2］** だけの情報では判断できなかったのですか。**［資料2］** と **［資料3］** のマス目の色のちがいに注目して、次の［　ア　］および［　イ　］にあてはまる言葉を入れ、説明しなさい。

［資料2］ の白色のマス目が［　ア　］か［　イ　］かが示されていないため。

〔先　生〕 次の **［資料4］** は、調査をした年の、ヤンバルクイナが生息している場所と生息していない場所の境界線を大まかに引いたものです。また、**［資料5］** は、平成15（2003）年にマングースを捕獲《ほかく》するために仕かけたわなの場所（◍）と、捕獲できた場所（●）を示しています。マングースは、毒ヘビであるハブの天敵と考えられており、ヤンバルクイナのような鳥やこん虫、さらには果実なども食べる雑食性《ざっしょくせい》のほ乳類《にゅうるい》です。（**［資料6］**）

［資料４］ヤンバルクイナの生息場所の変化

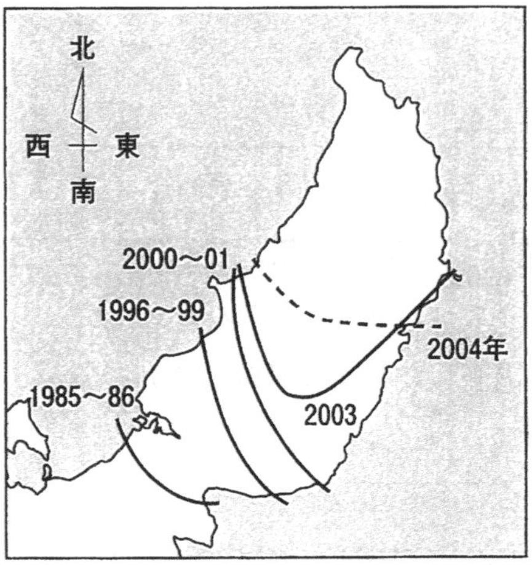

（環境省ホームページより作成）

［資料５］平成 15（2003）年のマングースの捕獲場所

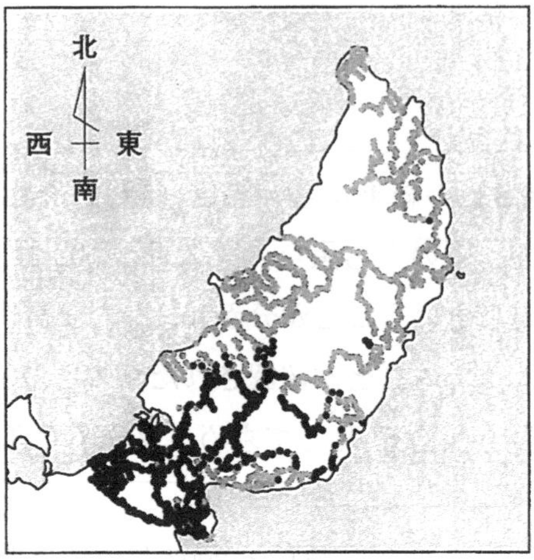

（環境省ホームページより作成）

［資料６］マングース

（環境省ホームページより作成）

問３

［資料４］と［資料５］から、ヤンバルクイナとマングースの関係についてどのようなことが分かりますか。会話文もふまえ、あなたの考えを書きなさい。

〔さぶろう〕　マングースはハブのみではなく、農作物に被害《ひがい》を出すネズミを追《お》い払《はら》うためにも沖縄県へ持《も》ち込《こ》まれた生き物であると聞きました。しかし、そのことで多くの生き物同士の関わり合いが崩《くず》れたと聞いています。

〔先　生〕　もともといる生き物や、持ち込みを検討《けんとう》している生き物の性質を理解していれば、生態系《せいたいけい》のバランスを崩すことはなかったものと考えられます。次の［資料７］のグラフを見て考えられるのは、ネズミを追い払うことにマングースは役に立たなかったのではないかということです。

［資料7］ 生物が*各時間帯に出現した割合

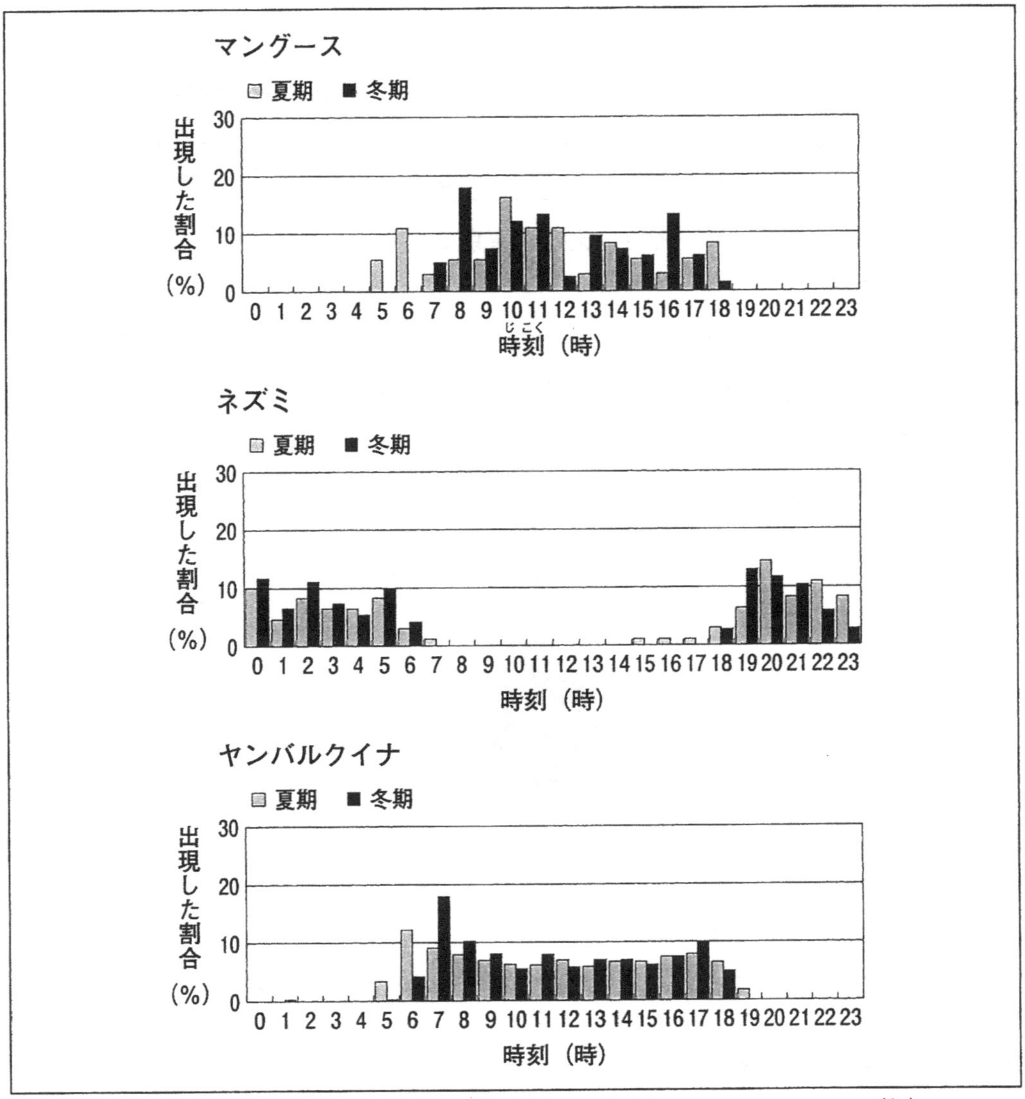

（平成 19（2007）年度日本鳥学会大会 会誌《かいし》より作成）

＊各時間帯に出現した割合…1 時間あたりの出現回数 ÷ 1 日の出現回数の合計 × 100

問 4

［資料7］のグラフから、沖縄県ではネズミを追い払うことにマングースは役に立たなかったのではないかと考えられる理由を答えなさい。

2 りなさんと先生が、会話をしています。

〔先　生〕 2020年の東京オリンピック・パラリンピック競技大会の開催《かいさい》が近づいてきましたね。平成30（2018）年の2月には、大韓民国《だいかんみんこく》で、冬季の平昌《ピョンチャン》オリンピック・パラリンピック競技大会が開催されます。

〔り　な〕 今から楽しみです。そういえば、東京でも最近寒い日が続いて、雪が降《ふ》りそうです。

〔先　生〕 東京ではあまり雪が降らないので、雪の結晶《けっしょう》がどのようになっているかを見たり、考えたりしたことがないかもしれませんね。**［資料1］**にある雪の結晶を見てみると、左右対称《たいしょう》になっていて、形の同じ図形が規則的に並《なら》んでいるのが分かります。

［資料1］雪の結晶の形

〔り　な〕 自然の世界でこのようなきれいに整ったものが作り出されていると考えると、おもしろいですね。

〔先　生〕 これに関連して次のことを考えてみましょう。（**［資料2］**）

［資料2］直線に対する操作《そうさ》

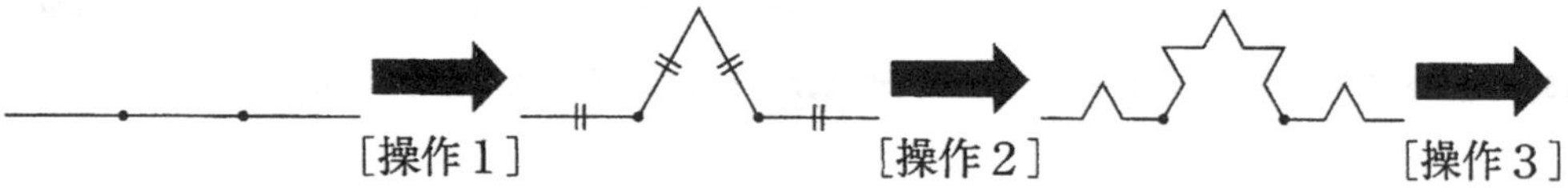

［操作1］ 図の直線の長さを3等分し、中央部分の直線を1辺とする正三角形をかき、中央部分の直線を消す。

［操作2］ ［操作1］によってできた図形のすべての直線に対して、［操作1］と同じ操作を行う。

［操作3］ ［操作2］によってできた図形のすべての直線に対して、［操作1］と同じ操作を行う。

〔先　生〕 ここで、長さが9cmの直線を考えてみましょう。この直線に対して**［資料2］**の操作を行います。

［資料3］長さが9cmの直線

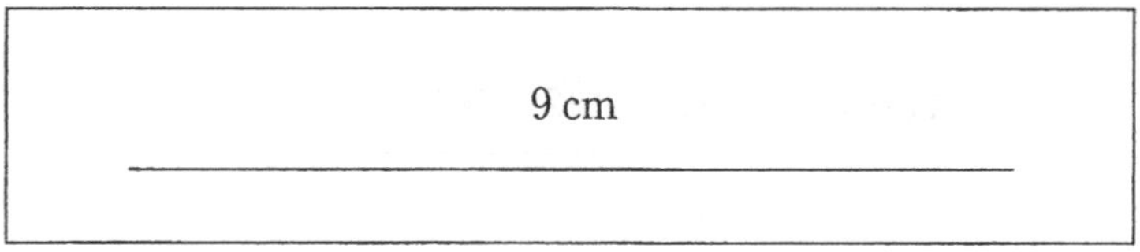

問1

長さが9cmの直線に対して、［操作1］から［操作3］まで行ったとき、完成した図形の長さは何cmになりますか、分数で答えなさい。なお、考え方や計算の途《と》中《ちゅう》の式をすべて書きなさい。

〔先　生〕 この操作を正三角形の各辺に対して行ったときに、どのような図形になるのかを考えてみましょう。各辺に対して［操作2］までを行うと、次の**［資料4］**のようになります。

［資料4］正三角形の各辺に対して操作を行ったときの図

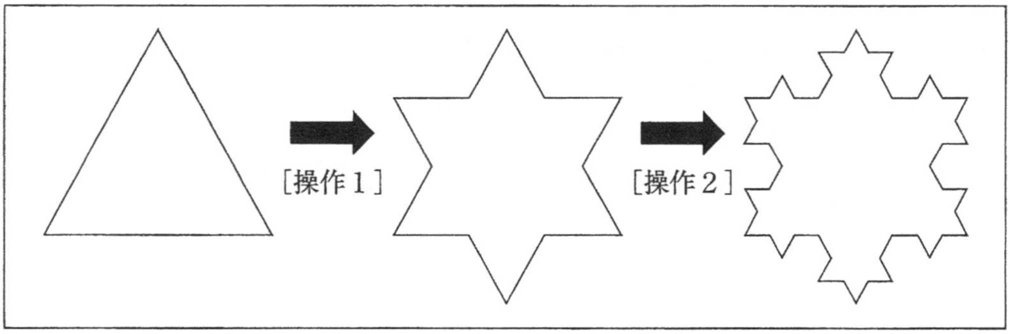

問2

面積が2430 cm^2 の正三角形の各辺に対して、［操作2］までを行ったときの図形の面積を、**［資料4］**を参考にして答えなさい。なお、考え方や計算の途中の式をすべて書きなさい。

〔先　生〕 このように、１つの図形の中に、同じ図形がたくさんふくまれているものは、植物や海岸線など自然の中にあることが知られています。

規則性を考えることで、おもしろい性質が分かるのは図形だけではなく、身近にある数字にもたくさんあります。（**[資料５]**）

[資料５] 分数を小数に直したもの

① $\frac{1}{3} = 0.333333\cdots$

② $\frac{4}{33} = 0.121212\cdots$

〔先　生〕 分数を小数に直したときに、割《わ》り切《き》れないものには、小数点以下の数字の並び方に規則があります。

〔り　な〕 ①は「３」、②は「12」がくり返し出てきます。

〔先　生〕 いいところに気がつきましたね。このような小数を循環小数《じゅんかんしょうすう》といいます。また、くり返される最短の数字の並びを循環節《じゅんかんせつ》といいます。①の循環節は「３」、②は「12」となります。

〔り　な〕 循環小数「0.12341234…」の循環節は「1234」になりますか。

〔先　生〕 そのとおりです。では、循環節に注目して次の循環小数を考えてみましょう。（**[資料６]**、**[資料７]**）

[資料６] １を７で割ったときの筆算

```
     0.1 4 2 8 5 7 1
  7)(1.0)
     7
     3 0
     2 8
       2 0
       1 4
         6 0
         5 6
           4 0
           3 5
             5 0
             4 9
              (1 0)
                 7
```

[資料７] 分母が７の分数を小数に直したもの

③ $\frac{1}{7} = 0.1428571428571\cdots$

④ $\frac{2}{7} = 0.2857142857142\cdots$

⑤ $\frac{3}{7} = 0.4285714285714\cdots$

〔先　生〕 **［資料6］**は、$\frac{1}{7}$を小数に直すために筆算を行ったものです。丸印（○）がついているところに注目すると、商の小数点以下の数字の並びは「142857」がくり返されることが分かります。

〔り　な〕 **［資料7］**の循環節はどのようになっていますか。

〔先　生〕 ③の循環節は「142857」、④は「285714」、⑤は「428571」です。

〔り　な〕 分母が7の分数を小数に直したときの循環節には、きまりがありそうですね。

問3

（1） $\frac{6}{7}$を小数に直すと循環小数になります。この循環小数の循環節を答えなさい。

（2） $\frac{6}{7}$を小数に直し、小数点以下の各位の数字を足して2018になるのは、小数第1位から小数第何位までの数字を足したときか答えなさい。なお、計算のしかたを参考にし、考え方や計算の途中の式を書きなさい。

計算のしかた　小数「0.123」であれば、「1＋2＋3＝6」と計算します。また、小数「0.123123」であれば、「1＋2＋3＋1＋2＋3＝12」と計算します。

3 先生とおさむさんが折り紙について話をしています。

〔おさむ〕 折り紙は、昔から日本で親しまれていますね。

〔先　生〕 伝承折り紙といって、江戸《えど》時代から知られている作品がたくさんあります。

〔おさむ〕 例えば、どのようなものがあるのですか。

〔先　生〕 **[資料1]** のような「飾《かざ》り箱《ばこ》」や **[資料2]** のような「折《お》り鶴《づる》」などがあります。

〔おさむ〕 折り鶴は、私《わたし》も作ったことがあります。

[資料1] 飾り箱

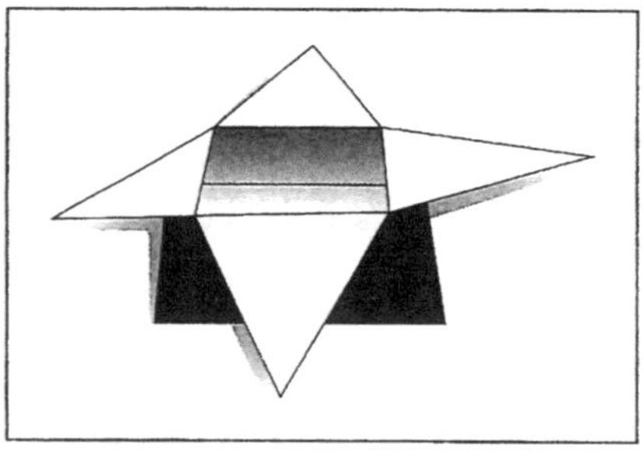

[資料2] 折り鶴

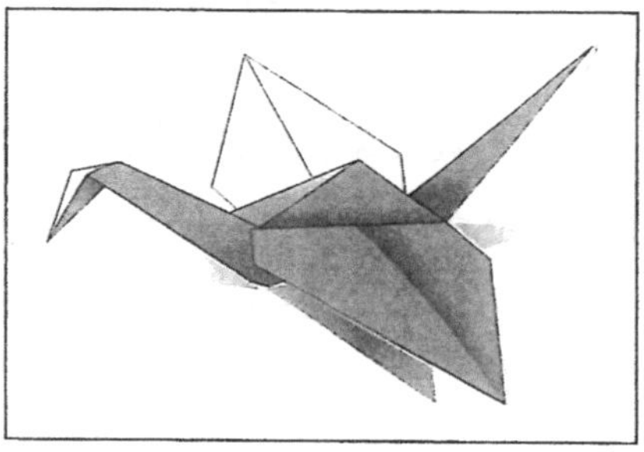

〔先　生〕 **[資料3]** は、折り鶴の作り方の一部を表しています。折り鶴を作るときには正方形の折り紙を使います。

[資料3] 折り鶴の作り方の一部

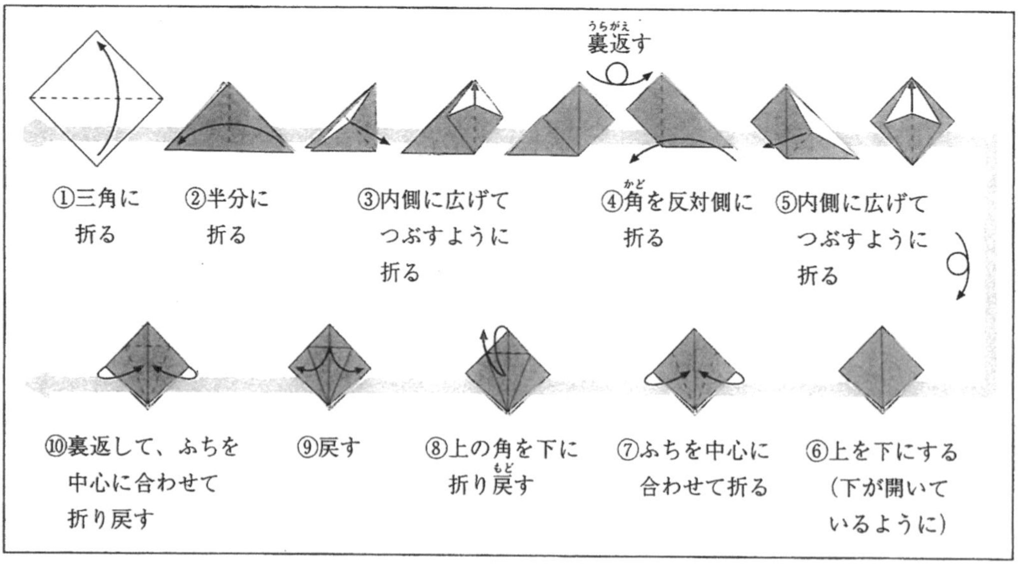
裏返《うらがえ》す
①三角に折る
②半分に折る
③内側に広げてつぶすように折る
④角《かど》を反対側に折る
⑤内側に広げてつぶすように折る
⑩裏返して、ふちを中心に合わせて折り戻す
⑨戻す
⑧上の角を下に折り戻《もど》す
⑦ふちを中心に合わせて折る
⑥上を下にする（下が開いているように）

〔おさむ〕 ⑩まで折った折り紙を開くと、**[資料4]** のようになりました。三角形や四角形がたくさんありますね。

[資料4] ⑩まで折ったときの折り紙の展開《てんかい》図《ず》

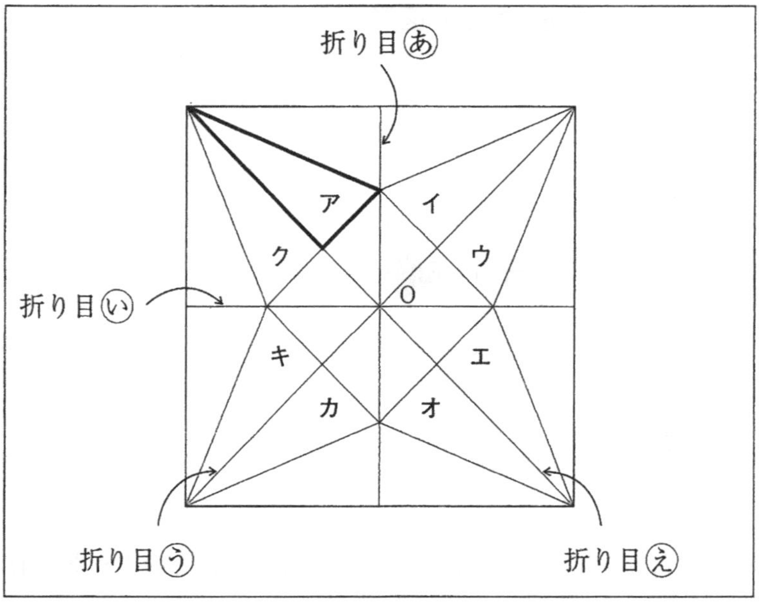

〔先　生〕 折り鶴を作るときには辺と辺を重ねて折ることが多いので、展開図には同じ形をした図形がたくさんあります。

〔おさむ〕 対称《たいしょう》な図形や合同な図形というのを学校で習いました。

〔先　生〕 **[資料4]** で、折り目(あ)を対称の軸《じく》と考えると、太線で囲まれた三角形**ア**と三角形**イ**はぴったりと重なるので、三角形**ア**と**イ**は線対称な図形です。

〔おさむ〕 他にも対称な図形はあるのでしょうか。

問1

[資料4] において、三角形**ア**～**ク**はすべて合同な三角形です。

（1） 点Oを対称の中心として、三角形**ア**と点対称な三角形を**イ**～**ク**の中から選びなさい。

（2） 折り目(い)、(う)、(え)を対称の軸として、三角形**ア**と線対称な三角形を**ウ**～**ク**の中からすべて選びなさい。

〔おさむ〕　折り目に注目をすると、たくさん図形がかくれているのですね。

〔先　生〕　**[資料5]** は、折り紙から4つの三角形**ケ**、**コ**、**サ**、**シ**を切り取った図形を表しています。

[資料5]　4つの三角形を切り取った図形

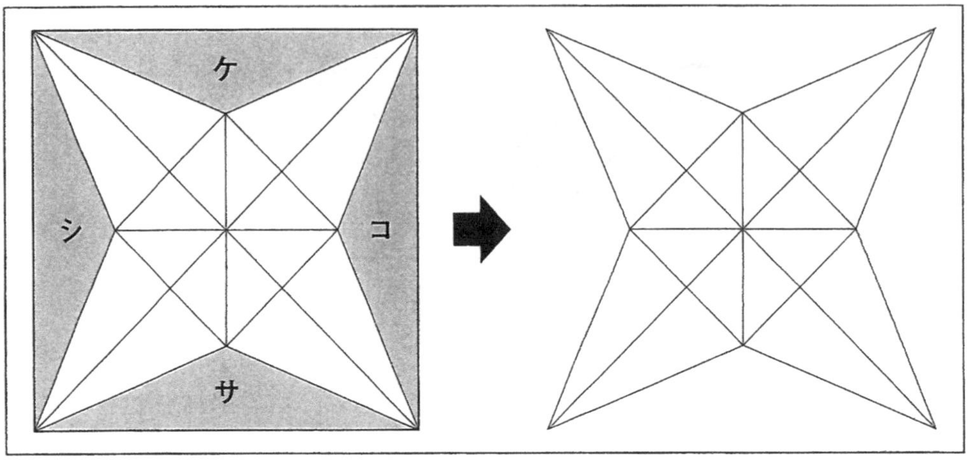

〔おさむ〕　4つの三角形を切り取った図形を組み立てると、どのような図形ができますか。

〔先　生〕　**[資料6]** のような立体が完成しました。

[資料6]　[資料5]の図形を組み立てた立体

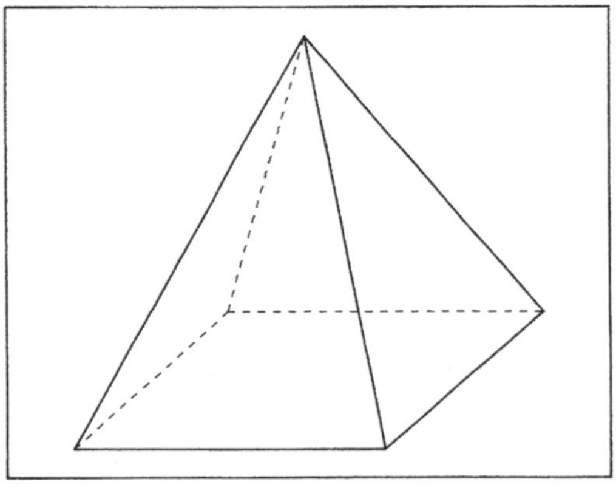

〔おさむ〕　この立体の名前は何ですか。

〔先　生〕　「正四角すい」といいます。**[資料7]** のような立体を「すい体」といいます。

［資料7］すい体

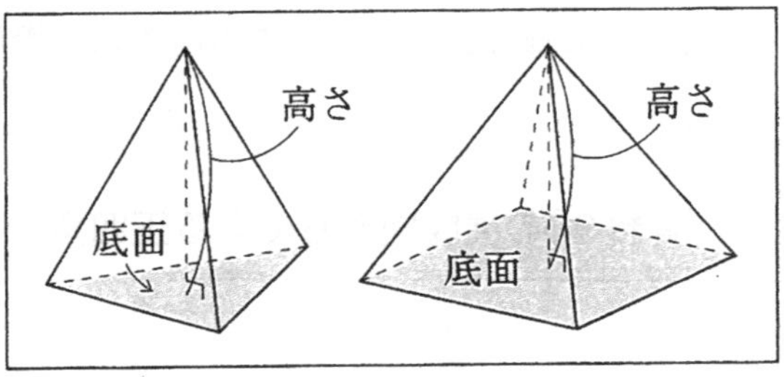

〔おさむ〕 正四角すいは、すい体の一つなのですね。

〔先　生〕 底面が正方形であることから正四角すいといいます。

〔おさむ〕 三角柱や四角柱の体積を求めるには、底面の面積と高さが必要です。すい体の体積はどのように求めるのですか。

〔先　生〕 すい体の体積は、「**底面の面積×高さ÷3**」で求められることが知られています。

〔おさむ〕 三角柱や四角柱の体積を求める計算をして、3で割《わ》ればよいのですね。

〔先　生〕 では、**［資料8］**の展開図からできる正四角すいの体積を求めてみましょう。正方形の4つの頂点《ちょうてん》をA、各辺を2等分する点を結んだ直線(あ)と直線(い)の交わる点をO、直線(あ)と直線(い)の長さをそれぞれ4等分する点をB、C、D、Eとします。

［資料8］正四角すいの展開図

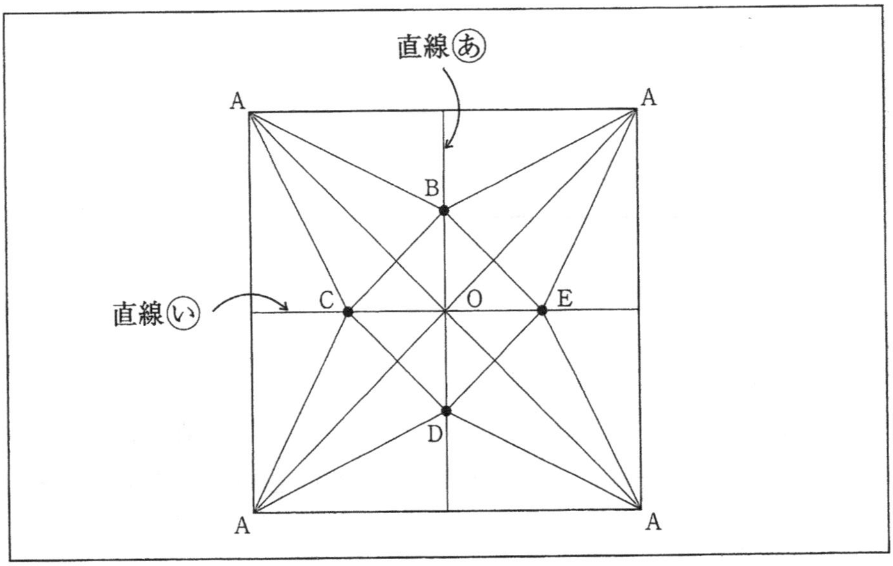

〔先　生〕［**資料8**］を折って組み立てると、［**資料9**］の立体になります。この立体の高さはAからOまでの直線の長さです。この高さは［**資料8**］の展開図から求めることができます。

［資料9］　［資料8］の展開図からできる正四角すい

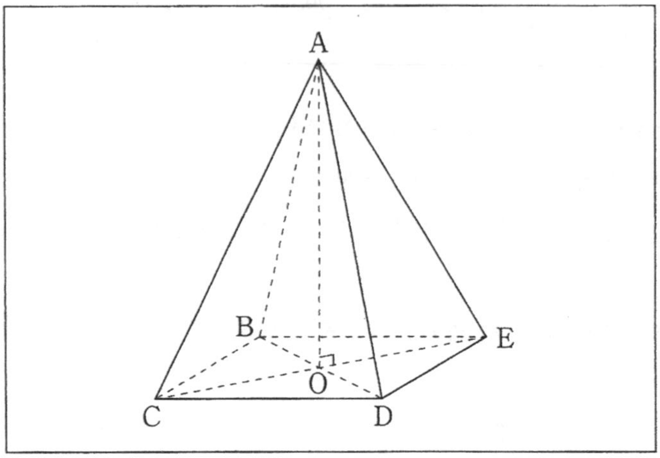

問2

（1）［**資料9**］の正四角すいの高さは［**資料8**］の展開図のどの部分にあたりますか。線の引き方 にならって解答用紙の点線で示された図に、1か所だけ実線を引いて答えなさい。

線の引き方

点線部分を実線にする

点線

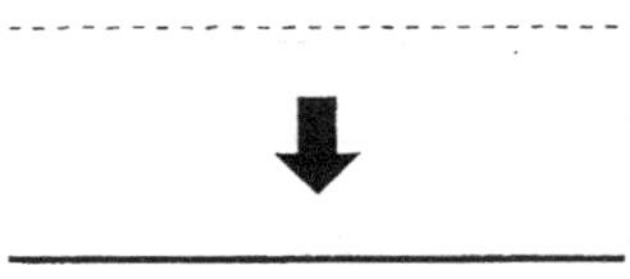

実線

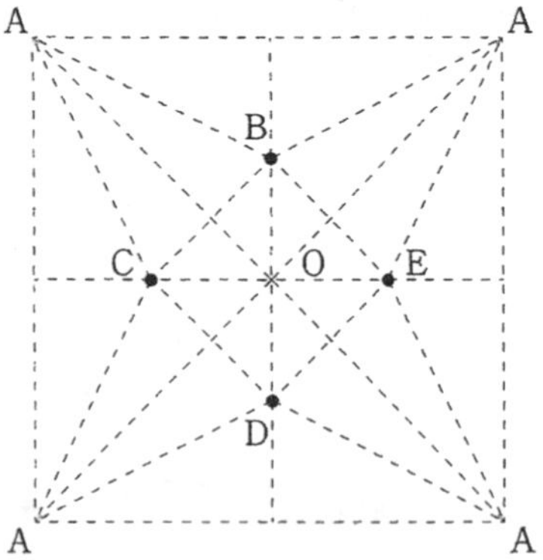

（2）［**資料8**］の折り紙の1辺の長さが8cmであるとき、［**資料9**］の正四角すいの体積を求めなさい。なお、考え方や計算の途《と》中《ちゅう》の式をすべて書きなさい。

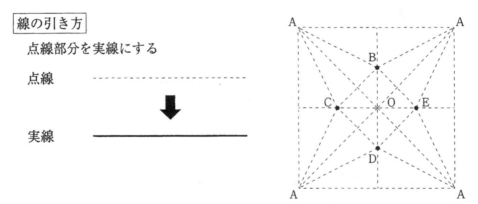

〔先　生〕 折り紙と図形の関係は、他にもあります。表が白で裏が赤の正方形の折り紙の左下の頂点をＰとして、**［資料１０］**のように頂点Ｐを折り返し、赤い部分の図形を見てみましょう。

［資料１０］赤い部分の図形と頂点Ｐの位置

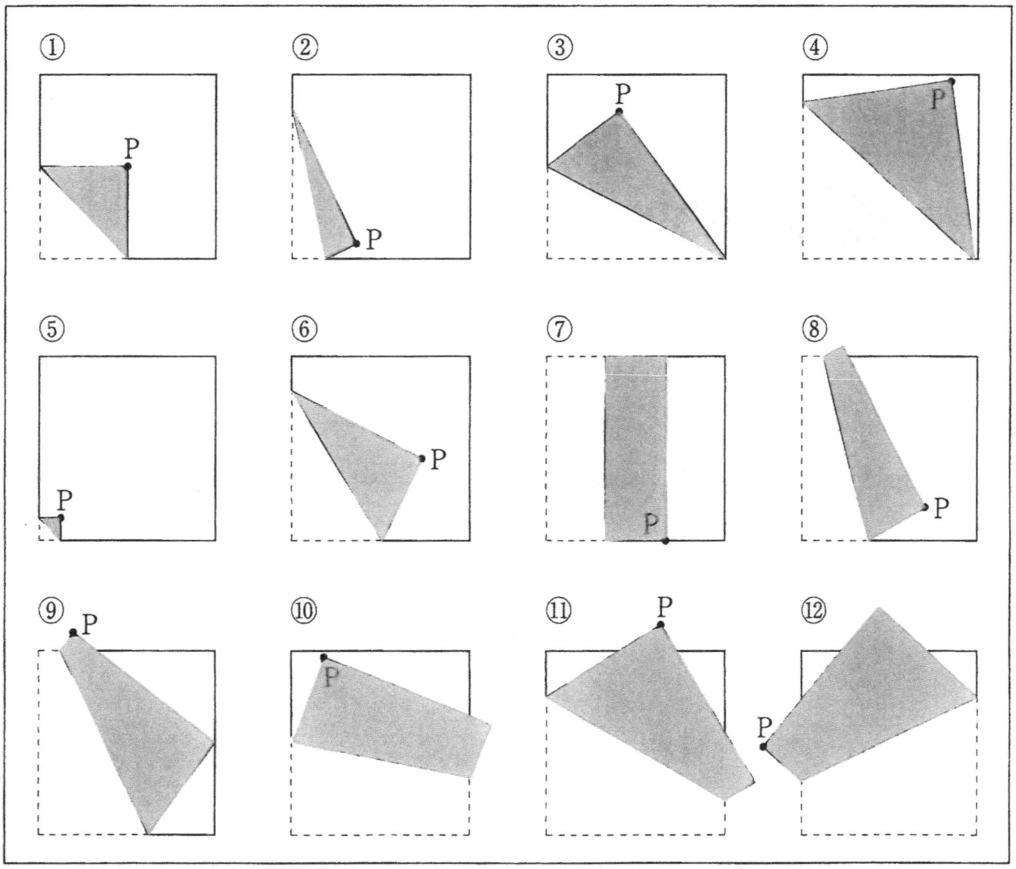

〔おさむ〕 ①～⑥は三角形、⑦～⑫は四角形になるのですね。赤い部分の図形が三角形になるとき、折り紙の頂点Ｐは、どのような位置にあるのでしょうか。

〔先　生〕 **［資料１０］**の①～⑥のほかにも三角形を作ってみると分かるかもしれませんね。

問 3

［資料１０］において、頂点Ｐを折り返したときにできる赤い部分の図形が三角形になるとき、頂点Ｐがある位置の範囲《はんい》をしゃ線で示しなさい。ただし、定規やコンパスを用いてもかまいません。

しゃ線の引き方

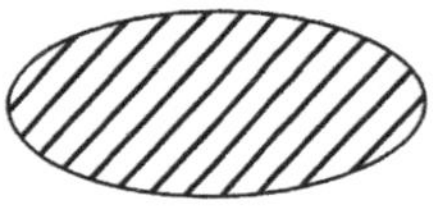

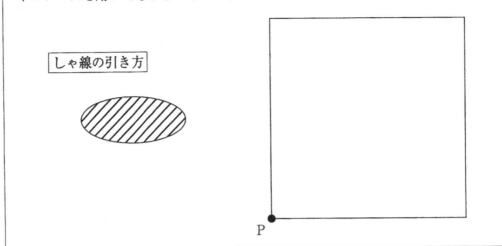

適性検査3

注　意

1　検査開始の指示があるまで問題用紙を開いてはいけません。

2　検査時間は45分間で、終わりは午後0時15分です。

3　問題は　1　問1 から 問4
　　　　　2　問1 から 問4
　　　　　3　問1 から 問4 まであります。

4　問題用紙は1ページから18ページまであります。検査開始の指示後、すぐにページがそろっているかを確認《かくにん》しなさい。

5　解答用紙は2枚《まい》あります。

6　受検番号をそれぞれの解答用紙の決められた場所に記入しなさい。

7　解答はすべて解答用紙に記入し、解答用紙のみ2枚とも提出しなさい。

1　東京に住んでいるはなこさんとお父さんが会話をしています。

〔はなこ〕　先日、イギリスのロンドンから遊びに来ていた友達と街を歩いていました。急に雨が降《ふ》ってきたので、コンビニエンスストアに入って、かさを買いました。彼女《かのじょ》は、コンビニエンスストアでかさがたくさん売られていたことにおどろいていました。イギリスでは雨が降ってもかさをさすことはほとんどないそうです。どうしてイギリスでは、かさをあまりささないのでしょうか。

〔　父　〕　これにはイギリスと日本の気候のちがいが関わっていると思います。

〔はなこ〕　どうしたら調べることができますか。

〔　父　〕　気象庁《きしょうちょう》のホームページには、気候に関する様々なデータが公開されています。このデータの中から、30年間の平均値《へいきんち》を見れば、おおよその気候の特ちょうが分かります。**［資料1］**は、東京の昭和56（1981）年から平成22（2010）年までの月ごとの平均気温と月ごとの平均降水量《こうすいりょう》をまとめたものです。

［資料1］東京の昭和56（1981）年から平成22（2010）年までの月ごとの平均気温と月ごとの平均降水量

	1月	2月	3月	4月	5月	6月	7月	8月	9月	10月	11月	12月
気温 ℃	6.1	6.5	9.4	14.6	18.9	22.1	25.8	27.4	23.8	18.5	13.3	8.7
降水量 mm	52.3	56.1	117.5	124.5	137.8	167.7	153.5	168.2	209.9	197.8	92.5	51.0

（気象庁ホームページより作成）

〔はなこ〕　この平均値は更新《こうしん》されるのですか。

〔　父　〕　気象庁では10年ごとにデータを更新します。前回のデータは昭和46（1971）年から平成12（2000）年までの30年間のものです。（**［資料2］**）

［資料2］東京の昭和46（1971）年から平成12（2000）年までの月ごとの平均気温と月ごとの平均降水量

	1月	2月	3月	4月	5月	6月	7月	8月	9月	10月	11月	12月
気温 ℃	5.8	6.1	8.9	14.4	18.7	21.8	25.4	27.1	23.5	18.2	13.0	8.4
降水量 mm	48.6	59.8	114.5	130.3	128.0	164.9	161.5	155.1	208.5	163.1	92.5	39.6

（気象庁ホームページより作成）

〔はなこ〕　**［資料1］**と**［資料2］**を比較《ひかく》してみると、日本の気候の変化が分かるかもしれませんね。年間の平均気温で比べてみましょう。

〔 父 〕 年間の平均気温は、1月から12月までの月ごとの平均気温の合計を12で割《わ》ると出すことができます。

問1

> はなこさんは、**[資料2]** から、昭和46（1971）年から平成12（2000）年までの年間の平均気温が15.9℃であることを求めました。同様に、**[資料1]** から昭和56（1981）年から平成22（2010）年までの年間の平均気温を計算して答えなさい。ただし、小数第2位を四捨五入《ししゃごにゅう》して、小数第1位まで求めなさい。また、計算結果をふまえて **[資料1]** と **[資料2]** では年間の平均気温はどのように変化したかを説明しなさい。

〔はなこ〕 ロンドンについても調べましょう。データはありますか。

〔 父 〕 **[資料3]** はロンドンの昭和56（1981）年から平成22（2010）年までの月ごとの平均気温と月ごとの平均降水量です。

[資料3] ロンドンの昭和56（1981）年から平成22（2010）年までの月ごとの平均気温と月ごとの平均降水量

	1月	2月	3月	4月	5月	6月	7月	8月	9月	10月	11月	12月
気温 ℃	5.8	6.2	8.0	10.5	13.9	17.0	18.7	18.5	16.2	12.4	8.5	5.7
降水量 mm	55.0	46.8	41.9	46.4	49.1	46.8	46.8	57.8	50.8	70.6	72.4	55.9

（気象庁ホームページより作成）

〔はなこ〕 **[資料1]** と **[資料3]** を分かりやすく比較するにはどうしたらよいでしょうか。

〔 父 〕 グラフにしてみると分かりやすいと思います。**[資料4]** は、東京とロンドンの月ごとの平均気温と月ごとの平均降水量をグラフにしたものです。折れ線グラフが平均気温、棒《ぼう》グラフが降水量を表しています。

［資料4］東京とロンドンの月ごとの平均気温と月ごとの平均降水量のグラフ

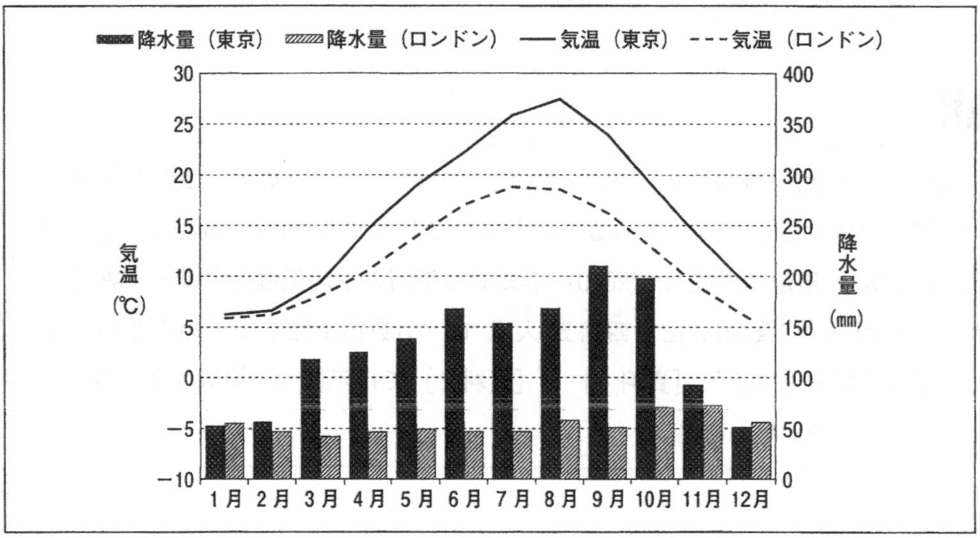

（気象庁ホームページのデータより作成）

〔はなこ〕 確かに東京とロンドンの月ごとの平均気温と月ごとの平均降水量を比べると、降水量に大きなちがいがあることが分かります。しかし、雨が降っている日数を調べてみると、東京とロンドンで雨が降った日数は、ほぼ同じでした。

〔　父　〕 おそらくこの比較だけでは分からないことがあるようですね。

〔はなこ〕 イギリスの文化に関して紹介《しょうかい》している記事を見つけました。これが参考になるかもしれません。（［資料5］）

［資料5］イギリスの天気について

イギリスの天気のもうひとつの特ちょうは、変わりやすさだ。多くの国では朝起きて窓《まど》から外を見れば、今日一日どんな天気になるかわかる。ところがイギリスではこれから一時間くらいの空模様《もよう》しか予想できないし、それも当たらない可能性がある。

雨は降ったとしてもパラパラという程度だし、強く降ることがあってもふつうはすぐにやむ。イギリス人のイメージの中では、雨は空に「たまっている」もので、降り方が激《はげ》しいほど早くやむのだ。

（コリン・ジョイス著《ちょ》　森田浩之訳《もりたひろゆきやく》「「イギリス社会」入門　日本人に伝えたい本当の英国」より）

〔　父　〕 それでは、これまでの資料を使って、イギリスでは雨が降ってもかさをあまりささない理由を考えてみましょう。

問2

イギリスでは雨が降ってもかさをあまりささない理由を、**[資料4]**、**[資料5]**を参考にし、東京とロンドンの降水量のちがいと雨の降り方のちがいをふまえて説明しなさい。

〔はなこ〕 ところで、日本人はいつからかさをさすようになったのでしょうか。

〔　父　〕 かさは古代に中国《ちゅうごく》から伝わったと言われています。日本のかさは和がさといって、江戸《えど》時代には広く使われていたそうです。

江戸時代に創業《そうぎょう》した越後屋《えちごや》という＊呉服《ごふく》店は、当時から無料でかさを貸し出す「貸《かし》がさ」のサービスを始めていました。当時の＊川柳《せんりゅう》がそれを物語っています。それだけ人々の間にかさが使われていたということが分かります。(**[資料6]**、**[資料7]**)

＊呉服：和服用の織物。

＊川柳：江戸時代に生まれ、庶民《しょみん》の間でさかんに行われた、五・七・五の句からなる短詩。

[資料6] 江戸時代の川柳

ごふくやの
＊はんじゃうを知る
にわか雨

＊はんじゃう：繁盛《はんじょう》のこと。事業や店などが、発展《はってん》して栄えること。

[資料7] 越後屋の貸がさ

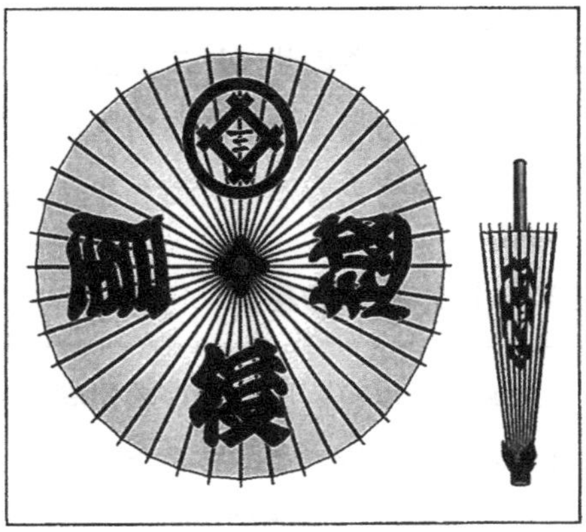

〔はなこ〕 どうして越後屋は貸がさのサービスを始めたのでしょうか。

問3

貸がさのサービスを行うことによって、越後屋にはどのような利点があったのか。**[資料6]**、**[資料7]** を参考にして、答えなさい。

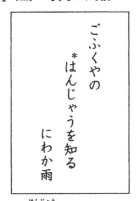

〔はなこ〕 貸がさのサービスは今でもあるのでしょうか。

〔 父 〕 貸がさのサービスは、市区町村や観光地、鉄道会社などが行っています。ある市では貸がさのサービスをやめてしまっているところもあります。次の事例を見てください。(**[資料8]**)

[資料8] A市の事例

Ａ市では、駅や商店街など数十か所に、無料の貸がさを置いたかさ立てを設置し、市民が無料でかさを借りられるようにしました。100円のかさでは壊《こわ》れやすいかもしれないと、500円程度のかさを500本用意しました。借りた場所とは別の貸がさを置いたかさ立てに返却《へんきゃく》しても良いとしました。

しかし、かさはほとんど返ってくることがなく、用意したかさの9割は返却されませんでした。かさを追加しても費用がかかることもあり、このサービスはそのまま廃止《はいし》されることが決まりました。

毎年たくさんの人が訪《おとず》れる場所なので、実施《じっし》した意味はありましたが、善意《ぜんい》のリレーが続けば、サービスは続いていたかもしれないと考えられています。

〔はなこ〕 貸がさのサービスを継続《けいぞく》するためにはどうしたらよいのでしょうか。

〔 父 〕 今でも、貸がさのサービスを続けている取組を2つ見つけました。これが参考になるかもしれません。(**[資料9]**、**[資料10]**)

[資料9] 地域《ちいき》Bの事例

地域Ｂでは、駅前や博物館の周辺で貸がさのサービスを行っています。はじめは市内全域で行っていましたが、かさがほとんど返ってこなかったので、今では貸し出す範囲《はんい》を博物館の周辺に限り、さらに使用申込書《もうしこみしょ》に氏名と連絡先《れんらくさき》を記入するようにしたところ、かさが返却されるようになりました。

［資料１０］ 企《き》業《ぎょう》Ｃの事例

企業Ｃでは、自動販売《はんばい》機《き》の横にかさ立てと貸がさを設置し、そこにかさを返してもらうようにしています。最初はある地区で、オフィス街など再び訪れる人が多い場所の自動販売機を中心に設置したところ、７割の返却率でした。今後は、そうした場所を中心に、他の地域の自動販売機にも設置することにしました。

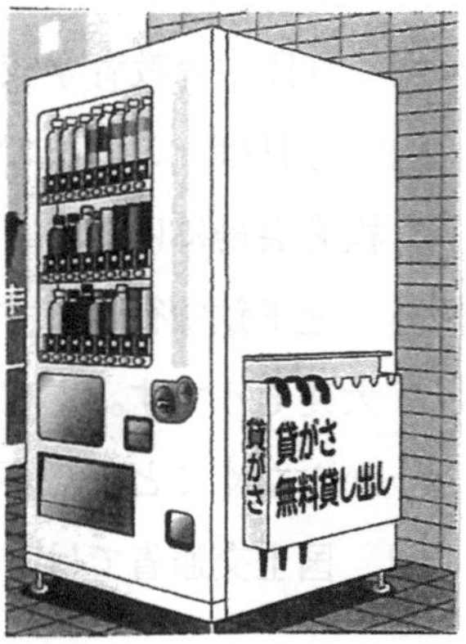

問４

Ａ市で実施されていた貸がさのサービスを廃止した理由は何か、［資料８］をふまえて答えなさい。また、地域Ｂや企業Ｃで貸がさのサービスが継続できている理由は何か、［資料９］と［資料１０］の共通点をふまえて答えなさい。

2 小学生のつかささんと先生が会話をしています。

〔つかさ〕 九段中等教育学校の適性検査が近づいてきました。

〔先　生〕 当日は、これまでの成果を出せるようにがんばってください。ところで、検査会場にはどのような方法で行きますか。

〔つかさ〕 地下鉄で行きます。しかし、検査の始まりは朝なので電車が混雑していて大変そうです。あまり電車に乗らないので、どれくらい混雑しているのか分からなくてとても不安です。

〔先　生〕 国土交通省では、「混雑率の目安」という資料を出しています。（**[資料1]**）

[資料1] 混雑率の目安

100%	150%	180%	200%	250%

座席《ざせき》につくか、つり革《かわ》につかまるか、ドア付近の柱につかまることができる。	広げて楽に新聞を読むことができる。	折りたたむなど無理をすれば新聞を読むことができる。	体がふれ合い、相当圧迫《あっぱく》感があるが、雑誌《ざっし》程度なら何とか読むことができる。	電車がゆれるたびに、体がななめになって身動きができず、手も動かすことができない。

（国土交通省ホームページより作成）

〔つかさ〕 200%だと、かなり大変そうですね。

〔先　生〕 特に車内が混雑している電車のことを、「満員電車」と呼《よ》びます。満員電車はおとなでも大変なので、鉄道会社が **[資料2]** のようなポスターをはって工夫《くふう》しているようです。

［資料２］鉄道会社のポスター

○○線　（△△方面）混雑状況《じょうきょう》

もっとも混雑するのは■■駅に 8：10〜8：30 ごろ到着《とうちゃく》する電車です。

上記の電車は当駅を 7：50〜8：20 ごろに出発する電車です。

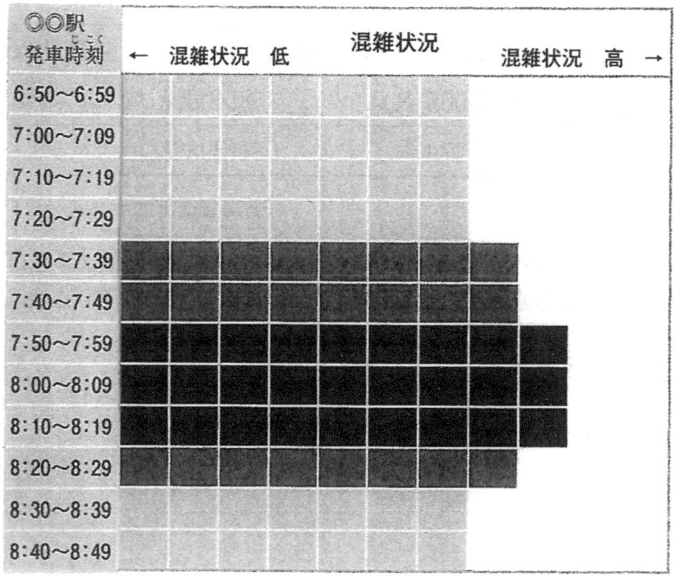

問１

鉄道会社は、［資料２］のようなポスターで呼びかけることによって、どのようなことを期待しているのか答えなさい。

〔つかさ〕 どうして朝になると電車が混雑してしまうのでしょうか。

〔先　生〕 *昼夜間人口比率という数値《すうち》があります。これを見ると朝の電車が混雑している理由が分かります。[資料3] で、この数値が対照的な千代田区と江《え》戸《ど》川《がわ》区を比べてみましょう。

[資料3] 平成27 (2015) 年の千代田区と江戸川区の*昼間人口、*夜間人口、昼夜間人口比率

	昼間人口	夜間人口	昼夜間人口比率
千代田区	853,068 人	58,406 人	1,460.6%
江戸川区	561,479 人	681,298 人	82.4%

(総務省統計局ホームページより作成)

*昼間人口…その地域《ちいき》に住んでいる人口に通勤《つうきん》者または通学者として入ってくる人口を加え、さらにその地域から通勤者または通学者として出ていく人口を引いた数。買い物や行楽などの一時的な流入・流出はふくまない。

*夜間人口…その地域に住んでいる人口。

*昼夜間人口比率…昼間人口÷夜間人口×100で求めることができる。

平成三十年
適性検査1　解答用紙（1枚目／2枚中）

（配点非公表）

受検番号

一

問1

6

問2

ア

5

問3

（1）

状態

（2）

状態

問4

240 200

【解答

答え　　　　　　　　　cm^2

問 3

(1)	
(2)	答え　小数第　　　　位

受検番号

答え cm^3

問 3

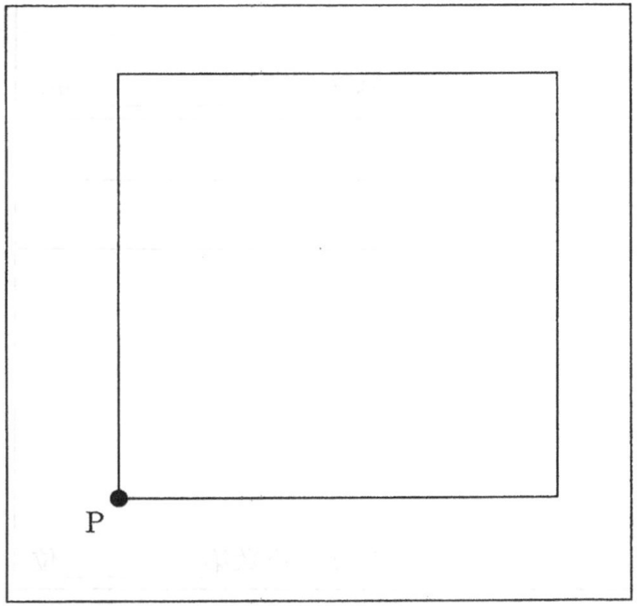

受検番号

2

問 1

問 2

問 3

問 4

受検番号

受検番号

平成３０年

適性検査３　解答用紙（２枚目／２枚中）

3

問 1

問 2

A	

問 3

平成３０年

適性検査３　解答用紙（１枚目／２枚中）

1

(配点非公表)

問1

平均気温	℃	
平均気温の変化		

問2

問3

問4

廃止《はいし》した理由	
継続《けいぞく》できている理由	

平成３０年

適性検査２　解答用紙（２枚目／２枚中）

3

問1

(1)	
(2)	

問2

(1)

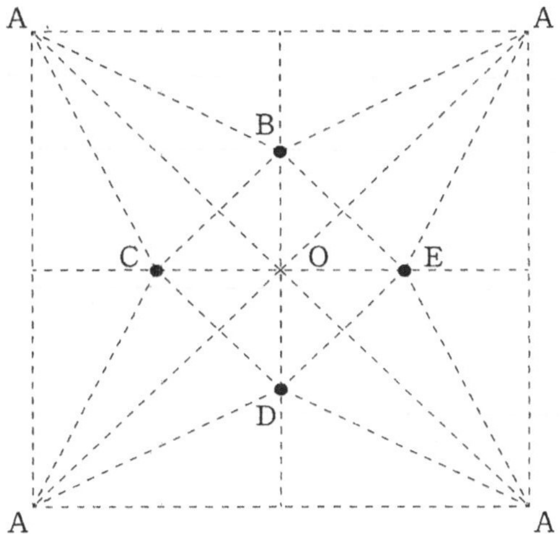

平成３０年

適性検査２　解答用紙（１枚目／２枚中）

(配点非公表)

1

問１　　%

問２　ア　　イ

問３

問４

2

問１

答え　　cm

平成三十年

適性検査1　解答用紙（2枚目／2枚中）

問5

100

受検番号

問5

二

問1

自分が　に描かされているように思う。

問2

するため。

問3

ア

イ

問4

ウ

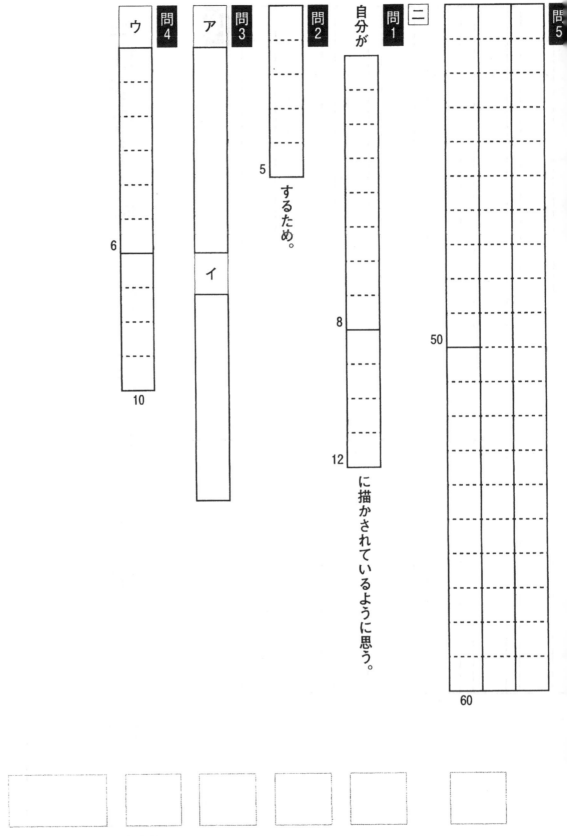

〔つかさ〕 千代田区は昼間人口が夜間人口よりも多く、昼夜間人口比率が約 1,460% ととても高いですね。そして、江戸川区は昼間人口より夜間人口の方が多く、昼夜間人口比率が 100% を下回っていることが分かります。どうしてでしょうか。

〔先　生〕 その理由を考えるために、3つの資料を用意しました。この資料を使って考えてみましょう。(**[資料4]**、**[資料5]**、**[資料6]**)

[資料4]　従業員《じゅうぎょういん》100 人以上の企業《きぎょう》数

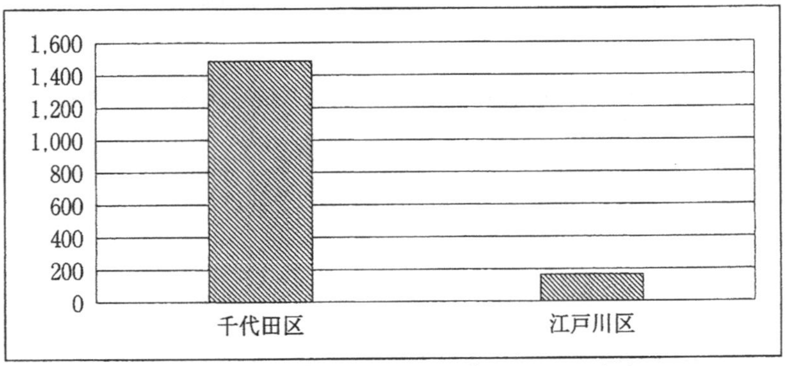

(総務省統計局　平成 26 年経済《けいざい》センサス - 基礎《きそ》調査より作成)

[資料5]　用途《ようと》別土地利用比率（公園・道路・河川《かせん》・農用地などを除《のぞ》く）

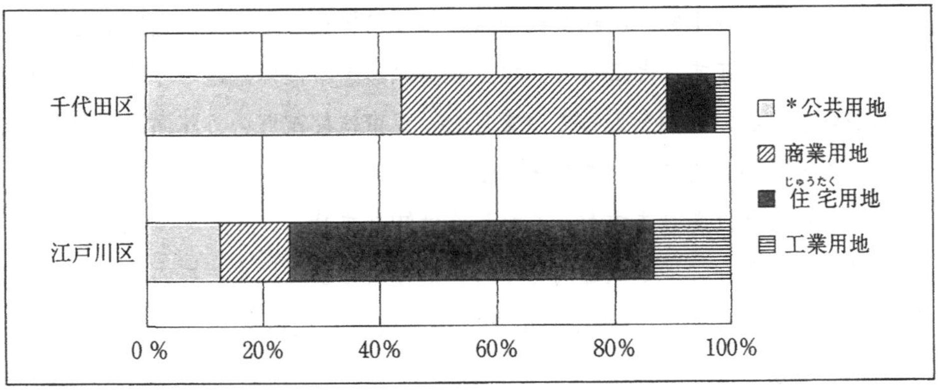

(東京都都市整備局　「東京の土地利用　平成 23 年東京都区部」より作成)

＊公共用地：役所などに利用する国や市区町村などの土地。

［資料６］通勤・通学による、１日あたりの*流入人口と*流出人口の平均

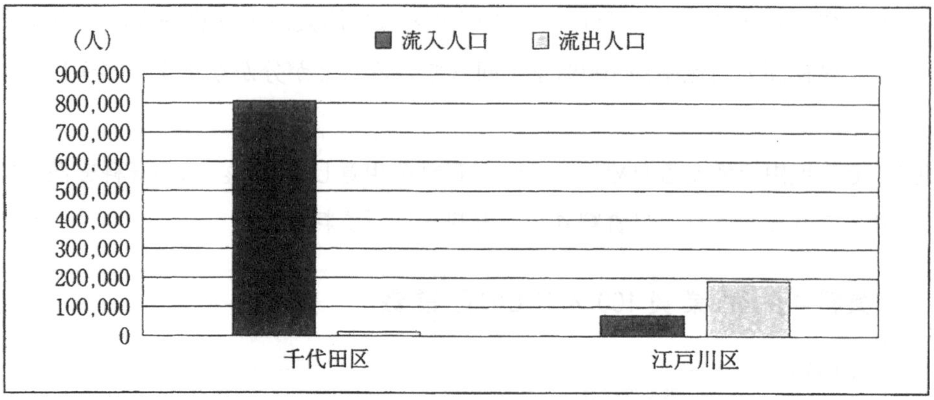

（平成 27 年国勢調査 従業地・通学地による人口・就業《しゅうぎょう》状態等集計より作成）

＊流入人口：１日に他の地域からその地域へ入ってくる人数の平均。

＊流出人口：１日にその地域から他の地域へ出て行く人数の平均。

問２

千代田区の昼夜間人口比率が 100％をこえる理由を、**［資料４］**、**［資料５］**、**［資料６］**のうち２つ以上の資料をふまえて説明しなさい。

〔先　生〕 東京では、地下鉄の路線が網《あみ》の目のように発達していて、通勤や通学に便利になっています。ところで、地下鉄が発達する前は都電と呼ばれる路面電車が東京の広い範囲《はんい》を走っていました。東京に都電という路面電車が走っていたことを聞いたことがありますか。

〔つかさ〕 聞いたことはありますが、くわしくは知りません。

〔先　生〕 都電は、現在の地下鉄と同じくらい網の目のように走っていました。しかし、都電は、昭和 47（1972）年までに、現在も残っている荒川《あらかわ》線を除いて廃止《はいし》されました。

〔つかさ〕 なぜ廃止されてしまったのですか。

〔先　生〕 **［資料７］**の写真と、**［資料８］**の統計を見ると理由が分かります。

[資料７] 昭和 42（1967）年の都電のようす

（産経《さんけい》フォトより転載《てんさい》）

[資料８] 都電の在籍《ざいせき》車両数と東京都の自動車台数の変化

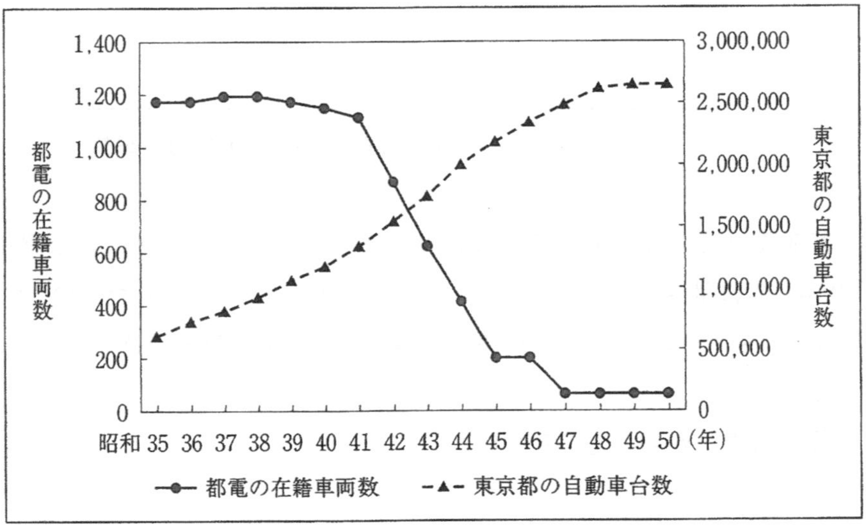

（東京都統計年鑑《ねんかん》 都電の営業設備、自動車台数（昭和 35 年～昭和 50 年）より作成）

問３

都電のほとんどの路線は、なぜ廃止されることになったと考えられますか。
[資料７]、[資料８] をふまえて説明しなさい。

〔先　生〕　ところで、見てもらいたい写真がもう１枚《まい》あります。**［資料９］**の写真は、昭和38（1963）年の日本橋《にほんばし》の写真です。都電も写っていますが、首都高速道路が建設されている途中《とちゅう》であることも分かります。

［資料９］昭和38（1963）年の日本橋周辺の様子

都電と首都高速道路建設中の写真

著作権に関係する弊社の都合により省略します。

教英出版編集部

（朝日新聞フォトアーカイブより転載）

〔先　生〕　首都高速道路は、現在でも東京の大切な交通機関ですが、実は昭和39（1964）年に開催《かいさい》された東京オリンピック大会に向けて作られたものです。

〔つかさ〕　なぜ東京オリンピック大会の開催にあわせて、首都高速道路を作ったのでしょうか。

〔先　生〕　**［資料１０］**から考えてみましょう。

［資料１０］東京オリンピック大会までに開通した首都高速道路

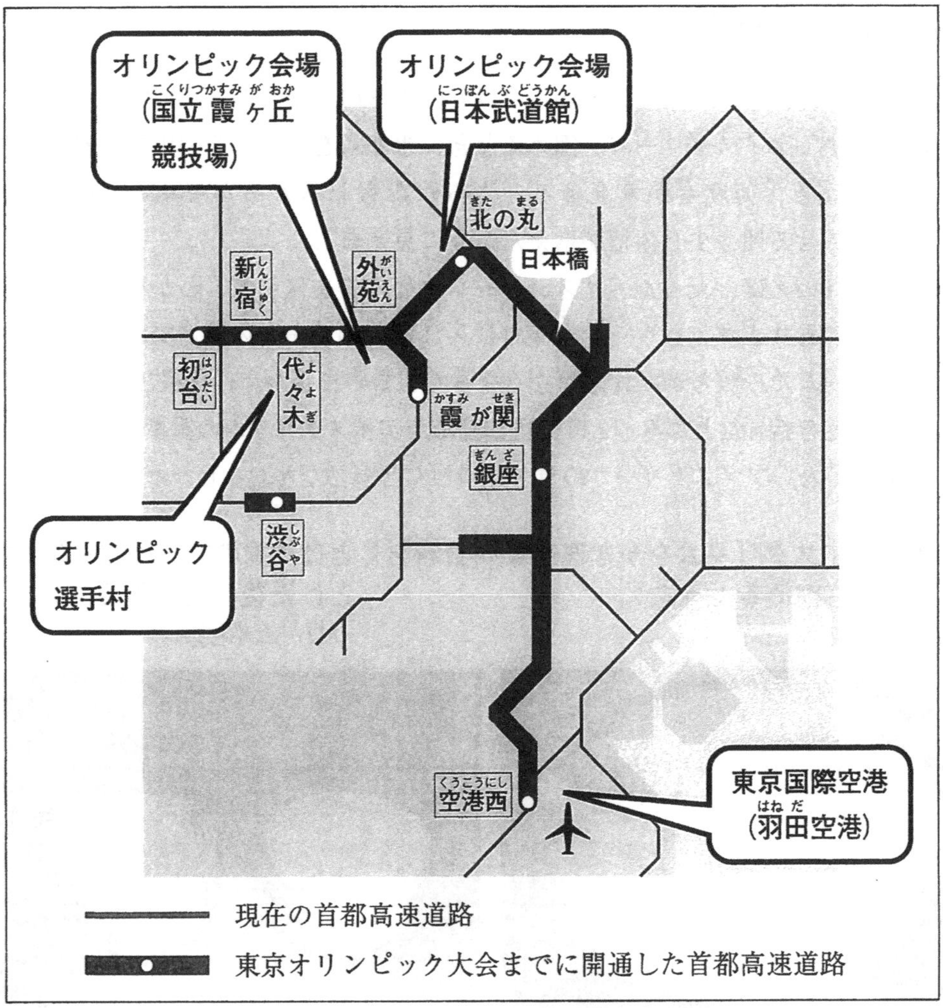

（首都高速道路ホームページより作成）

問４

首都高速道路を昭和 39（1964）年の東京オリンピック大会に向けて建設したのはなぜですか。［資料１０］をふまえて説明しなさい。

〔先　生〕［資料１０］の首都高速道路のように、オリンピック競技大会の有益な遺《い》産《さん》をオリンピック・レガシーと言います。国際オリンピック委員会は、大会終了《しゅうりょう》後に街や人々の心に何が残るか、人々の暮《く》らしがどう変わるかを、オリンピック・レガシーとして重《じゅう》視《し》しています。

〔つかさ〕私《わたし》は、2020 年には３年生になります。2020 年の東京オリンピック・パラリンピック競技大会では、どのようなオリンピック・レガシーが残されるか楽しみです。

3 小学生のまなぶくんとゆきのさんが、家庭科の授業でアイスクリームを作った後に会話をしています。

〔まなぶ〕 アイスクリームもおいしかったけど、作るのも楽しかったです。

〔ゆきの〕 特に、アイスクリームを固めるとき、氷と塩を混ぜてその中で容器を冷やしながら、何度もかき混ぜるところがおもしろかったです。([資料1])かき混ぜる間に少し体積が増えたように見えました。

〔まなぶ〕 そういえば、買ったアイスクリームをそのままにして、とかしてしまったことがあります。もう一度冷凍庫《れいとうこ》に入れて固めたら、体積が減って、アイスクリームのやわらかい食感がなくなってしまいました。([資料2]) 先生にこのことを話したところ、とけて再び固めたアイスクリームの重さと、もとのとけていないアイスクリームの重さはほとんど同じだとおっしゃっていました。

[資料1] アイスクリームをかき混ぜながら固めるようす

[資料2] とける前のアイスクリーム(左)とけた後、再び固めたアイスクリーム(右)

〔ゆきの〕 もし、もう一度固まらせるときに、家庭科の授業と同じようにかき混ぜながら固めれば、もとのやわらかい食感がもどったかもしれませんね。

問1

> 一度とけたアイスクリームをかき混ぜながら固めることで、「もとのやわらかい食感がもどる」理由について、上の会話文や [資料1] と [資料2] を参考にして、あなたの考えを書きなさい。

〔まなぶ〕 アイスクリームを買ったときに気付いたのですが、商品によって、「アイスクリーム」と呼《よ》ばないものがあるようです。さまざまな商品を買ってきて、ラベルの内容を表にしてまとめました。([資料3])

［資料3］ラベルの内容のまとめ

種　類	ふくまれる 無《む》脂《し》乳《にゅう》固《こ》形分《けいぶん》 （%）	ふくまれる 乳《にゅう》脂《し》肪分《ぼうぶん》 （%）	*ふくまれる糖《とう》			その他に ふくまれる 原材料
			砂糖《さとう》	水あめ	ブドウ糖	
アイスクリーム	10.0	8.0	○	○	×	チョコレート 植物油　など
アイスクリーム	9.0	12.0	○	×	○	アーモンド 卵《たまご》　など
アイスクリーム	7.0	8.0	○	○	×	大豆 小麦　など
アイスミルク	8.0	3.0	○	○	×	ココア 植物油　など
アイスミルク	10.0	3.0	○	×	×	もち米粉 食塩　など
ラクトアイス	5.0	1.0	○	×	○	チョコレート 卵　など
ラクトアイス	4.5	1.5	○	○	×	リンゴ 食塩　など

*○は、その糖をふくんでいること、×は、その糖をふくんでいないことを示す。

〔まなぶ〕［資料4］を見てください。成分によって種類を分類するきまりがあるようです。

［資料4］種類と成分

種　類	*乳固形分	うち乳脂肪分
アイスクリーム	15.0%以上	8.0%以上
アイスミルク	10.0%以上	3.0%以上
ラクトアイス	3.0%以上	

*乳固形分：無脂乳固形分と乳脂肪分を合わせた量。

（日本アイスクリーム協会ホームページより作成）

問2

下の図は、商品のラベルの内容の一部です。空らん［　A　］に入る種類を、［資料3］、［資料4］を参考にして答えなさい。

種類　［　A　］

無脂乳固形分　9.0%　乳脂肪分　3.0%

原材料名　砂糖、水あめ、チョコレート、・・・・

〔ゆきの〕 **[資料３]** にあるアイスクリームには、砂糖だけではなく、ブドウ糖や水あめなどの糖がふくまれていることが分かりますね。

後日、ゆきのさんはアイスクリームのことについて先生に質問をしました。

〔ゆきの〕 とけたアイスクリームの固まり方にちがいはあるのでしょうか。

〔先　生〕 アイスクリームにふくまれている糖にはいくつかの種類があり、それぞれ性質がちがいます。**[資料５]** を見てください。

[資料５] 糖の水溶液《すいようえき》の濃《こ》さと、水溶液が固まり始める温度との関係

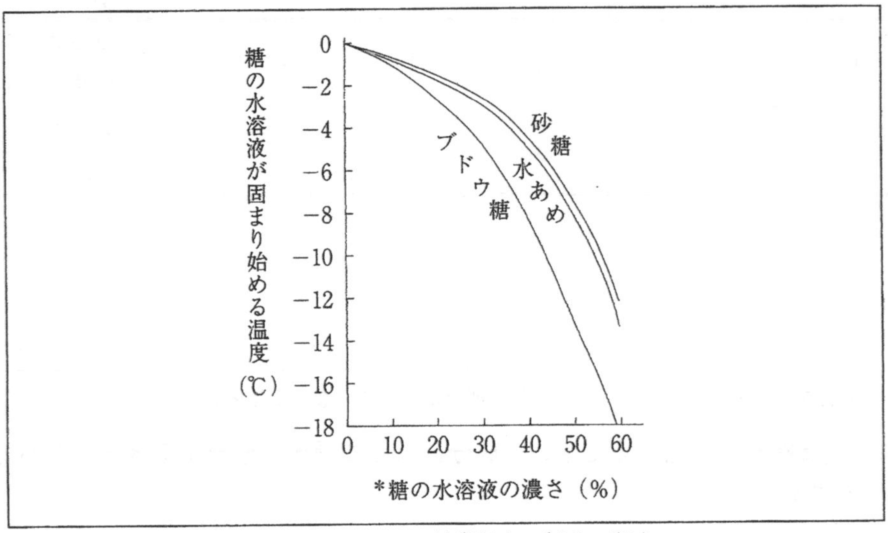

（吉積智司《よしずみさとし》「甘味《あまみ》の系譜《けいふ》とその科学」より引用）

＊糖の水溶液の濃さ（%）の求め方
糖の水溶液の濃さ（%）＝とけている糖の重さ（g）÷水溶液全体の重さ（g）×100

問３

[資料５] のグラフから分かることを、２つ書きなさい。

〔ゆきの〕 **[資料３]** から、アイスクリームにはいくつかの糖がふくまれていることが分かりました。

〔先　生〕 アイスクリームにふくまれている糖が固まりにくいとアイスクリームはなめらかになります。水溶液にいくつかの糖が混ざり合ってとけていることで、固まり始める温度にちがいが出てくることが分かっています。

〔ゆきの〕 水に砂糖、水あめ、ブドウ糖を混ぜ合わせた水溶液では固まり始める温度が低くなるか、調べてみたいと思います。

〔先　生〕 実験を行うときには、まず実験の結果を予想して、その予想を確かめるための計画を立てることが大切です。

〔ゆきの〕 では、予想を考えてみます。

問4

ゆきのさんは、次のように予想しました。

予想　同じ*濃さの水溶液で比較《ひかく》すると、砂糖だけとかしたときより、ブドウ糖や水あめも混ぜてとかしたときの方が固まり始める温度が低くなる。

ゆきのさんの予想を確かめるために、あなたはどのような計画を立てますか。次の条件にしたがって、水にとかす糖の種類と量にふれながら、数値《すうち》を使って説明しなさい。

【条件】

・水は500g、糖は、砂糖、水あめ、ブドウ糖がそれぞれ50g用意してあります。必要な量を用いて計画を立てなさい。

・図や表などを使って説明してもかまいません。

＊混ざっている糖の水溶液の濃さ（%）の求め方
混ざっている糖の濃さ（%）＝とけている糖の重さの合計（g）÷ 水溶液全体の重さ（g）×100